Conversations avec Nostradamus

Ses prophécies expliquées
(révision avec addenda: 1996)

VOLUME II

Par
Dolores Cannon

Traduction par:
Monique Hélène O Glibert-Morstad

Copyright 1990, Dolores Cannon
Edition Révisée © Copyright 1992 par Dolores Cannon
2023- Première traduction française imprimée

Réimpression par permission du The Putnam Publishing Group des *The Prophecies of Nostradamus* by Erika Cheetham. © Copyright 1975, Erika Cheetham. Extrait des *The Prophecies of Nostradamus*, publié par Corgi Books, une division de Transworld Publishers Ltd. © Copyright 1973 par Erika Cheetham. All rights reserved.
Réimpression par permission de David Higham Associates, London, de *Nostradamus* par James Laver. © Copyright 1942, James Laver.
Réimpression par permission de William Morrow & Co. de *My Life and Prophecies* par Jean Dixon. © Copyright 1969, Jeane Dixon.

Tous droits réservés. Toute reproduction, même partielle, de cet ouvrage est interdite. Une copie ou toute reproduction par quelque moyen que ce soit constitue une contrefaçon passible des peines prévues par la loi du 11 mars 1957 et la loi du 3 juillet 1985 sur la protection des droits d'auteurs et Ozark Mountain Publishing, Inc., hormis brèves citations matérialisées par des articles littéraires et des critiques.

Pour permission, ou sérialisations, condensation, adaptions, ou pour notre catalogue d'autres publications, Ecrivez à Ozark Mountain Publishing, Inc., P.O. Box 754, Huntsville, AR 72740-0754, Attn.: Permission Department.

Library of Congress Cataloging-in-Publication Data
Cannon, Dolores, 1931-2014
Conversations with Nostradamus par Dolores Cannon
   Communications de Nostradamus via plusieurs mediums par
hypnoses, supervisés bpar D. Cannon. Y compris the Prophecies
of Nostradamus, en Moyen Français avec traductions en anglais.
Y compris index. Contenus: v. I-II-III (Editions révisées)

1. Nostradamus, 1503-1566. 2. Prophecies. 3. Hypnosis. 4. Reincarnation therapy. 5. Astrology.
I. Cannon, Dolores, 1931-2014 II. Nostradamus, 1503-1566. Prophecies. English & French.
1992 III. Title.
Library of Congress Catalog Card Number: 2023945899
ISBN 978-1-956945-87-4

Première Edition imprimée par America West Publishers, 1990
Revised Edition published par Ozark Mtn. Publishing, Inc., 1992
Conception de la couverture: Joe Alexander
Book set in Times New Roman
Conception de livre: Kris Kleeberg
Imprimé aux États-Unis d'Amérique

P.O. Box 754
Huntsville, AR 72740-0754
www.ozarkmt.com

Dédicace

*À John Feeley,
qui a eu le courage et la curiosité de franchir les frontières
du temps et de l'espace, pour errer dans le royaume de l'inconnu
pour nous rapporter cette information. Il a également
eu une grande aventure en le faisant.
Merci, John, de m'avoir emmené avec toi.*

Depuis que les volumes un et deux ont été publiés pour la première fois, j'ai reçu de nombreuses demandes de lecteurs pour être mis en contact avec John Feeley à des fins astrologiques. Je tiens à signaler que John est décédé à l'été 1990 du SIDA à l'âge de 38 ans. Il avait une copie de cette dédicace collée au mur près de son lit. Il était très fier d'avoir participé à ce projet de recherche. Merci, John, pour un travail bien fait. Bonne chance dans votre travail de l'autre côté.

Ouvrages par Dolores Cannon

Conversations avec Nostradamus, Volume I, II, III
Jesus et les Esseniens
Cinq vies en mémoire
La légende tombée des étoiles

Prochains livres de Dolores Cannon
(non encore traduits en français)

Conversations with Nostradamus, Vol III
Keepers of the Garden
Legacy from the Stars
The Custodians
The Convoluted Universe, Book 1, 2, 3, 4, 5
A Soul Remembers Hiroshima
They Walked with Jesus
A Very Special Friend
The Three Waves of Volunteers and the New Earth
Between Death & Life
The Search for Hidden Sacred Knowledge
Horns of the Goddess

Pour plus d'informations sur l'un
l'un des titres ci-dessus, écrivez à :

Ozark Mountain Publishing, Inc.
P.O. Box 754
Huntsville, AR 72740-0754

Les demandes de vente en gros sont les bienvenues.

Table des matières

Première section: Le Nouveau Contact
Chapitre 1 - L'aventure continue — 3
Chapitre 2 - Encore plus de quatrains interprétés par Brenda (Le passé) — 12
Chapitre 3 - Le Temps Présent — 33
Chapitre 4 - Le Futur Proche — 40
Chapitre 5 - L'Antéchrist émerge — 53
Chapitre 6 - Les actes du Monstre — 65
Chapitre 7 - Le Futur Lointain — 81
Chapitre 8 - Les Quatrains d'Adrien — 85
Chapitre 9 - Les Horoscopes — 94
Chapitre 10 - La pièce de la Tapisserie — 108
Chapitre 11 - Le Fil d'or de Nostradamus — 122
Chapitre 12 - Nostradamus et l'Astrologie — 142
Chapitre 13 - La force du prêtre maléfique — 165
Chapitre 14 - 666, Le Secret du Nombre de la Bête — 175
Chapitre 15 - La résidence de Nostradamus — 191

Deuxième partie: La Traduction
Chapitre 16 - La traduction par Jean commence — 199
Chapitre 17 - Le destin de l'Antéchrist et du monde — 215
Chapitre 18 - L' enfant blessé — 225
Chapitre 19 - Du vin mauvais — 238
Chapitre 20 - Nous venons de nuit — 256
Chapitre 21 - La crise cardiaque — 266
Chapitre 22 - La salle cachée — 284
Chapitre 23 - Le premier contact de Nostradamus — 296
Chapitre 24 - La philosophie de Nostradamus — 312
Chapitre 25 - Le nouveau né — 333
Chapitre 26 - Une dette karmique remboursée — 347
Chapitre 27 - Le monde du Futur? — 356

Troisième section: Le travail dans l'après-coup
Chapitre 28 - L'établissement de la carte — 369
Chapitre 29 - Trouver la date du changement — 402

Chapitre 30 - Recherche sur la vie de Nostradamus	424
Bibliographie	458
Index des Quatrains	460
A propos de l'auteur	461

Première Section

Le Nouveau Contact

Chapitre 1

L'aventure continue

L'IDÉE D'ÉCRIRE UNE SUITE ne m'avais jamais effleuré l'esprit lorsque j'ai entrepris la mission de traduire les quatrains de Nostradamus. Je pensais qu'en n'en sélectionnant que quelques centaines au hasard, j'en aurais assez pour faire un livre intéressant, mais plus on traduisait, plus l'histoire devenait complexe. Le livre ne cessait de s'étoffer. J'ai commencé à me demander quelle taille pouvait avoir un tel livre tout en étant vendable. J'ai dû commencer par écarter ou sélectionner quels quatrains à inclure. Je devais décider lesquels étaient les plus pertinents pour l'histoire, et ceux que Nostradamus souhaitait que je mette en relation avec le monde. Finalement, il est devenu évident que cela aurait pu durer un certain temps. Au fur et à mesure que l'histoire évoluait et que de nouvelles pièces du puzzle apparaissaient, j'ai continué à rajouter des éléments au livre, mais à ce rythme, il aurait peut-être fallu des années avant que le projet ne soit terminé. C'est alors que j'ai décidé que je me devais de mettre un terme à ce processus et de régler les derniers détails du premier volume.

À contrecœur, j'ai mis de côté les autres informations pour en faire une séquelle. Quand je l'ai fait, plusieurs choses se sont produites qui ont amené l'histoire a adopté des rebondissements encore plus étranges. Puisque ces nouveaux événements s'éloignaient loin de l'histoire d'Elena et Brenda, j'ai alors su avec certitude qu'un autre livre serait nécessaire. La narration de mes aventures avec Nostradamus a continué, mais dans une direction différente. Comme toujours, la vie se met en place et a l'habitude d'en modifier les circonstances. Mais la détermination de Nostradamus, du pouvoir en place, ou de qui que ce soit qui dirigeait ce projet, était assez forte pour trouver des moyens de contourner n'importe quel obstacle qui se positionnait sur son chemin. De quelle preuve plus évidente avais-je besoin que ce projet était en effet destiné à être achevé? Combien de preuves que je n'étais qu'un pion ou un instrument pour révéler au monde entier quelque chose qui a été commencé et caché depuis 400 ans?

Il s'agissait d'un projet qui m'avait été assigné sans que j'en prenne une consciente connaissance, ou avec mon plein accord. Si j'en avais réalisé l'ampleur, je ne sais pas si je l'aurais accepté. Tout avait commencé de façon si discrète et si innocente que je n'ai pas eu le sentiment d'être dépassée jusqu'à ce qu'il se soient écoulés bien des mois après le début de cette tâche. À ce moment-là, il était trop tard pour faire marche arrière. Peut-être que c'était là la sagesse derrière tout ceci. "Ils" comptaient apparemment sur mon insatiable curiosité pour me guider et ne pas me permettre d'abandonner la mission lorsque les choses se compliqueraient. Ils connaissaient ma fascination pour les énigmes et mon désir de mettre en lumière des connaissances inconnues. Quels que soient leurs motivations derrière les étranges rouages de ce projet, ils savaient que je n'abandonnerais pas avant l'achèvement de la tâche. Nostradamus m'avait déjà étonné par sa sagesse, son utilisation merveilleuse du symbolisme, et l'art à l'état pur derrière son travail qui n'a jamais vraiment été révélé au monde. Je peux apprécier le temps et l'effort mental que les interprètes et les traducteurs ont mis dans leur travail au fil des ans, mais ils n'ont jamais été en mesure de saisir la véritable grandeur de l'homme, et les épreuves qu'il a du traverser pour déguiser ses mots afin de les préserver pour la postérité. Peut-être que grâce à mes efforts, nous pourrons enfin le voir tel qu'il était, et ainsi tenir compte de ses avertissements.

Comme déjà expliqué dans le premier volume de ce projet, Elena, toujours, était la clé, le pont vers ce grand homme, Nostradamus. Grâce à mon travail avec la régression hypnotique et sur la réincarnation, j'ai découvert qu'elle avait été l'un des étudiants de Nostradamus dans une de ses vies antérieures dans les années 1500 en France. Ou peut-être, il serait plus exact de dire que Nostradamus m'a découverte. Par un pouvoir inconnu, il a été capable de sentir que j'étais en communication avec son étudiant, et il était également conscient que je vivais dans un temps futur. Dans son désir de révéler le vrai sens de ses prophéties à notre génération, il m'a confié la tâche de traduction. Dans un sens, il m'a ordonné d'entreprendre ce travail. Il m'a fait comprendre l'urgence de la tâche. et l'importance qu'il y avait à la mener à bien, maintenant, à notre époque actuelle.

Y avait-il vraiment eu un moyen d'échapper à cette tâche? Honnêtement, je ne sais pas. J'aurais pu tenter de m'en rétracter. Quand l'information a commencé à arriver, une lutte s'est créée en moi pour savoir si je voulais vraiment savoir ce que le futur me réserverait. J'avais une porte de sortie parfaite. Elena ayant déménagé en Alaska immédiatement après le lancement du projet. Il aurait pu s'arrêter là car il n'y avait pas assez d'informations pour tout un livre. J'aurais pu mettre les cassettes dans une boîte et les étiqueter pour en faire un éventuel chapitre dans un livre de régressions diverses à écrire un jour ou l'autre, plus tard. Mais l'urgence, le ton d'imploration dans la voix de Nostradamus sont restés en moi. Les derniers mots qu'il m'a dits étaient qu'il viendrait au travers de n'importe qui d'autre avec qui j'aurais choisi de travailler, il était si déterminé. Elena a été le pont entre notre monde et le sien ; la clé de cette Boîte de Pandore. Et comme avec cette boîte proverbiale, tous les maux du monde pouvaient maintenant être révélés au public.

L'idée m'avait suffisamment intriguée en tant qu'enquêteuse psychique pour que je veuille la tenter comme expérience. Je devais voir s'il pensait vraiment ce qu'il disait, et qu'il serait vraiment capable de me parler à travers quelqu'un d'autre. Je savais qu'il n'y avait pas d'autre issue ; ma curiosité était bien trop grande. La seule possibilité pour un quelconque échappatoire serait si ce contact par Elena était un unique coup de chance. Dans ce cas, Nostradamus pourrait être relégué et retourné à sa place correcte dans le temps voulu, parce qu'il n'y aurait aucun moyen de terminer la mission.

C'est là que Brenda est entrée dans ce scénario. Brenda était une étudiante en musique calme, discrète et extrêmement sensible, dont le QI avait été testé au niveau des génies. Que cela ait un rapport avec ou non, elle s'est avérée être un excellent sujet de somnambulisme et j'avais travaillé avec elle pendant plus d'un an sur d'autres projets. Elle avait décidé de diriger ses talents vers une carrière dans la musique classique, de préférence la composition, et tout son monde tournait autour de ça. Travailler et aller à l'université lui prenaient tout son temps. L'histoire de mon expérience avec elle et de la brèche vers Nostradamus a été racontée dans le premier livre. Puis, la porte s'est ouverte et les traductions des quatrains nous ont inondés. Pendant cette période, plus de 300 ont été interprétés. Mais ils sont apparus dans un méli-mélo de pièces déconnectées. J'ai eu la tâche peu enviable de les mettre dans une certaine cohérence. Ce n'est qu'alors que nous avons vu que l'histoire qui se déroulait était impressionnante et horrible. Était-ce vraiment le monde que Nostradamus avait anticipé ? S'agissait-il des événements inéluctables pour notre avenir? Il disait qu'il nous racontait ces faits pour que nous puissions faire quelque chose pour changer l'avenir, pour empêcher ces événements de se produire.

Ce que Nostradamus m'avait révélé n'est pas le futur que j'aurais désiré pour moi-même, mes enfants et mes petits-enfants. La traduction et l'interprétation de ses quatrains est remarquable et claire quand il les explique morceau par morceau, et symbole par symbole. Je crois qu'ils ont finalement été interprétés correctement, mais cela ne signifie pas que je souhaite qu'ils se produisent. L'histoire racontée dans mon premier livre et dans cette séquelle est sa vision, sa prophétie, son tableau du monde à venir. Même si rien de tout cela ne se produit jamais, cela reste un récit intéressant, et en voici ma philosophie. C'est le seul moyen que j'ai de faire face à tout ça sans me laisser submerger par les événements. Mes sujets ressentent la même chose. Ils estiment que le travail est d'importance mais que leur vie privée passe avant tout. Ils pensent que c'est un travail fascinant, mais ils n'ont pas l'intention de le laisser les consumer. Ainsi, en travaillant sur ce projet, nous vivons simultanément dans deux mondes distincts tout en essayant de transmettre à l'humanité les connaissances de ce grand sage.

Un autre des personnages de mon premier livre était John Feeley. Il est entré en scène tout à fait par "accident" et par "coïncidence", juste au moment où Nostradamus m'a dit que j'aurais besoin d'un "présentoir d'horoscopes", puisque beaucoup de ses quatrains contenaient des informations astrologiques. Comme John était un astrologue professionnel, et également intéressé par les phénomènes psychiques, il était la personne idéale pour m'aider sur ce projet. John est né dans le Massachusetts, et adolescent, il a étudié avec Isabelle Hickey, la plus grande astrologue de Boston de cette époque. Ensuite, il a étudié avec les Rosicruciens, à San Jose, en Californie. Bien qu'il ait reçu les bases par ces personnes, il est resté essentiellement autodidacte par la suite. Il a fait des recherches et a développé ses talents et ses compétences se tournant vers l'astrologie ésotérique. Il est devenu membre de la Fédération américaine des astrologues en 1971. Il a été élevé comme un catholique, mais il se décrit lui-même comme un déiste, quelqu'un qui croit en Dieu. Il dit : "J'en suis venu à une compréhension plus universaliste. Je suis intéressé par toutes les religions et toutes les croyances parce qu'il y a un fil d'or d'autorité qui les traverse toutes. Je vois Dieu vivant et conscient dans tout le monde et en tout. C'est donc ma philosophie personnelle. Sur le plan spirituel, j'essaie de faire du mieux que je peux. Je crois en toutes les cultures et toutes les croyances. Elles ont toutes une validité." John a beaucoup voyagé et vécu dans d'autres pays.

Il a commencé à assister à certaines des sessions pour clarifier et dater certains quatrains grâce à son éphéméride astrologique. Son aide était précieuse. Elle allait le devenir encore plus à l'avenir car le destin allait prendre le dessus et modeler cette histoire dans une autre étrange direction.

Après un an de travail sur ce projet, il était devenu évident que ce n'était pas un hasard si nous nous sommes tous retrouvés comme acteurs de cet étrange scénario. Est-ce que tout cela aurait-il été ordonné et tracé de l'autre côté pour que nos chemins se croisent ? Était-ce vraiment notre véritable destin dans cette vie ? Quand je regarde en arrière, je ne peux pas croire que ce n'était qu'une simple coïncidence que nous soyons tous ensemble sur ce projet. C'était trop bien orchestré. Par qui ? Une Coïncidence ? Par le destin ? Tout ce concours de circonstances était vraiment si fragile. Par un seul événement, nous aurions pu tous nous rater. et cette histoire n'aurait pu ne jamais être racontée. Mais les énergies derrière ce projet étaient si grandes qu'il a pris sa propre vie. Et comme une boule de neige dégringolant une pente, il a lentement pris de l'ampleur, de la taille et de la puissance. Rien ne pouvait l'arrêter. L'impact final doit em être ressenti.

Dans cette expérience, j'ai utilisé le livre d'Erika Cheetham, "The Prophecies of Nostrudamus" (Les prophécies de Nostradamus, non traduit en français), car il s'agissait de la dernière traduction des quatrains de Nostradamus. Les quatrains étaient à la fois dans la version originale française et celle anglaise . Il était facile et pratique à lire, et il contenait son explication des mots obscurs et étrangers utilisés dans les quatrains. En dessous de beaucoup d'entre eux elle donnait son interprétation basée sur ses propres études. Il y avait également de nombreux quatrains qui ne contenaient aucune explication. Ils n'avaient jamais été interprétés par quiconque de manière satisfaisante. Beaucoup étaient si vagues qu'ils auraient pu s'appliquer à de nombreux événements différents, ou le symbolisme était si alambiqué qu'il était impossible de l'interpréter. Ni moi, ni personne d'autre impliqué dans cet expérience, n'avions lu ou étudié ces quatrains au préalable. Cela ne nous aurait servi à rien de toute façon. Si, pendant 400 ans, des personnes dévouées avaient passé une grande partie de leur vie à essayer de les comprendre, comment pourrions-nous espérer le faire en parcourant le livre ? De plus, quand les interprétations ont commencé à arriver, elles ne ressemblaient en rien à ce que toute personne n'aurait à jamais imaginé, et pourtant elles devenaient si claires et concises lorsqu'elles étaient expliquées par le maître lui-même.

    Au début de chaque session, après qu'elle soit en transe profonde, je demandais à Brenda de contacter Nostradamus par le biais du miroir magique qu'il utilisait pour avoir ses visions. C'était le même miroir qu' Elena avait vu Nostradamus utiliser pendant sa vie passée en tant que l'étudiant Dyonisos. Quand Brenda a aussi vu ce miroir dans son bureau, c'est devenu un point central dans notre communication avec lui. Il est devenu notre porte magique entre son monde et le nôtre, le lien dans l'union de nos esprits. Quand Brenda a contacté Nostradamus, il lui a été demandé de nous rencontrer dans un lieu spécial de rencontre. Cela a été fait selon ses instructions explicites données par Elena et Brenda. Il semble que ce lieu de rencontre se trouvait dans une autre dimension. C'était gris et sans forme sans plus de substance que des nuages à la dérive. Ici, Nostradamus montrait des scènes à Brenda et lui expliquait le sens des quatrains. Quand le temps imparti était écoulé, il partait simplement, souvent sans donner d'explication, mais sommairement en partant rapidement. Lorsque cela se produisait, les visions étaient également interrompues. La seule fois où elle a eu une observation visuelle de l'endroit où il vivait était lors de notre premier contact. Toutes les autres rencontres ont eu lieu dans cet étrange lieu d'un autre monde après qu'il ait été contacté pour la première fois à travers le miroir magique.

    Après avoir travaillé avec Nostradamus sur la traduction de ses quatrains pendant plusieurs mois, un modèle a commencé à se développer. Mais quelque chose me perturbait. Au début, ce n'était qu'une vague ombre, qui passait au-dessus de mon esprit pendant juste une fraction de seconde. Elle était là juste assez longtemps pour provoquer une ondulation dans la surface calme, juste un indice que tout n'était pas comme cela semblait être. C'était un murmure come s'il se passait plus de choses que ce qui apparaissait sur la surface. Au fil des mois, cela demeurait vague mais cela devenait plus fort. C'était une intuition persistante au fond de mon esprit comme si j'étais un simple pion, mais pour quoi faire ?

Au début, j'étais tellement concentrée sur le projet que je ne me rendais pas compte du malaise qui s'installait. Puisque tout dans ce projet était bizarre et étrange, quel était le sentiment le plus inhabituel ? Au début, nous ne pouvions interpréter que cinq ou six quatrains à la fois. Cela a progressivement été jusqu'à ce que nous en traitions presque 30. Les quatrains concernant le passé lointain étaient délaissés au profit de quatrains d'une période plus immédiate. Il a promis que nous y reviendrions mais il a estimé que les quatrains concernant les événements présents et futurs étaient plus importants pour nous.

Au fur et à mesure que le nombre de quatrains que nous avions traduits augmentait, le sentiment de malaise devenait plus évident. Souvent, quand je lui lisais le quatrain. il m'en donnait immédiatement l'interprétation. D'autres fois, il me demandait juste de le répéter, en soulignant certaines phrases et en voulant l'orthographe de certains mots. Dans ces moments-là, c'était presque comme s'il ne reconnaissait pas son propre travail. Au début, je pensais que c'était parce que les traducteurs en avaient tellement changé la formulation en anglais que c'était devenu méconnaissable pour lui. Je pouvais presque le voir se gratter la tête et se demandant quel étatit le quatrain je lisais. Comme nous avons continué, je me suis demandé s'il l'avait effectivement reconnu.

Un jour, j'ai fait la remarque désinvolte à Brenda : "Ne serait-ce pas drôle si nous étions en train de l'aider à écrire ça ?" Ces mots étaient à peine sortis de ma bouche que j'ai senti des frissons parcourir mon corps.

"Oui," répondit-elle, "et il dit, 'S'il vous plaît, répétez cela. Je suis en train d'écrire et je n'ai pas compris cette partie. Pourriez-vous l'épeler s'il vous plaît.' Elle riait de sa blague, mais soudainement, ce n'était plus drôle pour moi. J'avais froid partout dans le corps. Les vagues pensées lancinantes qui m'avaient hantée, maintenant prenaient forme et substance. Pour une quelconque raison, l'idée m'effrayait, parce qu'elle était insondable. Puis, je me suis souvenue de ce qu'il avait dit sur le fait qu'il n'avait pas pu terminer le septième siècle de quatrains parce que les lignes temporelles n'étaient pas claires. J'ai alors ressenti tout l'impact de son explication sur la façon dont il a reçu ses quatrains. Il avait dit que pendant la transe, il écrivait, mais c'était comme si des forces d'au-delà du miroir guidaient sa main. Quand il revenait à la conscience, il était conscient de ce qu'il avait vu mais était souvent surpris de ce qu'il avait écrit. En transe, il voyait plusieurs choses, une scène après l'autre. Ensuite, il s'apercevait qu'il n'avait écrit qu'un seul quatrain, mais le sens complexe s'appliquait à tout ce qu'il avait vu. Il était souvent étonné par la complexité du puzzle et a avoué qu'il avait l'impression qu'il y avait un autre élément, autre que son esprit conscient, qui était bien meilleur pour manipuler les mots dans ces puzzles.

Bien sûr ! A l'époque, je pensais que cela ressemblait à de l'écriture automatique. Était-ce possible ? Nous savions qu'à travers un étrange mécanisme que nous ne comprenions pas, nous étions en communication avec lui alors qu'il était encore vivant, à son époque, en France. Il avait été très catégorique que nous n'étions pas en contact avec les morts. S'il était en vie au même moment que nous sommes en vie, cela nous amène à la théorie du temps simultané qui est quelque chose que je ne comprends pas et que je ne souhaite pas comprendre. A chaque fois que j'essaie de penser à ce concept où tout ce qui se passe en même temps : passé, présent et futur, je ne me sens pas inspirée, j'en ai juste un vertige. Alors j'ai essayé de laisser cette idée bien tranquille.

Plus tard, alors que je parlais à quelqu'un qui avait lu sur Nostradamus, il m'a dit : "Savez-vous que Nostradamus a dit dans une de ses biographies qu'il a été aidé dans l'écriture des quatrains ? Il a été aidé par ce qu'il appelait les 'esprits du futur'."

Si je n'avais pas été assise, je pense que je serais tombée. J'étais stupéfaite. C'est ce que nous étions, les esprits du futur ? J'ai fait une note mentalement d'essayer de trouver ce livre quand je commencerais mes recherches et voir ce que celui-ci avait d'autre à dire.

Mais l'idée était absurde. Nostradamus a écrit ses quatrains dans les années 1500 en français. Ils ont été publiés, traduits, interprétés, et médités pendant 400 ans. J'avais acheté la dernière traduction en 1986 et je lisais à partir de celle-ci. Pour mon esprit rationnel, l'idée en était impossible. Mais si c'était impossible, pourquoi cette idée persistait-elle ? Pourquoi me mettait-elle si mal à l'aise ? Parce que d'une certaine manière, d'une façon inconcevable, elle contenait le murmure de la vérité ?

Alors, avec la faible probabilité qu'il y ait quelque chose en soi, j'ai été très prudente dans mon travail avec Nostradamus. Je n'ai lu que le quatrain, en évitant délibérément de ne lui donner aucune autre information, même involontaire, sur notre époque ou tout ce qui pouvait se rapporter aux quatrains. Je ne voulais pas l'influencer consciemment de quelque manière que ce soit. Je ne sais pas si cela a été une bonne chose. S'il puisait d'une manière ou d'une autre dans notre subconscient (comme il l'a dit qu'il le faisait), il aurait toujours accès à nos esprits pour expliquer les visions qu'il avait eu. Mais la seule façon dont j'ai senti que je pouvais gérer ceci était en devenant plus prudente, et je sentais que cela me donnait plus de contrôle de toute façon. Au moins, je ne me sentais pas aussi mal à l'aise. Les sentiments vagues s'étaient retirés. Je ne voulais pas penser au temps simultané et à toutes ces choses qui me donnaient des maux de tête.

Chapitre 2

Encore plus de quatrains interprétés par Brenda

VOICI QUELQUES-UNS DES QUATRAINS qui n'ont pas été inclus dans le premier livre. Beaucoup de ceux qui concernent le passé en ont été exclus en raison de leur manque de pertinence pour ce projet. Je n'ai inclus que ceux qui avaient des tournures intéressantes dans leur interprétation ou qui n'ont jamais été expliquées de manière satisfaisante par d'autres interprètes.

LE PASSÈ

D: Les interprètes ne peuvent pas comprendre ce prochain quatrain. Ils disent qu'il doit être absolument faux.
B: C'était la mauvaise chose à dire. Il se met dans tous ses états.
D: Eh bien, dites-lui de ne pas s'énerver contre moi. Il a donné une date dans celui-ci, et ils ont dit qu'elle devait être fausse parce qu'ils ne la comprennent pas.
B: Il dit qu'il se souvient qu'ils ont déjà dit ça avant et qu'il ait pu leur prouver qu'ils avaient tort.

SIÈCLE VI -54

Au poinct du jour au second chant du coq,
Ceulx de Tunes, de Fez, & de Bugie,
Par les Arabes captif le Roi Maroq,
L'an mil six cens & sept, de Liturgie.

Au lever du jour, au deuxième chant du coq,
Ceux de Tunis, de Fez et de Bougie ;
Les Arabes capturés par le roi du Maroc
En l'an seize cent sept par la Liturgie.

D : *Ils ne comprennent pas pourquoi il a mis le mot "liturgie" ici dedans.*
B : Il dit qu'il n'est pas sûr qu'ils veuillent dire par "il s'est trompé". Ce quatrain ne fait pas référence à une confrontation ou à une bataille réelle. Ce qu'il évoque, c'est le lever du jour, au deuxième chant du coq. Il représente l'aube d'une nouvelle ère. Il dit que l'histoire de l'humanité peut être divisée en époques générales (l'histoire ancienne et l'histoire actuelle, l'époque médiévale et le Moyen Âge). selon la pensée philosophique qui prévalait à cette époque. C'est à ce moment-là qu'une nouvelle ère se manifestera. Il précise le deuxième chant du coq, ce qui signifie que les gens prennent conscience que les choses changent et peut-être s'améliorent. Jusqu'à cette époque, l'Afrique du Nord en général était strictement islamique. À cette époque, le chef d'un royaume se convertira au christianisme, et tente d'étendre l'influence de la chrétienté dans ce bastion musulman. Il dit que c'est pour cela qu'il a mis le mot "liturgie", pour essayer de leur donner l'indice qu'il s'agissait d'une pensée religieuse et philosophique et non pas d'une guerre physique. Jusqu'à cette époque, l'islam avait été très fort et possédait des forteresses disséminées sur de vastes étendues de terre. Aujourd'hui, le vent tourne et il est temps pour l'islam de battre en retraite quelque peu, le christianisme prenant le relais pour l'instant.
D : *Qu'en est-il de cette date, 1607 ?*
B : Il dit que c'est à ce moment-là que tout va commencer. Il dit qu'il s'embrouille parce que de son point de vue, cela le sera, et de notre point de vue, cela l'a été. (Rire) Chaque fois que quelque chose de nouveau se produit dans la pensée philosophique, cette branche particulière de la philosophie a tendance à se développer et à influencer fortement les domaines qui sont sous l'influence de philosophies plus anciennes qui commencent à se fatiguer, pour ainsi dire.
D : *Oui, vous m'avez dit tout à l'heure que Nostradamus avait enseigné la philosophie à son époque, et que c'est pour cela qu'il s'intéresse à ces événements philosophiques. Je veux vous lire ce que les traducteurs ont dit. J'espère qu'il ne se fâchera pas.*
B : Il dit qu'il n'est pas vraiment sûr de vouloir l'entendre. Si, le lire, c'est très bien. Comme il est déjà contrarié, ce n'est pas grave.

D : Ils disent : "Ce quatrain semble être l'un des échecs totaux de Nostradamus. Il semble voir la chute de l'Empire ottoman causé par un nouveau roi européen en 1607. Mais, le seul point en faveur de Nostradamus est qu'aucun commentaire ne peut s'accorder sur ce qui peut s'entendre par 'Liturgie'".

B : Il dit qu'il ne se souvient aucunement d'avoir mentionné l'Europe dans tout le quatrain. Il parlait entièrement de l'Afrique du Nord. Il trépigne à ce moment-là. (Nous avons ri.) Il dit que cela souligne l'importance de cette communication, car il ne veut pas que ses quatrains soient interprétés de façon erronée à l'avenir. Il s'excite vraiment. Je propose que nous passions au quatrain suivant.

SIÈCLE IX -92

Le roi vouldra dans cité neuf entrer,
Par ennemis expugner l'on viendra
Captif libere faulx dire & perpetrer
Roi dehors estre, loin d'ennemis tiendra.

Le roi voudra entrer dans la nouvelle ville,
Ils viennent la soumettre à travers ses ennemis ;
Un captif faussement libéré pour parler et agir ;
Le roi sera dehors, il restera loin de ses ennemis.

D : *J'ai déjà dit que chaque fois qu'il parle de la nouvelle ville, les gens pensent qu'il s'agit de New York.*

B : Il admet que bien que ce soit souvent le cas, ce n'est pas non plus toujours vrai. Il est facile de comprendre pourquoi ils pensent cela si vous vous concentrez uniquement sur l'expression "la nouvelle ville". Mais il dit que ce quatrain s'est déjà réalisé. Cet événement a eu lieu pendant la Révolution française. L'expression "la ville nouvelle" fait référence à Paris après que les classes inférieures aient renversé les classes supérieures, en prenant le pouvoir et en changeant tout ce qui était avant. Parce qu'il s'agissait d'un ordre social totalement différent, il l'a qualifié de "ville nouvelle". Il dit que le roi voulait faire la paix avec les paysans et continuer à être roi. Il a libéré un porte-parole de la Bastille qui avait été faussement emprisonné puis faussement libéré, parce que ce porte-parole était l'un des paysans. Le roi pensait qu'en faisant preuve de clémence, il rallierait le peuple à son point de vue. Dès que le but de ce prisonnier été atteint, il aurait été guillotiné.

D : C'est ce que l'on entend par "le captif faussement libéré de la parole et de l'action". Le roi sera dehors. Il restera loin de l'ennemi."

B : Oui. Le roi se met en sécurité tout en gardant un œil sur les choses. Il ne dit pas quel roi, il dit simplement "le roi".

D : Est-ce qu'il voulait dire le roi de France ?

B : Oui, mais il y a plus d'un roi impliqué dans la Révolution française. On peut supposer qu'il parle de Louis XVI.

D : Il y avait plus d'un roi ? Je ne connais pas si bien l'histoire de France.

B : Ce véhicule non plus. Quoi qu'il en soit, il dit qu'il ne veut pas discuter de ce quatrain pour le moment, car maintenant qu'il a donné les indices, on peut étudier les textes d'histoire et trouver l'événement.

D : D'accord. C'est une chose que j'ai découverte. Il ne nous dit pas tout. Il nous laisse encore des choses à découvrir par nous-mêmes.

B : Il dit qu'il faut exercer l'esprit pour qu'il grandisse, sinon on deviendrait en un abruti.

D : (Rire) Vous ne pouvez pas avoir toutes les réponses, n'est-ce pas ?

B : Il dit qu'il a eu trop l'habitude d'être mystérieux. C'est difficile de s'ouvrir complètement.

D : Je peux le croire. De cette façon, nous aurons toujours quelques mystères dans ces puzzles, ce qui permettra à d'autres personnes de voir ce qu'elles peuvent en tirer.

SIÈCLE IV -44

Deux gros de Mende, de Rondés & Milhau,
Cahours, Limoges, Castres malo sepmano
De nuech l'intrado de Bourdeaux un cailhau,
Par Perigort au toc de la campano.

Les deux grandes de Mende, de Rodez et de Milhau,
Cahors et Limoges, Castres une mauvaise semaine :
De nuit l'entrée de Bordeaux une insulte,
A travers le Périgord au son de la cloche.

D : Oh, il y a tellement de noms. Je sais que je les ai assassinés. (Rire)
B : Il dit que oui, il les voit boiter sur le champ de bataille, dégoulinant de sang partout. (J'ai ri.) Mais il dit de ne pas s'inquiéter, ce quatrain a un rapport avec la Révolution française.
D : Alors je n'ai pas à m'inquiéter de ces noms de toute façon.
B : Pas maintenant. Mais plus tard, tu devras t'en soucier.
D : Là je les vois pour la première fois, et c'est ce qui rend les choses difficiles. tous ces noms, et je me dis : "Oh mon Dieu, je sais que je vais vraiment faire un gâchis".
B : Il dit que vous pouvez toujours prendre des cours de français.
D : (Rire) Mais comme il l'a dit, le français d'aujourd'hui est différent du français qu'il parle.
B : C'est vrai. Mais il dit qu'il y aurait moins de meurtres. L'accent lorsque vous parlez est décalé dans le temps à cause des siècles qui nous séparent entre notre époque et la sienne. Et il préfère entendre un accent français mal placé qu'un accent britannique mal placé.
D : Mais je fais de mon mieux.
B : Il s'en rend compte.

SIÈCLE IV -57

Ignare envie au grand Roi supportee,
Tiendra propos deffendre les escriptz :
Sa femme non femme par un autre tentee,
Plus double deux ne fort ne criz.

L'envie ignorante soutenue par le grand roi,
il proposera d'interdire les écrits.
Sa femme, pas sa vrai femme, tentée par un autre,
le couple double ne protestera plus..

B : Il dit que ce quatrain a un rapport avec Louis XVI et la Révolution française.
D : Les traducteurs ont pensé qu'il s'agissait des écrits de Nostradamus, interdits par le roi.
B : Non. Il dit que pendant la Révolution française, beaucoup de choses ont été soumises à une loi martiale, y compris la

publication de tracts, de pamphlets et autres. Les personnes qui publiaient des documents soi-disant incendiaires étaient susceptibles d'être décapités ou d'avoir des ennuis. Il vous demande de comparer cette situation avec la révolution américaine. Comme celle-ci s'est déroulée dans le Nouveau Monde et non sur l'île de Grande-Bretagne, ils avaient beaucoup plus de marge de manœuvre et de liberté dans ce qu'ils faisaient. Ils ont pu imprimer de nombreux pamphlets et tracts pour attiser les bouillements de sang. Mais il dit que concernant la Révolution française, le roi était physiquement là.

SIÈCLE IV -47

Le noir farouche quand aura essayé
Sa main sanguine par feu, fer, arcs tendus:
Trestout le peuple sera tant effrayé,
Voir les plus grans par col & pieds pendus.

Quand le roi féroce aura exercé
sa main sanglante par le feu, l'épée et l'arc tendu.
Toute la nation sera terrifiée
de voir les grands pendus par le cou et les pieds.

B : Il dit que ce quatrain fait référence à Robespierre et à l'époque de la terreur. Il pourrait avoir un rapport indirect avec les événements à venir, mais d'autres quatrains l'ont expliqué plus en détail. La principale chose qu'il a vue, c'est toute la noblesse qui a été pendue et tuée pendant la Révolution française et ensuite pendant le règne de la Terreur avec Robespierre.

D : *Les traducteurs ont dit que le quatrain parlait du roi fou Charles IX qui a tué pour l'amour du sang, et qu'il fait également référence aux Huguenots français.*

B : Il dit qu'indirectement, oui, il pourrait s'agir de cela. Ils ont eu l'intelligence de s'en rendre compte, car c'était aussi une époque sanglante. Mais à l'époque de la Révolution française, le sang a coulé bien plus abondamment. La Révolution était un événement important dans l'histoire de la France, dans sa vision.

SIÈCLE III -49

Regne Gaulois tu seras bien changé.
En lieu estrange est translaté l'empire.
En autres moeurs & lois seras rangé,
Roan & Chartres te feront bien du pire.

Royaume de France, vous serez grandement transformé,
L'Empire s'étend à l'étranger.
Vous serez soumis à d'autres lois et à d'autres coutumes ;
Rouen et Chartres feront le pire à votre égard.

Une fois de plus, j'ai eu beaucoup de mal à prononcer ces noms. Brenda m'a corrigé avec un net accent français. Il est intéressant de noter qu'un homme connaissant bien le français était présent lors de cette session. Il a dit plus tard qu'elle prononçait ces noms avec un accent en vieux français.

B : Il dit que ce quatrain fait référence à la Révolution française. Il fait allusion à l'éviction du roi et de la famille royale de France et une République ayant été installée à la place, changeant ainsi les lois et les règles. Mais le pouvoir empirique de la France se répandra dans le nouveau monde pendant un petit moment. En plus de persister, il se répandra également en Extrême-Orient. Il dit que ce quatrain se réfère principalement aux grands changements qui ont eu lieu en France en 1789 (date de la Révolution française).

D : *Les traducteurs ont dit que cela se rapportait à l'avenir. Ils ont dit que ce n'est pas encore arrivé parce que la France n'a jamais été un empire.*

Il s'agissait d'une erreur de ma part. Essayer de mener une session de régression et de lire un livre en même temps peut être difficile. J'ai mal lu la citation du livre. Mais avant que je puisse me corriger, Nostradamus, au sens figuré, m'a sauté dessus à pieds joints. Il s'est mis très en colère. Ainsi, il était évident que je n'interagissais pas avec l'esprit de Brenda, car une telle formulation n'aurait pas pu la contrarier.

B : Il est en train de s'exciter à ce stade (l parle très vite.) Il dit que la France était un empire. La France avait le Canada. La France avait la Louisiane et ses terres qui y sont rattachées, cédées plus tard sous forme d'achat de la Louisiane. La France avait la Guyane française. La France avait l'Indochine. La France - et il continue de nommer tous ces endroits. Il dit que si ceci n'est pas un empire, qu'est-ce que c'est ? La Grande-Bretagne possédait une bande de terre sur la côte américaine jusqu'à ce qu'elle se révolte. Les Britanniques avaient une île ici et une île là, un port ici et un port là. Si cela s'appelle un empire, pourquoi la France ne s'appelle-t-elle pas elle aussi un empire ? (Elle se calme.) Il est très patriote.

D : *(Rire) Je pense qu'il l'est. Et il a de bonnes raisons de l'être.*

J'ai essayé d'apaiser son tempérament en le lisant correctement, mais il a également trouvé à redire sur ce point.

D : *Le traducteur dit : "C'est important parce que Nostradamus qualifie la France d'Empire plutôt que de royaume et voit clairement un changement dans l'avenir."*

B : Selon lui, les Britanniques étaient appelés empire plutôt que royaume, même s'ils étaient dirigés par un roi et non par un empereur. Et la France a été dirigée par un empereur (Napoléon) pendant un certain temps, puis elle est devenue une démocratie. Il dit que même si c'est dans le futur de son point de vue, cela devrait être de l'histoire ancienne. Les gens devraient revenir en arrière et relire à nouveau leurs livres d'histoire.

SIÈCLE III -97

Nouvelle loi terre neufve occuper,
Vers la Syrie, Judee & Palestine:
Le grand empire barbare corruer,
Avant que Phœbus son siecle determine.

Une nouvelle loi occupera une nouvelle terre
Autour de la Syrie, de la Judée et de la Palestine.
Le grand empire barbare s'effondrera
Avant que le siècle du soleil ne soit terminé.

B : Il dit que ce quatrain fait référence aux incursions et aux conquêtes de Napoléon. Il racontera tout ceci au passé puisque cela se situe dans notre passé. Napoléon a voyagé très loin et a établi un régime d'occupation dans de nombreux pays du Moyen-Orient, tout en traquant le patrimoine culturel et les artefacts culturels. Il dit que le siècle du soleil fait référence à Louis XIV, le Roi Soleil. Michel de Notredame prédisait que Napoléon ne réussirait pas, et que sa quête de conquête du monde échouerait dans les cent ans suivant l'époque de Louis XIV.

Nostradamus est étonnamment précis dans cette prédiction. Le roi Louis XIV est mort en 1715, et Napoléon a été emprisonné en exil à Sainte-Hélène en 1815. Son empire s'est effondré moins de cent ans après l'époque du Roi-Soleil.

B : Il affirme que vous devriez pouvoir consulter vos livres d'histoire et établir une corrélation entre le quatrain et les campagnes africaines et moyen-orientales de Napoléon. L'expression "les empires barbares s'effondreront" signifie que les javelots et les épées courbes dont disposaient les soldats et les cavaliers arabes n'étaient pas comparables aux mousquets et aux canons dont disposaient les troupes de Napoléon.
D : *Les traducteurs disent que ce quatrain fait référence à la création de l'Etat d'Israël.*
B : Il dit, "Ceci est incorrect."
D : *Et ils pensent que le 20e siècle est le siècle du soleil.*
B : Il dit que c'est une attitude très égocentrique. Le siècle du soleil est le siècle de Louis XIV, le Roi Soleil. Il dit que c'est l'objectif de ce projet, celui de dissiper les malentendus qui se sont produits.

SIÈCLE VIII -59

Par deux fois hault, par deux fois mis à bas
L'orient aussi l' occident faiblira
Son adversaire apres plusieurs combats,
Par mer chassé au besoin faillira.

Deux fois mis en place et deux fois jeté à terre,
L'Est affaiblira aussi l'Ouest

Son adversaire, après plusieurs batailles
poursuivi par la mer échouera au moment voulu.

B : Il dit que ce quatrain fait référence à Napoléon. Napoléon a accédé au pouvoir une fois, puis a été exilé. Il s'est échappé et est revenu au pouvoir. Il fut à nouveau vaincu et à nouveau exilé. Le moment critique où le vent avait tourné, c'est que Napoléon avait détourné une partie de ses forces pour en faire une sorte de marine, mais elles n'ont pas réussi à s'imposer au moment crucial.
D : "L'Est affaiblira aussi l'Ouest".
B : Cette phrase fait référence à sa tentative désastreuse de conquérir la Russie en marchant sur Moscou. Il a été surpris par l'hiver et ses hommes mouraient de froid. C'est pourquoi il a dit "l'Est vaincra l'Ouest", puisque Napoléon était originaire d'une nation occidentale et que la Russie fait partie de l'Est. Cet événement a fait basculer la fortune de Napoléon.
D : *Les traducteurs interprètent l'Est comme signifiant l'Asie et disent que le quatrain fait référence à une attaque contre les puissances occidentales.*

SIÈCLE IV -42

Geneve & Langres par ceux de Chartres & Dole,
Et par Grenoble captif au Montlimard:
Seysett, Losanne par fraudulente dole
Les trahiront par or soixante marc.

Genève et Langres par les gens de Chartres et de Dole,
Et Grenoble, captive à Montélimar :
Seysel, Lausanne, par une ruse fradulante
Les trahira pour soixante marks d'or.

Il m'a corrigé sur chaque nom lorsque j'ai tâtonné sur la prononciation.

B : Selon lui, la plupart des noms de villes sont simples. En fait, ce qu'il veut expliquer, c'est le symbolisme impliqué pour donner aux gens un indice sur son processus de pensée. Ce quatrain traite de la Première Guerre mondiale. Il dit que dans cette situation, il y a des factions qui veulent essayer d'arranger les choses et d'équilibrer les insuffisances. avant qu'il ne soit trop tard. L'une de ces factions est représentée par le nom de Genève. qui désigne une ville d'un pays qui a toujours été neutre. Il explique que cette faction s'oppose aux factions très nationalistes. Il y a aussi une autre faction d'individus, qui ont été des renégats et qui, pour les 60 marks d'or, auraient trahi la France au profit de l'Allemagne par l'intérieur. Les marques d'or représentent l'Allemagne. Il dit qu'il semblait que tout était perdu, au début, pour la faction neutre et la faction nationaliste. Il aurait semblé pendant un certain temps que la faction des renégats avait pris l'ascendant puisque, comme vous le savez, si vous vous reportez à votre histoire, au début de la guerre, les choses semblaient plutôt sombres du côté des alliés. Une autre chose qui n'a pas aidé, qu'il a représenté en nommant tant de villes différentes, était l'enchevêtrement confus des accords diplomatiques entre les différents pays européens de l'époque. Il dit que si vous vous souvenez, ce qui est dans le passé pour vous et dans l'avenir pour lui, les familles royales dirigeantes de tous les chefs d'État étaient liées les unes aux autres. C'était une grande famille, pas vraiment heureuse, de cousins, de tantes, d'oncles, de frères et de sœurs. Les choses étaient donc plutôt décadentes. Il ajoute que ce quatrain s'applique également aux événements survenus pendant la Seconde Guerre mondiale. et, dans ce cas, les 60 points d'or se réfèrent particulièrement aux événements de cette guerre où les échelons supérieurs du gouvernement allemand ont été achetés et vendus comme des marchandises. Les gens pouvaient être achetés, et tout le monde avait son prix, alors ils ont vendu.

D : *Ils le traduisent à nouveau littéralement.*

B : (Sarcastiquement) Oui, bien sûr. Une partie pourrait s'appliquer à ce qui se passera avec l'Antéchrist, mais il dit que cette situation est si vaste et si complexe que particulier est si vaste et si complexe que presque tout pourrait s'y appliquer.

SIÈCLE IV -46

Bien defendu le faict par excellence,
Garde toy Tours de ta proche ruine.
Londres & Nantes par Reims fera defense

Ne passe outre au temps de la bruine.

L'acte, par son excellence, est fortement interdit,
Tours, prenez garde à votre ruine prochaine.
Londres et Nantes se défendront par Reims.
N'allez pas plus loin au moment du brouillard.

B : Selon lui, ce quatrain fait référence aux événements de la Première Guerre mondiale, en particulier à cause du vers "N'allez pas plus loin dans le champ au moment du brouillard". Il mettait en garde contre le gaz moutarde. Il dit que "Londres réclame la défense de Reims" s'applique aux différentes nations qui s'unissent pour se battre sur le sol français afin de gagner la guerre.

SIÈCLE I -24

A cité neufue pensif pour condemner,
L' oisel de proye au ciel se vient offrir:
Apres victoire à captifs pardonner,
Cremone & Mantoue grands maux aura souffert.

A la Ville Nouvelle, il est attentif à condamner ;
L'oiseau de proie s'offre aux dieux.
Après la victoire, il pardonne à ses captifs.
A Crémone et à Mantoue, de grandes épreuves seront subies.

B : Selon lui, ce quatrain fait référence aux États-Unis et à la Première Guerre mondiale. Les Américains ont la réputation d'être généreux et les différentes nationalités qui ne le sont pas seraient susceptibles d'en profiter. Il précise que la fin du refrain se rapporte aux difficultés économiques et aux bouleversements sociaux de l'entre-deux-guerres.
D : J'ai pensé que la nouvelle ville pouvait faire référence aux États-Unis.
B : Cela et le vautour qui s'offre aux dieux. Il dit que si vous regardez sur l'une de vos pièces de monnaie, il voit un aigle et la phrase "In God we trust" (En Dieu, nous avons confiance)
D : C'est évident, alors. "L'oiseau de proie. "Mais un aigle n'est pas un vautour.

B : Il dit qu'un aigle est un vautour et qu'une buse l'est aussi.
D : D'accord, je ne discuterai pas avec lui. (Rire)

Heureusement que je ne lui ai pas fait opposition. J'aurais dû savoir à ce moment-là que Nostradamus est plus savant que moi sur beaucoup de choses et que je devais le croire sur parole. Lorsque j'ai commencé mes recherches, j'ai découvert que les vautours de l'Ancien Monde sont regroupés avec les faucons et les aigles. Les espèces du Nouveau Monde forment deux groupes : l'un est composé des condors, des vautours et des buses, tandis que l'autre est composé des aigles et des faucons, les vautours et les buses, et un autre qui comprend l'aigle. J'ai toujours considéré les vautours et les buses comme de simples charognards, mais j'ai découvert qu'ils sont répertoriés comme des oiseaux de proie au même titre que les aigles. Il est évident qu'il citait des informations qu'il connaissait bien dans son pays.

D : *Les traducteurs ont dit que ce quatrain traitait de Napoléon et du siège de Mantoue à cause des noms qu'il mentionne.*
B : Il dit que si vous vous souvenez, les troupes américaines étaient très présentes en Italie pendant la Première Guerre mondiale, car l'Italie était du même côté que les États-Unis, pendant cette guerre.

C'est l'un des nombreux exemples où Nostradamus a utilisé les noms de villes pour désigner un pays. Les quatrains ont toujours été mal interprétés, car les traducteurs ont souvent pensé que Nostradamus faisait référence à un événement qui se produirait dans une certaine ville, alors qu'en réalité il utilisait ces noms comme des symboles de pays.

SIÈCLE I -36

Tard la monarque se viendra repentir
De n'avoir mis à mort son adversaire:
Mais viendra bien à plus hault consentir,
Que tout son song par mort fera deffaire.

Le roi se repentira trop tard
de ne pas avoir fait mourir son adversaire.
Mais il se mettra bientôt d'accord sur des choses bien plus importantes

qui entraîneront la mort de toute sa lignée.

B : Il dit que cela fait référence à l'Allemagne et au fait qu'Hitler aurait pu être arrêté quand il était jeune. Le chancelier et ceux qui au pouvoir ne l'ont pas fait, et ils ont vécu en regrettant cette décision.

SIÈCLE I -88

Le divin mal surprendra le grand prince,
Un peu devant aura femme espousee.
Son appuy & credit à un coup viendra mince,
Conseil mourra pour la teste rasee.

La colère divine s'abat sur le grand Prince,
Peu de temps avant qu'il se marie.
Ses soutiens et son crédit diminueront soudainement.
Conseiller, il mourra à cause des têtes rasées.

B : Il dit que ce quatrain a de multiples significations, qui ont toutes eu lieu. Le plus récent d'entre eux référe à l'événement où le roi Édouard a renoncé au trône pour épouser une femme divorcée sans offenser son peuple. Les autres événements auxquels il fait référence se sont produits plus tôt, et c'est l'événement le plus récent auquel ce quatrain s'applique.
D : Je me souviens de cet événement.

SIÈCLE III -82

Friens, Antibor, villes autour de Nice,
Seront vastees fort par mer & par terre:
Les saturelles terre & mer vent propice,
Prins, morts, troussez, pillés, sans loi de guerre.

Fréjus, Antibes, les villes autour de Nice,
seront grandement dévastées par terre et par mer ;
Les sauterelles, par terre et par mer, le vent étant favorable,
capturées, mortes, ligotées, pillées sans droit de guerre.

B : Il dit que ce quatrain fait référence aux événements de la Seconde Guerre mondiale. Il mentionne deux villes, mais en général toute la France a été violée par l'Allemagne. Elle a été sauvée et les Allemands ont été dévorés par les sauterelles le jour J, lorsque la grande flotte a traversé l'eau et débarqué sur les côtes françaises. Selon lui, les conditions météorologiques de ce jour-là étaient idéales pour l'opération. Les autres significations de ces deux anagrammes font également référence à certaines des grandes victoires des Alliés dans le Pacifique et dans cette région du monde.

D : Il ne s'agit pas nécessairement de la France.

B : C'est exact.

D : Les interprètes ont très bien compris. Ils pensaient qu'il s'agissait de l'invasion de la France.

B : Oui. Il dit qu'il comprend que certains d'entre eux ont été interprétés correctement ou presque, et il s'en réjouit. Mais toutes ne l'ont pas été, et il essaie donc de rendre les choses aussi claires que possible pour en tirer le plus grand bénéfice.

D : Je découvre qu'ils n'ont même pas été proches de la vérité pour beaucoup d'entre eux. Ils ne pouvaient même pas imaginer certaines des choses qu'il a vues.

SIÈCLE IV -58

Soleil ardent dans le gosier coller,
De sang humain arrouser terre Etrusque:
Chef seille d'eaue, mener son fils filer,
Captive dame conduicte en terre Turque.

Avaler le soleil brûlant dans la gorge,
La terre toscane arrosée de sang humain,
Le chef emmène son fils, le seau d'eau,
Une dame captive conduite sur les terres turques.

B : Il dit que ce quatrain a trait à la carrière de Mussolini et à la situation de l'Italie pendant la Seconde Guerre mondiale.

D : J'ai pensé, parce qu'il a mentionné le mot "turc", qu'il s'agissait peut-être de l'"Antéchrist".

B : Non, pas dans ce cas. "La dame captive conduite en terre turque" fait référence aux réfugiés juifs qui essayaient de se faufiler à travers la Turquie pour atteindre le potentat britannique qui deviendra plus tard Israël. Les Britanniques en avaient la possession à l'époque.

D : *Cela montre que j'ai souvent tort, moi aussi. Chaque fois qu'il mentionne la Turquie, je pense automatiquement à l'Antéchrist.*

B : Il dit que dans cette partie du monde, il y a des couches et des couches d'histoire. Il y a tellement d'événements qui se sont produits qu'il est facile de faire le mauvais lien historique.

SIÈCLE IX -99

Vent Aquilon fera partir le siege,
Par murs gerer cendres, chauls & pousiere,
Par pluie apres qui leur fera bien piege,
Dernier secours encontre leur frontiere.

Le vent du nord fera lever le siège,
pour jeter sur les murs des cendres, de la chaux et de la poussière ;
Puis par la pluie qui leur fait beaucoup de mal,
Le dernier secours est rencontré à leur frontière.

B : Il dit que l'essentiel de ce quatrain a déjà eu lieu. Il fait référence à la tentative d'Hitler d'envahir la Russie. Il est allé aussi loin qu'il le pouvait, mais l'hiver russe l'a obligé à faire demi-tour avant de pouvoir atteindre son objectif de détruire Moscou. Il dit que la poussière, les cendres et la chaux font référence à la politique de la terre brûlée où les Russes ont brûlé toutes leurs cultures lors de leur retraite afin que les Allemands n'aient rien à manger. Lorsqu'ils sont arrivés sous des cieux plus cléments, où l'hiver n'était pas aussi rude, les chars d'assaut - qu'il appelle "bêtes de métal", mais l'image qu'il donne ici est celle de chars d'assaut - et d'autres moyens de transport. ont transformé les routes en une boue telle qu'ils s'enlisaient et ne pouvaient plus avancer. C'est à peine s'ils ont pu à peine réussir à franchir la frontière et à revenir sur leur territoire avec les derniers hommes.

Les traducteurs ont dit que cela faisait référence à la retraite de Napoléon de Moscou. Ils ont peut-être raison, car Nostradamus a dit que ses quatrains avaient plusieurs significations.

SIÈCLE II -70

Le dard du ciel fera son estendre,
Mors en parlant: grande execution:
Le pierre en l' arbre la fiere gent rendue,
Bruit humain monstre purge expiation.

La fléchette du ciel fera son voyage ;
La mort en parlant ; une grande exécution.
La pierre dans l'arbre, la nation fière abattue ;
La rumeur d'un monstre humain, purge et expiation.

B : Il dit que ce quatrain fait référence au largage de la bombe atomique sur Hiroshima et Nagasaki. La fléchette qui traverse le ciel à toute vitesse est l'avion qui transportait la bombe, représentée par la pierre dans l'arbre. Il dit que la grande nation abaissée était le Japon car l'empire a été complètement mis à terre. C'est pour cette raison qu'ils ont considéré Truman, président des États-Unis, comme un monstre et pensaient que son représentant, le général MacArthur, serait lui aussi un monstre. Mais lorsqu'ils se sont rendu compte qu'il les respectait, eux et leurs traditions, ils ont décidé qu'il n'était pas si monstrueux que cela.

D : Il est dit : "après qu'une flechette venue du ciel fera son chemin, la mort en parlant, une grande exécution...". "La mort en parlant" est l'expression que je questionne. Cela concerne-t-il toujours la bombe atomique ?

B : Oui, parce qu'elle est venue si soudainement de nulle part. Un simple "boom", et toute la ville s'est écroulée.

D : "La pierre dans l'arbre". L'arbre est le...

B : La raison pour laquelle il a utilisé l'imagerie de l'arbre, c'est parce qu'il est le symbole japonais de leur empire - et aussi, par coïncidence, l'un des symboles est le soleil qui se lève derrière un arbre.

D : Je sais que leur symbole est le soleil levant.

B : Il ne parle pas du drapeau. Le symbole de Tokyo et de l'empire en général en langue japonaise, en écrivant dans leurs idéogrammes, est le soleil se levant derrière un arbre. La pierre dans l'arbre est donc un symbole pour le largage de la bombe sur le Japon, ce qui renvoie au symbolisme de leur langue.
D : *Leur traduction fait référence à Napoléon.*
B : Il dit qu'il a consacré suffisamment de quatrains à Napoléon, et que d'autres quatrains y feront référence, mais pas ce quatrain en particulier.

Pour moi, la mention du symbole de l'arbre en relation avec la bombe atomique m'a fait penser à l'image du nuage en forme de champignon, si souvent associé à l'explosion. Une explosion atomique pourrait également être comparée à la forme d'un arbre par quelqu'un qui la voit pour la première fois.

SIÈCLE II-92

Feu couleur d'or du ciel en terre veu,
Frappé du haut nay, faict cas merveilleux:
Grand meutre humain: prinse du grand nepveu.
Morte d'expectacles eschappe l' orgueilleux.

Le feu couleur d'or du ciel vu sur la Terre,
Frappé par le grand né, un événement merveilleux.
Grand massacre de l'humanité ; un neveu pris au grand ;
La mort du spectateur, l'orgueilleux s'échappe.

B : Il dit que ce quatrain fait aussi référence au bombardement atomique du Japon.
D : *"Le neveu pris au grand".*
B : Il dit qu'il s'agit d'un membre de la maison impériale, un jeune parent de l'empereur.
D : *"Le fier s'échappe".*
B : Cela correspond à la maison impériale. Les Etats-Unis ont eu la sagesse de ne pas larguer de bombes atomiques sur Tokyo, et donc l'empereur n'a pas été tué par une explosion atomique.

D : Dès que je l'ai dit, j'ai compris ce que cela signifiait. Il a dû être très impressionné par l'explosion atomique. Il y a tant de quatrains qui y font référence.
B : Il a dit que si vous saviez ce que cela a fait au paysage du temps. Il s'étonne de ne pas avoir écrit mille quatrains rien que sur ce sujet.
D : Qu'est-ce que cela a fait au paysage du temps ?
B : Il dit qu'il peut montrer l'imagerie à ce véhicule, mais ni lui ni le véhicule nne seront capables de le traduire en langage parlé.
D : J'aimerais qu'elle tente de le faire.
B : Il dit qu'il va montrer l'imagerie à ce véhicule, et comme sa maîtrise de l'anglais est meilleure que la sienne, elle va essayer.de l'exprimer en mots pour lui.
D : (Après une pause) Il le fera quand elle se réveillera ?
B : Il l'a déjà fait.

Après que Brenda ait repris conscience, sans savoir pourquoi, elle a commencé à décrire la scène que Nostrada avait laissée dans son esprit à propos des explosions atomiques et de ce qu'elles avaient fait aux lignes temporelles.

B : Tout d'abord, permettez-moi de vous décrire le paysage temporel en général. Imaginez un gigantesque avion qui est le velours le plus pur et le plus noir que vous puissiez imaginer. Sur cet avion, il y a des lignes de lumière brillante comme un néon. Cela ressemble à un gigantesque spectre de lignes d'émission en astronomie. Vous voyez, il y a deux types de spectres différents avec lesquels on peut prendre de la lumière. On peut prendre un spectre de ligne d'absorption qui montre les couleurs de l'arc-en-ciel de la lumière, et qui comporte des lignes noires parce que ces longueurs d'onde particulières ne sont pas émises par le soleil. Vous pouvez également prendre un spectre de raies d'émission, où le spectre est noir et où vous ne voyez que des raies colorées, là où la lumière serait absorbée dans l'autre spectre. Je sais que je vous parle en grec, mais les lecteurs pourront y trouver un sens. Les lignes temporelles ressemblent à un gigantesque spectre de lignes d'émission qui n'est qu'une toute petite partie du paysage temporel en général qu'il regarde. Dans ce paysage, chacune de ces lignes représente une ligne temporelle, une réalité ou une possibilité de réalité, ou un futur possible. Il existe de nombreux possibilités futures. Ces lignes se déroulent de manière claire et ordonnée, et soudain, elles se rejoignent toutes en un point central.

D : *C'est ce qu'il appelle un nexus ?*

B : Elles se rejoignent toutes ensemble, et au point où elles se rencontrent, cela ressemble à une gigantesque explosion, une grande explosion de lumière, un grand souffle de lumière figée à son point le plus étendu. Et au lieu de voir le nexus, vous voyez cette explosion qui a été gelée. C'est l'effet sur les lignes temporelles de l'invention de l'énergie atomique. Dans de nombreuses réalités, le monde n'a pas survécu à l'invention de cette énergie. Dans ce monde, les scientifiques ne savaient pas si la bombe allait ou non déclencher une réaction en chaîne et transformer tous les atomes du monde, détruisant ainsi le monde. C'était l'une de leurs craintes. Eh bien, dans d'autres, cela s'est effectivement produit en raison de la manière dont ces réalités alternatives étaient structurées. Comme vous le savez, lorsqu'il s'agit d'un problème qui peut aller dans un sens ou dans l'autre, il va en fait dans les deux sens, mais une seule voie est exprimée dans votre réalité. L'autre voie est exprimée dans une autre réalité.

D : *Oui, nous avons abordé ce sujet lors d'une autre session sur les univers alternatifs.*

B : C'est un autre aspect de la question. Toutes ces lignes temporelles se rejoignent dans un gigantesque nexus parce que c'était un point crucial du développement technologique. C'était une voie très dangereuse, parce qu'il existe d'autres technologies qui pourraient être développées pour le même effet ou pour le même type de progrès technologique - énergies alternatives. et des forces alternatives. Certaines réalités ont survécu à l'invention de l'énergie atomique et d'autres non. Même celles qui ont survécu ont été affectées de manière drastique politiquement, historiquement ou économiquement. Ainsi, l'énergie atomique a donc eu un effet énorme sur le paysage temporel en général.

Elle évoquait une théorie que nous avions discutée lors d'une autre session : l'idée qu'il existe plusieurs univers ou réalités alternatifs qui coexistent côte à côte, et que chacun n'est pas conscient de l'existence de l'autre. C'est une théorie compliquée, mais l'essentiel est qu'il y a de l'énergie créée derrière chaque décision et action dans le monde. Lorsqu'une voie est choisie, l'énergie de l'autre décision doit aller quelque part. C'est ainsi qu'une autre réalité voit le jour pour s'adapter à cette autre réalité. Cela explique également l'idée de plusieurs futurs possibles en fonction de l'action choisie par les participants, et le souci de Nostradamus est de nous voir choisir la bonne voie, celle qui a le moins d'effets désastreux possibles. Ceci sera expliqué plus en détail dans mon livre, "L'Univers Convoluté".

J'ai expliqué à Brenda pourquoi Nostradamus avait mis l'illustration dans son esprit et pourquoi il voulait qu'elle nous l'explique.

D : Il a décrit le temps de nombreuses façons, et il parle de différentes lignes temporelles, de nexus et de nexus centraux. Par exemple, il a dit que l'Antéchrist se trouve à un nexus principal, et quelle que soit la ligne temporelle que vous empruntiez, il sera toujours présent. Le Grand Génie se trouve à un autre nexus. Il est comme une lumière brillante à l'horizon. Ces deux-là sont tellement impliqués dans notre futur, qu'il n'y a aucun moyen de les contourner, mais nous pouvons en atténuer les effets désastreux potentiels.

Chapitre 3

Le Temps présent

SIÈCLE I-63

Les fleaus passés diminue le monde,
Long temps la paix terres inhabitées
Seur marchera par ciel, serre, mer & onde:
Puis de nouveau les guerres suscitées

Les épidémies disparaissent, le monde devient plus petit,
Les terres seront habitées en paix pendant longtemps.
Les gens voyagent en toute sécurité dans le ciel (sur la terre et les mers).
Puis les guerres reprendront.

B : Il dit que ce quatrain se réfère à ce que vous considérez comme le présent et le futur proche. Il se projette dans une époque où l'art de la médecine serait très avancé et que de nombreux fléaux seraient éliminés. Il cite certains fléaux, comme la peste noire, la variole et d'autres maladies qui, à son époque, se propageaient très rapidement. et tuaient de loin et de près. Il dit qu'à votre époque, au 20e siècle, ces maladies sont sous contrôle.

D : *C'est vrai.*

B : Il dit que la partie concernant le voyage dans les airs se réfère à l'époque où il a vu des gens voyager dans des machines volantes. Grâce aux progrès de la technologie, tant pour les voyages que pour les communications, le monde est beaucoup plus petit, car il ne faut plus autant de temps pour voyager ou pour communiquer autour du monde. C'est tellement rapide que c'est comme si vous parliez à votre voisin, donc à cet égard, le monde est plus petit. Selon lui, la plupart des gens vivent dans un état de paix. Même si, depuis la Seconde Guerre mondiale, il y a toujours eu de petites querelles, il n'y a pas eu de guerre qui ait mobilisé une grande partie de la de la main d'œuvre mondiale. Il ajoute que cela changera plus tard, en particulier lorsque l'Antéchrist se lèvera et commencera à causer des problèmes. Il entraînera le monde entier dans une grande bataille.

D : *Les traducteurs ont dit que ce quatrain est très clair dans sa signification.*

B : Oui. Il dit que dans ce cas particulier, il a énuméré des choses banales pour aider à compléter l'image. Comme elles semblaient si fantastiques et impossibles, l'Inquisition a pensé qu'il avait juste mis cela pour les mettre sur une fausse piste. Il n'a donc pas eu à faire beaucoup d'efforts pour tout déguiser.

SIÈCLE I-15

Mars nous menace par la force bellique,
Septante fois fera le sang espandre:
Auge & ruine de l'Ecclesiastique,
Et plus ceux qui d'eux rien voudront entendre.

Mars nous menace avec la force de la guerre,
et fera couler le sang 70 fois.
Le clergé sera à la fois exalté et honni,
par ceux qui ne veulent rien savoir d'eux.

B : Il dit que ce quatrain fait référence au fait qu'il y a toujours une sorte de conflit armé en cours, particulièrement au 20ème siècle. En outre, diverses fonctions et positions qui inspiraient autrefois le respect - les religions orthodoxes établies, par exemple, n'auront plus le pouvoir et le respect qu'elles avaient auparavant, en raison de leur propre abus de pouvoir.

D : *"Mars nous menace avec la force de la guerre et fera couler le sang 70 fois" ? Quelle est la signification de ce chiffre ?*

B : Il dit qu'il a déjà expliqué qu'il se réfère aux conflits armés qui ont toujours lieu.

D : *Il ne s'agit donc pas d'un nombre précis de conflits.*

B : Il dit que l'on pourrait éventuellement l'associer à un nombre spécifique de certains types de conflits armés, mais seulement après que le nombre de conflits ait été particulièrement déterminé, mais seulement après que le siècle se soit écoulé.

SIÈCLE IV-56

Apres victoire du babieuse langue
L'esprit tempte en tranquil & repos:
Victeur sanguin par conflict faict harangue,
Roustir la langue & la chair & les os.

Après la victoire de la langue enragée,
L'esprit tente un repos tranquille.
Tout au long de la bataille, le vainqueur sanglant prononce des discours,
Rôtissant la langue, la chair et les os.

B : Il dit que ce quatrain a prédit les événements du Watergate. La langue fait référence aux accusations mordantes qui ont été lancées dans cette situation. Il dit qu'à un autre moment, il vous donnera plus de détails à ce sujet. Si vous vous souvenez de la situation du Watergate, beaucoup de choses devraient être au moins partiellement apparentes - les accusations farfelues ont été lancées dans les deux sens, et autres choses de ce genre.

SIÈCLE II-28

Le penultiesme du surnom du prophete,
Prendra Diane pour son jour & repos:
Loing vaguera par frenetique teste,.
Et delivrant un grand peuple d' imposts.

L'avant-dernier du nom des prophètes
prendra le lundi comme jour de repos.
Il errera loin dans sa frénésie
Délivrant une grande nation de la sujétion

B : Il dit que ce quatrain se réfère à des faits qui ont eu lieu dans un passé récent et qui ont encore des répercussions, parce qu'il s'agit d'événements qui rendent le Moyen-Orient vulnérable à l'Antéchrist et aux périodes de troubles. Il s'agit de la chute du Shah d'Iran et du soulèvement des Ayatollahs de la religion musulmane qui font de l'Iran un pays très fort, conservateur et fondamentaliste. Il dit que l'un des principaux dirigeants de ce mouvement, en raison de ses devoirs religieux du vendredi et de ses devoirs d'État les autres jours, mettra un point d'honneur à prendre un congé les lundis pour se reposer et récupérer pour gérer tout cela.

D : D'après cela, pense-t-il que l'Ayatollah a délivré l'Iran de la sujétion ?
B : De leur point de vue.
D : Que signifie "l'avant-dernier du nom du prophète" ?
B : Il dit que le prophète fait référence au prophète musulman, Mahomet. Comme c'est la coutume dans cette partie du monde, il a toute une série de noms. Il dit que si vous trouviez une source qui présente tous ses noms et tous ses prénoms, alors vous auriez la possibilité d'en savoir plus, prenez l'avant-dernier nom qui n'est pas le nom de famille. cela vous donnera un indice sur la personne à qui il parle.
D : Parle-t-il du Shah d'Iran ?
B : Non, il parle des Ayatollahs.
D : Alors si je cherche les noms, je trouverai le nom de l'Ayatollah.
B : Oui. Il dit qu'il y a plusieurs ayatollahs. Quand vous cherchez le nom du prophète, supprimez mentalement le nom de famille et regardez les autres noms. puis prenez l'avant-dernier.
D : Je me demande s'il ne s'agit pas d'une anagramme.
B : Il dit que c'est à vous de le découvrir. Il ne vous dira pas tout. Maintenant qu'il a donné les indices, on devrait pouvoir trouver.

Lorsque j'ai essayé de trouver le nom complet de Mohammed, tout ce que j'ai trouvé, c'est que son père s'appelait Abdullah et sa mère Aminah. Son père appartenait à la famille de Hashim, qui était la tribu la plus noble de la Quraish de la race arabe, et on disait qu'il descendait directement d'Ismaël. Son grand-père était Abdul-Muttalib. Tout cela peut signifier quelque chose pour quelqu'un qui est familier avec les noms dans cette partie du monde, mais je ne suis pas en mesure d'isoler quoi que ce soit de significatif. (Informations trouvées dans A Dictionary of Islam, par Thomas Patrick Hughes).

SIÈCLE II-10

Avant long temps le tout sera rangé,
Nous esperons un siecle bien senestre
L'estat des masques & des seule bien changé,
Peu trouverant qu'à son rang vueille estre.

D'ici peu, tout sera organisé ;
Nous attendons un siècle très maléfique.
L'état des masqués et des solitaires a beaucoup changé,
Peu d'entre eux trouveront qu'ils souhaitent conserver leur rang.

B : Il dit que ce quatrain fait référence à une série d'événements, dont certains ont eu lieu et d'autres se déroulent encore. En général, concernant le diverses révolutions et réformes sociales qui ont eu lieu sur le continent asiatique au cours du 20e siècle. Selon lui, l'État des masqués et des solitaires fait référence à l'abolition du système des castes en Inde. Le quatrain fait également référence aux révolutions qui ont eu lieu au Moyen-Orient, notamment la révolution iranienne. L'expression "peu nombreux à vouloir conserver leur rang" fait référence au nouveau régime qui a pris la tête de l'Iran après le Shah. Ceux qui étaient au pouvoir sous le Shah essayaient de dissimuler leurs positions et de nier tout lien avec lui, afin de conserver ce qu'ils pouvaient. Le siècle du mal, c'est le temps qui s'annonce et qui inclut la période qui le précède. Le 20e siècle à partir de ... enfin, tout le siècle en particulier, mais surtout depuis la Seconde Guerre mondiale, n'a pas été particulièrement pacifique. C'est pourquoi il le qualifie de malévolent. Depuis la Seconde Guerre mondiale jusqu'à la fin de la période des troubles presque un siècle.

SIÈCLE I -70

Plui. faim, guerre en Perse non cessée,
La foi trop grand trahira le monarque:
Par la finie en Gaule commencee,
Secret augure pour à un estre parque.

La pluie, la famine et la guerre ne cesseront pas en Perse ;
Une trop grande foi trahira le monarque.
Les actions commencées en France s'y termineront,

un signe secret pour que l'on soit économe.

B : Selon lui, une partie de ce quatrain a déjà eu lieu dans un passé récent, et l'autre partie est encore à venir. Il dit que "une trop grande foi causera la chute du monarque", ce qui fait référence à la chute du Shah d'Iran. et que la montée de la secte fondamentaliste de l'Islam en Iran a été la cause fondamentale de ces troubles. Il dit que, de notre point de vue, les événements ne se sont pas encore tous déroulés. Ce quatrain est donc en train de se réaliser. Il dit que le "signe pour que l'on soit" se réfère aux nombreux bouleversements politiques qui se produisent encore dans cette partie du monde. L'un des hommes qui aidera l'Antéchrist à prendre le pouvoir se rendra compte qu'au lieu d'exécuter les gens sans discernement, certains d'entre eux, en raison de leurs relations, lui seront utiles, ainsi qu'à l'Antéchrist. Alors il leur donne plutôt du fil à retordre. "Ces actions ont commencé en France", se réfère à l'actuel Ayatollah parce qu'il était en exil en France. Il dit que cela signifie que l'Ayatollah a développé beaucoup de ses idées sur l'accession au pouvoir et la direction d'un État fondamentaliste. en exil. Il a commencé par avoir une vision déformée du monde et celle-ci a été renforcée lorsqu'il était en France. C'est là qu'il a cristallisé certaines de ses idées et qu'elles se sont légèrement déformées. Finalement, il est effectivement arrivé au pouvoir.

SIÈCLE I-13

Les exilez par ire, haine intestine,
Feront au Roy grand conjuration:
Secret mettront ennemis par la mine,
Et ses vieux siens contre aus sédition.

Par la colère et les haines internes,
les exilés ourdiront un grand complot contre le roi.
Secrètement, ils placeront des ennemis comme une menace,
et les anciens du roi trouveront à séduire contre eux.

B : Selon lui ce quatrain fait référence au problème du terrorisme qui a surgi au 20ème siècle. Il dit que les exilés font référence aux

Palestiniens. Il essayait de nous avertir sur certaines des atrocités qui seraient commises dans des actes de terrorisme.

Chapitre 4

Le Futur Proche

SIÈCLE II-42

Coq, chiens & chats de sang seront repeus
Et de la playe du tyran trouvé mort
Au lict d'un autre jambes & bras rompus
Qui n' aviat peur de mourir de cruelle mort.

Les coqs, les chats et les chiens seront gorgés de sang
Quand le tyran sera retrouvé mort
dans le lit d'un autre, les bras et les jambes brisés,
celui qui n'a pas eu peur meurt d'une mort cruelle.

B : Selon lui ce quatrain fait référence à plusieurs situations différentes. D'une part, à la situation actuelle au Nicaragua. Les "coqs, chats et chiens qui sont pleins de sang" se réfère à la façon dont les différentes forces s'allumeront et se chamailleront. Ce quatrain souligne que des puissances étrangères fournissent les troupes guérillas (prononciation espagnole.) Il montre également que ces troupes se battent dans les collines. Il dit que les coqs représentent les puissances étrangères, et en particulier la France. Les chats font référence aux guérilleros et à la façon dont ils se cachent et se faufilent dans la brousse. Ils sortent furtivement, se battent, puis retournent furtivement. Quant aux chiens, ils représentent les soldats et la façon dont ils avancent, en quelque sorte, en essayant de garder le contrôle par la force.
D : Cela signifie-t-il que la France est impliquée dans cette affaire ?
B : Oui. Ce n'est pas connu de tous, mais la France a des transactions sournoises dans cette affaire. Il vous demande de relire la suite du quatrain. (Je l'ai répété.) Il dit qu'il s'agit d'un dirigeant qui sera d'abord populaire au Nicaragua et qui sera ensuite assassiné. On pensera alors que ce dirigeant est pro-démocratique, pro-

occidental et pro-américain. Après son assassinat et la découverte de certains documents, on découvre qu'il est en fait plutôt pro-soviétique, c'est-à-dire qu'il est en d'autres termes, dans le lit d'un autre.

D : *Ensuite, il est dit : "Les deux bras et les deux jambes sont cassés. Celui qui n'a pas eu peur meurt s'une mort cruelle."*

B : Oui. C'est un avertissement aux dirigeants impliqués dans la situation, en particulier aux dirigeants du Nicaragua et des pays environnants. S'ils ne font pas attention, ils peuvent être renversés par des coups d'État militaires. En d'autres termes, leurs bras et leurs jambes seront brisés et ils ne pourront pas résister. Ils ne pourront rien faire. C'est aussi un avertissement aux aux dirigeants des puissances supérieures, comme les grands pays. S'ils s'impliquent trop dans ce qui se passe et les laissent déformer leur point de vue, cela peut avoir des répercussions négatives pour eux aussi.

Cette interprétation a été donnée en 1987, alors qu'il n'y avait pas de problèmes évidents dans cette zone. Depuis l'éclatement des troubles au Panama et en Amérique du Sud à la fin de l'année 1989, je pense que ce quatrain peut avoir de nombreuses significations se référant à cette région du monde.

D : *Les Etats-Unis sont-ils également impliqués dans cette affaire ?*

B : Oui. Il y a pas mal de nations impliquées. Les Etats-Unis sont les plus ouverts sur leur implication, simplement en raison de la nature de leur gouvernement. L'Union soviétique est impliquée et ses satellites tentent d'exercer une pression sur cette région du monde, en particulier sur Cuba. Il y en a d'autres, mais il n'est pas clair sur les noms de certains des petits pays impliqués. Il dit que le Japon est également impliqué, en raison de la pression exercée sur le Japon en matière de commerce international et d'autres situations dans le monde moderne.

D : *Les Soviétiques utilisent-ils leurs pays satellites ?*

B: Oui. La Bulgarie, l'Albanie et d'autres pays sont impliqués. Pour le dire en argot moderne, "les Soviétiques mènent une opération de blanchiment". Vous entendez parler de criminels qui obtiennent de l'argent par des moyens injustes et qui le blanchissent en le faisant passer par une autre société pour en faire de l'argent "propre". Les Soviétiques font quelque chose de similaire avec les armes et l'aide illégale en les faisant transiter par un autre pays. C'est le type d'assistance qui n'est pas tout à fait légale.

D : *Tout le monde est donc impliqué, mais personne ne le diffuse vraiment... sauf nous.*

B : Oui, exactement.

SIÈCLE I -51

Chef d' Aries, Jupiter & Saturne,
Dieu eternel quelles mutations?
Puis par long siecle son maling temps retourne
Gaule, & Italie quelles emotions?

La tête du Bélier, Jupiter et Saturne,
Dieu éternel, qu'est-ce qui change !
Alors les mauvais jours reviendront après un long siècle ;
quelle agitation en France et en Italie ?

D : *Les traducteurs ont pensé que ce quatrain comportait une erreur dans la composition.*

B: Il dit que c'est possible. C'est l'un des risques dans les relations avec la profession d'imprimeur.

D : *Dans le livre, il y a un point d'interrogation après "Dieu éternel, quels changements ?" Ils pensent que c'est une erreur, que c'est censé être un point d'exclamation, et ils l'ont changé.*

B : Selon lui, ce devrait être un point d'exclamation, parce qu'il s'exclamait. Il ne demandait pas quels changements, parce que les changements étaient très évidents pour lui dans sa vision. Il essaie de cerner le quatrain pour moi. Il dit que les troubles en France et en Italie se réfère à... eh bien, le terme du 20e siècle pour cela est "grèves ouvrières". Comme ce phénomène n'existait pas à son époque, il m'autorise à utiliser un terme du XXe siècle. Trois grands leaders mondiaux représentés par le Bélier, Jupiter et Saturne s'entretiennent ensemble pour conclure un accord visant à améliorer le sort du monde en général. Et les choses sembleront aller bien pendant un long moment. Il dit que certains des changements effectués sont de type communiste. Puis les travailleurs se rendront compte qu'une fois de plus, ils ont été lésés. Et ils commenceront donc à semer la zizanie pour tenter d'introduire des changements. Il n'est pas en mesure de de communiquer très bien avec ce quatrain. L'image principale qui (il utilise beaucoup d'images) est la couleur verte. Je ne sais pas ce que la couleur a à voir avec cela, mais il me montre sans cesse des images d'un champ d'herbe verte, comme si je flottais au-dessus en regardant vers le bas. Mais il n'arrive pas à faire le lien entre ces images et ce quatrain.

D : *Est-ce que c'est quelque chose qui n'est pas encore arrivé ?*

B : Il dit que c'est en train de se produire. Il me donne l'image du Bélier, Jupiter et Saturne en association avec Roosevelt, Churchill et Staline. C'est quelque chose qu'ils ont commencé et qui ne sera achevé qu'après le début du siècle prochain.

D : *Le traducteur pensait qu'il parlait d'une conjonction entre le Bélier, Jupiter et Saturne,*

B : C'est une chose très naturelle qu'ils pensent parce qu'il l'a écrit comme ça, dit-il, pour jeter le trouble en trompant la vigilance des chasseurs. Et je vois qu'il fait référence aux prêtres quand il dit cela.

D : *En français, il est écrit. "Chef de Aries", et on l'a traduit par "Tête de Aries".*

B : Il dit "Chef", ou "leader" ou "tête", ce qui est assez proche. Il dit que, selon toute les efforts de traduction ont été sincères, mais parfois malavisés dans certains cas.

SIÈCLE V-53

La loi du Sol, & Venus contendens
Appropiant l'esprit de prophetie:
Ne l'un ne l'autre ne seront entendus,
Par Sol tiendra la loy du grand Messie.

La loi du Soleil en compétition avec Vénus,
S'approprier l'esprit de prophétie
Ni l'un ni l'autre ne seront compris ;
la loi du grand Messie retenue par le Soleil.

D. *Il y a des signes astrologiques ici.*
B : Il dit d'arrêter de faire des suppositions.

D : Eh bien, vous savez que j'essaie de le faire aussi. (Rire)

B : Il dit de ne pas essayer de le faire, mais de communiquer ce que vous apprenez. Il semble être un peu pugnace aujourd'hui.

D : D'accord. J'en tire peut-être de mauvaises conclusions.

B : Il dit que bien qu'il soit astrologique et allégorique, ce quatrain se réfère au développement du christianisme. Il montre comment le christianisme a perdu son esprit. D'après lui, l'esprit et les intentions des gens n'étaient pas en accord avec ce que l'église catholique a permis d'imprimer dans la Bible. Et l'esprit et les émotions des gens n'étaient pas en harmonie avec l'Église. Mais ils la suivaient quand même par l'esprit parce que c'est ce que leurs parents avaient fait. Les enseignements présentés dans la Bible étaient suivis en surface, mais sans véritable conviction. Il dit qu'en conséquence la structure de l'église sera comme un bâtiment miné par de la pourriture sèche durant la période de troubles. Elle semblera solide et complète, mais elle sera en fait sur le point de s'effondrer en poussière. Il précise que l'Église catholique ne sera pas la seule à s'écrouler à ce moment-là. Il semble que les vibrations se soient modifiées d'une manière qui ne soit pas bonne, et qu'elles deviennent incontrôlables. La façon dont elles se développent n'est pas conforme à l'esprit de Dieu.

D : Parlez-vous du contrepoids de l'énergie ? Un groupe de personnes positives contre un groupe de personnes négatives ?

B : Il dit qu'il ne s'agit pas d'un équilibre des forces, car malheureusement, l'un des facteurs contribuant à la période de troubles est l'équilibre des forces temporairement altéré et que les forces dites "mauvaises" semblent avoir le dessus. Mais les forces reviendront dans l'autre sens et les choses s'équilibreront à nouveau après la période de troubles. Il dit qu'en ce moment l'équilibre est rompu, de sorte qu'il est très facile pour les influences négatives de s'épanouir. La balance penchant quelque peu en leur faveur, elles sont en mesure de prospérer grâce à une apparence bénévole. C'est ce que l'on entend dans les Ecritures comme d'être reconnu par les fruits de leur arbre.

D : En se référant à ce quatrain, John veut savoir si cela se produira lorsque le soleil sera en conjonction avec Vénus ?

J : En décembre 1990, Vénus sera en aspect étroit avec le soleil dans le signe du Sagittaire. Cela signifie-t-il que ce sera le moment où les soi-disant "chrétiens" seront en déclin et que des personnes plus spirituelles prennent leur position ?

B : Il dit que ce sera une période de bouleversements. Le changement commencera à s'opérer en profondeur mais ne se manifestera pas à ce moment-là. Les soi-disant "chrétiens" auront encore leur jour au soleil, mais ils ne s'en sortiront qu'accidentellement. Ceux qui sont vraiment spirituels n'auront pas à faire quoi que ce soit eux-mêmes, mais s'engouffreront simplement dans la brèche laissée.

J : Pouvons-nous avoir une date pour cela ?

B : Il dit que ces événements se dérouleront comme le flux d'une rivière au cours de la prochaine décennie, mais il ne précise pas de date précise.à laquelle ils se produiront.

D : Peut-être que ce sera graduel.

SIÈCLE II -64

Seicher de faim, de soif, gent Genevoise,
Espoir prochain viendra au defaillir:
Sur point tremblant sera loi Gebenoise.
Classe au grand port ne se peut acuillir.

Le peuple de Genève se dessèche de soif et de faim,
Les espoirs n'aboutiront pas ;
La loi des Cévennes sera à bout de souffle,
La flotte ne pourra être reçue dans le grand port.

B : Il dit que ce quatrain fait référence aux circonstances par lesquelles, dans le monde en général, plus la situation politique devient confuse, moins les diplomates seront efficaces lors de leurs conventions de Genève. La Suisse est connue pour être un pays neutre, et il se rend compte que c'est également le centre financier et bancaire. Au fil des tribulations et des conflits mondiaux, les ressources des diplomates ne cesseront de se tarir, de sorte qu'ils ne pourront pas faire progresser en direction de discussions constructives entre les dirigeants du monde. En outre, en raison des troubles mondiaux, l'économie mondiale sera quelque peu chancelante. Les banquiers de Genève vont avoir le sentiment que leurs ressources et leur pouvoir se tarissent, car ils ne peuvent plus être aussi efficaces qu'auparavant.

D. Est-ce que c'est ce qu'il veut dire par "la loi des Cévennes atteindra un point de rupture" ?

B : Oui, il dit que Cévennes est l'anagramme du nom de l'homme qui a développé la structure économique de base de votre économie. Et comme toutes les constructions de ce type, elle a ses défauts. Cette situation atteindra le point de rupture, de sorte que l'ensemble va s'effondrer et qu'un nouveau système économique et bancaire devra être construit. Mais, selon lui, même dans ce cas, ce ne sera qu'une solution temporaire. Une fois l'Antéchrist maîtrisé et le grand génie venu, ce problème sera résolu, et ne s'appliquera plus parce que la façon de faire les choses dans le monde sera très différente de ce qu'elle est aujourd'hui.

La seule personne que j'ai pu trouver qui pourrait être celle à laquelle l'anagramme de Cévennes fait référence est John Maynard Keynes. C'était un économiste qui a influencé notre mode de vie moderne.

SIÈCLE IV-99

L'aisné vaillant de la fille du Roy,
Repoussera si profond les Celtiques.
Qu'il mettra foudres, combien en tel arroi
Peu & loing puis profond és Hesperiques.

Le courageux fils aîné de la fille d'un roi
Repoussera les Celtes très loin.
Il utilisera les foudres, si nombreux et si nombreux,
Peu nombreux et éloignés, puis profondément à l'ouest.

B : Il dit que cela n'a pas encore eu lieu. Ce quatrain fait référence à la manière dont le problème irlandais sera résolu. Il dit que l'île d'Eire, la nation irlandaise, est profondément divisée et ce depuis des siècles. Le problème sera résolu par un prince. Il n'est pas en mesure de préciser s'il fait référence au prince Charles ou à l'un de ses fils, mais l'un d'eux aura un rôle majeur à jouer pour ramener la paix en Irlande. Cet homme trouvera un moyen de pression pour traiter le afin de l'amener à la paix. fin d'y mettre un terme, de sorte que les Irlandais aient à choisir entre la destruction totale et la paix. Au début, la menace de destruction totale sera très imminente, très réelle et très proche. Mais au fur et à mesure qu'ils seront forcés de résoudre leurs problèmes et qu'ils trouveront des solutions viables, la menace de destruction s'éloignera. C'est comme le grondement d'un orage à l'horizon. La nation irlandaise sera à nouveau unie et non plus divisée comme l'Empire britannique la maintient actuellement.

D : Ils pensent qu'en parlant de foudres, il veut dire missiles ou fusées.

B : C'est l'une des menaces que le prince utilisera. Il ne mettra pas sa menace à exécution, mais il s'en servira pour exercer plus de pression.

D : Les traducteurs disent que les Celtes représentent les Français.

B : (en colère) Foutaises ! Les Celtes étaient à l'origine sur l'île britannique en Écosse, au Pays de Galles et en Angleterre. Les Romains et les Anglo-Saxonsles ont chassés vers l'ouest, de l'autre côté de la mer, jusqu'en Irlande où ils se sont intégrés au peuple irlandais.

D : Grâce à mon travail, j'ai pu communiquer avec des Celtes qui vivaient en Irlande à cette époque. Mais le traducteur dit : "Les Celtes dont il est question sont des Français qui sont repoussés par un chef non identifié."

B : Je suggère que nous poursuivions. Michel de Notredame est en train de s'énerver. Il ne se gère pas très bien cette fois-ci. Sa moustache fait des choses étranges.

SIÈCLE IV-84

Un grand d'Auxerre mourra bien miserable,
Chasse de ceux qui soubs lui ont esté:
Serré de chaines, apres d'un rude cable,
En l'an que Mars, Venus & Sol, mis en esté.

Un homme important d'Auxerre mourra très misérablement,
Chassé par les gens qui étaient sous ses ordres.
Lié par des chaînes, puis par une forte corde,
L'année où Mars, Vénus et le Soleil sont en conjonction en été.

B : Il dit que cet événement devrait avoir lieu au cours de cette décennie (années 1980). Lorsqu'il utilise l'expression "en été", il

pense au plein été, lorsque Sirius est haut dans le ciel. L'homme qui sera chassé était un bon chef et un homme bon, mais il y a eu une campagne contre lui pour salir son nom. Il dit qu'il sera chassé du pouvoir par des chaînes et que finalement, au cours d'un émeute quelconque, il sera pendu. Il dit qu'il s'agit d'un de ces petits événements qui, bien plus tard, seront perçues comme ayant un lien avec une réalité plus large. Il dit que cet incident est l'une de ces petites choses qui, plus tard, seront perçues comme étant les precurseurs de la période des troubles.
D : *Quel est le lien avec le nom "Auxerre" ?*
B : Il dit que ce nom fait référence à la région d'où vient cet homme. Il ne peut pas me donner un lieu précis, mais il me donne une idée du sud de l'Europe, pas très loin de la côte.
J : *Cette conjonction aura-t-elle lieu dans le signe de feu du Lion ?(Elle acquiesce d'un signe de tête et John s'empresse de feuilleter son livre). Alors j'ai la date. Ces planètes seront en conjonction le 23 juillet 1989.*

John a trouvé cette date très rapidement en jetant un coup d'œil à l'éphéméride pendant le déroulement de la session. Plus tard, après un examen plus approfondi il a constaté qu'il ne s'agissait pas d'une véritable conjonction, mais que les trois planètes étaient en Lion. Il est rare que ces trois planètes soient en conjonction exacte. En examinant le quatrain, nous avons découvert qu'il avait peut-être été mal traduit. Le français ne dit pas "conjunct", mais "mis en este", ce qui peut être traduit littéralement par "placé en été". Si c'est ainsi que Nostradamus voulait que le quatrain se lise, alors il n'est pas nécessaire qu'il s'agisse d'une véritable conjonction ; toutes les planètes peuvent être ensemble dans le même signe. En astrologie moderne, les planètes ne doivent pas être éloignées de plus d'une dizaine de degrés pour qu'une véritable conjonction soit considérée comme telle. Lorsque les traducteurs ont interprété ce quatrain, ils n'étaient peut-être pas conscients du fait qu'une véritable conjonction exige un certain nombre de degrés. Si mes hypothèses sont exactes, alors la date que Jean a donnée si hâtivement pour cette prédiction serait correcte. Les trois planètes sont en Lion à partir du 23 juillet 1989 et restent dans ce signe pendant environ une semaine.

À l'époque où cette prédiction a été faite, en 1987, je l'ai trouvée absurde et n'ayant aucune chance de se réaliser. Je supposais que

Nostradamus voyait la mort d'un dirigeant de pays. Cela me semblait absurde parce que de nos jours les dirigeants ne sont pas pendus, et lorsqu'ils sont assassinés, ils sont généralement abattus. Mais étrangement, cette prédiction s'est réalisée d'une manière à laquelle je ne me serais pas attendu. Presque jour pour jour, le 31 juillet 1989, il a été annoncé que le LL Colonel William Higgins avait été pendu à Beyrouth, au Liban, par des musulmans chiites pro-iraniens. en représailles à la capture d'un religieux musulman influent. Higgins était à la tête d'un groupe d'observateurs rattaché à la force de maintien de la paix de l'ONU au Sud-Liban lorsqu'il a été enlevé en février 1988.

Le symbolisme de Nostradamus ne semble que trop bien s'y prêter. Le quatrain se lit comme suit "Chassé par le peuple qui était sous ses ordres". Le mot "chasse" en français peut également être traduit par "chassé ou poursuivi". Cela conviendrait s'il s'agissait des personnes qui l'ont enlevé. ou des troupes sous ses ordres, qui l'ont certainement recherché. L'expression "enchaîné" pourrait certainement faire référence à son année d'emprisonnement par ses ravisseurs avant qu'il ne soit pendu "avec une corde solide". "Auxerre" peut encore détenir l'une des clés d'une anagramme non résolue. La date était décalée de quelques jours, mais certains experts ont émis l'hypothèse que le lieutenant-colonel Higgins était peut-être déjà mort lors de l'enregistrement vidéo de sa pendaison. Ainsi, un homme important "mourra très misérablement", et je crois que les répercussions n'ont pas encore été ressenties. Les navires américains ont été envoyés dans cette zone dans l'attente de la mort d'autres otages, et des hostilités ouvertes auraient pu éclater. Mais après quelques semaines, les choses se sont calmées dans une atmosphère de malaise et d'attente de l'inattendu.

SIÈCLE IV-55

Quant la corneille sur tour de brique joincte,
Durant sept heures ne fera que crier:
Mort presagee de sang statue taincte,
Tyran meutri, aux Dieux peuple prier.

Lorsque le corbeau d'une tour en briques,
Ne fera rien d'autre que croasser pendant sept heures ;

Il annonce la mort, une statue tachée de sang,
Un tyran assassiné, des gens qui prient leurs dieux.

B : Il dit que ce quatrain se déroule à l'époque des troubles et qu'il est presque entièrement symbolique. Le corbeau assis sur la tour qui croasse représente les médias et leurs satellites de communication qui survolent le monde en croassant des nouvelles de malheur. Il utilise également la tour comme symbole d'un changement soudain et peut-être douloureux.

D : *Oh, comme la carte de Tarot.*

B : Oui, il utilise le symbolisme de la carte de Tarot. Les médias d'information qui ne font que croasser pendant sept heures représentent le fait que les commentateurs s'assoyant pour faire des spéculations sur ces événements mondiaux et ce faisant pendant sept ans au cours de ce conflit. Et ils prédiront le pire. Il dit qu'"une statue tachée de sang" représente les États-Unis (par la statue de la Liberté) initiant un acte qui, au sens figuré, leur mettra du sang sur les mains. Il a donc représenté cela en disant "une statue tachée de sang". Il dit qu'il y aura un général à la gâchette facile, ou quelqu'un de haut rang, qui demandera une force de frappe spéciale dont le grand public ne connaît pas l'existence. Cette force de frappe a été conçue à l'origine pour protéger le président, un vice-président, ou quelqu'un comme ça. Où qu'ils soient dans le monde, s'il leur arrive quelque chose ou s'ils ont des ennuis, cette force de frappe peut les sauver et se venger des offenseurs. À la suite d'un malentendu, quelqu'un pensera que le président est en danger, alors qu'il n'en est rien, et la force de frappe sera envoyée, ce qui provoquera un grand brouhaha et énormément de répercussions. Les corbeaux auront commenté négativement sur la situation mondiale en général, mais lorsque cet événement se produira, ils vont vraiment se régaler. Tout d'abord, ils vont pouvoir faire des commentaires à l'avance, car quelqu'un dirigera accidentellement son avion là où se trouve le Président, et les journalistes commenceront à spéculer sur ce qui se passe. Puis, une fois l'événement passé, ils le décortiqueront jusqu'à la moelle. Mais pendant ce temps, tout le monde aura l'espoir que les répercussions ne soient pas trop graves. Le fait que les gens prient leurs dieux signifie que tout un chacun utilisera les méthodes qui lui sont familières pour se calmer, comme avoir la foi et laisser les puissances supérieures gérer tout au mieux.

D : Mais il est écrit "un tyran assassiné". Cela en fait-il partie ?

B : Oui, cela en fait partie. La force d'intervention se rend à la rescousse du Président parce qu'ils pensent qu'il est en danger d'être kidnappé ou quelquechose dans ce genre. Nostradamus donne l'impression que la France va être impliquée d'une manière ou d'une autre dans cette affaire. La force de frappe, pensant que la situation est différente de ce qu'elle est, finira par tuer un fonctionnaire qui est avec président. Le représentant du pays où cela se produira sera un membre du cabinet, un premier ministre ou quelqu'un d'assez haut placé dans le gouvernement de ce même pays. Mais il finira par être assassiné par cette force de frappe alors qu'elle est en train de "sauver" le président. Cela se passera dans les années 1990.

D : Y a-t-il une signification au fait que la tour soit faite de briques ?

B : Cela indique que l'événement sera une situation créée par l'homme plutôt qu'une catastrophe naturelle, puisque la brique est fabriquée par l'homme. Il a dit que s'il avait voulu symboliser une catastrophe naturelle, il aurait appelé cela une tour en pierre, puisque les pierres sont formées par la nature.

D : Je commence à comprendre que tout ce qu'il utilise a une raison.

SIÈCLE II -78

Le grand Neptune du profond de la mer,
De gent Punique & sang Gaulois meslé:
Les isles à sang pour le tardif ramer,
Plus lui nuira que l'occult mal celé.

Le grand Neptune des profondeurs de la mer,
De race africaine et de sang français mêlés,
Les îles restent ensanglantées à cause du plus lent ;
Cela lui fera plus de mal qu'un secret mal dissimulé.

B : Il dit que ce quatrain fait référence aux événements qui se dérouleront dans les îles des Caraïbes pendant la période des troubles. Il dit qu'en raison de la nature de la société là-bas, les politiques malhonnêtes y sont normales et, au temps de l'Antéchrist, elles deviendront encore plus flagrantes. À un moment donné, ils creuseront ainsi leur propre "tombe", et certains secrets mal dissimulés seront révélés au grand jour, ce qui entraînera certaines personnes importantes à leur perte.

Il m'est soudain venu à l'esprit que l'expression "de race africaine mélangée à du sang français" pouvait faire référence à Haïti.

B : Oui. Il dit qu'Haïti est l'une des îles des Caraïbes. Il dit que "le lent" se réfère au président américain qui sera lent à réagir aux agressions extérieures. L'expression "les îles restent ensanglantées" fait référence aux batailles navales qui se dérouleront autour des îles. Pendant ce temps, les îles demandent la protection des États-Unis et le président tarde à réagir. tarde à réagir. En désespoir de cause, certains dirigeants des îles révèlent certains événements qui impliquent le président américain, d'une manière qui lui vaudra les mêmes ennuis qu'à Nixon lors du Watergate. Il dit tous les dirigeants ont des secrets qui pourraient leur attirer ce genre d'ennuis. Il s'agit simplement de garder les secrets cachés.

D : Je n'avais pas réalisé qu'ils allaient s'approcher aussi près de notre continent.

B : Il dit qu'il ne s'agira pas de forces directement soumises à l'Antéchrist, mais d'autres pays agressifs qui profiteront de la rupture de l'équilibre des puissances mondiales.

Lorsque j'ai préparé ce livre pour l'impression, j'ai été étonné par la similitude entre cette prédiction et ce qui se passait alors (en 1989) au Panama et en Amérique centrale. Je crois que le président américain que l'on a appelé "le lent" pourrait à juste titre décrire George Bush. Les médias ont continuellement fait référence à son hésitation à réagir à des situations agressives. De même, lors de l'invasion du Panama, des rumeurs que des secrets pourraient être révélés à son sujet. Ce quatrain pourrait signifier que que nous ne sommes pas au bout de nos peines dans notre propre secteur, avec les pays et les îles des Caraïbes.

Chapitre 5

L'Antéchrist émerge

VOICI QUELQUES POINTS DE PLUS sur le puzzle de l'Antéchrist et de ses ambitions de conquête du monde. Ils peuvent nous aider à comprendre les longues prédictions de Nostradamus sur les temps de troubles à venir.

SIÈCLE V-25

Le prince Arabe Mars , Sol, Venus, Lyon,
Regne d'Eglise par mer succombera.
Devers la Perse bien pres d'un million.
Bisance, Egypte, ver. serp. invadera.

Le Prince arabe, Mars, le Soleil, Vénus et le Lion,
Le règne de l'Eglise succombera à la mer.
Vers la Perse, près d'un million d'hommes envahiront l'Egypte et Byzance, le vrai serpent.

B : Il dit qu'il ne faut pas s'étonner que cela fasse référence à des troubles au Moyen-Orient. Les dirigeants auront des motivations différentes les poussant à s'impliquer dans ce conflit. L'un des dirigeants est égoïste et veut être sous les feux de la rampe. L'autre dirigeant a des sentiments mitigés à ce sujet. Il est fanatique, il est donc fanatique au sujet de son pays, mais ce fanatisme est à la limite de l'amour et de la haine. Parfois, lorsque ce leader reprend ses esprits, il se rend compte qu'il est obsédé, mais il ne peut rien y faire. Ces deux dirigeants vont conspirer ensemble pour perturber l'équilibre du pouvoir mondial. Il dit qu'ils s'affranchiront des frontières de leurs pays et qu'ils prendront le dessus sur le reste du monde, dans une manœuvre très rapide et brillante. C'est pourquoi il mentionne l'Égypte et Byzance, parce que chaque leader se développera dans une direction distincte, mais ils seront alliés ensemble.

Lorsqu'il mentionne Byzance, il fait référence à la Turquie. Istanbul (Constantinople) a été construite sur le site de cette ancienne ville. Il est devenu de plus en plus évident que lorsqu'il mentionnait un nom de lieu dans ses quatrains, il ne faisait souvent pas référence à la ville en tant que telle, mais au pays dans lequel elle était située.

D : *Ils ont traduit Mars, le Soleil, Vénus et le Lion en conjonctions astrologiques. et ils ont essayé de déterminer une date en faisant cela.*

B : Il a utilisé ces signes astrologiques pour être en mesure de donner des esquisses de la personnalité des dirigeants concernés en un ou deux mots seulement. Si l'on connaît les associations et les caractéristiques horlogères et astrologiques de ces planètes et des signes astrologiques, on peut se faire une idée des types de personalité de ces différents dirigeants.

L'autre partie de ce quatrain est interprétée au chapitre 16, "Le ravage de l'Eglise".
Ravage de l'Église", Volume I.

SIÈCLE I -47

Du lac Leman les sermons fascheront,
Les Jours seront reduicts par les sepmaines:
Puis mois, puis an, puis tous deffailliront,
Les magistrats damneront leurs loix vaines.

Les discours du lac Léman vont se mettre en colère,
Les jours s'étireront en semaines,
puis des mois, puis des années, puis tout échouera.
Les autorités condamneront leurs pouvoirs inutiles.

B : Il dit que ce quatrain fait référence à l'une des raisons de la rupture des relations diplomatiques et des communications qui se produiront dans toute l'Europe pendant la période des troubles. Les dirigeants se réuniront pour discuter de choses importantes et prendre des décisions. Ils ne pourront pas commencer parce qu'ils se disputeront sur des choses mineures, comme la forme de la table autour de laquelle ils doivent se réunir, qui doit s'asseoir à la tête de la table, et d'autres choses encore, jusqu'à ce que tout le projet tombe à l'eau. Ils finissent par ne pouvoir discuter d'aucune des choses importantes dont ils s'étaient réunis pour discuter à cause de toutes ces querelles sur des détails mineurs.

D : Ils pensent que le Lac Léman fait référence à la Société des Nations ou à Genève.

B : Il dit que le lac Léman fait référence à un grand lac en Suisse, près de l'endroit où ils se rencontreront.

SIÈCLE III-34

Quand le deffaut du Soleil lors sera
Sur le plain jour le monstre sera veu:
Tout autrement on l'interpretera,
Cherté n'a garde mil n'y aura pourveu.

Quand l'éclipse de soleil sera terminée,
En plein jour, on verra le monstre :
Il sera interprété tout à fait différemment ;
Ils ne se soucieront pas de la dépense, aucun n'y aura pourvu.

B : Il dit que ce quatrain fait référence à l'apparition de l'Antéchrist dans l'arène internationale. Pendant de nombreuses années, l'Antéchrist travaillera silencieusement dans les coulisses, consolidant son pouvoir. Mais la structure qu'il a construite ne sera pas visible jusqu'à ce qu'un événement se produise qui atténue temporairement la puissance apparente des grandes nations. On pense que cet événement présentera un recul temporaire de l'image que ces nations projettent depuis de nombreuses années. Les gens verront que quelque chose d'autre s'est également produit. L'Antéchrist et son organisation ne lésineront pas sur les moyens pour aider l'organisation à se développer et à gagner en puissance. Les gens contre lesquels ils se positionnent ne seront pas préparés à cela, car ils ne connaîtront pas cette menace particulière.

D : *Les traducteurs ont interprété cela comme signifiant que quelque chose se passera pendant une éclipse de soleil.*
B : Il dit que c'est une métaphore. Il semble qu'il y aura une éclipse de soleil à un moment crucial, mais il n'en parlait pas d'une manière spécifique.

SIÈCLE I-18

Par la discorde negligence Gauloise,
Sera passaige à Mahommet ouvert:
De sang trempé la terre & mer Senoise,
Le port phocen de voiles & nefs convert.

A cause de la discorde et de la négligence des Français,
Une ouverture sera donnée aux mahométans.
La terre et la mer de Sienne seront trempées dans le sang,
Et le port de Marseille sera couvert de navires et de voiles.

Il a corrigé ma prononciation des noms.

B : Il dit que ce quatrain fait référence à des événements qui, pour la plupart, se sont déroulés dans le passé, y compris l'occupation de la France et la campagne nord-africaine des puissances de l'Axe pendant la Seconde Guerre mondiale. Il ajoute qu'un schéma similaire d'événements se produira également à l'époque de l'Antéchrist. La négligence des puissances de l'OTAN sera l'un des éléments qui aideront l'Antéchrist à s'emparer de l'Europe.
D : *Je crois que vous avez déjà dit qu'ils ne se rendraient compte de ce qui se passe que bien trop tard.*

SIÈCLE VIII-30

Dedans Tholoze non loing de Beluzer
Faisant un puis long, palais d'espectacle,
Tresor trouvé un chacun ira vexer,
Et en deux locz & pres del vasacle.

A Toulouse, non loin de Beluzer
faire d'une fosse profonde un palais du spectacle,

le trésor trouvé viendra contrarier tout le monde
En deux lieux et près du Basacle.

B : Il dit que ce quatrain fait référence à des événements qui se produiront à l'époque de l'Antéchrist. Les noms de lieux indiquent la localisation en France près de Beluzer et Toulouse. La grande catastrophe sera causée par la détonation accidentelle d'armes enterrées ou d'autres armes dissimulées. L'événement ridiculisera les responsables. Le palais des spectacles est une analogie à leur position qui n'est plus respectée. Ils sont une source de moquerie car ils ont pris une très mauvaise décision en faisant preuve de mauvais jugement. Des informations seront révélées concernant corruption en haut lieu, ce qui causera la consternation, non seulement en France mais aussi dans une autre nation, car il s'agira d'informations concernant des tractations diplomatiques. L'information est symbolisée par le trésor trouvé. Ces informations seront révélées à un mauvais moment et alarmeront les parties concernées. et alarmera les parties concernées.

D : *C'est ce qui est compris par "le trésor trouvé viendra contrarier tout le monde en deux endroits et près du basacle".*

Le dictionnaire définit le basacle comme une balançoire ou un appareil similaire en équilibre. Un pont basacle est un pont-levis. Nostradamus doit insinuer quelque chose avec ce symbolisme.

B : Ceux qui sont en France sont ceux qui auront un pauvre jugement concernant ces armes qui y sont dissimulées. Cela causera des contrariétés dans la capitale.

D : *Les traducteurs disent qu'ils ne peuvent pas identifier le mot "Beluzer". Ils pensent que qu'il s'agit d'une anagramme.*

B : Il dit que c'était un village à son époque, un endroit assez rural. Il a nommé cet endroit tout en sachant que le nom changerait ou que le village n'existerait plus. Les armes en question seraient dissimulées dans une zone rurale où il y aurait moins de chances que quelqu'un les découvre.

D : *A-t-il donné le nom d'un village rural pour symboliser le fait que les armes sont enterrées dans un lieu rural ? enterrées dans un lieu rural ?*

B : Non, ce n'est pas un symbole. C'est l'endroit. Les armes y seront enterrées près de ce village rural (Beluzer), mais son nom aura changé au cours des siècles ou peut-être de la plupart des gens auront déménagé, ainsi, on ne l'appellera peut-être même plus un village.

D : *Cela expliquerait pourquoi les traducteurs n'ont pas pu identifier un lieu à notre époque.*

SIÈCLE II-59

Classe Gauloise par appuy de grande garde,
Du grand Neptune, & ses tridens souldars:
Rongée Provence pour soustenir grand bande,
Plus Mars Narbon, par javelots & dards.

La flotte française avec le soutien de la garde principale
Du grand Neptune et de ses guerriers au trident ;
La Provence s'est débrouillée pour soutenir cette grande troupe,
D'ailleurs, à Narbonne, on se bat avec des javelots et des flèches.

B : Il dit que cela fait référence à la campagne européenne de l'Antéchrist. Les navires débarqueront et les forces commenceront à s'enfoncer à l'intérieur des terres en les subjuguant sous leur pouvoir. Il dit que ce sera comme une horde de sauterelles traversant le pays car ils le dépouilleront de sa nourriture pour soutenir l'armée et rendre la vie difficile à la population locale.

D : *Quand il parle de javelots et de flèches, ce n'est pas vraiment ce qu'il veut dire, n'est-ce pas ?*

B : Non. Il parlait simplement des combats. Il dit qu'au lieu de javelots et des flèches, ce seront des balles et des engins semblables à des lances tirées par des fusils, mais il se peut qu'il fasse référence aux obus de mortier. De plus, il dit qu'il y aura de nouvelles armes qui ont été développées en coulisses et que ce véhicule et vous ne le savez pas encore, parce qu'elles n'ont pas encore été révélées au public.

SIÈCLE I -73

France à cinq pars par neglect assaillie,

Tunis, Argel esmuez par Persiens:
Leon, Seville, Barcelonne faillie
N'aura la classe par les Venetiens.

La France sera accusée de négligence par ses cinq partenaires.
Tunis, Alger agitées par les Perses.
Léon, Séville et Barcelone ayant échoué,
Ils n'auront pas de flotte à cause des Vénitiens.

B : Il dit que ce quatrain a une double signification. Le premier se réfère à la ligne Maginot pendant la Seconde Guerre mondiale. La France a consacré toutes ses défenses à la construction d'une ligne de défense entre elle et l'Allemagne, d'un bout à l'autre de sa frontière jusqu'à la frontière belge. l'Allemagne aura l'audace de contourner la ligne et de traverser la Belgique pour atteindre la France. En cela, ils ont manqué de sagacité et ils ont échoué. Il affirme également que ce quatrain fait référence à certaines des campagnes méditerranéennes de la Seconde Guerre mondiale, mais il se réfère aussi à l'époque où l'Antéchrist fera campagne pour s'emparer de l'Europe. Les pays du sud de l'Europe seront les premiers à ressentir les effets de cette campagne, car il arrivera par le sud en traversant la Méditerranée. Ces pays sont les suivants : la Grèce, la Turquie, l'Italie, la France et l'Espagne.

D : *Qui sont donc ces cinq partenaires ?*

B : Il dit qu'au début de la Seconde Guerre mondiale, les alliés se livraient à pas mal de coups de poignard dans le dos. Ils disaient à la France à quel point elle était stupide de mettre toutes ses défenses dans ce mur inutile que les Allemands ont contourné.

D : *Les traducteurs disent que cela signifie que la France a été attaquée sur cinq côtés.*

B : Non, il dit que cela fait référence à des dissensions dans les rangs, pour ainsi dire. Il ajoute que cela se produira aussi un peu pendant le conflit à venir, mais pas dans la même mesure. mais pas au même degré. Au début de la Seconde Guerre mondiale, un comportement aussi audacieux que celui des Allemands était totalement inconnu dans l'histoire moderne. Mais cette fois-ci, le monde sera mieux préparé. Lorsque l'Antéchrist commencera à agir et à faire preuve d'audace, le monde ne sera pas surpris - ou ne sera pas aussi surpris - que les autres, et saura les mesures à prendre pour y faire contrepoids.

D : *Je pensais que Séville et Barcelone concernaient l'Espagne, mais dans un autre quatrain, je croyais qu'il avait dit que la péninsule ibérique ne serait pas prise par l'Antéchrist.*

B : C'est exact. Mais cela n'empêchera pas l'Anti-Christ d'essayer. Il ne réussira pas, en partie parce que sa flotte sera concentrée dans la partie centrale et orientale de la Méditerranée pour tenter de s'emparer de cette partie de l'Europe. D'autre part, parce que la station navale britannique de Gibraltar aura une influence sur le sort de la péninsule ibérique. Il est vrai qu'elle ne sera pas prise, mais elle sera impliquée dans le conflit.

SIÈCLE II-47

L' ennemi grand vieil dueil meurt de poison,
Les souverains par infiniz subjugez,
Pierres plouvoir, cachez soubz la foison,
Par mort articles en vain sont alleguez.

L'ennemi voit avec douleur le vieillard mort empoisonné ;
Les rois sont vaincus par un nombre incommensurable.
Il pleut des pierres, cachées sous la toison ;
L'homme mort fait valoir de vains articles.

B : He says this quatrain refers to some of the victories obtained by the Chinese army during the time of troubles. The fleece refers to the quilted jackets they wear as part of their uniform. A rain of stones refers to the hail of bullets that will rain down upon anyone facing this army.

D : *"The enemy watches with grief, the old man dead from poison"?*

B : There'll be a beloved leader who will have been poisoned. They will all stand around watching him die and not be able to do anything about it.

Lors de la rédaction de ce livre, j'ai supposé que ce quatrain faisait référence à la guerre à venir contre l'Antéchrist, d'autant plus que l'armée et les balles sont mentionnées. Mais lorsque les troubles internes ont éclaté en Chine en mai et juin 1989, je me suis demandé s'il pouvait s'agir d'une référence. Cela aurait été un événement inconcevable en 1987 lorsque ce quatrain a été traduit. Qui aurait pu penser que l'armée chinoise tirerait sur son propre peuple ? Bien que la référence à "une pluie de pierres cachées sous la toison" puisse également être traduite littéralement, car les étudiants ont effectivement jeté des pierres sur les soldats et les chars qui avançaient. Ce quatrain pourrait faire référence à l'issue finale des problèmes dans ce pays. "Les rois sont vaincus par un nombre incommensurable" pourrait certainement faire référence à l'énorme population de la Chine. Brenda a dit que "l'ennemi regarde avec douleur le vieil homme mort empoisonné", ce qui signifie qu'un dirigeant serait empoisonné et qu'ils le regarderaient mourir sans rien pouvoir faire. Je me demande s'il ne s'agit pas d'un poison symbolique et s'il ne fait pas référence à la mort du type de gouvernement sous lequel le peuple chinois vit à l'heure actuelle ? J'ai l'impression que si c'est l'une des interprétations de ce quatrain, il ne s'agira pas d'une révolution soudaine, mais d'une révolution graduelle.

SIÈCLE I-90

Bourdeaux, Poitiers au son de la campane,
A grand classe ira jusques à l'Angon:
Contre Gaulois sera leur tramontane,
Quand monstre hideux naistra pres de Orgon.

Bordeaux et Poitiers au son de la cloche,
iront avec une grande flotte jusqu'à Langon.
Une grande rage s'élèvera contre les Français,
Quand un monstre hideux naîtra près d'Orgon.

B : Il dit que ce quatrain fait référence à des événements qui se dérouleront à l'époque de l'Antéchrist. Il dit que la "grande rage qui s'élèvera contre les Français lorsqu'un monstre hideux naîtra près d'Orgon" se réfère au pape français qui sera l'instrument de l'Antéchrist.

D : *Ils ont interprété cela littéralement comme la naissance d'un monstre, disant "C'est probablement comme l'enfant à deux têtes que Nostradamus a vu et décrit dans un autre livre."*

B : Il dit qu'il ne voit pas pourquoi c'est ainsi... Comment pourraient-ils penser que cela pourrait provoquer une colère contre toute la France ? Je propose de passer au quatrain suivant. Michel de Notredame s'énerve à nouveau.

D : *Eh bien, de temps en temps, j'aime bien lui dire ce qu'ils ont dit.*

SIÈCLE III-17

Mont Aventine brusler nuict sera veu,
Le ciel obscur tout à un coup en Flandres:
Quand le monarque chassera son nepveu,
Les gens à Eglise commettront les esclandres.

Le mont Aventin sera vu en train de brûler la nuit,
Le ciel des Flandres sera soudainement obscurci ;
Quand le roi chassera son neveu,
Leurs ecclésiastiques commettront des scandales.

B : Il dit que cela a plusieurs significations, dont l'une a déjà eu lieu par le passé. Les autres significations ont trait à des événements dans le futur. Il dit que le mont Aventin vu en flammes fait référence à la destruction de Rome par l'Antechrist, parce que c'est l'une des sept collines de Rome. Il dit que le ciel des Flandres qui se couvre soudainement, fait référence, en partie, à la façon dont les systèmes météorologiques seront perturbés, en raison des changements survenus sur la terre. Cela fait également référence à la fumée et à la poussière soulevées par les armées de terre en marche sur les champs de bataille et les armées qui se battent. Il dit que vous remarquerez que chaque fois qu'il y a une bataille et qu'un vacarme est soulevé par la violence, il y a toujours une tempête après. Les combattants l'ont observé. C'est parce que la source d'énergie centrale sait que la bataille est contraire à ce que l'univers entier essaie d'accomplir. C'est pourquoi la sagesse de la terre a vu que le moyen le plus rapide d'arrêter une bataille est de commencer à déverser de la pluie et personne n'aura le cœur de se battre. Il dit également que le roi chassant le neveu et les hommes d'église commettent des scandales signifie qu'en prenant le contrôle de l'église catholique, l'Antéchrist demandera au pape de déshériter et d'excommunier certains cardinaux. ce qui

provoquera un grand scandale dans l'église, exposant d'autres choses scandaleuses qui se sont produites.
D : *Je pensais que le roi faisait référence au pape.*
B : Le neveu fait référence aux cardinaux qui seront excommuniés.

SIÈCLE IV-64

Le deffaillant en habit de bourgeois,
Viendra le Roi tempter de son offence:
Quinze souldartz la plupart Ustagois,
Vie derniere & chef de sa chevance.

Le défaillant, habillé en citoyen,
viendra juger le roi avec son offense ;
Quinze soldats, pour la plupart des hors-la-loi,
La fin de sa vie et la plus grande partie de ses biens.

B : Il dit que ce quatrain prédit l'effondrement de divers systèmes monétaires pendant les troubles mondiaux. Les pays seront en défaut de paiement sur leurs colonies et les individus seront en défaut de paiement sur leurs biensdans une tentative de rétablissement d'un équilibre. Il ajoute qu'il y a d'autres choses encore. Différents dirigeants mondiaux seront disgraciés au cours de ce processus, et ce sera une période très confuse.
D : *Que signifie "Quinze soldats, pour la plupart des hors-la-loi"* ?
B : Au cours de ce processus, certaines personnes seront évincées ou chassées de leur poste, et d'autres vont accéder au pouvoir. Et l'un des généraux évincés pourra rassembler quinze compagnies de soldats à sa suite pour le suivre, afin d'essayer de prendre d'assaut la place et de changer la situation.
D : *Il s'agit donc surtout de problèmes d'argent.*
B : Oui, sans aucun doute, sans aucun doute, sans aucun doute !
D. *Les traducteurs n'avaient pas d'explication.*

SIÈCLE II-33

Par le torrent qui descent de Veronne,
Par lors qu'au Pau guidera son entrée:
Un grand naufrage, & non moins en Garonne

Quand ceux de Gennes marcheront leur contrée.

A travers le torrent qui se déverse de Vérone,
Là où l'entrée est guidée vers le Pô,
Un grand naufrage, et pas moins en Garonne
quand le peuple de Gênes marchera contre son pays.

B : Il dit que pendant la période de troubles, il y aura des pannes dans les systèmes de communication et de transport. L'un des résultats sera un horrible accident de train dans les Alpes où les trains doivent passer par des tunnels pour traverser les montagnes. Il dit qu'il y aura plusieurs accidents comme celui-ci, mais celui-ci sera particulièrement horrible. Deux trains entreront en collision dans l'un des tunnels, près de l'entrée. Le train n'aura pas le temps de s'arrêter avant que l'autre, qui sort du tunnel, ne le percute. Le train déraille et certains wagons se heurteront au flanc de la montagne autour de l'entrée du tunnel. Les autres wagons basculeront bout à bout au bas de la montagne. Ce sera un horrible accident. Il dit que "là où le torrent entre dans l'embouchure" se réfère des ruisseaux qui coulent très vite dans les montagnes, creusant parfois des tunnels à travers les rochers.

D : *Qu'en est-il de la dernière partie ? "Et pas moins en Garonne, quand les habitants de Gênes marcheront contre son pays".*

B : Pour lui, cela fait référence à la situation générale dans cette partie de l'Europe pendant la période de troubles. Puisque l'Antechrist montera par le sud de l'Europe, il y aura diverses insurrections et révolutions. Certaines personnes penseront : "C'est l'occasion pour nous de nous libérer de ce pays et de fonder notre propre pays ou quelque chose d'autre."

D : *Ils profiteront de la confusion et des bouleversements pour le faire.*

Chapitre 6

Les actes du Monstre

SIÈCLE IV-41

Gymnique sexe captive par hostage,
Viendra de nuit custodes decevoir:
Le chef du camp deceu par son langage.
Lairra à la gente, sera piteux à voir.

Une femme (sexe) captive en tant qu'otage,
Viendra de nuit pour tromper les gardes :
Le chef du camp trompé par son langage
L'abandonnera au peuple, ce sera pitoyable à voir.

B : Il dit que ce quatrain contient beaucoup de symbolisme. L'un des aspects de l'Antechrist sera la perversion de la philosophie, représentée par la captive sexuelle venant de nuit. Par cette perversion de la philosophie, il essaiera d'affaiblir ses adversaires de l'intérieur. Cette campagne particulière sera très efficace parce que sa perversion de la philosophie trompera ceux (les gardes) qui sont à l'affût. Et après qu'"elle" ait trompé les gardes, "elle" est capable d'atteindre le chef des gardes. Le chef est également trompé par des paroles douces qui coulent comme du miel. Le chef estime qu'il n'y a pas de mal à laisser cette propagande particulière libre d'exercer ses ravages sur la population en général. Nostradamus dit que cette philosophie utilise la perversion de ce qui est bon et bien. Il existe déjà de bons exemples de cette philosophie à notre époque, sous la forme de certains prédicateurs télévisés.
D : Que veut-il dire par là ?
B : L'Antéchrist les observera pour voir ce qu'ils font pour être si efficaces, et il utilisera leurs méthodes de séduction pour

convaincre les gens que leurs idées sont fausses et qu'ils doivent adopter son nouveau jeu d'idées.
D : *Il va utiliser cette philosophie comme une partie de la sienne ?*
B : Il va utiliser certaines de ces méthodes pour diffuser sa philosophie.
D : *Oui, c'est un quatrain très symbolique. Bien sûr, les traducteurs le traduisent littéralement.*
B : On dirait que c'est toujours le cas. (J'ai ri.)
D : *Ils pensent qu'il s'agit d'une vraie femme abandonnée à la foule après avoir trompé les gardes.*
B : Il secoue la tête.

SIÈCLE IV-36

Les jeux nouveau en Gaule redresséz,
Aprés victoire de l'Insubre champaigne :
Monts d'Esperie, les grands liés, troussés :
De peur trembler la Romaigne & l'Espaigne.

Les nouveaux jeux se mettent en place en Gaule,
Après la victoire de la campagne d'Insubrie :
Les montagnes de l'Hespérie les grands attachés et liés.
La Roumanie et l'Espagne trembleront de peur.

B : Il dit que ce quatrain a plusieurs références. Celle qui nous intéresse se réfère à la campagne de l'Antechrist dans le sud de l'Europe. L'influence de l'Antechrist commencera à s'étendre jusqu'à menacer l'Espagne à l'ouest et menacera la Roumanie à l'est.
D : *La Gaule, c'est la France ?*
B : Oui. Parce qu'à ce stade de la campagne, l'Antechrist se sera déjà emparé d'une grande partie de la France et se préparera à prendre l'Espagne.
D : *Que sont les Insubriens ?*
B : Il dit que c'est une connotation historique. Il ne dit pas grand-chose sur les Insubriens. Il dit que vous pourrez trouver des informations à ce sujet dans une encyclopédie.
D : *Il est dit "après la victoire de la campagne des Insubriens."*

B : Oui. Il dit qu'il y a un symbolisme spécifique. Vous trouverez des parallèles dans l'histoire romaine, lorsque l'empire romain essayait de s'étendre vers le nord en Europe centrale. Les Romains n'ont pu aller trop loin avant de faire face à des problèmes. Mais l'Antéchrist tirera les leçons de l'histoire pour surmonter ces problèmes. Il s'agit de la campagne que l'Antéchrist mène dans cette partie du monde. Si vous recherchez l'histoire, vous trouverez des parallèles intéressants.

D : Il parle des montagnes d'Hesperia. Qu'est-ce que Hesperia ?

B : Les "montagnes d'Hespérie" désignent les montagnes de l'Europe orientale, en particulier les Alpes et le Caucase. Cette région est montagneuse et difficile à manœuvrer.

En faisant mes recherches, j'ai trouvé des parallèles intéressants, comme l'avait dit Nostradamus, qui pourraient s'appliquer à la campagne de l'Antéchrist dans cette région.

Les Insubres sont l'un des nombreux peuples gaulois du continent, connus sous le nom de Celtes, qui traversèrent les Alpes et s'installèrent dans l'actuelle ville de Milan et dans la vallée du Pô au Ve siècle avant J.-C. Ces peuples étaient de féroces guerriers. Sans se laisser décourager par la perspective de la mort, ils s'attaquaient à leurs ennemis avec une ardeur et une impétuosité inouïes, qui balayaient une armée en un instant. Ils détruisaient, mais ne créaient pas. En quelques siècles ils ont été conquis par les Romains grâce à la persévérance de ces derniers et à leur capacité d'endurance et de persévérance.

Je pense que cela fait référence à ce qui se passera après la victoire de l'Antéchrist en Italie. Nostradamus compare-t-il les forces de l'Antéchrist aux féroces guerriers insubriens ou aux Romains, plus résistants ?

SIÈCLE IV-43

Seront ouis au ciel les armes battre:
Celui an mesme les divins ennemis:
Voudrant loix sainctes injustement debatre,
Par foudre & guerre bien croyans à mort mis.

On entendra des armes se battre dans les cieux :

La même année, les divins sont ennemis :
Ils voudront injustement remettre en question les lois sacrées,
par la foudre et la guerre, beaucoup de croyants seront mis à mort..

B : Il dit que ce quatrain fait référence à la période des troubles. Plus précisément, il décrit certains aspects du saccage de la bibliothèque du Vatican. Il dit que "remettre en question la loi sacrée" est l'Antéchrist qui dit que ces documents imprimés qui ont été édictés ne devraient pas l'être. En conséquence, de nombreuses personnes essaieront de défendre l'Eglise et mourront en combattant. Et la foi de beaucoup d'autres changera radicalement ou disparaitra à cause des nouveaux documents révélés.

Dans le premier volume, il a été révélé que l'une des tactiques de la guerre psychologique propre à l'Antéchrist serait la destruction de reliques et de monuments culturels à Rome et dans d'autres villes. Grâce à l'aide du dernier pape, qui sera un outil de l'Antéchrist, il aura accès aux archives secrètes de la bibliothèque du Vatican. Au lieu de les détruire, il les révélera au monde entier, estimant que cela fera plus de mal à l'Eglise que de se débarrasser du matériel.

D : Les traducteurs ont correctement identifié la guerre aérienne à cause de la troisième ligne, mais ils n'ont pas pu comprendre ce qu'il entendait par "ennemis divins".
B : Les ennemis impliqués ne sauront pas tout ce qu'il y a à savoir. Ils combattront pour l'Antéchrist, mais ils croiront le faire pour le bien du prophète Mahomet. De plus, l'expression "ennemis divins" correspond au fait que cette situation a été évoquée dans certains livres prophétiques de la Bible.
D : Une même situation ou quoi ?
B : L'époque des troubles en général. La Bible décrit diverses visions de calamités à venir.
D : Est-ce dans le livre de l'Apocalypse ?
B : Il dit que ce n'est pas spécifiquement dans l'Apocalypse. Il hésite à identifier l'Apocalypse parce que la vision de ce prophète était définitive. Et la vision de Nostradamus n'est pas aussi radicale parce qu'il voit la vie continuer après. Il dit donc que même s'il

comprend le symbolisme, il n'est pas sûr de voir la même époque que l'autre prophète.

D : *Ce quatrain contient des mots étranges et une phrase latine que les traducteurs ne comprennent pas.*

SIÈCLE VIII-48

Saturne en Cancer, Jupiter avec Mars,
Dedans Feurier Chaldondon salua terre.
Sault Castalon affailli de trois pars.
Pres de Verbiesque conflit mortelle guerre.

Saturne en Cancer, Jupiter avec Mars,
En février, "Chaldondon" salva tierra.
Sierra Morena assiégée sur trois côtés
Près de Verbiesque, guerre et conflit mortel

J'ai eu des difficultés avec la prononciation de ces noms et il m'a demandé d'épeler Verbiesque.

D : *Il s'agit d'un nom de lieu que les traducteurs ne comprennent pas.*
B : Il dit qu'il l'a écrit comme ça lui semblait parce que ce n'est pas du français, même si c'est une orthographe française. Ce n'est pas un toponyme français. Ce n'est pas un nom de lieu français, mais plutôt un lieu en Russie. Il vous demande de répéter la phrase inconnue et d'épeler Chaldondon. (Je l'ai fait.) Il dit que ce quatrain se réfère au fait que les racines de certains des événements du conflit à venir (pendant la période des troubles) ont été jetées dans les guerres mondiales précédentes. Il dit qu'il y aura beaucoup de destruction. Certains des événements qui se produiront feront passer les événements odieux du passé pour des jeux d'enfant en comparaison. Il dit qu'il faut se souvenir que l'Antéchrist étudiera Hitler de très près. Il aura accès à des livres qui ne sont généralement pas disponibles ou connus du grand public, et il lui sera possible d'obtenir des documents nazis secrets sur Hitler. Il dit les mots latins ... plutôt que d'essayer de faire passer le sens à travers l'esprit du véhicule qui n'a aucune connaissance du latin, il l'incitera à consulter leur texte latin. Il dit

qu'il faut chercher des anagrammes et un sens métaphorique tiré de sources latines ainsi que des sens littéral.

D : Je sais que "tierra" signifie "terre". Il y a une traduction possible pour Chaldondon. Le livre dit qu'il pourrait s'agir du mot latin Chaldens, qui signifie devin. C'est la traduction la plus proche possible en latin.

B : Il dit que c'est assez proche. C'est une bonne chose que les chercheurs aient pu traduire ces mots. Il dit qu'ils doivent maintenant rester conscients de la partie de votre savoir que l'on appelle "métaphysique" ou "psychique" - ou toute autre expression que vous souhaitez utiliser. Il faut s'appuyer sur ce savoir et le développer pour permettre à la Terre de traverser cette période de troubles. Ils ont eu besoin de cette motivation il y a des siècles, lorsque l'église traditionnelle s'est séparée de la branche gnostique de la religion.

J. Je pense aux régions des Balkans. Les Balkans ont été le théâtre de très nombreuses batailles au cours de la Première et de la Seconde Guerre mondiale. Cette phrase pourrait-elle signifier aussi que l'Église grecque est beaucoup plus simple que l'Église romaine ? Cette séparation des religions a eu lieu dans les années 1400. Cela signifie-t-il que l'Église grecque et les Balkans seront importants dans ce quatrain ?

B : Il dit que non. Un lien avec cette zone géographique du monde est correct, mais vous persistez à vouloir mettre l'accent sur le christianisme. Il dit : "J'essaie de vous dire que le christianisme est entré dans sa phase de déclin. Lorsque les premiers conciles ont commencé à persécuter les chrétiens qui croyaient en l'illumination spirituelle et le développement psychique - et il dit qu'il parle de bien avant la scission des églises romaine et grecque -, ils se sont séparés de leur source. C'est alors que la branche gnostique a été coupée et brûlée.

D : Serions-nous sur la bonne voie en associant cette expression à un devin ou à un prédicateur ?

B : Oui. Et la connexion de John avec cette région de l'Europe est en bonne voie parce que dans cette région se dérouleront de nombreuses batailles cruciales. Il dit qu'elles se dérouleront là-bas en partie parce que les racines d'Ogmios ne seront pas loin de là.

D : C'est donc de là qu'il viendrait. Je crois qu'il a déjà parlé de l'Europe centrale, mais il n'a pas dit où. Est-ce ce qu'il entend par

"Sault Castalon" qu'ils ont traduit par "Sierra Morena" ? Assiégée sur trois côtés près de Verbiesque. Guerre et conflit mortel".

B : Il dit que cela indique qu'il y aura beaucoup de combats en Europe de l'Est, là où l'Europe et l'Asie se mélangent. C'est cette partie de l'Europe où l'on ne sait pas si l'on est encore sur le continent européen ou sur le continent asiatique.

Ogmios est le nom mythologique donné par Nostradamus à la némésis ou au chef des forces souterraines contre l'Antéchrist. Il a été introduit dans le premier volume.

SIÈCLE II-41

La grand estoille par sept jours brulera,
Nuée fera deux soleils apparoir
Le gros mastin fera toute nuict hurlera,
Quand grand pontife changera de terroir.

La grande étoile brûlera pendant sept jours et
Le nuage fera apparaître le soleil en double.
Le grand mâtin hurlera toute la nuit
Quand le grand pontife changera de demeure.

B : Il dit que ce quatrain fait référence à l'époque des troubles. Le grand pontife changeant de demeure fait référence au dernier pape qui change de loyauté quittant l'église pour l'Antéchrist. Il dit que la grande étoile qui brûle pendant sept jours fait référence à l'explosion d'un satellite fantastique et très avancé qui a ses ancêtres dans les programmes actuels de la guerre des étoiles. Le satellite explosera et brûlera pendant sept jours. Il brûlera si fort qu'à travers les nuages provoqués par l'explosion, il apparaîtra comme un second soleil. Le mâtin qui hurlera toute la nuit fait référence à une branche secrète de la prêtrise de l'Église catholique que personne ne connaît, à l'exception de quelques grands prêtres. Cette branche secrète de la prêtrise est comme une armée privée, dont le commandant en chef est le pape. Leur travail consiste à se battre pour l'Église si le besoin s'en fait sentir, de la même manière que les jésuites étaient les soldats du Christ. Les membres de cet ordre particulier de prêtrise seront très bien éduqués, formés à tous les arts martiaux et à toutes les formes de violence. Mais lorsque le pape se vend et s'allie à l'Antéchrist, cette armée se retrouve en effet sans chef. Que peuvent-ils faire d'autre que de hurler toute la nuit et d'essayer de trouver une solution ?

D : *J'ai pensé que la grande étoile et l'étoile double auraient pu faire référence aux UFOS ou aux Autres.*

B : Pas dans ce cas, parce que c'est en temps de guerre. Chaque fois qu'une guerre de cette envergure a lieu - une guerre planétaire comme la Seconde Guerre mondiale ou celle qui s'annonce - les Autres restent à l'écart jusqu'à ce que la situation soit résolue d'une manière ou d'une autre.

D : *Les traducteurs pensent que le double soleil pourrait être une comète. C'est ainsi qu'ils le traduisent.*

B : Il fait un bruit grossier avec ses lèvres.

D : *Ils pensent qu'il pourrait s'agir d'une explosion atomique mais ils pensent surtout à une comète. Ils ont dit que les sept jours pouvaient aussi signifier sept ans. Ils ne savaient pas comment l'expliquer.*

B : Il dit que c'est apparent.

SIÈCLE VI -35

Pres de Rion & proche à la blanche laine,
Aries, Taurus, Cancer, Leo, la Vierge:
Mars, Jupiter, le sol ardra grand plaine,
Bois & citez, lettres cachez au cierge.

Près de l'Ours et de la laine blanche,
Bélier, Taureau. Cancer. Lion, Vierge :
Mars, Jupiter, le Soleil brûleront la grande plaine,
Les bois et les villes ; les lettres cachées dans la bougie.

B : Il dit que ce quatrain fait référence à certains événements qui auront lieu pendant la période de troubles. Le vers "le soleil brûlera la plaine" fait référence à un certain degré de confrontation nucléaire qui existera pendant la période de troubles. Il dit que la grande ourse fait référence à la Russie. L'expression "la laine blanche" fait référence à la neige et à la blancheur des robes que l'ennemi portera parce qu'elles sont tissées avec des poils de mouton. Il dit qu'il faut se procurer l'horoscope de l'Antéchrist et consulter ces signes et la façon dont ils sont liés les uns aux autres, ainsi que leurs différentes aspects. Comparez-les à la position des planètes et à leur influence sur l'horoscope de l'Antéchrist pour vous faire une idée du conflit. Il ajoute que cela vous donnera une idée de la façon dont se dérouleront certaines périodes de troubles, en particulier autour de 1997.

D : *Que signifie la dernière ligne ? "Des lettres cachées dans la bougie".*

B : Il dit que cela fait référence au fait que les organisations clandestines seront très nombreuses et omniprésentes, ce qui obligera tout le monde à faire attention à ce qu'ils disent. Beaucoup de gens seront membres de diverses organisations clandestines et d'organisations d'espionnage. Et il faudra surveiller ses paroles avec soin et trouver de nouvelles façons de communiquer pour ne pas être trahi.

John était occupé à consulter son éphéméride et demanda : "Mars et Jupiter en transit sont-ils conjoints ?" Nostradamus répondit par l'affirmative. "cela nous donne une période de temps, quelque part en 1997."

D : *Il semble que beaucoup de ces quatrains traitent de l'Antéchrist.*

B : Il dit que cet homme provoque certains des événements les plus terribles de l'histoire de l'humanité. Il dit que c'est une période très cruciale et instable. Vous remarquerez qu'il a aussi vu beaucoup d'événements qui se sont produits pendant la révolution française, car c'était une autre période cruciale et instable pour son pays. Ces événements concernent le monde entier et pas seulement son pays. et c'est donc naturellement qu'il a eu de nombreuses visions à ce sujet.

D : *Lorsque nous aurons parcouru l'ensemble du livre, nous en saurons probablement plus sur la* Révolution française.

B : Il dit qu'il y en a beaucoup.

D : *Il me semble que beaucoup de ces prédictions se rapportent à beaucoup d'événements différents. Je me demande s'il voyait beaucoup de possibilités différentes qui pourraient se produire et qui pourraient ne pas toutes se réaliser.*

B : Il dit que la raison principale pour laquelle il a voulu cette communication était pour parvenir à éviter le pire de ce qu'il a vu, ce qu'on appelle le "pire des scénarios". Il affirme que ces choses pourraient très facilement se produire et qu'avec beaucoup de détermination et de fermeté, elles pourraient être améliorées. Il ajoute que, malheureusement, à l'heure actuelle, les pires choses qu'il a vues sont les plus possibles. Mais il sait qu'il doit faire de son mieux pour aider à réduire la destruction.

D : *Il a déjà dit qu'il voyait parfois un lien dans le temps et qu'il y a beaucoup de chemins différents et donc beaucoup de possibilités.*

B : C'est exact. Il dit qu'à ce stade, puisqu'il s'agit d'un nexus si important, quel que soit le chemin que nous choisissons, il semble contenir la plupart de ces visions. Mais il dit qu'il y a d'autres chemins où divers événements pourraient être évités.

J : *Dans ce quatrain, Mars est en conjonction avec Jupiter en Vierge en septembre 1992. Est-ce le moment où l'Antéchrist prend le pouvoir en utilisant la force nucléaire ?*

B : C'est une bonne date. Il dit qu'à ce moment-là, il prendra le pouvoir en utilisant une guerre conventionnelle, mais avec une très forte menace de force nucléaire. En réalité, il ne disposera pas du matériel nécessaire à une confrontation nucléaire, mais les gens qu'il affronte ne le savent pas. Il agit de manière si agressive qu'ils sont convaincus qu'il peut mettre sa menace de force nucléaire à exécution. Ce sera un bluff réussi ; la même méthode que celle utilisée par Hitler.

D : *Certains quatrains font référence à l'utilisation d'armes nucléaires par les ennemis de l'Antéchrist.*

B : Il dit que certaines personnes dans d'autres pays auront des armes nucléaires. Certains d'entre eux utiliseront des armes atomiques à petite échelle, mais la plupart d'entre eux se retiendront parce qu'ils veulent éviter une confrontation nucléaire. Il dit que ce sera une situation très délicate.

D : *Dans ce quatrain, il dit que le "soleil brûlera la grande plaine".*

B : L'Antéchrist finira effectivement par utiliser des armes nucléaires dans sa grande stratégie et il les utilisera plus qu'il ne le pensait. Mais au tout début, quand il arrivera au pouvoir, il n'aura pas ce genre d'armes.

D : Un quatrain fait référence à une bombe qui a explosé en Méditerranée et qui a empoisonné les poissons. (Siècle II-3, chapitre 15, "L'avènement de l'Antéchrist", Volume I.)
B : Oui, mais c'est beaucoup plus tard dans sa campagne, quand il aura atteint un bien plus grand pouvoir.
D : Vous avez aussi dit qu'il utiliserait d'autres armes qui n'ont pas encore été développées.
B : Il dit qu'elles sont déjà développées, mais que vous ne les connaissez pas.

SIÈCLE IV-48

Planure Ausonne fertile, spacieuse
Produira taons si tant de sauterelles.
Clarté solaire deviendra nubileuse,
Rouger le tout, grand peste venir d'elles.

Les plaines d'Ausonie, riches et étendues,
produiront tant de taons et de sauterelles,
que la lumière du soleil sera obscurcie.
Elles dévoreront tout, et il en resultera une grande peste.

D : Les traducteurs ont dit qu'un mot pouvait être traduit par "locustes". au lieu de sauterelles, mais c'est la même idée.
B : Oui. (Il a demandé l'orthographe d'Ausonia) Il dit que cet événement se produit pendant la période des troubles. Le nom Ausonia est utilisé symboliquement pour représenter un mouvement clandestin de guérilleros des zones rurales. Au début, et pendant un certain temps, ils ne remporteront pas de victoires décisives contre l'ennemi, mais ils seront gênants comme beaucoup de moustiques ou de moucherons qui bourdonnent autour d'eux. Ils parviennent à distraire l'ennemi juste assez pour que les combattants puissent remporter quelques victoires.
D: It says :" la lumière du soleil sera obscurcie."
B : Oui. Cette ligne fait référence aux avions locaux de type "Agropulseur" qu'ils utiliseront pour accomplir certains de leurs méfaits.
D : "Elles dévoreront tout, et il en resultera une grande peste."

B : Chaque fois qu'ils penseront que les forces ennemies viennent dans leur direction, ils récoltent et cachent toute la nourriture. Ainsi, l'ennemi ne peut pas vivre de la terre comme ils le voudraient. S'ils ne peuvent pas récolter et cacher la nourriture ils la brûlent, en fonction des installations dont ils disposent. C'est la politique de la terre brûlée.

D : *Les traducteurs pensent qu'Ausonia signifie Naples.*

B : Non. Il s'agit des vastes plaines d'Ausonia. Il l'utilise pour symboliser les zones rurales que l'on doit traverser pour aller d'une ville à l'autre.

D : *Ils pensent qu'il s'agit d'une véritable invasion de sauterelles ou de criquets.*

B : Non, c'est juste un symbole pour le mouvement clandestin.

SIÈCLE IV-49

Devant le peuple, sang sera respandu,
Que de haut ciel ne viendra esloigner :
Mais d'un long temps ne sera entendu.
L'esprit d'un seul le viendra tesmoigner.

Le sang sera versé devant le peuple,
qui ne s'éloignera pas des cieux élevés.
Mais pendant longtemps, on ne l'entendra pas,
L'esprit d'un seul homme en témoignera.

B : Il dit que le symbolisme est très complexe. Le quatrain fait référence à certains événements de la Seconde Guerre mondiale, mais l'essentiel de sa prédiction se réfère à la période des troubles. Lorsqu'il est dit que le sang sera versé devant le peuple, cela fait référence à l'assassinat de dirigeants. "Mais pendant longtemps on ne l'entendra pas", fait référence au fait que certaines luttes pour le pouvoir des dirigeants déchus se dérouleront de l'intérieur. Il faudra longtemps avant que toute l'histoire ne soit révélée.

D : *Qui est l'homme tout seul ? Il est dit : "L'esprit d'un seul homme donnera le témoignage".*

B : Il est dit que pendant que ces événements horribles se déroulent, l'homme représenté par Ogmios mettra de l'ordre et réalisera tout l'impact de cettte situation. Ce sera le déclenchement de sa détermination à devenir plus qu'un simple chef de groupe clandestin. Il décidera de faire quelque chose pour renverser l'Antéchrist.

D. *Il est dit : "qui ne s'éloignera pas des cieux élevés". "Est-ce que cela se réfère au sang versé ?*

B : Incorrect "Le sang versé devant le peuple, qui ne s'éloignera pas des cieux élevés" représente ceux en charge. Il dit que vous devez vous souvenir qu'à son époque, les rois sont désignés par Dieu, et donc sont considérés comme étant positionné qu'à un pas de Dieu. De plus, les relations karmiques et le symbolisme karmique de cette situation sont très importants. Cet événement sera plus proche du ciel que les choses quotidiennes qui arrivent au peuple.

SIÈCLE IV-54

Du nom qui onques ne fut au Roy Gaulois,
Jamais ne fut un fouldre si craintif:
Tremblant l'Italie, l'Espaigne & les Anglois,
De femme estrangiers grandement attentif

D'un nom que n'a jamais porté un roi de France,
Jamais il n'y eut un coup de foudre aussi redoutable.
L'Italie, l'Espagne et les Anglais tremblent ;
Il sera très attentif aux femmes étrangères.

B : Il dit que le coup de tonnerre effrayant fait référence aux armes nucléaires. Il dit que "d'un nom que n'a jamais porté un roi de France" fait référence au chef clandestin qui s'élèvera à la tête de toute la France pendant la période de troubles. Comme l'un de ses grands-parents est originaire d'un autre pays, il porte un nom différent de celui de la plupart des Français, et ce n'est donc pas un nom français. C'est la raison pour laquelle il l'a représenté en disant " que n'a jamais porté un roi français". Et il dit que "être attentif aux femmes étrangères" signifie que lorsqu'il traite avec des dirigeants et leaders d'autres pays, il est prêt à écouter leur point de vue, à condition qu'ils l'expriment gentiment et non en essayant de les convaincre. Il dit que c'est un de ces quatrains qui décrivent la situation en période de troubles.

D : *Les traducteurs pensent qu'il s'agit de Napoléon.*

B : Non, ce n'est pas Napoléon, c'est Ogmios.
D : *Mais ils ont dit que Napoléon n'était pas non plus le nom d'un roi français.*
B : Il dit qu'Ogmios est originaire d'Europe de l'Est. Son nom sonnera très étrangement aux oreilles des Français.

SIÈCLE IV-60

Les sept enfans en hostaige laissés,
Le tiers viendra son enfant trucider:
Deux par son filz seront d'estoc percés,
Gennes, Florence, los viendra encunder.

Les sept enfants laissés en otage,
le troisième viendra pour égorger son enfant.
Deux seront transpercés par un crochet à cause de son fils,
il viendra frapper Gênes et Florence.

B : Il dit que ce quatrain décrit la chute des Nations Unies pendant la période des troubles. Quelqu'un qui vient tuer quelqu'un d'autre représente les coups de poignard dans le dos qui se produiront à la suite de l'effondrement de la forme centrale du débat.
D : *Il est dit : "Deux seront transpercés par un crochet à cause de son fils".*
B : Lorsque les choses reviendront à l'ordre et que les gens commenceront à comprendre qui a fait quoi, beaucoup d'assassinats politiques auront lieu. Mais au lieu de tuer les dirigeants, certains pays choisiront parfois de faire quelque chose à l'un de leurs partisans ou à leurs enfants, pour obtenir les résultats qu'ils souhaitent.
D : *Cela me semble aussi un peu drastique.*
B : Ce sera un moment très peu raisonnable. Cela se produira vers la fin de la période des troubles.
D : *Ensuite, il est dit : "il viendra frapper Gênes et Florence".*
B : Cela décrit la destruction des centres culturels. Il frappera des endroits comme ceux-là ou essaiera de les réduire en ruines.
D : *Nous avons déjà abordé ce sujet. Les traducteurs pensaient qu'il s'agissait des sept enfants de Catherine de Médicis.*
B : (Lentement et affecté) Ha ! Ha ! Ha !

D : *Ils ont dit que cela n'avait pas de sens, mais c'était a seule façon de mettre sept enfants dans un quatrain.*
B : Il fulmine un peu. Il dit : "Imbéciles ! Je suis entouré d'imbéciles !" (Rire) Et il ne vous traite pas d'imbécile ou ce véhicule d'imbécile. Il fait référence à la bêtise des autres personnes qui sont non éclairées.
D : *(Rire) Nous n'avons pas écrit ces interprétations.*
B : Il a répondu : "Bien sûr que non, c'est pour cela que vous avez besoin de moi."
D : *Et c'est pourquoi nous vous avons ici. Vous faites un travail formidable.*

SIÈCLE IX -69

Sur le mont de Bailly & la Bresle
Seront caichez de Grenoble les fiers,
Oultre Lyon, Vien, eulx si grande gresle,
Langoult en terre n'en restera un tiers.

Sur la montagne de Sain Bel et de l'Arbresle
Seront cachés les fiers habitants de Grenoble.
Au-delà de Lyon, à Vienne, il y aura une si forte grêle,
Des locustes sur la terre, il n'en restera pas un tiers.

J'ai eu beaucoup de mal à prononcer ces noms. J'ai dû épeler les versions anglaise et française avant qu'il ne me comprenne.

B : Il dit que ce quatrain décrit les effets secondaires de la guerre que l'Antéchrist mène sur le continent européen. Les gens se cacheront dans des chambres souterraines ou dans des tunnels, dans les montagnes pour se protéger de la destruction qui pleuvra du ciel. Il y aura de grandes destructions et des fléaux sur la terre, comme le décrit le quatrain. Il dit que c'est à ce moment-là que les hommes deviendront cannibales parce qu'ils ne pourront pas se procurer le blé qui poussera encore abondamment sur le continent américain.
D : *Nous avons déjà abordé les quatrains qui traitent de ce sujet.*
B : Oui, c'est pour cela qu'il en a parlé.

Cet aspect de la Troisième Guerre a été traité en détail dans le premier volume.

D : *On dit que l'un des mots, "langoult", signifie "locuste" en vieux français, mais qu'en français moderne, il signifie "homard".*

B : (Sourire) Il dit que "locuste" est l'interprétation correcte.

D : *(Rire) C'est bien ce que je croyais. Je ne pensais pas qu'il veuille dire "homards sur la terre".*

B : Il dit qu'il est naturel que les choses changent au cours des siècles.

Chapitre 7

Le Futur Lointain

SIÈCLE I-59

Les exilez deportez dans les isles,
Au changement d'un plus cruel monarque
Seront meurtis: & mis deux les scintiles,
Qui de parler ne seront estez parques.

Les exilés déportés dans les îles
A l'avènement d'un roi encore plus cruel
Seront assassinés :Deux seront brûlés
Qui n'ont pas été économes de leurs paroles.

B : Il dit que ce quatrain a plusieurs significations, dont l'une s'est déjà réalisée. Il se référera à un autre de ses sens. Il est difficile de dire ce qu'il entend par ce quatrain car certaines des îles vers lesquelles les exilés seront déportés n'existent pas encore. Il dit que beaucoup de ces îles seront créées lors des changements de la Terre par la montée et la descente des fonds des océans, les tremblements de terre et les volcans. Il y aura plusieurs nouvelles îles et, dans un pays en particulier, elles seront utilisées comme colonies pénitentiaires. Plus tard, lorsque l'Antéchrist sera devenu plus puissant, les hommes y seront torturés à mort. Ce qu'il dit ici, c'est que les otages sur l'île seront assassinés lorsqu'un roi plus cruel arrivera au pouvoir.

D : Est-ce que ce sera loin dans le futur ?

B : Non, il dit que ce sera juste avant la fin de ce millénaire parce que ce sera pendant l'époque de l'Antéchrist.

SIÈCLE II-45

Trop le ciel pleure l'Androgyn procree,

Pres de ciel sang humain respondu:
Par mort trop tard grand peuple recrée,
Tard & tost vient le secours attendu.

Les cieux pleurent trop la naissance d'Androgée,
Près des cieux, le sang humain est répandu.
Il est trop tard pour que la grande nation renaisse à cause de la mort.
À cause de la mort, bientôt, mais trop tard, vient l'aide attendue.

D. Le mot est Androgyne en français et on l'a traduit par Androgeus.
B : Il dit d'utiliser le mot "Androgyne" à la place. Il s'agit de certains changements sociologiques qui seront provoqués par l'établissement de colonies spatiales. Il dit que ces colonies spatiales ne pourront fonctionner que si les hommes et les femmes travaillent ensemble de manière harmonieuse, et se débarrassent de leur esprit étroit, de leur bigoterie et de leur chauvinisme sur les rôles sexuels. Selon lui, la naissance d'Androgyn symbolise le fait que les hommes et les femmes pourront faire ce qui leur convient le mieux sans se soucier de savoir si cela convient ou non à quelqu'un de leur sexe. Ce type de changement affectera également les personnes restées sur Terre. Ce bouleversement sociologique provoque de grandes dissensions entre certaines nations, comme au Moyen-Orient. Il dit que ces pays devront modifier leurs croyances afin de s'adapter à ces nouveaux concepts. Il dit qu'il y aura beaucoup d'effusions de sang, en particulier parmi les forces spatiales. Cela sera dû à des accidents spatiaux et non à des guerres, car les gens s'adapteront à un nouveau mode de vie. Il affirme que de nombreux pilotes mourront.
D : Je vois maintenant le lien avec Androgenus.
B : Il dit qu'il pense que ces lignes sont assez claires.

La légende d'Androgenus est l'un des mythes de la création qui prétendent qu'au début il y avait trois types de créatures sexuelles.Il y avait mâle, femelle, et un hermaphrodite qui avait les caractéristiques des deux. À notre époque, le mot "androgyne" fait référence à la qualité d'avoir les deux sexes dans une même plante ou un même corps. Il est intéressant de noter qu'il a choisi d'utiliser le mot "androgyne" qui s'applique plus précisément à ce quatrain. Le dictionnaire le définit comme "une hormone sexuelle mâle ou une substance similaire qui peut donner lieu à des caractéristiques masculines". Ainsi, à l'avenir, les lignes qui séparent les stéréotypes masculins et féminins s'estomperont, et bien que les les personnes conserveront leurs qualités physiques, leur rôle dans la société ne sera plus le même qu'aujourd'hui. Les hommes et les femmes atteindront enfin l'égalité. Il n'est pas étonnant que cette vision ait été importante pour Nostradamus. Plus loin dans ce livre, nous verrons que sa vision des rôles masculins et féminins était chauvine et très influencée par l'époque à laquelle il vivait.

SIÈCLE IV-53

Les fugitifs & bannis revoquez,
Peres &fils grand garnissant les hauts puits:.
Le cruel pere & les siens suffoquez,
Son fils plus pire submergé dans le puits.

Les fugitifs et les bannis sont rappelés,
Les pères et les fils fortifiant les puits profonds :
Le père cruel et ses partisans ont suffoqué ;
Son fils le plus méchant s'est noyé dans le puits.

B : Il dit que cela fait référence à un futur lointain où les colonies spatiales et les vols dans l'espace seront très répandus. Les colonies spatiales seront créées dans le système solaire, mais loin de la Terre, par ceux qui ne pourront pas s'intégrer sur la Terre. Comme la Terre sera légèrement surpeuplée, ces personnes décideront de fonder leur propre colonie dans l'espace, plutôt que d'abandonner des croyances et des idées qui leur sont chères ou d'essayer se fondre dans la masse. Mais c'est alors que les problèmes commenceront sur Terre. Quelqu'un manipulera économiquement la Terre, poussant les dirigeants terriens pour obtenir de l'aide l'aide des colonies. Les colonies pourront fournir à la Terre des produits qu'elles fabriquent dans l'espace et qui ne peuvent pas être produits sur Terre. Dans l'expression "renforcer le puits profond", le mot "puits" fait référence à l'expression "puits de gravité".
D : *Puits de gravité ?*

B : Oui. Les puits de gravité se trouvent autour de chaque planète. C'est-à-dire qu'il faut tirer contre l'influence de la gravité pour s'éloigner de la planète et et vous devez en tenir compte chaque fois que vous manœuvrez près de cette planète. Pour renforcer ces puits, ils envoient des matériaux et des fournitures vers les puissances terrestres qui en ont besoin. Si au cours de cet échange, un homme qui rentre dans l'atmosphère terrestre fait une erreur de calcul et se consume. Ceci est la description sur le fils noyé dans le puits. "Le père cruel et ses partisans étouffés" est une description de ceux qui ont tenté de ruiner la vie de nombreuses personnes et de faire revenir le temps des troubles, mais qui n'y sont pas parvenus. Les habitants des colonies sont ceux qui capturent finalement le père cruel parce qu'il tente de s'échapper de la Terre à bord d'un vaisseau spatial. Comme ils sont déjà dans l'espace, les habitants des colonies sont capables de l'intercepter. Ils décident que le meilleur sort pour lui est de le faire sortir du sas sans combinaison spatiale.

D : Avant, lorsqu'il mentionnait que les gens étaient étouffés, cela signifiait qu'ils étaient réduits au silence et qu'ils n'avaient pas le droit de s'exprimer.

B : Il s'agit d'un sens différent et d'une situation différente.

D : Je vois. Ce qu'un quatrain signifie, un autre peut ne pas également le signifier. C'est une explication très complexe.

B : Il dit que cela se passera dans un futur lointain. Cela ne vous concerne pas dans l'immédiat ou d'effet immédiat sur vous. Les quatrains qui l'inquiètent le plus maintenant sont ceux qui concernent la période des troubles, puisqu'elle est si proche. Mais il sait qu'il serait également agréable de satisfaire votre curiosité sur l'avenir lointain.

D : Oui. Nous aimons aussi connaître ces choses parce que nous sommes curieux.

B : C'est bien ce qu'il pensait. Il a dit que les humains ne changent pas au fil des siècles.

Chapitre 8

Les Quatrains d'Adrien

JE N'AVAIS PAS VOLONTAIREMENT INCLUS ces quatrains dans le premier livre,. car j'estimais qu'ils contenaient une erreur de la part de Nostradamus. J'aurais dû savoir que ce n'était pas le cas, mais tant que je n'avais pas eu l'opportunité de faire plus de recherches (comme il me l'avait suggéré), je ne me sentais pas à l'aise pour les inclure. L'idée qu'il puisse se tromper me donnait une sensation de nausée au creux de l'estomac. Après tout, j'avais accepté toutes ses autres explications sans me poser de questions. S'il s'agissait d'une erreur flagrante, cela remettrait en question toutes les autres traductions.

SIÈCLE I-8

Combien de fois prinse cité solaire
Seras changeant les loix barbares & vaines:
Ton mal s'approche, Plus sera tributaire,
La grand Hadrie recourira des veines.

Combien de fois seras-tu capturé, ville du soleil ?
Changer les lois barbares et vaines.
Les mauvais jours approchent, tu ne seras plus asservie.
La grande Hadrie fera revivre tes veines.

B : Il dit que ce quatrain décrit les événements de la Première et de la Seconde Guerre mondiale ainsi que les événements causés par l'Antéchrist. Quand il dit "ville du Soleil", il fait référence à Paris car il avait prévu la présence du Roi Soleil à Paris, ce qui en faisait la ville du Soleil. Il dit qu'au cours du 20e siècle, la ville a été envahie, conquise et reconquise à plusieurs reprises. Mais il affirme qu'elle finira par s'en sortir. Elle ne sera pas totalement démolie comme certaines de ces villes.

D : *De qui parle-t-il lorsqu'il évoque le grand Hadrie ?*

B : Il dit qu'il fait référence à Hadrien, le législateur.

D : *(Je ne connaissais pas ce nom.) S'agit-il d'un personnage mythologique ou historique ?*

B : Il a vécu dans l'histoire ancienne. Il dit qu'il a été le premier grand législateur qui a codifié un système de lois très juste et efficace. En utilisant le nom comme anagramme, il se réfère symboliquement à celui qui aidera le monde à se relever après l'Antéchrist; quelqu'un qui sera un grand législateur de la loi.

D : *Ils traduisent Hadrie par le roi Henri IV de France.*

B : Il dit qu'il est évident que les gens de votre époque ne sont pas instruits de l'histoire ancienne et ne peuvent pas établir de parallèles entre le passé et le présent.

D : *Je me rends compte qu'il travaille beaucoup avec la mythologie et l'histoire ancienne, des sujets que nous n'étudions plus.*

B : Il dit que l'opportunité d'étudier ces sujets existe, mais que les gens sont paresseux.

D : *(Rire) C'est vrai.*

SIÈCLE I -9

De l'Orient viendra le cœur Punique
Facher Hadrie & les hoirs Romulides
Accompagné de la classe Libyque
Temples Mellites & proches isles vuides.

De l'Orient viendra le cœur africain
Pour troubler Hadrie et les héritiers de Romulus.
Accompagné de la flotte libyenne
les temples de Malte et des îles voisines seront désertés.

B : Il dit que ce quatrain fait référence aux différents changements de pouvoir qui se produiront lorsque le monde se remettra de l'Antéchrist et s'installera dans son nouvel ordre des choses. L'un de ces changements rétablira la royauté éthiopienne à partir d'une ligne cachée plus à l'est, au Moyen-Orient. Il dit qu'en plus de cela, la nation chinoise montrera aux nations d'Afrique comment conserver leurs terres et comment produire de la nourriture pour des millions de personnes sur de petites surfaces. comme c'est le cas en Chine. Cela les aidera à éviter les épidémies et les sécheresses répétées dont elles souffrent actuellement. Il affirme que les différents transferts de pouvoir dans les deux sens troubleront le législateur, Hadrien, jusqu'à ce qu'il trouve un moyen dans la loi qu'il élabore pour aider le monde à se remettre de l'Antéchrist.

D : Il est dit "les héritiers de Romulus". "Je pense que Romulus est associé à l'Italie.

B : Oui. Il dit que le quatrain prédit que les changements vont déranger Hadrien et les héritiers de Romulus. Les peuples d'Europe seront également troublés par ces changements de pouvoir.

D : Puis il est dit : "accompagnés par la flotte libyenne, les temples de Malte et des îles voisines seront désertés." Je voudrais que cette partie soit clarifiée.

B : Il dit qu'il l'a déjà suffisamment expliquée.

D : La Libye, je sais que c'est en rapport avec...

B : Avec l'Afrique du Nord. (Impatient) Il dit que les changements de pouvoir de l'Afrique du Nord, de l'Afrique en général, et de l'Asie perturberont l'Europe. Cela explique pourquoi ils abandonnent certaines des îles les plus difficiles à défendre en Méditerranée. Il dit d'ouvrir les yeux psychiques.

D : Soyez patient. Parfois, lorsque je revois les quatrains plus tard, je peux voir plus clairement ce qu'il essaie de me dire, mais il m'est difficile de les comprendre tous en même temps. Là encore, les traducteurs ont interprété Hadrie comme le roi Henri.

B : Il dit que leurs interprétations ne l'intéressent pas. Il veut couvrir autant de quatrains que possible.

Après avoir interprété ces quatrains, j'ai cherché à savoir qui était Hadrien et mes premières tentatives commencent toujours par mon encyclopédie. Je dois admettre que mes recherches n'avaient pas été aussi approfondies qu'elles auraient dû l'être. Le seul législateur que j'ai pu trouver ayant vécu dans l'Antiquité est Hammurabi. J'ai bien trouvé un empereur de Rome nommé Hadrien, mais je ne pensais pas que c'était celui dont il était question parce qu'il n'était pas le seul à avoir vécu dans l'Antiquité. Je n'ai pas pensé qu'il s'agissait de celui dont il était question, car je ne voyais pas en quoi il avait à faire avec le droit. Je me suis demandé s'il ne s'agissait pas d'une erreur de la part de Nostradamus. Aurait-il pu faire référence à Hammurabi ? Je ne voyais pas comment ce nom pouvait être anagrammé de Hadrie.

les premières syllabes étaient les mêmes. Cela m'a gêné et je les ai mis de côté jusqu'au prochain quatrain mentionnant Hadrie. Lorsque ce fut le cas, j'ai décidé de nouveau l'interroger à ce sujet.

SIÈCLE II-55

Dans le conflict le grand qui peu valloit,
A son dernier fera cas merveilleux:
Pendant qu' Hadrie verra ce qu'il falloit,
Dans le banquet pongnale l'orgueilleux.

Dans le conflit, le grand homme qui ne vaut pas grand-chose accomplira un acte étonnant à sa fin.
Tandis qu'Hadrie voit ce qu'il faut faire,
Au cours d'un banquet, il poignarde l'orgueilleux.

D. Nous retrouvons le mot "Hadrie".
B : Il dit que le grand homme de peu de valeur se réfère à un homme dans une position gouvernementale qui devrait occuper une position plus élevée, et il est très amer à ce sujet. Il complote donc la chute de ceux qui sont au-dessus de lui dans les échelons du gouvernement. qui sont au-dessus de lui dans les échelons du gouvernement. "Il poignarde les orgueilleux", pour ainsi dire. Il vous demande de répéter la phrase sur Hadrien.
D : " While Hadrie sees what is needed, During a banquet he stabs the proud.".
B : Il dit que cet homme agira en coulisses de manière très sournoise. Et pendant une période d'abondance, représentée par le banquet, il entraînera dans sa chute les autres qui l'auront contourné. Mais Hadrien, qui est assez sage pour se protéger de l'homme et pour connaître la loi, verra clairement la situation et la corrigera.
D : J'ai eu du mal avec le mot "Hadrien". Il y a quelques autres quatrains où il le mentionne, et je crois qu'il a dit que le mot avait quelque chose en rapport avec l'histoire ancienne, qu'Hadrien était un grand législateur. J'ai essayé de faire des recherches, mais je n'ai pas trouvé Hadrien.
B : Il dit qu'il y a un Hadrien. Il dit que vous ne connaissez pas les techniques de recherche et que vous n'avez pas fait de recherches approfondies. Il dit qu'il y en a un qui s'appelle "Hadrien, le

législateur". Il vous suggère de vous rendre au lieu d'apprentissage du droit et de consulter leur bibliothèque.

D : Ils citent Hammurabi comme un législateur de l'Antiquité.

B : Il sautille de haut en bas. Il dit que vous êtes obstinée et têtue. Il n'aime pas traiter avec le Bélier pour cette raison. Il dit, bien sûr, il y a Hammurabi, mais il y a aussi Hadrien. (J'ai dû rire ; j'étais vraiment en train de me faire engueuler).

D : D'accord, j'ai pensé qu'il avait peut-être confondu les deux. Mais j'avais peur de le mettre en colère si je disais quelque chose.

B : Il dit que tu es à nouveau stupide et obstinée. Il sautille de haut en bas. Il dit qu'il sait de quoi il parle. S'il parlait de Hammurabi, il aurait dit Hammurabi. Il dit qu'il a dit Hadrien, et par Dieu, il voulait dire Hadrien. Il tape du pied à chaque mot.

D : (Je ne l'avais jamais entendu aussi furieux.) D'accord, si je fais plus de recherches, je trouverai Hadrien. C'est ce qui m'a troublé. Je ecomptais le lui demander tant que le mot se représenterait.

B : Il dit, comment pourrait-il y avoir une confusion ou une ressemblance entre Hammurabi et Hadrien ? Ce n'est pas parce qu'ils commencent tous les deux par le son "Ha" qu'ils se ressemblent. Il dit de passer au quatrain suivant ou qu'il se retire.

D : (Rire fort) Je suis désolée. Je ne voulais pas qu'il se mette en colère, mais je désirais clarifier ceci pour moi-même.

B : Il a déjà jeté de la clarté sur tout, pensait-il, mais il dit que vous persistez à poser des questions idiotes. Il te dit : "Cherche Hadrien." Et vous continuez à dire : "Et Hammurabi, pourquoi pas Hammurabi ?" Il vous dit : "Oubliez Hammurabi, cherchez Hadrien."

D : D'accord. C'est ce que je vais faire. Je voulais juste être rassurée sur le fait que j'étais sur la bonne voie. Je devrais savoir à présent ses certitudes sur les faits qu'il aborde. (Rires)

SIÈCLE III -11

Les armes battre an ciel longue saison,
L'arbre au milieu de la cité tombé:
Verbine, rongne, glaive en face, Tison
Lors le monarque d'Hadrie succombé.

Les armes se battent dans le ciel pendant une longue période ;

L'arbre est tombé au milieu de la ville.
La branche sacrée coupée, une épée opposée à Tison,
Puis le roi Hadrie tombe.

D : Ce quatrain contient le mot "Hadrie" et les traducteurs l'interprètent toujours de la même façon. Ils disent dans leur définition : "Hadrie est l'un des anagrammes les plus populaires de Nostradamus pour désigner le roi Henri IV.

B : Il dit que ce n'est pas parce qu'il utilise une anagramme plus d'une fois qu'il l'utilise pour désigner la même personne systématiquement. Il y a plusieurs noms qui qui pourraient être anagrammés par Hadrie. Il dit qu'il y a Hadrien, Henri, et toute une série d'autres noms. Il est difficile de trouver des anagrammes originales pour certaines personnalités sans les rendre si obscures que personne ne parviendrait à comprendre de qui il parle.

D : À chaque fois, les traducteurs ont dit qu'il s'agissait du roi Henri.

B : Il dit que cela explique peut-être pourquoi ils ne peuvent pas interpréter certains de ses quatrains. Il s'agit peut-être d'un quatrain qui n'a rien à voir avec le roi Henri IV, mais il dit que c'est ainsi. Ce quatrain a plusieurs sens. Les deux premières lignes décrivent, en résumé, les effets de la Seconde Guerre mondiale et la façon dont elle s'est finalement terminée. Il dit que la Seconde Guerre mondiale a été la première guerre à faire un usage intensif des raids aériens sur les villes que les Allemands appelaient blitzkrieg ou "guerre éclair". C'était la première fois dans l'histoire que cela se produisait, et c'est pourquoi cela est apparu très important dans sa vision. L'arbre qui est tombé au milieu de la ville symbolise la bombe qui a été larguée sur Hiroshima et Nagasaki. Ce n'était qu'un mince cylindre d'argent qui tombait, comme le tronc d'un arbre.

D : (J'ai soudain eu une inspiration.) Nous appelons cela un champignon atomique, mais lorsque le nuage s'est élevé, il ressemblait à la cime d'un arbre.

B : Oui. Et il dit que "la branche sacrée coupée" symbolise la façon dont l'énergie atomique perturbe l'arbre de vie. Il utilise le symbolisme psychique, aussi bien que littéralement le symbolisme chimique et physique. Il dit que les effets secondaires d'une telle arme, en ce qui concerne les mutations des cellules et le cancer, provoquent un autre type de coupure, de séparation de l'arbre de vie. Par la suite, les gens se ceignent également de leur source spirituelle par la puissance industrielle soutenue par l'énergie nucléaire. Il vous demande de relire la dernière ligne.

D : *"Une épée face à Tison. Puis le roi Hadrie tombe."*

(Il a corrigé ma prononciation.)

B : Il dit que cette dernière ligne fait référence à un événement dans notre futur. Elle fait référence à la chute de la maison royale anglaise. Cela aura lieu à la période de l'Antéchrist. Il dit que ce sera par le biais de ce que l'on appelle la "fortune de la guerre" que cela se produira.

D : *Veut-il préciser ? Veut-il dire que la famille mourra ?*

B : Il dit que le quatrain prédit une combinaison entre certians descendants mâles de la famille qui soient tués au combat ou qu'ils meurent d'une maladie libérée par des bombes biologiques conçues pour n'affecter que les hommes. L'ennemi aura des bombes biologiques qui libéreront des virus tuant tous les soldats. La réduction des forces de combat permet d'avoir moins de soldats à affronter sur le champ de bataille. Mais la bombe ne fait pas de discrimination. Elle touche également les hommes qui ne combattent pas, comme les hommes âgés à la maison et les jeunes garçons. Ainsi, les membres masculins de la famille régnante anglaise seront tués. Il ajoute que les femmes de la famille royale seront soit trop âgées pour avoir des enfants ou seront rendues stériles par les effets secondaires de cette bombe et autres armes horribles. C'est ainsi que la famille royale anglaise s'éteindra. Il ajoute que si l'Angleterre choisit la monarchie, elle devra chercher dans les branches les plus éloignées de la famille royale pour trouver quelqu'un qui portera la couronne. Il dit qu'ils peuvent choisir l'une ou l'autre voie et que l'histoire se déroulera sans heurts dans l'une ou l'autre direction, mais s'ils choisissent la tradition, le porteur de la couronne sera trouvé auprès d'une source très inattendue.

D : *J'ai trouvé intéressant qu'ils puissent inventer quelque chose qui soit capable de faire la différence entre les hommes et les femmes.*

B : Il dit que de telles maladies ont déjà été inventées à votre époque mais ce sont des secrets militaires. Le virus qui attaque a des effets différents sur les hommes et les femmes. Ils sont en train de l'affiner pour qu'il tue principalement les hommes et rende les femmes incapables d'avoir des enfants. Il dit qu'il tire ce vocabulaire de l'esprit du véhicule puisque les concepts lui sont familiers, mais les mots n'existent pas à son époque. Lorsque le virus envahit la cellule, il est capable de faire la distinction entre le chromosome X et le chromosome Y. La présence du chromosome X supplémentaire ou de la présence du chromosome Y affectera le virus, déterminant la façon dont il affectera cette cellule et le corps tout entier.

D : *Mais je pense que l'utilisation d'une arme de ce type reviendrait à se trancher la gorge, car elle porterait atteinte à la population en général.*

B : Il dit que les gens qui sont enragés pour la guerre ne considèrent pas cela.

C'est peut-être une autre raison pour laquelle il a mis cela dans le même quatrain qui parle de la bombe atomique. Nous n'avons pas non plus pensé aux conséquences sur la population en général lorsque nous avons utilisé la bombe. Il est possible qu'il établisse un autre parallèle.

B : Ces armes seront larguées sur l'Angleterre. Mais ils ne se rendent pas compte des risques qu'ils prennent, car les conditions météorologiques pourraient faire qu'une partie du virus s'étende jusqu'à la masse continentale, détruisant ainsi également une partie de cette population.

D : *C'est ce que je pensais. Cela va nuire à la population future du monde si les gens ne peuvent pas procréer ou se reproduire.*

B : Il dit que vous allez bien trop loin. Cela ne sera lâché que sur l'Angleterre, pas sur le monde entier, donc ce sont surtout les Anglais qui seront affectés. Mais il dit que les médecins anglais, en bons médecins qu'ils sont, seront capables de créer un vaccin ou un sérum qui neutralisera les effets du virus et aidera les gens à s'immuniser contre lui. Mais cela prendra du temps.

D : *Cela semble vraiment radical, mais tout ce que fait l'Antéchrist est extrême.*

B : Selon lui, il semblerait qu'il est difficile pour les gens de prendre l'Antéchrist au sérieux parce qu'il va jusqu'à la limite de tout.

D : *Alors dans le cas de ce quatrain, le roi Hadrie ne fait pas référence à Hadrien.*

B : Le roi Hadrie représente la famille royale.

D : *Les traducteurs ne s'en sont même pas approchés dans leurs interprétations.*

B : Il dit que cela ne le surprend absolument pas.

En suivant les instructions de Nostradamus, j'ai finalement pu localiser Hadrien dans les livres d'histoire du droit. Il était empereur de Rome en 117 de notre ère (ère commune ou A.D.). C'était l'homme que j'avais survolé auparavant. Cet incident m'a appris à ne pas tirer de conclusions hâtives et à ne pas faire de recherches hâtives. J'aurais également dû me rendre compte que Nostradamus avait été extrêmement précis dans les interprétations qu'il nous avait données, et qu'il ne serait pas enclin à commettre une erreur de cette ampleur.

À l'époque d'Hadrien, Rome était peuplée de personnes originaires de nombreux pays et de religions différentes. Tous insistaient sur le fait qu'en matière de droit, ils devaient être jugés selon les règles et les coutumes de leur propre pays. et non selon les lois qui s'appliquaient aux citoyens de Rome. C'était un véritable chaos. Hadrien fut le premier à codifier et à organiser des lois qui traitaient tout le monde de manière équitable et égale, ce qui était une entreprise énorme. À notre époque, on appelle cela "l'équité". Une fois de plus, Nostradamus avait raison. Hadrien était un grand législateur, et il a utilisé son nom comme symbole de la loi ou d'un législateur dans ses quatrains. C'est un autre exemple de l'esprit incroyablement complexe de Nostradamus.

Chapitre 9

Les Horoscopes

J'AI AMENÉ QUELQUES UNS DES QUATRAINS à l'appartement de John pour en clarifier les données astrologiques. John avait travaillé sur un quatrain en particulier.

SIÈCLE I -50

De l'aquatique triplicité naistra
D'un qui fera le jeudi pour sa feste:
Son bruit, loz, regne, sa puissance croistra,
Par terre & mer aux Oriens tempeste.

Des trois signes d'eau naîtra un homme qui célébrera le jeudi comme jour férié.
Sa renommée, ses louanges, sa domination et son pouvoir s'accroîtront sur terre et sur mer, apportant le trouble à l'Orient.

John a déclaré que les trois signes d'eau pourraient faire référence à un grand trine et auraient une influence considérable s'ils étaient situés dans un horoscope. Nous avions déjà été informés que les signes d'eau se référaient également à trois plans d'eau près de l'emplacement de l'Antéchrist. John a demandé s'il pouvait assister à une séance et demander à Nostradamus plus d'informations astrologiques. L'idée audacieuse de dresser l'horoscope de l'Antéchrist lui était venue à l'esprit, et j'ai pensé que ce serait fantastique et passionnant. Je pensais aussi que c'était impossible parce que Nostradamus avait tant de mal à voir ce qui avait trait à l'Antéchrist. Ses actes étaient clairement visibles, mais l'homme lui-même était assez opaque. J'ai accepté que John essaie, au moins ce serait une expérience intéressante.

Après que Brenda soit entrée en transe profonde, nous avons tenté d'obtenir les informations astrologiques.

D : *Lorsque nous vous avons interrogé sur l'Antéchrist, vous avez dit que l'un des indices de son identité était qu'une partie de son horoscope comportait trois signes d'eau ce qui, selon nous, pourrait être un grand trine. L'astrologue aimerait poser quelques questions pour aider à clarifier ce point.*
J : *(Il lit le quatrain.) S'il s'agit d'un grand trine, nous aimerions savoir quelles planètes seront en trine les unes avec les autres dans les signes d'eau. Cela nous aiderait à trouver son horoscope natal.*
B : Il dit qu'il transmettra ce qu'il peut. Il essaiera de dire au communicateur dans quel signe se ent quelles planètes, ce qui permettra à l'astrologue de calculer à quelle période ceci fait référence. Il dit que si une information semble contradictoire ou n'a aucun sens, il peut s'agir d'une erreur d'interprétation des concepts entre son esprit et celui du communicateur. N'hésitez pas à poser des questions ou à tenter de clarifier les informations qu'il essaie de donner. Il demande si cela semble juste et raisonnable ? (John est d'accord.) (Sourire) Il vient de me réprimander gentiment. Il m'a dit : "Tout ne peut pas être décrit en musique, ma chère." (Nous avons ri.)
D : *Dans l'horoscope de l'Antéchrist, pouvez-vous voir où se trouve le soleil ?*
B : Il dit que le soleil sera dans un endroit de feu, ce qui lui donne une personnalité magnétique. Il dit que les trois signes d'eau sont... il me montre une image du ciel nocturne avec un triangle dessiné dessus, avec des cercles sur chacune des pointes du triangle. Mercure est dans le signe de la balance et Neptune est dans son siège de pouvoir de la mer. Il dit que ce qu'il va dire ensuite va faire hurler les critiques comme une meute de chiens, mais il dit que le vieux Pluton sera à la place du mystère. Malheureusement, l'information qu'il donne est une combinaison de l'horoscope natal de l'Antéchrist et de son interaction avec les positions des planètes au moment où il accède au pouvoir. Il dit qu'il ne sera peut-être pas en mesure d'expliquer clairement à quoi il se réfère, mais il est certain que John pourra le découvrir. Si John a des problèmes, il est libre de poser des questions.
J : *J'aimerais savoir où se trouvent Saturne et Jupiter.*
B : Jupiter aura une position très proéminente. Jupiter est la même chose que Thor, et Thor est le jour de l'Antéchrist. (Il s'agit du

jeudi, qui est mentionné plusieurs fois dans les quatrains). Il dit que Jupiter est la tête régnante des planètes et le chef des puissances. Saturne est à la place de l'intellect. Je ne fais que répéter ce qu'il dit. Je décris ce que je vois et ce qu'il essaie de me montrer. Je ne sais pas si ce que je dis a un sens ou non. Cela n'a aucun sens pour moi, mais ce n'est pas mon domaine de connaissance. Il dit qu'il est délibérément vague et mystérieux pour que le véhicule ne panique pas à l'idée d'essayer de communiquer avec précision des informations de nature inconnue.

D : *Vous vous débrouillez très bien.*

B : Il dit que c'est un autre endroit où les critiques peuvent commencer à hurler comme une meute de chiens. Il dit que le pouvoir d'Uranus est aussi dans son horoscope, et cette influence est également liée à l'eau. Uranus a le pouvoir de l'eau et de la foudre. Son horoscope est un horoscope construit d'extrêmes contribuant au magnétisme qu'il exercera sur les gens. Cela favorisera également son ascension rapide au pouvoir ainsi qu' à sa chute brutale. Sa vie est une vie d'extrêmes.

D : *Il a dit que les critiques allaient se mettre à hurler comme une meute de chiens. Est-ce que c'est parce que ces planètes n'étaient soi-disant pas connues à son époque ?*

B : C'est exact. Il dit que si vous lisez les classiques correctement, vous connaîtrez ces planètes. Il y a beaucoup de connaissances anciennes qui ont été oubliées lors de la chute de la civilisation atlante et auxquelles il faut progressivement se réattacher.

D : *Voulez-vous dire qu'ils connaissaient ces planètes ?*

B : Absolument. Il dit qu'ils étaient beaucoup plus avancés que vous à votre époque. Les gens du vingtième siècle ont tendance à être très égocentriques, croyant qu'ils ont atteint le plus haut niveau de science, de connaissance et de technologie. Mais ce n'est pas vrai. Il dit qu'il y a beaucoup de documents qui sont à sa disposition. Ils sont vieux et moisissent dans des bibliothèques et des endroits cachés. et ont probablement été détruits depuis son époque. Il dit, par exemple, qu'il a accès à de vieilles copies des Écritures qui ont été interdites et modifiées depuis, ce qui donne des indices sur certaines des connaissances anciennes.

J : *J'ai quelques questions à ce sujet parce que je crois que je peux dessiner son horoscope dans ma tête. La position de Pluton dans* le signe du mystère serait quand Pluton était dans le signe de la Vierge. Est-ce exact ?

B : J'ai l'impression qu'il est très content. Il dit que vous et lui pensez de la même façon, et il est content que vous puissiez faire cela. C'est plus facile pour lui pour toute communication.

J : Je veux revoir l'horoscope en entier avant d'aller plus loin. Il a mentionné que Pluton était dans le signe du mystère. Uranus serait probablement dans le signe du Verseau à cause des éclairs et du tonnerre. Et Saturne sera probablement dans le signe des Gémeaux ou du Verseau.

B : Il dit que Saturne est dans les Gémeaux.

J : Mars sera en Capricorne et Vénus en Poissons. Mercure sera en Balance Mercure sera en Balance et la Lune doit être dans un signe d'eau.

B : Il confirme que c'est vrai.

J : La lune serait-elle dans le Scorpion ? Et le soleil serait-il dans le signe Sagittaire ?

B : Il confirme ceci aussi.

J : Alors nous les avons tous sauf son signe ascendant pour pouvoir le tracer. Quel serait l'ascendant de cet horoscope ?

B : Il n'arrête pas de dire deux choses pour l'ascendant, et je ne sais pas sur laquelle il met l'accent. Je vois le Bélier et le Taureau.

J : Cela pourrait être vrai si le Bélier se levait et si le Taureau était intercepté dans la première maison.

B : Mais il continue à me donner la photo d'un bélier et d'un taureau. Moi, en tant que communicateur, je m'excuse d'être un peu trop dense à ce sujet.

J : Non, ne vous inquiétez pas. Je comprends ce que vous essayez de dire. Qu'en est-il du nœud nord ou de la part d'infortune ?

B : (Elle semble confuse.) Quoi ?

D : Nostradamus connaît-il le mot "nœud" ?

J : Le nœud nord ou la tête de dragon ?

B : Il dit qu'il a rencontré le terme "tête de dragon" et que celui-ci lui est familier, mais le concept n'est pas dans le cerveau du communicateur. L'inconvénient majeur d'un tel mode de communication est un grand blocage en ce qui concerne les concepts astrologiques. Cela rend difficile la communication des informations qu'il veut donner. Il est conscient qu'il y aura des sceptiques qui ne comprendront pas.

J : Quel âge a l'Antéchrist aujourd'hui ?

B : Il dit qu'il est à la fin de l'adolescence. J'entends toujours 17 ou 19 ans. Dix-sept est est de plus en plus fort.

D : Plus tôt, il a dit qu'il était dans son adolescence.

J : Encore une question. (Il avait consulté les signes dans son livre). Est-ce que le 16 décembre 1968 ressemble à la date de naissance de l'Antéchrist ?

B : Un instant, s'il vous plaît. (Pause) Il dit que cela lui semble juste. C'est à la fin de cette année-là.

J : Je regarde les éphémérides et cette date semble correspondre à l'époque.

D : Sait-il ce qu'est un éphéméride ?

B : Il a dit que c'était une carte des étoiles.

J : A cette date, les planètes s'alignent de telle sorte qu'il serait avantageux pour une personne très spirituelle ou très démoniaque.

B : Malheureusement, il choisit la voie démoniaque plutôt que la voie spirituelle à cause de l'influence de son adolescence traumatisante.

J : Je voudrais dire à Nostradamus que cette information est très précieuse et que je lui en suis reconnaissant. Maintenant, grâce à une carte de transit, je peux comprendre comment il arrivera au pouvoir.

B : Il dit qu'il vous est reconnaissant d'être ici en ce moment pour recevoir l'information, car la période de troubles sera très grave. Et il dit que les forces du bien ont besoin de toute l'aide possible parce qu'elles seront éclipsées. Il pense que tout ce qu'il peut faire pour l'aider sera bon pour lui aussi parce qu'il se sent une dette karmique dans ce domaine.

D : Alors je suis content que nous l'aidions aussi.

B : Il dit que tout ce qu'il peut faire pour communiquer de façon claire et précise est un plus supplémentaire pour nous tous, à l'exception de l'Antéchrist. Il a dit cela avec un petit rire.

D : Eh bien, c'est ce que nous essayons de faire : déjouer l'Antéchrist.

B : Il dit qu'il aimerait communiquer davantage sur son horoscope natal. Peut-être qu'au cours d'une autre séance, il pourra faire passer jusqu'à vous quelques informations supplémentaires à travers mon subconscient. Il dit que c'est difficile de percer un mur de briques. Michel de Notredame est enthousiaste et ravi de pouvoir parler à un autre esprit et de lui communiquer des informations détaillées sous une forme compacte. Mais en même temps, il se rend compte que c'est quelque peu difficile car le communicateur, moi-même, ne comprend pas les concepts qu'il essaie de transmettre. Il dit que c'est plus facile maintenant qu'il a découvert cette méthode de communication des informations astrologiques. C'est presque aussi facile que de communiquer des informations normales. Il sera heureux d'approfondir ce sujet si vous avez d'autres questions ou si vous êtes curieux.

D : *Nous pourrons revenir et vérifier avec lui. Je me suis dit qu'il devait y avoir un moyen de contourner son bloc.*

John était manifestement très enthousiaste à l'idée de cette confirmation. C'était une percée extraordinaire d'avoir obtenu la date de naissance de l'Antéchrist, j'ai senti qu'il avait hâte que la séance se termine pour pouvoir commencer à dessiner sa carte de ciel.

Nous pensions que Nostradamus s'était très bien débrouillé dans ces circonstances,
car ni Brenda ni moi ne connaissions grand-chose à l'astrologie. Cette séance a été l'une des plus difficiles que nous ayons eues. C'était très fastidieux parce que les réponses ne s'enchaînaient pas avec la rapidité qui caractérisait les autres séances. Mais elles n'avaient pas eu à contenir de concepts aussi difficiles et aussi étranges.

Lorsque Brenda s'est réveillée, elle a dit qu'elle se sentait très bizarre dans sa tête. Il ne s'agissait pas exactement d'un mal de tête, mais d'une sensation de pression, comme si son crâne était trop petit pour son cerveau.

J'ai dit : "Il a essayé d'en faire trop."

Comme ce n'était pas une sensation désagréable, elle en a ri et a dit : "Oh mon pauvre cerveau !"

PLUS TARD, Tandis que John étudiait l'information, il était évident que tous les signes n'étaient pas présents, en particulier le grand trinôme des signes d'eau. Ce n'est pas surprenant. Nostradamus disait qu'il donnait des signes de l'horoscope de l'Antéchrist et au moment de sa montée en puissance. John avait reçu la tâche peu enviable d'essayer de les trier.

Lorsqu'il a découvert qu'il y aurait plusieurs grands trinômes de signes d'eau au cours de l'été 1994, il a estimé que c'était peut-être le moment où l'Antéchrist atteindrait sa pleine puissance. Mais était-ce exact ? L'Antéchrist aurait environ 25 ans à ce moment-là, ce qui est incroyablement jeune pour un tel accomplissement.

Au cours d'une autre session, John a décidé d'utiliser la même méthode pour obtenir des informations sur d'autres personnages de notre scénario. Un participant important serait le dernier pape. Selon les prédictions de Nostradamus, traduites dans le premier volume, il y aura encore trois papes avant l'effondrement de l'Église catholique. Il dit que le pape actuel sera assassiné dans un avenir très proche. Le deuxième sera également assassiné pour permettre au troisième pape d'occuper le siège de la papauté. Ce dernier pape sera sous le contrôle de l'Antéchrist et sera son outil. Pendant cette période, l'incendie de Rome et le saccage de la bibliothèque du Vatican vont avoir lieu.

J : Le dernier pape sera-t-il français ?

B : Il dit qu'il a la forte impression qu'il le sera. L'homme aura un teint basané et son caractère peut être assimilé à la carte de Tarot "Hiérophante inversé". Il dit qu'essayer d'utiliser des symboles astrologiques est très difficile avec ce véhicule. C'est dû à l'ignorance et non à la peur de sa part. Mais il dit que l'utilisation de symboles avec lesquels ce véhicule est familier comme le Tarot, il est beaucoup plus facile de communiquer les concepts de manière efficace. Il peut donc utiliser le symbolisme du Tarot plus souvent que les symboles astrologiques.

J : Pouvez-vous nous donner la date et l'année de naissance du dernier pape ?

B : Il dit que c'est difficile. Il va devoir utiliser à nouveau une formulation vague. Il dit que mon subconscient relève son horrible tête. Ce sont les mots qu'il a utilisés. et il m'a donné cette image d'une tête de dragon du Nouvel An chinois avec des banderoles tout autour, en bloquant la vue.

D : (Rire) Eh bien, nous avons réussi à supprimer ce dragon.

B : Il dit que cet homme est un homme du mystère, un homme des eaux troubles. Il dit que cet homme est du signe du Cancer, et que les signes du mystère et de l'obscurité sont très importants dans son horoscope. Il a des difficultés avec les chiffres et la date de naissance. Il dit qu'il y reviendra dans un instant. Cet homme souffre d'une sorte de difformité physique. Il ne sait pas s'il s'agit d'une épaule légèrement tordue ou voûtée, ou d'un pied bot, mais c'est une déformation de cette nature. Il s'agit d'un défaut congénital de l'os. Elle ne sera pas causée par une blessure ; il est né comme ça. Par conséquent, son esprit a été marqué par la cruauté et l'insensibilité des gens envers ceux qui sont différents. Il raconte que cet homme au teint basané et aux yeux bleus est entré dans l'église à un jeune âge par amertume et désespoir, parce qu'il pensait qu'il ne trouverait jamais de fille pour l'aimer et l'épouser. Il est entré dans l'Église pour ne pas avoir à y faire face. Cet homme était un jeune homme ... (il a glissé la date rapidement à son subconscient) né en 1932. et dont les parents étaient impliqués dans le mouvement nazi en France. Par conséquent, il est donc marqué par cela aussi. Il dit qu'il a dû supporter les railleries de ses camarades de classe dans les années qui ont suivi la Seconde Guerre mondiale. Ils le traitaient d'"amateur de nazis" et autres choses de ce genre. Il dit que s'il n'y avait pas eu la cruauté et l'insensibilité des personnes qu'il a côtoyées dans son environnement, il aurait pu être un homme bon, peut-être même gentil. Mais il s'est avéré que la douleur l'a poussé à la cruauté. Il veut se venger du monde à cause de ce qui s'est passé quand il était jeune.

D : *Est-ce pour cela qu'il est plus facile pour lui de devenir un outil de l'Antéchrist ?*

B : Oui. Cela le rend très sensible à cela. (Rapidement) Sa date de naissance est le 4 avril 1932.

D : *Quel est son ascendant ?*

B : Sagittaire.

John fait signe que c'est tout ce dont il a besoin de savoir pour faire un thème de naissance.

B : Il dit qu'il est toujours heureux de vous donner des dates. Il a remarqué que s'il les fait sortir rapidement avant que quelqu'un n'ait le temps d'y penser, alors le terrible subconscient de ce véhicule ne se met pas en travers.

Voici un bref résumé de ce que John a trouvé lorsqu'il a dressé l'horoscope de la personne née pour la date de naissance du 4 avril 1932.

Dans cet horoscope, nous voyons un stellium de planètes (trois planètes ou plus dans le même signe) dans le signe du Bélier. Le

Soleil, Mercure, Mars et Uranus se trouvent tous dans la 5ème maison de la créativité, des plaisirs et de la spéculation. En mettant l'accent sur le signe du Bélier, l'individu aura du caractère et se fraiera un chemin jusqu'au "sommet". Le Soleil se combine avec un Uranus imprévisible et un Mercure variable, signifiant une personnalité magnétique, un esprit vif et un fort désir d'arriver à ses fins. La Lune en Poissons indique un sens de la compassion pour les autres qui le conduit à la prêtrise. La Lune en conjonction avec le Nœud Sud indique la nécessité pour lui de passer par une purification émotionnelle. Il y aura aussi un lien fort envers la figure maternelle. Mercure conjoint à Uranus montre l'originalité de sa pensée et son autonomie, mais il est parfois sujet à des pensées chaotiques. Vénus en Taureau dans la maison du service indique qu'il travaillera bien avec ses collègues et qu'ils pourront l'aider à réaliser ses ambitions. Mars a une bonne relation avec Saturne présageant un sens aigu de la discipline et une capacité pour accomplir des objectifs et des projets démontrant une grande détermination. La tendance à retenir ses frustrations pourrait se traduire par de l'amertume et un penchant pour la vengeance. Uranus en aspect négatif avec Pluton prédit une vie pleine de changements et de bouleversements qui mettront à l'épreuve les capacités de l'individu. et de bouleversements qui mettront à l'épreuve la qualité de son esprit.

UN AUTRE PARTICIPANT IMPORTANT auquel Nostradamus fait référence sera Ogmios. Aucun d'entre nous n'était familier avec ce nom étrange lorsqu'il nous a été communiqué pour la première fois, mais il s'agissait à nouveau d'une référence symbolique à la mythologie. Ogmios était l'équivalent celtique du légendaire Hercule. Il est censé représenter la némésis de l'Antéchrist. C'est grâce à ses efforts, en tant que leader du mouvement clandestin, que le peuple s'élève pour résister à l'Antéchrist.

J : Pouvez-vous nous donner une date de naissance pour Ogmios ?

Je ne pensais pas que cela soit possible, mais Nostradamus a répondu sans hésitation.

B : Il me donne le mois et la date, et il essaie de me donner l'année maintenant. (Pause) Le 17 octobre 1952.

C'était une surprise inattendue et excitante d'être capable d'obtenir des informations aussi concises aussi rapidement.

D : John veut essayer de faire son horoscope pour que nous connaissions sa personnalité.
B : Oui. Il dit qu'il s'efforcera d'obtenir les dates de naissance lorsqu'elles seront demandées. Ce dirigeant est originaire d'un pays d'Europe centrale. Il fournit cette information au cas où John aurait besoin de la position géographique de sa naissance pour l'horoscope.

John n'avait pas perdu de temps. Il cherchait déjà la date dans son éphéméride.

J : L'horoscope d'Ogmios indique qu'il est né sous la nouvelle lune de la Balance, qui a eu lieu en 1952, avec Saturne en proximité de cet alignement planétaire. Pour moi, cela montre que c'est une vieille âme. Il s'est battu contre des forces négatives dans ses vies antérieures.
B : Oui. Cet homme est bien préparé spirituellement à cette tâche, car son adversaire sera très puissant et aura des forces spirituelles négatives l'entourant. Il devra être bien équipé pour la bataille sur tous les plans. Il sera issu du peuple, car c'est un homme qui aura pour ainsi dire, gravi les échelons, en montant dans les rangs. Il est issu d'un milieu simple, et ce qu'il a obtenu, il l'a fait en travaillant honnêtement. Il a une certaine formation technique, mais la principale compétence sur laquelle il s'appuie est son sens pratique. Il est capable d'aller au fond des choses. Cet homme est une vieille âme, et ses priorités sont claires. Il sait ce qui est important ou non pour l'obtention du résultat final. Il fait partie de ces personnes qui aideront à ouvrir la voie au Grand Génie qui viendra après l'Antéchrist, car cet homme sait qu'il n'est pas celui qui conduira le monde à la paix ultime. Mais il est celui qui aidera à faire tomber ceux qui veulent détruire le monde, laissant ainsi la place à celui qui guidera le monde vers la paix ultime.
J : Quel est son ascendant ?
B : Il n'arrête pas de dire Taureau.

John acquiesce. C'est tout ce dont il avait besoin pour dresser l'horoscope de cet homme identifié comme Ogmios.

Voici un bref résumé qu'il a compilé pour la date de naissance, le 17 octobre 1952.

Dans l'horoscope d'Ogmios, nous voyons un stellium de planètes dans le signe de l'équilibre, la Balance. Le Soleil, la Lune, Saturne et Neptune se trouvent tous dans la sixième maison de la santé, du travail et du service pour autruis. Cela indique qu'il sera sensible aux besoins des autres. Il fait preuve d'un grand sens de l'humilité, et au fur et à mesure qu'il grandit dans la vie, il deviendra patient, persévérant et modeste. La Lune signifie ici que l'équilibre dans la personnalité sera atteint par le biais d'une croissance spirituelle. Une partie de son "destin" dans la vie sera le service à autruis. Mercure en bon aspect avec Mars se rapporte à l'utilisation de la raison et de la logique dans les situations difficiles. Vénus dans le signe du Scorpion montre des émotions profondes qui ne seront souvent pas apparentes en surface. Il y aura de nombreux tests concernant son développement émotionnel. Jupiter en Taureau dans la 1ère maison de la personnalité montre un sens de l'humour chaleureux et terre-à-terre et en général un caractère jovial. La formation d'une grande croix composée de Vénus, Jupiter, Pluton et les Nœuds prédit qu'il a une "mission spéciale" à accomplir, même s'il peut être réticent à s'impliquer dans une telle entreprise. Il y a beaucoup de force et d'équilibre ici, prophétisant un adversaire admirable pour l'Antechrist.

Voici quelques remarques que Nostradamus a faites à propos d'Ogmios lorsqu'il travaillait avec Brenda.

B : Selon lui, Ogmios est un homme de grande taille. Il sera d'une personnalité bourrue et très directe. Cet homme est un bon ami, mais il dit qu'il ne faudrait pas vous en faire un ennemi. C'est pourquoi il est un si bon adversaire pour l'Antéchrist.

J : *Ogmios fera-t-il partie d'une organisation religieuse ou cela aura-t-il quelque chose à voir avec la clandestinité ?*

B : Il aura reçu une formation religieuse. Il sera un homme de principes et de morale. Les principes sont les siens et ne sont pas pas influencés par la religiosité, dit-il.

J : *Ceci est sous-entendu dans son horoscope par le carré de Saturne à Uranus, qui indique que la personne se pliera à tout type d'organisation ou de contrainte.*

B : C'est vrai. C'est pourquoi il est celui qui provoquera la chute de l'Antéchrist. Cet homme est un chef et il aura une organisation sous ses ordres pour l'aider dans sa quête, mais il dit qu'il ne veut pas d'anneau dans le nez. (Nous avons ri.)

J : *Quel était le signe solaire de Nostradamus ? Quelle était sa date de naissance ?*

D : *Je pense que John veut consulter votre horoscope. (Rire)*

B : Il dit que pour être honnête, il n'est pas vraiment sûr. Ses parents n'avaient pas l'habitude d'enregistrer la naissance de leurs enfants. Il ne prend pas la peine de fêter son anniversaire parce qu'il pourrait s'agir du jour où il pense être né, du jour où sa mère pense qu'il est né, ou du jour où il a été enregistré pour être baptisé ou son nom lui a été donné.

D : *Ces dates sont-elles toutes différentes ?*

B : Il répond par l'affirmative et ne s'en préoccupe donc pas. Ce que le jeune astrologue pourrait faire - et il dit que cela l'aidera aussi - c'est de prendre ce qu'il sait de sa vie, toutes les dates dans sa vie, et l'année et le lieu de sa naissance, et de choisir la date la plus logique et la plus en accord avec tout ce que vous sachiez. Il hausse les épaules à ce stade. Il dit : "Je sais que ça n'aide pas beaucoup, mais c'est comme ça".

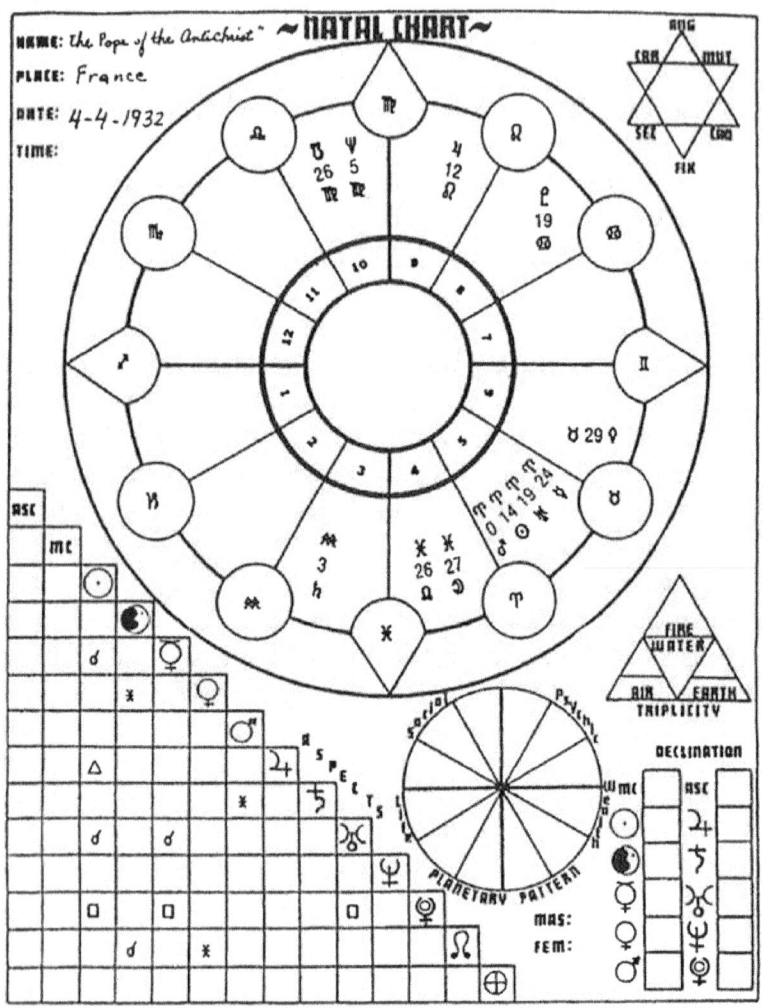

Voici l'horoscope de la date de naissance du Pape de l'Antéchrist : le 4 avril 1932.

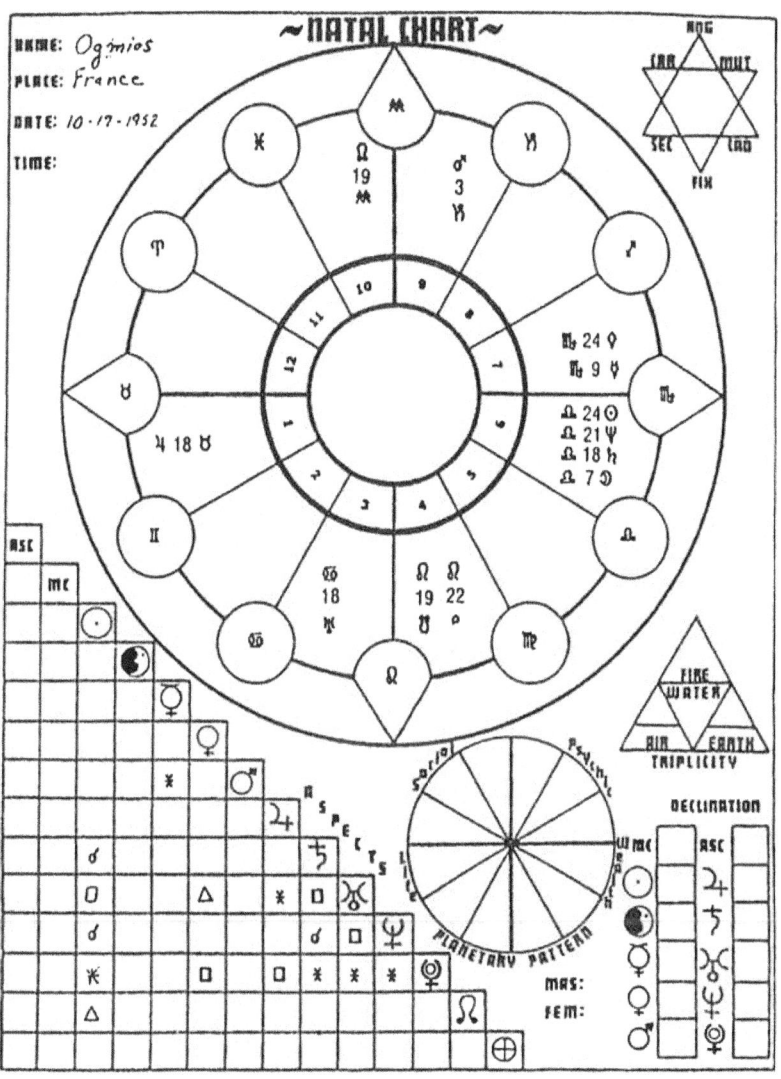

Voici l'horoscope de la date de naissance d'Ogmios, le 17 octobre 1952.

Chapitre 10

La pièce de la Tapisserie

BIEN QUE NOUS AVIONS TRAVAILL´ES AVEC SUCC´ES pendant six mois par l'intermédiaire de brenda, nous aurions dû savoir que la vie nous mettrait à nouveau des bâtons dans les roues. C'est un fait reconnu que la vie n'est pas sans heurts, et une partie de notre leçon de vie sur Terre est d'apprendre à nous adapter aux problèmes et à les contourner. Il était devenu de plus en plus difficile pour Brenda de continuer à travailler à temps partiel. et à suivre des cours à temps partiel. Les problèmes monétaires, en particulier, devenaient critiques. À contrecœur, elle a décidé de mettre de côté, pour un temps, son rêve de faire carrière dans la musique. Elle avait désespérément besoin de travailler à temps plein pour mettre de l'ordre dans ses affaires financières. Elle s'est promis de ne pas abandonner son rêve, mais de le remettre à plus tard. Trouver un emploi à temps plein était difficile. Bien qu'elle ait des compétences administratives, il n'y avait rien de disponible dans notre région. En désespoir de cause, elle a accepté un travail à la chaîne, la nuit, dans une usine locale de conditionement de poulets. Elle croyait encore qu'elle pourrait travailler avec moi une fois par semaine. J'étais prête à adapter mon emploi du temps pour ne pas perdre le contact avec Nostradamus. Après quelques semaines de pause pour s'adapter à sa nouvelle routine, elle a suggéré que nous nous rencontrions vers minuit, à la sortie de son travail.

Alors que j'étais assise dans ma voiture devant sa maison, attendant son arrivée, je ne m'attendais à aucun problème, si ce n'est que je restais reveillée plus tard que d'habitude. Je l'avais déjà fait dans le cadre de mon travail. Si j'estime que l'histoire est importante, j'essaie de travailler avec mes sujets au moment qui leur convient le mieux. Là encore, je n'avais pas anticipé les obstacles que la vie peut dresser sur mon chemin.

Lorsqu'elle est sortie de sa voiture, elle a trébuché à l'intérieur de la maison et s'est effondrée épuisée dans le fauteuil le plus proche. Elle gémit qu'elle était si fatiguée qu'elle ne pensait même pas pouvoir rentrer chez elle. Elle m'a dit qu'elle savait qu'elle était capable de faire face à un travail monotone à la chaîne (elle pourrait simplement en profiter pour composer mentalement de la musique). et qu'elle pensait s'adapter à l'inversion complète des jours et des nuits. Ce qu'elle n'avait pas prévu, c'était les rigueurs auxquelles son corps serait soumises. Physiquement, elle n'était pas habituée à ce type de travail. Elle m'a montré ses mains, si importantes pour elle en tant que pianiste. Les articulations étaient gonflées par le contact prolongé avec les poulets glacés. Les muscles de ses bras et de ses épaules étaient endoloris par les mouvements répétitifs qu'elle faisait lors du passage des poulets sur les tapis roulants. Elle était presque en larmes lorsqu'elle m'a annoncé : "Tout ce que je veux, c'est de m'effondrer dans mon lit. Je ne vais même pas manger quoi que ce soit." Elle me regarda tristement, "Je ne vois vraiment pas comment nous pourrons travailler ensemble tant que j'aurai ce travail. Je suis trop fatiguée tout le temps." J'étais déçue, j'ai toujours accepté que le bien-être de mes sujets passe avant tout. Je suis donc partie pour qu'elle puisse se reposer.

Je suis restée en contact avec elle et sa vie s'est transformée en une sorte de cauchemar robotique. Elle travaillait jusqu'à minuit et rentrait à la maison pour s'effondrer dans un état de stupeur dont elle se réveillait le lendemain vers midi, pour ensuite manger et recommencer toute la même routine. Il ne lui semblait n'avoir jamais l'impression de dormir assez ou de se reposer suffisamment, et elle était tout le temps fatiguée. Ses mains et ses bras ne s'amélioraient pas, ils s'aggravaient progressivement jusqu'à ce qu'elle ressente une douleur constante. Nous ne pouvions pas nous rencontrer les week-ends, car ils lui étaient devenus précieux et elle les gardait jalousement. Elle avait besoin de temps pour elle-même afin de se préparer à l'assaut de la semaine suivante. Pour aggraver les choses, son petit ami avait trouvé un emploi qui l'avait amené à voyager hors de l'État. Sa seule solution était de dormir davantage. J'y ai vu une forme de retrait hors de la vie, se réfugiant dans le confort du sommeil qui n'est qu'une échappatoire temporaire. Ses amis essayaient de l'aider à trouver un emploi régulier avec des horaires normaux, afin qu'elle puisse échapper à ce cauchemar qu'elle vivait.

Pendant cette période, j'ai également été déprimée. Je m'étais créé une sorte d'emploi du temps pour moi-même. J'espérais terminer les 1000 quatrains avant l'été 1987. Cela me paraissait désormais impossible, car tout s'était arrêté. Je n'avais aucune idée de la marche à suivre. J'avais l'impression d'avoir failli à mon engagement ou que j'avais, d'une certaine manière, déçu Nostradamus. Mais je ne pouvais rien faire. Je ne pouvais pas forcer Brenda à travailler si elle ne le voulait pas. De toute façon, ce n'est pas ainsi que je fonctionne. Forcer les gens n'a jamais fait partie de ma technique. J'ai toujours obtenu de meilleurs résultats en établissant un rapport et une confiance avec mes sujets. Ils se sentent en sécurité en sachant que je ne ferais jamais rien qui ne puisse leur nuire ou les mettre en quelconque danger. Même si elle consentirait à une séance pour me faire plaisir, dans son état d'épuisement perpétuel, je ne pouvais même pas être certaine que les informations qui me parviendraient seraient fiables. Les informations pourraient avoir du mal à filtrer à travers les tourments physiques et mentaux qu'elle subissait.

J'en ai parlé lors d'une de mes visites à John. J'ai pensé qu'elle pourrait souffrir d'une sorte d'épuisement psychique. Après tout, cela faisait six mois que nous avions travaillé sans relâche sur ce projet, et peut-être qu'elle avait besoin de se reposer. Même si j'étais déprimée de ne pas pouvoir continuer l'histoire, j'ai pensé qu'il valait mieux lui donner un peu de répit. J'ai pensé qu'elle me ferait savoir quand elle serait prête à retravailler.

John n'a pas réagi de la même manière. Il ressentait une pression que j'ignorais. Il a dit qu'il n'était pas satisfait des informations que nous avions reçues sur l'horoscope de l'Antéchrist. Cela ne lui paraissait pas correct et il ne se sentait pas à l'aise avec celles-ci. Tout d'abord, pour lui, l'Antéchrist ne pouvait être à l'heure actuelle aussi jeune. Les horoscopes du dernier pape et de l'ennemi juré, Ogmios, semblaient corrects, mais il ressentait le besoin de poser à nouveau des questions à Nostradamus pour obtenir plus de détails afin de clarifier celui de l'Antéchrist. Il était impatient d'obtenir plus d'informations. Je comprenais son problème et j'appréciais son désir d'être le plus précis possible, mais je n'ai pu que lui répéter que nous ne pourrions pas travailler avec Brenda avant qu'elle n'ait trouvé un autre emploi. Nous n'avions aucune idée de la date à laquelle cela se produirait, et cela a irrité John. Puis il a lâché une autre bombe. Il avait sérieusement envisagé de déménager hors de l'État, et avait finalement décidé de partir en Floride à la fin du mois de mai, c'est-à-dire dans moins de deux mois. C'était la raison pour laquelle il était si désespéré d'achever la partie du projet qui lui incombait.

J'ai quitté sa maison en me sentant plus déprimée que jamais. Je me suis exclamée à haute voix en m'agrippant au volant de ma voiture : "Les gens vont et viennent, entrent et sortent de ma vie ! Que dois-je faire ? J'avais l'impression de me heurter à un mur de briques sans pouvoir le franchir voire le contourner. Alors, presque aussi rapidement que cette frustration avait pris le dessus, une autre pensée est entrée dans mon esprit comme une brise fraîche la balayant et laissant entrer le parfum du bon sens. Mais qu'est-ce qui m'arrive ? Je réagissais comme si c'était à moi de trouver une réponse à ce problème dans sa totalité. Ce n'était pas mon problème. Je n'avais aucun contrôle là-dessus. Je n'avais jamais eu le contrôle depuis le tout début. Ce n'est pas moi qui avait débuté tout ceci. Ce sont eux qui l'avaient commencé. Ils avaient déjà contourné des obstacles bien plus importants que celui-ci pour tout mettre en place, alors, qu'on les laisse travailler s'ils ont vraiment l'intention que ce projet. soit mené à bien. C'est moi qui avais fixé un calendrier, pas eux. Je n'avais aucune idée du type de calendrier qu'ils avaient à l'esprit. Je les ai remerciés silencieusement de m'avoir donné l'occasion de travailler sur ce dossier et de m'avoir fourni les informations qui m'étaient déjà parvenues, puis j'ai tout remis mentalement entre leurs mains. C'était leur responsabilité, cela l'avait toujours été. Je n'étais qu'une marionnette manœuvrée selon un plan invisible. C'était un bon plan, et il me semblait juste, donc ils devaient savoir ce qu'ils faisaient.

J'ai failli rire aux éclats. J'ai eu l'impression qu'un poids énorme avait été enlevé de mes épaules. Le sentiment de liberté était exaltant. D'une certaine manière, je savais que tout allait s'arranger.

J'ai passé en revue le matériel que j'avais accumulé pour le manuscrit de Nostradamus. Nostradamus et j'ai décidé que, bien qu'il y ait encore plusieurs questions sans réponse, il y avait suffisamment d'éléments pour en faire un livre. C'est peut-être là que se trouvait la sagesse derrière le retard ; cela m'a poussé à terminer le manuscrit au lieu de le garder pour obtenir plus d'informations. Le premier livre contiendrait suffisamment de matériel pertinent pour que les gens commencent au moins à réfléchir. Je ne savais pas si j'arriverais un jour à traduire les quatrains restants. mais cela n'avait aucune importance. J'étais en paix avec moi-même. Je n'étais plus face à un mur de briques, mais au sommet d'une montagne surplombant un paysage magnifique s'étendant à perte de vue. Je savais instinctivement que tout ce qui devait arriver arriverait, et que rien de ce que je ferais ou ne ferais pas ne ferait la moindre différence. Tout cela faisait partie d'un plan d'ensemble, et j'apprenais à m'appuyer sur ma seule foi. J'ai découvert que la foi signifie croire en quelque chose, sans aucune preuve physique pour étayer cette croyance. J'ai donc repris ma vie avec une assurance tranquille.

UNE FOIS MA DÉCISION PRISE de les laisser s'en occuper, la réponse est rapidement venue. J'étais à l'appartement de John pour régler les derniers détails des quatrains à inclure dans le premier livre. J'ai décidé d'omettre l'horoscope s'il ne se sentait pas à l'aise avec celui-ci. Il s'est adossé à sa chaise et a caressé sa barbe blonde. "J'y ai réfléchi et j'ai trouvé une solution. une solution. Mettez-moi sous hypnose et voyez si je peux contacter Nostradamus".

"Bien sûr", dis-je en riant, "j'ai déjà fait l'impossible deux fois. Je l'ai déjà fait deux fois. Tu veux que je le fasse trois fois ?"

"Non, je suis sérieux", me dit-il. "Brenda a eu beaucoup de mal avec les informations astrologiques parce qu'elles lui étaient étrangères. Elle a fait du mieux qu'elle a pu, mais c'était très éprouvant pour elle. Imaginez ce qui se passerait si je pouvais lui parler moi-même et obtenir l'information de première main. Je pourrais comprendre parce que j'ai déjà ces concepts en tête". L'idée l'enthousiasmait.

J'ai secoué la tête, "Je ne sais même pas si ça marcherait. Et ne peux-tu pas entendre les sceptiques ? Je pensais que si les informations astrologiques passaient par Brenda, elles seraient plus valables parce qu'elle n'est pas au courant de ce genre de choses. Si vous recevez des informations, ils penseront vraiment que c'est un canular parce que tu es un expert. Ils penseraient sûrement que nous avons tout manigancé."

Il tape du poing sur la table : "Je me fiche de ce qu'ils pensent. Ils penseront ce qu'ils voudront de toute façon. Ce projet est devenu important pour moi aussi. Je veux obtenir les informations les plus claires possibles. Et j'ai l'impression que le temps m'est compté".

Je voyais qu'il était sérieux et que c'était important pour lui. "Je ne sais pas si ça marcherait, mais... Je suppose qu'il n'y a pas de pas de mal à essayer."

Il sourit largement, "C'est vrai ! Quel mal y aurait-il à essayer ?" Puis il ajouta, le regard lointain : "D'ailleurs, j'ai toujours voulu rencontrer Nostradamus."…Même si j'étais plein de doutes, l'idée m'intriguait. Je suis toujours ouverte aux défis. J'ai accepté d'essayer et nous avons pris rendez-vous.

LE JOUR DE LA SESSION, j'étais encore une fois dans la même position qu'avec Brenda. Nous étions à nouveau en train d'expérimenter pour tenter d'atteindre Nostradamus sans aucune garantie quant aux résultats. La seule différence était que John était conscient de ce qui se passait et qu'il y participait volontiers. Je n'avais eu aucune idée de la manière de contacter Nostradamus auparavant, et cela avait bien fonctionné, j'ai donc décidé d'essayer la même procédure qu'avec Brenda. L'endroit le plus logique pour commencer serait de mettre John dans un état de conscience d'entre deux vies et d'avancer à tâtons à partir de là. Puisqu'il avait l'habitude de méditer régulièrement et qu'il se mettait en état de transe tous les jours, il était un sujet très commode. Il n'a eu besoin de presque aucune induction et a atteint un niveau très profond assez facilement. Je l'ai compté à rebours dans un état de transe où il ne serait pas directement impliqué dans une vie et je lui ai demandé ce qu'il faisait.

J : Je marche dans un couloir. On dirait qu'il y a des pierres précieuses dans les murs, comme des émeraudes, des rubis, des péridots et du cristal. C'est très beau. Cela rayonne beaucoup et émane le sacré. On se sent... on se sent très à l'aise. Devant moi se trouve une bibliothèque. J'y entre maintenant. On dirait que des pierres précieuses sont disposées sur toutes les cheminées et les portes, et elles brillent de leur propre lumière. Je suis dans un grand bureau. Il y a des livres et des parchemins posés partout, et des manuscrits de toutes sortes sur les étagères. Il y a une une belle lumière qui illumine tout l'endroit. Elle est constituée d'or, d'argent et de pierres précieuses. mais ils reflètent tous la lumière pour que tu puisses lire. Tout le bâtiment semble être fait de ce matériau merveilleux.

Cette bibliothèque du monde des esprits ne m'était pas étrangère. J'y ai séjournée plusieurs fois avec l'aide de mes sujets. Plusieurs me l'ont mentionnée et leurs descriptions ne varient que très peu. Le gardien de la bibliothèque a toujours été désireux de m'aider dans ma quête de savoir, et j'ai utilisé ce lieu pour obtenir des informations sur de nombreux sujets. Serait-ce la clé pour trouver Nostradamus ?

D : *C'est l'un de mes endroits préférés. Y a-t-il d'autres personnes ici?*
J : Oh, il y a des gens dans l'autre partie. C'est un grand espace, presque une cathédrale. Il y a un homme là - c'est un esprit, et il est tout simplement lumineux. Il parle sur la préparation de l'école de la Terre, et il n'y a seulement que quelques personnes qui l'écoutent en ce moment. D'autres personnes sont en groupe ou marchent silencieusement, transportant des manuscrits et des livres à différents endroits. C'est comme un air de... (il avait du mal à trouver le mot) comme des savants. Ils étudient. Tout le monde possède un sense de direction, et il y a un sentiment de sérénité. Il y a de la musique qui semble remplir tout l'endroit. Elle est à peine audible, mais elle tinte. C'est une jolie musique.
D : *On dirait que c'est un très bel endroit.*
J : Oui, c'est très beau. Tout brille et tout le monde porte de belles robes. Les vêtements semblent transparents mais des couleurs électriques brillent au travers d'eux. Ce sont les auras des gens.
D : *Y a-t-il un responsable ? Comment fait-on pour trouver quelque chose ?*
J : Oui, il y a un guide spirituel qui est le gardien de la bibliothèque. Il est à un bureau et il écrit en ce moment. Et on me demande, "Quelle est votre requête ?"
D : *Est-il très occupé en ce moment ?*
J : Oh, non. Il dit : " Non, non, non, non. C'est merveilleux. Se rendre serviable est très important."
D : *Très bien. Pourrait-il m'aider à réaliser une expérience ?*
J : (Enthousiaste) D'accord. Ce serait parfait.
D : *Demandez-lui s'il y a un endroit où vous pouvez aller pour voir ce qui se passe sur Terre à travers le temps ?*
J : Il dit qu'on peut le faire ici, à la bibliothèque, soit en étudiant les livres, soit en entrant dans les salles de visionnage. Mais il dit qu'ils sont bien conscients de votre but, et ils me suggèrent d'aller dans la salle des tapisseries. Elle serait mieux adaptée à vos besoins.
D : *Qu'est-ce que c'est ?*
J : Il dit que vous trouverez ce dont vous avez besoin dans la salle de la tapisserie. Je suis donc en train de marcher dans ce beau couloir avec des murs qui ressemblent à du lapis-lazuli et du marbre. Au

bout du couloir, il y a une grande porte. J'ouvre la porte et il y a une lumière éblouissante.

D : *Qu'est-ce qui provoque cette lumière éclatante ?*

J : C'est un homme, ou une silouhette d'esprit. Il dit qu'il est le gardien de la salle de la tapisserie et qu'il m'autorise à y entrer. C'est un endroit très respecté. Il y a un merveilleux arôme dans l'air. On dirait une combinaison de brise fraîche teintée de sel et de parfums d'un jardin. C'est presque comme de l'encens. C'est une belle pièce et elle est très, très haute. Elle s'élève à peut-être deux ou trois cents pieds (approx 61 à 92 metres de haut). Non, peut-être qu'une centaine de pieds (trentaine de mètres) serait plus exact. Le plafond est arrondi comme une nef d'église. Il y a des fenêtres au sommet et de chaque côté des murs. Elles sont hautes et éclairent la pièce. Et il y a des lustres qui pendent du plafond et qui ressemblent à des lampes d'Aladin. Il y en a beaucoup, peut-être 15 ou 20. Les murs et le sol semblent être en marbre. Il y a des meubles massifs à différents intervalles, comme des groupes de chaises et de tables en face de la tapisserie. Ils ne sont ni contemporains ni anciens, mais ils sont très fonctionnels, confortables et accueillants. Le gardien dit que parfois des professeurs amènent leurs élèves ici pour leur expliquer les merveilles et les subtilités de la tapisserie. J'ai l'impression d'être dans un musée spécial où les gens peuvent venir l'examiner et l'étudier. Je vais regarder la tapisserie. Elle est si belle. Elle est métallique, construite de fils de métal et ils sont tout simplement magnifiques. Ils scintillent et brillent. (Une soudaine inspiration avec son souffle.) Et on dirait qu'elle respire. C'est comme si... c'était vivant. Je veux dire, elle ondule et scintille. Certains brins brillent, d'autres sont plutôt ternes. C'est vraiment difficile à décrire. En fait, c'est comme une chose vivante mais qui ne soit pas effrayante, c'est magnifique. Il y a toutes sortes de types de fils. Et, oh ! c'est tout simplement grandiose. Rien sur Terre ne peut jamais être comparé à cela. Il n'y a aucun moyen de décrire à quel point c'est splendide parce que c'est tellement vivant que c'est presque électrique. Et le gardien dit que chaque fil représente une vie.

D : *Cela semble très compliqué.*

J : Oh, certaines choses sont compliquées, mais cela donne un beau design. Une conception éternelle. Et ... Je peux voir le monde au-delà. En regardant cette tapisserie, je peux voir n'importe quel événement qui a eu lieu.

D : Que veux-tu dire ?

J : C'est comme si je regardais à travers la tapisserie, et je peux voir la vie quotidienne des gens. Le gardien explique que chaque vie qui a été vécue est représentée comme un fil dans cette tapisserie. C'est ici que tous les fils de la vie humaine, les âmes qui s'incarnent, sont reliés. Elle illustre parfaitement comment chaque vie est entrelacée, croisant et touchant toutes les autres vies, jusqu'à ce que toute l'humanité soit affectée. L'unité absolue de l'humanité est représentée par la tapisserie. Elle est une mais composée de toutes ces nombreuses parties. Aucune ne peut exister sans l'autre et toutes s'entrecroisent et s'influencent mutuellement.

D : Si la tapisserie est composée de la vie de chacun, alors elle serait donc vivante. Est-ce que le gardien se soucie-t-il du fait que nous la regardions ?

J : Oh, il s'en fiche, il sait que nous avons un but. Il dit : " Allez-y, regardez-la, mais n'allez pas chercher plus loin. Je ne veux pas que vous regardiez la vie d'autres personnes parce que la diffusion de ce savoir pourrait être préjudiciable à leur développement." (John revient à la description.) La tapisserie est immense. Elle semble mesurer, oh, je dirais, au moins 20 à 25 pieds de haut (approx. 6 à 7 mètres). Et elle semble s'étendre à l'infini. Il me faudrait des heures pour la parcourir. Elle doit s'étendre sur un kilomètre ou plus. Elle longe le mur de gauche et la lumière des fenêtres l'éclaire. Mais il y a un point que je ne peux pas dépasser.

D : Sais-tu pourquoi ?

J : Le gardien de la tapisserie dit que cela fait partie de l'évolution spirituelle de toutes les âmes. Seules les personnes spirituellement évoluées ont accès à cette partie de la tapisserie. C'est comme un petit signe qui dit : "Ne pas aller au-delà de ce point.". (Rire) Mais ce n'est pas tant un signe qu'un sentiment interdisant d'aller plus loin.. C'est comme regarder la plus belle création artistique. Elle est composée de fibres qui vont d'un minuscule bout de ficelle jusqu'à la taille d'un câble. : aussi épais que votre poignet.

D : J'avais imaginé qu'il s'agissait de fils.

J : Non, ils ne sont pas aussi petits que des fils. Je les ai appelés ainsi parce qu'ils sont entrelacés, mais cela varit d'une minuscule ficelle à certains endroits à des tailles plus importantes. La plupart d'entre eux ont la taille d'une corde et deviennent de plus en plus épais au fur et à mesure qu'ils progressent. Il y a des verts, des bleus, des rouges, des jaunes, des oranges et des noirs. Oui, il y a même quelques noirs. Les noirs se distinguent parce qu'ils ne semblent pas aller aussi loin que les autres couleurs. Hmm. C'est étrange.

D : *Ces couleurs ont-elles une signification ?*

J : Je vais demander au gardien. Il dit : "Oui, elles représentent l'énergie spirituelle de toutes les âmes."

D : *Eh bien, quelle serait la signification des couleurs plus sombres par opposition à celles plus claires ?*

J : "Les couleurs sombres, dit-il, n'ont pas vraiment de signification. Les noires sont spéciales parce qu'elles ont choisi un chemin très inhabituel".

D : *J'ai pensé que les couleurs plus sombres pouvaient signifier qu'ils étaient plus ... eh bien, je pense à des vies négatives.*

J : Non. Il dit qu'il n'y a pas de négativité dans cette tapisserie. Les noirs ont juste choisi une façon inhabituelle de se manifester. Mais il dit : " Ne remettez pas cela en question. Ce n'est pas à vous de le savoir en ce moment. Vous êtes venu ici dans un autre but."

D : *Oui, mais je voudrais d'abord poser quelques questions. Vous avez dit qu'il y a des professeurs qui enseignent cette tapisserie à leurs élèves. Est-ce une façon pour eux de regarder le schéma de leurs vies antérieures ?*

J : Oui. Je regarde un groupe en ce moment. Le professeur est vêtu de belles toges, et il a un regard extrêmement bienveillant sur son visage. Il indique à différentes âmes ce qui se passe et ce qui s'est passé. Il leur parle de cette tapisserie et de ce que signifient les différentes subtilités dans les motifs. Il a quelque chose comme un pointeur brillant. Il est de couleur dorée et son extrémité ressemble à un cristal, mais il s'agit en fait d'un diamant qui s'illumine par sa propre lumière. Il pointe vers un fil dans la tapisserie et ce fil, ce câble, cette corde ou quel que soit le nom qu'on lui donne, semble s'illuminer de lui-même. Il souligne les différentes caractéristiques des vies, de la façon dont les gens ont évolué et les domaines dans lesquels ils doivent se développer. Ils prennent tous des notes, pas tant avec un stylo et du papier qu'avec leur propre conscience.

D : Est-ce qu'il explique à ces élèves ce qu'est leur propre vie pour qu'ils puissent prendre des décisions dans leur vie future ?

J : Oui, j'ai l'impression qu'ils sont là pour étudier leurs vies passées et comment leur fil s'est tissé dans cette tapisserie de la vie. C'est ce que les anciens appellent les "archives akashiques". (J'ai été surprise.) Ce sont les archives akashiques que les âmes avancées comprennent. Il dit que certaines de ces archives sont conservées sous forme de livre, mais ceux-la sont destinés aux âmes qui ne sont pas aussi avancées.

D : (Je n'ai pas compris.) Alors tout le monde n'aurait pas un fil dans cette tapisserie ?

J : Non, toute vie a un fil dans cette tapisserie, mais seules les âmes avancées sont capables de comprendre le concept de la tapisserie et d'y avoir accès. Les âmes moins développées ont des livres d'archives akashiques qu'elles peuvent consulter. C'est comme si un enfant entrait dans la bibliothèque d'un collège. Il devrait plutôt débuter dans la section des enfants d'une bibliothèque locale.

D : Alors ils ne comprendraient pas ce qu'ils voient même s'ils venaient ici ?

J : En effet. Ils ne comprendraient pas parce que la tapisserie a un but. Elle va dans les dimensions supérieures, même au-dessus d'ici, et c'est un endroit très complexe. Cette tapisserie aboutit finalement à la divinité où tout n'est que clarté. Tout mène à cette belle lumière.

D : Pouvez-vous demander au gardien s'il y a beaucoup de personnes vivantes qui viennent pour voir cette tapisserie ? Ou est-ce inhabituel pour nous d'être ici ?

J : Il dit que vous seriez surprise du nombre de personnes qui sont encore dans leur corps et qui sont venues dans cette pièce. Beaucoup viennent la voir comme une œuvre d'art. Il dit que cela a parfois été une source d'inspiration pour des artistes qui sont doués pour la peinture, la sculpture et les arts textiles. Ils viennent parfois ici parce que c'est l'une des œuvres d'art les plus prestigieuses de toute la création. Elle présente de nombreux motifs différents, tels que des motifs contemporains sauvages, des motifs orientaux ou des arrangements amérindiens.

D : Comment s'y rendent-ils ?

J : Il dit que certains viennent dans leur corps astral lorsqu'ils rêvent. D'autres viennent pendant qu'ils voyagent dans les mondes de l'âme, lorsqu'ils utilisent la méditation, la projection astrale ou l'hypnose, comme vous le faites en ce moment.

D : Je me demandais s'il était inhabituel de venir alors que vous étiez encore dans votre corps.

J : Il dit : "Non, ce n'est pas aussi inhabituel que vous pourriez le penser. Vous seriez surprise du nombre de personnes qui viennent ici, mais toute l'humanité n'est pas encore prête à venir dans ce lieu pour le moment."

D : Peut-il dire que nous ne sommes pas morts ?

J : Oui, il marche avec moi et il dit qu'il sait que je suis toujours dans mon corps. Il voit la corde d'argent qui se trouve derrière moi.

D : Oh, il sait que tu es toujours connecté à un corps. Et que nous faisons comme une sorte d'expérience.

J : Oui, il le comprend. La plupart des autres personnes n'ont pas de fils d'argent émanant de leur corps.

D : Est-ce que quelqu'un qui est venu ici alors qu'il était encore dans son corps s'est déjà vu refuser l'entrée dans cette pièce ?

J : Il a dit : "Vous seriez surpris. Nous avons dû demander à des gens de quitter cette zone. Une âme est venue et a essayé d'arracher son fil de la tapisserie. Il pensait que c'était la meilleure façon de mettre fin à son existence. L'homme souffrait d'une sorte de démence sur le plan terrestre, et il ne se rendait pas compte qu'il était vraiment dans le plan spirituel. Il était très confus. Nous avons dû le guider pour qu'il revienne. Il est maintenant dans une institution et sous sédatifs afin qu'il n'entre pas dans ces états de transe qu'il pouvait faire si facilement. Mais il est venu pour essayer de détruire la tapisserie, c'est-à-dire de détruire ce qu'il pensait être son fil. En réalité, ce n'était même pas le sien".

D : Mais il n'y a pas beaucoup de gens qui essaient de faire des choses comme ça, n'est-ce pas ?

J : Non, c'était un cas très rare. Cet homme a reçu une grande force spirituelle dans son incarnation physique, mais il a cru que c'était une déception, et cela a causé un déséquilibre dans son corps mental. En conséquence, il est physiquement sous control et on lui administre des produits chimiques pour l'empêcher de voyager dans l'astral. Il aurait été un grand serviteur du monde s'il s'était autorisé à trouver son modèle. Mais il a laissé le côté intellectuel de sa nature prendre trop d'emprise sur lui.

D : *Je suppose que c'est l'une des raisons pour lesquelles ils ont un gardien là-bas.*
J : En effet, il faut un gardien. Parfois des choses étranges se produisent parce que c'est un portrait du temps, et les choses doivent être maintenues en harmonie. Il y a des contrôles et des équilibres tout au long de cette tapisserie.
D : *Vous avez dit qu'il y a parfois d'autres personnes à qui l'on demande de partir ? Est-ce que essaient-ils de voir des choses qu'ils ne devraient pas voir ou autre ?*
J : Il dit : "Vous pouvez voir des choses, parce que derrière la tapisserie se trouve votre sens du temps, et vous pouvez suivre une corde et vous déplacer le temps. La plupart des gens n'ont pas besoin de connaître leur avenir tant qu'ils sont dans leur corps, à moins qu'ils n'utilisent ces connaissances dans le cadre d'un cours spirituel."
D : *Est-ce que c'est le genre de personnes à qui l'on demande de partir?*
J : Il dit : "Non, c'est le lieu de l'amour et on ne demande jamais à quelqu'un de partir à moins qu'il n'essaie de dégrader la tapisserie ou qu'il ne soit violent. Nous devons simplement surveiller la tapisserie, parce que parfois, dans des cas rares, des choses se produisent. Dans le passé, de grandes forces ont traversé la tapisserie elle-même. Une fois, il y a eu des explosions nucléaires et beaucoup de gens ont quitté la planète si rapidement qu'ils ont traversé la tapisserie. C'est pourquoi nous devons être là pour leur rendre service".
D : *Je suppose qu'il s'y passe toutes sortes de choses étranges. J'apprécie que tu me racontes tout ceci. Nous étions curieux.*
J : "Oui, dit-il, c'est compréhensible. Ne vous inquiétez pas. Nous sommes bien conscients de votre mission et de la croissance de votre âme. Je suis ici pour rendre service à chacun d'entre vous."
D : *Nous essayons d'utiliser cette information de façon très positive si nous le pouvons. Aurais-je le droit de venir si j'avais l'intention de l'utiliser d'une manière négative ?*
J : Non. Rien ne peut être déguisé ou caché ici. Nous connaissons vos motivations mieux que vous ne les connaissez vous-même.

Je commençais à comprendre pourquoi nous avions été conduits dans la salle de la Tapisserie pour poursuivre notre mission.

D : *Si je vous demandais de regarder une personne, seriez-vous capable de la trouver pour moi dans la tapisserie ?*

J : (Positivement) Oui !

D : *On pourrait quand même essayer, non ? Demandez au tuteur s'il a déjà entendu parler d'un homme qui a vécu dans les années 1500 et qui s'appelait Nostradamus ou Michel de Notredame.*

J : Le gardien dit que normalement, on n'a pas le droit de regarder la vie des autres. C'est trop perturbant. Mais il dit qu'ils sont bien conscients de votre but et de votre objectif, alors je serai autorisé à entrer dans la tapisserie. Je vais donc pouvoir pénétrer dans la tapisserie. Je suis en train de choisir le fil de Nostradamus. Il est d'un or lumineux. Je le suis à travers la tapisserie, et c'est comme si je volais. Le gardien me dit : "Je vous surveillerai. Je te rappellerai si nécessaire."

Chapitre 11

Le Fil d'or de Nostradamus

J'AI LITTERALEMENT RETENU MON SOUFFLE pendant que John volait dans un vide noir éclairé uniquement par le fil d'or rougeoyant de Nostradamus. Parviendrait-il à le retrouver ?

J : Je suis le fil de la tapisserie et j'arrive dans une pièce.
D : *Dis-moi ce que tu vois.*
J : Je vois un homme penché qui écrit avec une plume.

J'ai laché une exhalation. Apparemment, nous l'avions trouvé. Nous avions encore une fois accompli l'impossible. Mon esprit s'emballait en essayant de trouver un moyen d'attirer l'attention de Nostradamus. Les autres fois, nous l'avions contacté alors qu'il était en état de méditation.
Tout en réfléchissant à la situation, j'ai demandé une description de la pièce.

J : Oh, c'est un peu petit, mais c'est plein de livres - pas des livres mais des morceaux de ... pas du papier ... c'est du parchemin. Il y a un ou deux livres juste là, qui sont juste comme les notres au XXième siècle. (Ceci est un exemple du besoin d'exactitude du sujet hypnotisé). Il y a quelque chose comme un globe mais ce serait plutôt un astrolabe. Oui, voila ce que c'est. C'est fait de metal. C'est rond et sphérique mais c'est ouvert. C'est comme si des rayons formaient la sphère. Et c'est sur la table. Il boit une tasse contenant une sorte de tisane. C'est une infusion. Les herbes infusées sentent merveilleusement bon. Il est vêtu d'un chapeau qui lui descend sur les oreilles, et il porte quelque chose de blanc, comme une robe d'église, sauf qu'il a au dessus une très lourde robe de chambre , faite d'une matière semblable à de la fourrure. On dirait un velours épais, mais c'est fait de ... (surpris) comme du lapin !

Souvent, pendant les régressions hypnotiques, les gens peuvent s'accrocher à la description de détails extrêmement minutieux si on ne les fait pas avancer.

D : *A quoi ressemble cet homme ? Peux-tu m'en décrire ses traits ?*
J : C'est un homme à l'allure distinguée. Il a des cheveux grisonnants et un long nez fin. Oh, oh ! Ses yeux ! Ils s'illuminent. Ils sont profonds et pleins d'étincelles. Mais il est âgé pour l'époque.

Elena et Brenda ont toutes deux mentionné les yeux magnifiques de Nostradamus comme une caractéristique prédominante.

J : (Surpris) Oh ! Il s'est retourné pour me sourire.
D : *Est-ce qu'il sait que vous êtes là ?*
J : Oui, il sait que je suis là et il se sent très bien. Il a posé sa plume, il sourit et me fait signe de m'approcher. ... Il se penche sur un ovale qui ressemble à de l'obsidienne polie, ou à du verre volcanique poli. (Surpris) Et mon visage est dedans ! Il regarde mon visage dans le verre et il dit : "Je ne t'ai jamais vu, mais je sais qui tu es. Tu es le jeune astrologue !" Et j'ai dit : "Oui, c'est moi."

John a déclaré plus tard qu'il se voyait comme un esprit énergétique rayonnant, vêtu d'une robe aux couleurs de l'arc-en-ciel, irisée mais pas criarde. Il ne pouvait pas voir ses traits à cause de l'aura lumineuse. Ils n'étaient visibles que dans le miroir.

D : *Comment a-t-il su que vous étiez là ?*
J : Il a senti ma présence.

Il n'est pas étonnant que nous ne l'ayons pas effrayé. Il était probablement habitué à ce que des esprits viennent le voir.

J : Il dit que je suis un esprit du futur.
D : *Est-ce qu'il sait de quoi il s'agit ?*
J : Il dit : "Oui, vous venez du groupe du XXème siècle qui essaie d'éclaircir mes quatrains". Il est très heureux et il dit : "C'est un plaisir de vous rencontrer. Maintenant, je peux peut-être vous montrer les choses que les autres n'ont pas pu comprendre." Il est

très excité. Il est vieux mais il est ... vif, c'est le mot, il est très vif. Il boit une gorgée de son infusion et je lui demande ce qu'il y a dedans. Il me dit qu'il y a de l'hysope, un peu de racine de réglisse et un peu de cannelle. Il dit qu'il garde la cannelle dans une petite boîte en argent parce que c'est une épice très rare.

D : *Peux-tu lui dire pourquoi tu es venu ? La jeune femme n'était pas familière avec l'astrologie, et toutes les informations n'étaient donc pas claires.*

J : Je vais le lui dire tout de suite. (Pause) Il dit qu'il sera ravi de clarifier quoi que ce soit. Il dit qu'il est parfois difficile pour lui de communiquer à travers des femmes. Il a un sentiment de ce que nous appellerions du "chauvinisme" envers les femmes, et il se sent parfois très mal à l'aise lorsqu'il parle à travers ce qu'il perçoit être un esprit féminin. Il dit que souvent la femme a ses douleurs et ses émotions qui colorent la communication. Il sait que tous les esprits peuvent être masculins ou féminins, mais dans le rôle présent qu'il joue, les femmes n'ont pas la même place qu'à notre époque. Vous savez, à son époque, les hommes ne parlaient pas beaucoup avec les femmes. C'est comme "Oh, les plaintes des femmes. Elles se plaignent toujours." (J'ai ri.) Les femmes n'étaient pas traitées comme des égales comme nous traitons les femmes au XXième siècle. Elles étaient considérées comme des aides domestiques ou des porteuses d'enfants. Juste quelqu'un qui s'occupe de la maison, qui prépare les repas, et possédant un rôle de cette nature. Il a parfois du mal à discuter d'idées intellectuelles avec une femme, parce qu'il pense qu'elles n'ont pas les capacités cérébrales pour comprendre tout ce dont il veut parler. (Nous avons tous deux ri.)

D : *Cela le dérange-t-il de communiquer avec moi étant une femme ?*

J : Oh, non, cela ne le dérange pas du tout. Il dit : " Parce que je ne travaille pas par l'intermédiaire de Dolorès ". Il dit que d'après ses connaissances, il voit que vous avez été une entité masculine à de nombreuses reprises. Parce que votre énergie est de cette nature, il sent qu'il peut très bien s'entendre avec vous.

Nostradamus a fait preuve de chauvinisme à de nombreuses reprises dans le passé, et j'ai été la cible de ses critiques acerbes lorsque je ne comprenais pas, ou que je ne suivais pas ses instructions. Cela aurait pu être son rôle d'enseignant/élève plutôt que celui d'un homme entretenant un rapport avec une femme qu'il considérait inférieure. Mais j'ai également été témoin de son délicieux sens de l'humour et de son impatience à l'égard des traducteurs. J'ai eu l'impression que ses remarques se référaient aux femmes en général et ne visaient pas spécifiquement Brenda.

D : *Nous avions quelques questions sur l'horoscope de l'Antéchrist. Pourra-t-il nous aider à ce sujet ?*
J : (Longue pause) Oui, il a sorti un morceau de parchemin et il a un horoscope devant moi. (Pause, alors qu'il semble l'étudier.) C'est un horoscope carré. C'est un horoscope différent de ceux que j'ai l'habitude de voir.
D : *Dites-moi ce que tu vois.*

J'avais peur que si nous ne l'enregistrions pas, il ne puisse pas se souvenir des détails
à son réveil. Cela dépendrait de la profondeur de la transe.

J : Il me montre la date en haut. C'est 1962.
D : *Juste l'année ? Est-ce qu'il y a un mois ou autre chose ?*
J : (Pause) Il montre le mois de février. Février 1962. Il ne donne pas une date. C'est en lettres gothiques. Je vois février, 962, et le nombre un est barré d'un tiret. C'est presque comme un cunéiforme ou un type d'écriture que les anciens avaient. Les lignes sont très épaisses.
D : *Vous avez dit que l'horoscope est dans un carré ?*
J : Il est dans un carré et il y a des motifs de diamant à l'intérieur. Il semble que c'est ainsi que les horoscopes étaient dessinés à l'époque.
D : *Peux-tu comprendre ce qu'il te montre ?*
J : Oui. Il a le symbole du soleil dans la première maison. (Pause) Le Verseau. Il a le Verseau sur l'ascendant, ou comme il le dit, le "levant". Et dedans, il y a le Soleil et la Lune, Mercure, Vénus, Mars, Jupiter et Saturne.
D. *Tous dans la première maison ?*
J : (Sa voix était pleine de surprise) Oui ! Et il dit : " C'est une personne très importante. Il utilisera cette énergie pour de mauvaises raisons, alors qu'elle pourrait être utilisée pour des raisons positives. Il aura de grands pouvoirs psychiques."

D : Qu'est-ce qu'il te montre d'autre ?

J : (Longue pause) Je vois une image dans le miroir. Je vois un homme avec une moustache foncée. Il a une vingtaine d'années. C'est un très bel homme, avec de forts traits. Il est vêtu d'un costume d'affaires et il est en train de parler avec des gens à une base de pouvoir au Moyen-Orient.

D : Que veux tu dire par "base de pouvoir" ?

J : C'est un manoir. Il y a d'autres hommes avec des couvre-chef arabes. Ils semblent discuter de choses et d'autres. Ils sont assis sur de bas coussins autour d'une immense table en cuivre ou d'un plateau en laiton. Il y a toutes sortes de cafés, un service à café en argent et en or, et ils mangent des amuse-gueules. Je vois un grand parc par la fenêtre. Il y a des palmiers alignés et une piscine au centre. Mais ce n'est pas une piscine, c'est une fontaine. C'est en Égypte parce qu'au loin, je peux voir des monuments commémoratifs. Pas les pyramides, mais une sorte de temple. Nostradamus me montre cela dans son miroir noir.

D : Est-ce qu'il vous dit ce que cela représente ?

J : Il dit que cela se passe en ce moment même. (Début avril 1987.) Il y a un très gros homme arabe là, et il est très jovial. Il rit et dit : "Oh, les Américains vont bientôt nous manger dans la main."

D : Hmm. Savez-vous ce qu'il veut dire ?

J : (Pause) Je ne comprends pas... c'est juste ce qu'il a dit.

D : Est-ce que Nostradamus vous dit qui est ce jeune homme sombre?

J : Cet homme est probablement l'un des plus beaux que j'ai jamais vus. Sa beauté est presque éthérée. S'il entrait dans une pièce, les yeux des gens seraient automatiquement attirés par lui. Sa beauté est presque transcendante, dans un sens. Il n'a pas l'air humain. Sa peau et ses traits sont sans défaut. Il est plutôt grand mais bien proportionné. Il est impeccablement habillé et il se porte très bien. Son costume ressemble à l'un des plus costumes jamais vus sur Terre. Et à son doigt, il porte une pierre magnifique. C'est intéressant parce que c'est un gros diamant, mais serti dans une pierre noire qui est elle-même sertie dans un anneau d'or. Il la porte au majeur, ce qui est un endroit étrange pour porter une bague. Nostradamus dit que c'est l'homme que cet horoscope représente.

D : Est-ce l'Antéchrist ?

J : Il sera finalement connu sous le nom d'Antéchrist, dit Nostradamus. Mais pour l'instant, n'utilisez pas ce terme.

D : *Pourrait-il me donner un indice sur la façon dont il serait connu aujourd'hui ?*

J : Nostradamus dit que cela ne doit pas encore être su. Plus tard, vous saurez qui il est. Il ne serait pas bon de révéler son identité car il doit accomplir son destin.

D : *Et cette scène se déroule en Egypte ?*

J : Oui. Nostradamus a enlevé l'horoscope et me montre l'image dans ce... c'est comme un miroir de verre noir. Mais ce n'est pas du verre, c'est de l'obsidienne. C'est comme une pierre volcanique, mais elle est si brillante qu'on dirait du verre.

Il semblerait que c'est le même miroir qu'ont vu Elena et Brenda.

J : Et oui, ils sont assis ensemble prenant part à une conférence.

D : *Est-ce que c'est l'homme qu'il veut que tu vois ?*

J : Oh oui. Il a une aura de lumière autour de lui. Mais ce n'est pas de la lumière spirituelle, c'est comme un aimant de lumière. Vos yeux sont automatiquement attirés vers lui. Il est très affectueux et aimable avec tous les hommes autour de la table. Il y a de la camaraderie et de la bonne humeur. Ils ne boivent pas d'alcool mais ils fument du haschisch. Il y a un homme qui a une pipe à eau, et un homme qui ressemble à un prêtre, mais ce n'est pas un prêtre occidental. Il porte une robe blanche et un chapeau blanc. On dirait un fez, mais ce n'est pas un fez. Ils se lèvent tous et se prosternent vers la Mecque. Ils font des ablutions à Allah. Ils sont sept et ils discutent de l'avenir de cet homme.

D : *Que disent-ils ?*

J : Ils le soutiennent et lui donnent de l'argent. Ils lui disent d'aller en Suisse pour en retirer d'un compte bancaire là-bas. Et il utilisera cet argent... il l'emmènera en Syrie, en Irak et en Iran. Il semble qu'ils parlent d'en faire un chef religieux pour le peuple musulman. C'est similaire à la façon dont nos politiciens créent des candidats pour les elections, mais là, ils vont en faire un chef religieux. Une femme est entrée, elle s'incline à ses pieds, réapprovisionne la nourriture et verse du café dans les tasses, puis s'en va.

D : *Est-ce la maison du jeune homme ?*

J : Non, elle appartient à cet homme, l'Arabe qui rit. Cet homme jovial. C'est sa propriété. Elle est très belle. Cet homme est très riche.

D : *Ils vont soutenir ce jeune homme et ils veulent qu'il aille en Suisse, qu'il retire de l'argent de ce compte, qu'il aille en Syrie, et dans d'autres pays.*

J : La Syrie et l'Irak d'abord, puis l'Iran. Mais ils ne peuvent pas encore aller en Iran, parce qu'il aurait des difficultés avec le dirigeant de ce pays. (C'était avant la mort de l'ayatollah Khomeni.) Ils préparent une contre-révolution dans le monde islamique. C'est le but de cette réunion. Et elle a lieu ... maintenant.

D : *Ils prévoient donc de le faire passer pour un chef religieux.*

J : Eh bien, il sera comme un chef religieux, mais avec une position religieuse plus modérée. Il ne s'agira pas d'un chef religieux comme l'ayatollah Khomeni. Il est progressiste parce qu'il a fait des études supérieures et qu'il s'y connaît en informatique et en finance. Il est dans le monde des affaires, mais il a un charisme très fort. Tout le monde est sous son charme. Ils se sentent bien rien qu'en sa présence.

D : *Pourquoi l'ont-ils choisi ?*

J : C'est le prêtre qui le leur a indiqué. Le prêtre l'a élevé et a eu une grande influence sur sa vie. (La voix de John devient grave.) Et cet homme a l'air effrayant.

D : *Qui est effrayant ?*

J : Le prêtre a l'air effrayant. Je n'ai jamais vu un visage aussi haineux. Ses yeux sont comme des poignards et ils brûlent avec le feu. Ohh, il a tellement de haine. Il est vraiment le mal incarné.

D : *Hmm, vous ne penseriez pas cela d'un prêtre, n'est-ce pas ?*

J : Mais c'est le cas. Il est juste...

John serre les mains contre le canapé sur lequel il est allongé. On pouvait visiblement le voir se contracter ou s'éloigner de ce qu'il voyait. Même sa voix exprimait de la répulsion.

J : Ohh ! Mon esprit se rétracte et Nostradamus retire la vision. Nostradamus dit : "Le voilà. Voilà le pouvoir de l'Antéchrist."

D : *Est-ce que cela vient du prêtre ?*

J : Oui. De regarder son visage, c'était comme regarder dans un abîme. C'était semblable à un trou noir dans l'espace qui aspire toute l'énergie lumineuse. Le visage de cette personne essaie de vous arracher votre âme. Nostradamus dit : "Je le sens aussi, même à travers le temps qu'il essaie de la tirer."

D : Ce n'est pas tant le jeune homme qui fera ces choses, mais le prêtre qui sera l'homme derrière lui. Ai-je bien compris ?

J : Le jeune homme héritera de ce pouvoir de l'homme maléfique quand celui-ci partira. Il l'a instruit et préparé à un rôle important. Et lorsque sa mission sera accomplie, le jeune homme héritera de ce mal. Il est tout simplement èpouvantable. (Jean émet des sons de dégoût et tout son corps tremble.)

D : Il est difficile de croire qu'une personne aussi jeune et belle puisse avoir une telle méchanceté en elle.

J : Non. Il en héritera lorsque le prêtre-enseignant quittera cette vie. Je le vois comme une bénédiction qui descend en lui, un manteau de mal qui le recouvre et imprégnant son âme à ce moment-là.

D : Cette nature se manifestera-t-elle pas avant ce moment ?

J : Non. Le professeur possède une telle haine. Il est le mal personnifié. Lorsqu'il quittera la planète, ce jeune homme héritera de son pouvoir.

D : Pensez-vous que le prêtre a préparé ce jeune homme parce qu'il le sait ?

J : Oh, oui. Psychiquement, il est très puissant.

D : C'est donc ce que le prêtre voulait depuis le début. Bien sûr, les autres personnes présentes dans la pièce ne le savent pas, n'est-ce pas ?

J : Non. Mais ils se méfient du prêtre. C'est très hahim. Son aura est négative et ils ont du mal à traiter avec lui, mais il les a rendus si riches.

D : Ah, il a fait des choses pour eux.

J : Il a contribué à les rendre très riches. Et il a manipulé les choses. Il a semé la zizanie un peu partout. (Surpris) C'est lui qui est à l'origine de l'assassinat du président égyptien.

Anouar el-Sadate, président égyptien et lauréat du prix Nobel de la paix en 1978, a été assassiné en octobre 1981 alors qu'il assistait à un défilé militaire. Un petit groupe d'hommes en uniforme militaire a sauté d'un camion pendant le défilé, lançant des grenades et aspergeant la tribune d'honneur de tirs de mitraillettes. Les assassins auraient été liés à un groupe de conspirateurs décrit comme une secte fondamentaliste musulmane violente qui avait cherché à instaurer une république islamique en Égypte. Avant la fin de l'enquête, plusieurs centaines de militants ont été arrêtés. certains après des combats à la grenade et à la mitrailleuse. contre la police. Le gouvernement a déclaré qu'il y avait des "indications que les conspirateurs recevaient une aide financière de sources extérieures, mais n'a pas donné plus de détails". (Collier's Encyclopedia 1981Yearbook.)

Ce type de préparation et de soutien d'une personne pour lui donner un tel pouvoir semblait difficile à croire. Les Américains sont habitués à planifier les choses et à les voir se réaliser rapidement. Est-il possible que les habitants de cette partie du monde aient la patience de préparer et de planifier quelque chose qui ne se concrétisera peut-être pas avant plusieurs décennies, voire au cours de leur vie ?

D : Ils ne savent donc pas l'influence que ce prêtre aura sur ce jeune homme à l'avenir.

J : Ils savent que le jeune homme est le protégé du prêtre. Nostradamus dit que cela suffit maintenant pour l'Antéchrist. Il dit qu'il n'est pas bon d'utiliser le mot "Antéchrist", qui est un terme chrétien. Il dit qu'Hitler n'était pas chrétien, et que Napoléon n'était pas chrétien bien qu'il ait professé l'être, et pourtant ils sont considérés comme les deux autres Antéchrists. Il dit que ces personnes ont hérité de cette même énergie maléfique.

D : "Antéchrist" est le mot que les gens ont utilisé, et ils ont dit que Nostradamus l'avait lui-même utilisé dans ses quatrains. C'est la raison pour laquelle nous l'utilisons.

J : Il dit de ne pas s'inquiéter sur la sémantique des mots. Il dit maintenant que cet homme sera connu comme l'Antéchrist dans un avenir lointain du XXième siècle, mais à ce stade de sa vie, il ne sera pas connu comme tel. Il sera connu comme un sauveur du monde, ou comme quelqu'un qui apporte la paix, jusqu'à ce que le professeur expire, lui donnant le pouvoir du mal. Oooh, (John frissonne) il a l'air si effrayant. Cet homme... son visage... c'est comme si on le suivait au fond d'un trou.

D : Je ne veux pas que tu te sentes mal à l'aise.

J : Non, il est parti maintenant. Nostradamus est de retour et il dit : "Vous avez maintenant maintenant vu le visage complet du mal". Même Nostradamus est tétanisé. Il dit : "C'est la force négative totale de l'univers que vous venez de regarder. Certains l'appellent le Diable". Mais il dit que le Diable est limité dans son pouvoir par l'image que nous avons de lui comme un petit homme avec des cornes rouges et une queue. Il dit que cette force est beaucoup plus puissante que vous ne pouvez le croire, car elle est le point culminant de toute la négativité que la Terre a accumulée depuis son origine.

D : Je vois maintenant plus clairement comment ses prédictions pourraient se réaliser, avec ce type de force derrière eux. Je suis curieux de savoir s'il y avait une raison pour laquelle il n'a pas permis au véhicule de la femme de voir cette image ? Pensait-il que c'était trop horrible pour elle de la regarder, ou quoi ?

J : (Rire) Il dit : "On ne peut pas tout montrer aux femmes". Il dit qu'elle était une sorte de transcurrent - est-ce le mot ? véhicule Transcendant ?

Le mot "transcurrant" n'existe pas. Mais je crois qu'il essayait de que Brenda ne faisait que passer et n'était qu'un canal temporaire.

D : Oui, mais nous devons lui dire que vous êtes aussi un véhicule temporaire, parce que vous allez vous éloigner.

J : Il dit, ne vous inquiétez pas, vous pourrez toujours le contacter. Il y aura toujours un véhicule au travers duquel il pourra communiquer. Mais il dit d'essayer de le contacter par l'intermédiaire d'entités masculines, car elles semblent mieux répondre à ses informations et à ses connaissances. Il dit : "Je serai heureux de travailler à nouveau avec l'entité féminine, mais j'espère que Dolores pourra trouver une autre entité masculine avec laquelle travailler. Il semble que je réagisse plus facilement avec les hommes qu'avec les femmes". J'ai l'impression que Nostradamus est un peu chauvin. (Rire) Il ne fait pas confiance aux femmes et ne les apprécie pas particulièrement. Et il avait un léger sourire sur son visage quand j'ai dit cela. Il vous demande à nouveau d'essayer de trouver un autre véhicule masculin. Il se regarde dans le miroir noir et se dit : "Oh, ne vous inquiétez pas. Vous attirerez ce dont vous avez besoin. Cela fait partie de la stratégie de votre guide spirituel." Il dit que vous allez entrer contact avec un homme qui vous sera d'une grande valeur et d'une aide précieuse.

D : Peut-il me donner une idée de l'apparence de cette personne afin que je sache à quoi elle ressemble lorsque je la rencontrerai ?

J : Il dit que votre guide spirituel vous présentera l'opportunité assez tôt.

D : D'accord. Mais il semble qu'à notre époque les femmes sont plus intuitives et peuvent donc plus facilement faire ce type de travail. Il a dit que ce travail était suffisamment important pour qu'il essaie de passer par n'importe quelle personne avec qui je travaillerais.

Je ne voulais pas renoncer à travailler avec Brenda. Nous avions obtenu de tellement bons resultats.mJ'essayais de le convaincre. Je ne voulais surtout pas à avoir à chercher encore un autre sujet pour cette expérience.

J : Il répète qu'il préfère travailler avec un homme, parce que les énergies masculines et les siennes s'entendent très bien. (Rire) Il me dit : " Tu sais, John, l'une des raisons pour lesquelles je suis en désaccord avec les femmes, c'est à causedes problèmes constants causés par ma servante. Ma servante me pose beaucoup de problèmes. Elle me dérange constamment. Elle est toujours en train de frapper à ma porte et de me déranger ou de m'interrompre pour des choses mineures et insignifiantes". Il vient de me donner un exemple. Elle va venir à sa porte, frapper et dire quelque chose comme : " Une des brebis s'est échappée". Il lui crie d'aller l'attraper parce que c'est son travail, pas le sien. Il la paie trois sous par mois pour qu'elle s'occupe de ces choses-là. pour qu'il ne soit pas dérangé. Ce doit être un bon salaire pour l'époque.

D : Peut-être que la servante est curieuse de savoir ce qui se passe dans cette pièce (rire).

J : Il me montre une photo de son horoscope, et il y a la Lune au carré de Mars. Il me dit : " Tu vois, John. Oui, tu comprends maintenant pourquoi j'ai des difficultés avec les femmes". C'est un aspect astrologique qui montre la combativité, avec la lune représentant l'entité féminine - cela pourrait être les femmes en général, et Mars qui représente le tempérament, la pulsion et aspects de cette nature. Un carré est un aspect inharmonieux. Il me montre le soleil au trigone de Jupiter, ce qui signifie qu'il a de meilleures relations avec les hommes qu'avec les femmes. Cela signifie également qu'il est facile pour lui de recevoir et de donner des informations.

D : Y a-t-il une date sur cet horoscope ?

J : Il ne veut pas que je voie ça. Il dit : " Je serais heureux de vous montrer cet horoscope, mais je ne veux pas que vous le dessiniez et que vous l'utilisiez. Vous savez, un peu de savoir peut être dangereux. John, vous ne voudriez pas que votre horoscope soit publié et moi non plus." (Rire)
D. Les symboles qu'il utilise sont-ils différents des vôtres ?
J : Ils sont très similaires, sauf qu'ils sont un peu plus embellis. Ils ont des boucles ici et là qui sont juste supplémentaires. Je lui montre les symboles de Pluton, Uranus et Neptune. Et je lui dis que Uranus est l'inattendu, le changeur. Neptune est le mystique, mais aussi le dissolvant. Et Pluton est le challenger et la génération. Je les lui montre. (Surprise) J'ai un éphéméride avec moi. J'ai dû le prendre de la bibliothèque.

Il a dit plus tard que ce n'était pas un livre. C'était plutôt un grand rouleau. Il s'est soudain rendu compte qu'il devait porter un éphéméride sur lui depuis qu'il avait quitté la bibliothèque.

D : A-t-il ces symboles ?
J : Non, il ne les a pas. Oh, il est ravi. Il dit que cela va l'aider dans son travail. Il est très enthousiaste. Je lui montre les éphémérides et il sourit. Il les note et les place dans son propre horoscope. Maintenant, il lit dans mon esprit et en tire des informations. Et il dit : "Ah ! je comprends pourquoi ma femme est morte. Pluton dans la septième maison."
D : Qu'est-ce qu'il veut dire par là ? Comment est-elle morte ?
J : Elle est morte de la peste.
D : Comment a-t-il fait le lien avec Pluton dans la septième maison ?
J : Il a lu dans mon esprit que Pluton représente la conscience de masse. Pluton étant destructeur et la septième maison régissant les relations, c'est peut-être ainsi qu'il est arrivé à cette conclusion. Je lui ai montré les trois symboles de ces planètes et il m'a dit que cela l'aiderait dans ses siècles. Il dit que les autres astrologues de son époque ne connaissent les planètes que par Saturne. Je lui donne les dates des découvertes de ces autres planètes, et il les note. Il est très enthousiaste à ce sujet.
D : Il a dit lors d'une de nos séances qu'il connaissait l'existence de certaines de ces planètes grâce à d'anciennes légendes.

J : Je lui ai posé la question et il m'a répondu que oui, il connaissait l'existence des autres planètes, mais qu'il n'avait pas de nom pour elles. Il ne comprenait pas leurs qualités et ce qu'elles représentaient. Maintenant qu'il est l'information et l'éphéméride - un livre de données astrologiques - cela va l'aider énormément. Il est en train d'écrire une tempête.
D : Est-il possible de lui laisser le livre ?
J : Non, je dois le prendre avec moi quand je pars, mais il écrit les cycles. Il dit : "Vous pouvez me parler pendant que j'écris".
D : Ainsi, vous l'aidez vraiment en lui montrant ces choses.
J : Oui, il est très heureux. Il dit : "J'ai toujours voulu en savoir plus sur ces choses. Et je savais que cela viendrait à moi". Il se sent comme un enfant qui a trouvé un trésor. Mais il dit : "Nous savons qu'il n'y a que la brièveté du temps, alors vous pouvez me parler. Une moitié de mon esprit peut faire des calculs pendant que l'autre moitié converse. Alors, si vous avez une question ... "
D : Très bien. Penses-tu que nous ayons besoin de plus d'informations sur Ogmios ? Tu as son horoscope. Veux tu en savoir plus ?
J : Il dit : "John, va vers le miroir." Et je vais vers le miroir. Oh, il m'a montré Ogmios ! (Pause) Je suppose qu'il est devenu un prêtre maintenant, parce qu'il porte des vêtements de prêtrise. mais il n'est pas du tout satisfait de l'église. On dirait qu'il ne va pas y rester plus longtemps. Et il semble qu'il se trouve dans la ville de Prague, en Tchécoslovaquie. C'est magnifique et médiéval, mais toujours moderne avec des voitures et choses de ce type.
D : Pensez-vous que c'est là qu'il se trouve actuellement ?
J : Oui, c'est ce qu'il me montre. C'est le temps présent.
D : A quoi ressemble cet homme, physiquement ?
J : Il est plutôt petit et trapu, mais il a un visage aimable. Il me rappelle Jean XXIII. Il est bâti comme lui, mais il est beaucoup plus beau, et il a des yeux beaucoup plus doux.Ce que je veux dire que le Pape Jean XXIII avait aussi de yeux bons, mais Ogmios en a de bien plus gentils traits. Ils sont épais, ce sont des traits slaves mais ils sont gentils. Il a un visage souriant et joyeux, mais il est très sérieux et déterminé à aider. C'est un homme très intelligent, et il connait beaucoup sur de nombreux sujets. Il a même des livres qui lui ont été interdits, mais il y a eu accès parce qu'il sait comment s'y prendre pour les obtenir. (rire) C'est un charmeur et il veut bien faire. Il n'a pas une seule pensée négative ou attitude négative à

l'égard des autres. En fait, il sacrifierait tout pour les autres. C'est une personne très gentille et aimante. En ce moment, il se déplace dans un couloir, et il semble faire du secrétariat pour quelqu'un qui est haut placé dans l'Église. Je le vois maintenant à Rome, marchant dans les jardins du Vatican. Les autres se moquent un peu de lui parce qu'il semble qu'il est si précoce. La façon dont ils parlent de lui. Il est si heureux, si gai et plein de bonne humeur, alors que les autres hommes sont si moroses.

D : *Il me semble étrange qu'un prêtre puisse devenir l'ennemi juré de l'Antéchrist.*

J : Je ne pense pas qu'il sera prêtre pour toujours. Il a la foi et de bonnes intentions, mais il n'a pas la négativité que véhiculent la plupart des religions. C'est un serviteur du monde dévoué. C'est ce que Nostradamus vient juste de dire.

D : *Nostradamus veut-il vous montrer son horoscope ou avez-vous déjà suffisamment d'informations ?*

J : Il dit, en temps voulu. Il dit que vos autres guides vous donneront plus d'informations à ce sujet.

D : *D'accord. Nous avons aussi un horoscope sur le dernier pape qui sera un outil pour l'Antéchrist. Ogmios, l'Antéchrist et ce dernier pape sont les trois personnages principaux de notre scénario pour l'avenir. Peut-il t'en dire plus sur le dernier pape ?*

J : Il me montre cette antichambre où il y a aman atadesk (surpris). Nous sommes de nouveau au Vatican. L'homme est derrière un bureau et Il est très concentré sur ce qu'il écrit. Je traverse la pièce et je peux regarder par-dessus son épaule pour voir ce qu'il écrit. (Pause) Il s'agit de finances, et de la façon de récupérer leurs pertes. Il est très préoccupé de l'argent que l'église a, mais qu'elle perd. Il essaie d'en endiguer le flux. Il pense à faire des investissements dans différents domaines pour que l'église redevienne riche, car elle perd de l'argent.

D : *Le miroir nous montre-t-il ce que ces hommes font maintenant ?*

J : Oui. Il dit que cela se passe à notre époque.

D : *Quand vous regardez cet homme - je sais qu'il est assis - pouvez-vous voir s'il a une sorte de difformité ?*

J : Il est assis, mais il va marcher en boitant. C'est un léger boitement et pas très visible. Je veux dire, ce sera perceptible, mais il ne va pas trébucher.

D : *Nous n'étions pas sûrs de la nature exacte de la déformation.*

J : En ce moment, cet homme est vraiment bouleversé et en colère. Des gens ont pris à l'église l'argent de l'église qu'ils n'auraient pas dû. Il pense même qu'il faudrait peut-être vendre des biens de l'église dans différentes régions du monde, mais ils ne veulent pas le faire parce qu'ils perdraient leur base financière. Il envisage d'aller en Suisse pour obtenir des prêts et prendre d'autres dispositions financières. Pour l'instant, il s'occupe des finances de l'église.

D : *Occupe-t-il une position d'autorité ?*

J : Oui, il a trois ou quatre personnes en dessous de lui qui sont des secrétaires et des assistants. C'est un évêque et il est vêtu d'une robe blanche. Il est en train de monter à l'étage pour rencontrer maintenant le pape au sujet des finances de l'église. Il prépare une déclaration pour une réunion du conseil à ce sujet. C'est la raison pour laquelle i il écrivait.

Plus d'un an plus tard, en octobre 1988, le Vatican annonce un déficit de 64 millions de dollars, confirmant ce que John avait vu en regardant par-dessus l'épaule du dernier pape.

D : *Je pense qu'il est important que vous ayez vu ces trois personnes. Tu pourras peut-être les reconnaître plus tard.*

J : Oui, c'est vrai. Cet homme a un air maussade. Il a un long nez maigre et il se comporte comme s'il sentait quelque chose d'affreux. Il a le nez en l'air.

D : *(Rire) Est-ce que Nostradamus a d'autres informations astrologiques à te donner en ce moment ?*

J : Nostradamus dit qu'il est temps pour lui de retourner à son propre travail sur ce niveau de conscience, et de ne plus communiquer avec les esprits. "Oh, je suis heureux de vous avoir rencontré, John. Et revenez, s'il vous plaît, car je partagerai plus d'informations avec vous." Il doit partir maintenant car quelqu'un lui apporte un enfant malade qu'il doit voir.

Je voulais des instructions avant de partir

D : *Quand nous reviendrons, saura-t-il que tu es là si tu viens dans sa chambre ?*

J : Oui, il dit qu'il me reconnaîtra. Il m'a dit de venir dans le bureau de devant, car c'est dans ce bureau qu'il effectue certains de ses traitements médicaux. A ce moment-là, sa servante frappe à la porte pour qu'il vienne voir l'enfant malade. Il aimerait partir maintenant.

D : Très bien. Nous apprécions vraiment ce qu'il a fait.

J : Il dit : "Merci beaucoup. Je ne connaissais pas ces autres planètes. Les anciens m'avaient dit qu'au-delà de Saturne, il y avait d'autres planètes, mais je ne savais pas lesquelles étaient-ce. ni leurs cycles. Cela me sera très utile à l'avenir dans mon travail sur mes "siècles".

D : Alors nous allons essayer de venir encore quelques fois avant que ce véhicule ne doive se déplacer.

J : Il m'a dit qu'il serait ravi et qu'il me priait de revenir... Il est parti... L'horoscope avait l'air très intéressant : des carrés et des losanges représentant chacune des 12 maisons. Et l'écriture était très dense.... Maintenant, je suis de retour dans la salle de la tapisserie.

D : Je pense que tu t'es très bien débrouillé et j'apprécie ce que tu a fait pour moi. Aimerais tu recommencer ?

J : Oh, oui, c'est merveilleux. Être avec Nostradamus, c'est comme d'être avec un vieil ami.

D : Y a-t-il autre chose que tu aimerais voir dans la tapisserie avant que nous la quittions ?

J : Je vois maintenant mon propre fil. Il est de couleur argentée et cuivrée, comme il se tisse à travers la tapisserie. Le gardien de la tapisserie dit qu'il est temps pour moi de partir. Il dit : "Tu n'as pas besoin de ce savoir. Dans le temps, tu pourras regarder, mais pas pour l'instant." (Pause) Il parle de la croissance de mon âme. Et il me rappelle en quelque sorte sur le sujet de cette tâche. (John rit.) Il dit que j'étais un rayon de lumière si brillant, et que je m'étais permis de m'assombrir. C'est pourquoi j'ai dû retourner à l'école de la Terre.

D : Pour que tu puisses te racheter ?

J : En comprenant les lois universelles et l'amour, je pouvais retrouver ma lumière. Il est plus facile de passer par l'école de la Terre que de s'incarner dans d'autres dimensions. C'est plus rapide.

D : Qu'est-ce que tu penses du fait qu'il t'ait dit ça ?

J : Je n'aime pas ça. Je suis gêné, en fait. Je me sens très réprimandé. Je veux dire qu'il a parfaitement raison de dire que c'est ma faute.

J'ai esquivé ma responsabilité, alors j'ai dû m'incarner. Mais ce n'est pas comme s'il pointait du doigt en disant : "Non, non, non, non, non." Il le fait avec amour. Il m'a embrassée et m'a dit : "Bonne chance pour ta mission."

Je n'ai pas pu résister à la tentation et j'ai demandé : "Je me demande si mon fil est là-dedans ?"

J : Oui, ton fil est là. Ton fil est d'une couleur cuivrée brillante qui devient de plus en plus fort. Au début, il est assez petit, puis il devient de plus en plus grand, influençant beaucoup d'autres fils. Cette tapisserie est très magique. Il nous demande de partir. "Vous regardiez votre propre vie, et ce n'est pas bon à faire à ce stade."

D : *C'est de la curiosité humaine, mais je suppose qu'il ne faut pas être trop curieux.*

J : Oui. Je pense que le gardien de la tapisserie sous-entendait que nous que nous ne devrions pas trop regarder notre propre avenir. Il dit : " Vous avez assez de choses à regarder pour l'instant".

D : *C'est logique. Parce que si nous savons ce qui va nous arriver, ferions-nous quand même les choses que nous prévoyons de faire?*

Il était temps de quitter cette incroyable aventure et de retourner au pays des vivants et à notre monde humain de tous les jours. Puisque John s'était révélé être un excellent sujet, je voulais absolument continuer à travailler avec lui pendant le peu de temps qu'il nous restait. Je l'ai donc conditionné à répondre à un mot-clé avant d'être réveillé. Le mot-clé peut être n'importe quoi, mais je laisse généralement le subconscient du sujet choisir le mot. L'utilisation de ce raccourci rend les séances plus faciles parce qu'une longue induction n'est plus nécessaire et le sujet entre immédiatement en transe. Nous pouvons alors poursuivre notre travail au lieu de perdre du temps avec les techniques d'induction et d'approfondissement.

John se souvient en grande partie de la séance. À son réveil, il s'est mis à rire et a dit : "C'était une sacrée expérience !"

J'ai demandé : "Je me demande comment il a su que vous étiez là?"

Il répondit : "Eh bien, je me suis vu, et je portais cette robe lumineuse." Et il a dit : "Oh, c'est toi !". Il était comme surpris. Il était exactement comme cette image. (Il faisait référence au dessin du premier tome qu'Elena avait fait à partir de ses souvenirs de Nostradamus). Sauf que je suis plus grand que lui". Il gloussa à ce souvenir. John mesure environ 1,80 m et Nostradamus ne lui arrivait même pas à l'épaule. Il a remarqué cette différence en faisant le tour de la pièce avec lui. "Il semble assez petit lorsque je me tiens à côté de lui, et il est très amical".

Je lui ai fait remarquer que j'avais lu que les gens de l'époque étaient plus petits que les hommes modernes. J'ai trouvé curieux que l'image qu'Elena avait dessinée lui ressemblait. Cela semblait être la preuve qu'ils voyaient bien la même personne. Brenda avait également trouvé que le portrait possédait une bonne ressemblance avec lui.

"Je l'ai vu à un moment de sa vie où il était un peu plus gris. Il avait l'air un peu plus âgé et ses traits étaient plus nets que sur la photo. Il était vraiment excité et heureux de me rencontrer".

D : A-t-il su tout de suite qui tu étais ?
J : Il savait que je venais de cette époque.
D : Quand vous avez vu votre visage dans le miroir, vous ressembliez-vous ?
J : Mon visage était très semblable. Mon corps, non. Je n'avais pas autant de surpoids, J'étais plus mince. Et je portais cette robe lumineuse. Il y avait des motifs arc-en-ciel, mais ce n'était pas des arcs-en-ciel criards, ils étaient étincelants. C'était joli.
D : Je suppose qu'il a l'habitude de voir des esprits, et c'est pourquoi cela ne l'a pas dérangé.
J : Non, ça ne l'a pas dérangé du tout. Il a senti ma présence, mais j'ai dû aller vers le miroir pour pouvoir me voir , et c'est là qu'il m'a reconnu. Il m'a alors dit :"Oh, entrez" et m'a accueillie dans son bureau. Il savait que je venais du futur et que je faisais partie du groupe du XXième siècle. Il m'a permis de me promener et de voir les différentes choses dans son bureau. Il m'a montré des choses dans le miroir magique qui était comme une feuille de verre obsidienne.
D : Elena et Brenda ont toutes deux dit qu'il était sombre. Peut-être qu'elles ont eu du mal à le décrire parce que ce n'est pas vraiment un miroir tel que nous le connaissons.
J : Non, on dirait de l'obsidienne, un cristal noir ou une pierre volcanique. Il était très excité que j'aie l'éphéméride de la bibliothèque. Apparemment, elle lui était apparemment destinée.

Il l'a parcourue... (en faisant des mouvements) en écrivant comme un fou. (Rire) Et il a dit : "Vous pouvez me parler en même temps, mais c'est une information importante dont j'ai besoin." Il a donné d'autres positions des planètes qu'il ne connaissait pas. Il a dit qu'il les utiliserait lorsqu'il quand il travaillera sur ses quatrains.

D : *Cela m'amène à m'interroger. Qu'est-ce qui vient en premier, la charrette ou le cheval ? Est-ce que nous lui parlons avant qu'il n'écrive ses quatrains ? (Rire) Parce qu'il mentionne Neptune et ces autres planètes dans ses quatrains. J'avais déjà eu cette idée auparavant et cela m'a dérangé. Est-ce que nous l'aidons ?*

J : (Sérieusement) Je pense que c'est le cas.

D : *Plusieurs personnes l'ont dit. Peut-être que nous les écrivons pour lui quand je les lui lis. Qui sait ? C'est un sentiment étrange. (J'ai ri nerveusement.)*

J : Oui. On se demande où est la notion de temps. J'ai eu le sentiment que d'une certaine manière nous l'aidons. Quand il a mentionné votre guide spirituel, j'ai vu cet être lumineux. Je n'ai pas vu de visage, mais c'était comme si quelqu'un dirigeait tout cela.

D : *(Rire) Quelqu'un est là-haut en train d'écrire ceci.*

J : Alors ne vous inquiétez pas. Votre guide spirituel met en place les scénarios ensemble.

John me fait une remarque sur la scène qu'on lui a montrée du futur Antéchrist. Le manoir était situé sur le Nil, et les ruines qu'il pouvait voir à l'arrière-plan étaient de grands piliers, comme d'anciens monuments égyptiens. Il a également eu l'impression que l'homme sombre et maléfique était très médium. Il semblait savoir que nous nous trouvions dans la salle d'audience, car il n'arrêtait pas de regarder autour de lui, comme s'il sentait notre présence. Les hommes se méfiaient également d'être entendus car ils ont cessé de parler lorsque la servante est entrée dans la pièce.

John les a entendus appeler le méchant homme "Imam", ce qui, selon lui, signifie "prêtre" en arabe ou dans une autre langue. Ce nom était utilisé comme un titre de respect. Cet homme est censé être une figure religieuse, mais il s'agissait apparemment d'une façade. John dit avoir eu l'impression que les parents du jeune homme étaient morts et qu'ils avaient été tués pendant la guerre d'Égypte. De plus, le prêtre était un parent qui s'était occupé de lui depuis cette époque.

Il était incroyable que nous ayons pu obtenir autant d'informations corroborantes dès notre première tentative. Je n'avais même pas été certaine qu'il nous soit possible d'atteindre Nostradamus par le biais d'un nouveau véhicule. Mais John avait réussi bien au-delà de toutes les attentes que j'aurais pu avoir, et bien au-delà de tout élément de chance. Il était évident que nous avions une connexion claire avec ce grand homme, et qu'il était sincère lorsqu'il disait que je pourrais toujours le contacter, quel que soit le canal que j'utiliserais. Je devais obtenir autant d'informations que possible avant le départ de John. Il était très enthousiaste à ce sujet et était prêt à travailler autant de fois par semaine que nous le pourrions.

Chapitre 12

Nostradamus et l'Astrologie

PENDANT SES SESSIONS, d'autres personnes étaient souvent présentes en tant qu'observateurs. Parfois, elles demandaient la permission de poser des questions, mais souvent elles me passaient des notes. Lors de cette séance, Don, un ami de John, un collègue astrologue de Houston, était présent. John et lui avaient préparé une liste de questions portant principalement sur des aspects de l'astrologie qui me concernaient.

J'ai utilisé le mot-clé et John est immédiatement entré en transe profonde. Je l'ai ensuite fait passer à un état spirituel où il ne serait pas directement impliqué dans une vie. Il a décrit la scène : "Je marche dans un beau jardin où il y a des fontaines et des conduits d'eau. Les oiseaux chantent. Les odeurs des fleurs sont merveilleuses. Je monte les marches du temple et de la salle de la tapisserie".

Cette fois, il n'a pas besoin d'être guidé. Il se rendit directement à la tapisserie et trouva le fil d'or de la vie de Nostradamus. En suivant le fil lumineux il a débouché dans la chambre à l'arrière de Nostradamus, là où nous avions été invités à venir.

J : Je regarde au travers du miroir en obsidienne. Il me sourit et me dit : "Bienvenue. C'est bon de te voir."
D : Est-il en transe à ce moment-là ?
J : Il peut communiquer avec moi parce qu'il est en train de méditer. Il n'est pas en transe à proprement parler, mais il est en contemplation.
D : Est-ce que cela l'ennuie de parler avec nous pendant un petit moment ?
J : Oh, non, non. Il est ravi. Il sait qui nous sommes.
D : Tant qu'il n'est pas occupé ou préoccupé par quoi que ce soit en ce moment.
J : Non, il n'est pas préoccupé en ce moment, dit-il. Il se sent bien. Il est en paix avec lui-même. Il me remercie de lui avoir montré les

éphémérides sur les planètes qui n'ont pas encore été découvertes à son époque. Il en utilise maintenant certaines pour ses prédictions. Je n'avais pas le droit de laisser le livre sur place. Mais il dit qu'il a pu écrire sa propre version dans un code spécial pour que d'autres personnes ne puissent pas l'utiliser. Il dit que certaines de ces informations pourraient causer des problèmes, surtout à l'époque où il vit.

D : Bien sûr, la plupart des gens ne comprendraient pas, n'est-ce pas?
J : Certains comprendraient parce qu'ils ont reçu une éducation classique. De nombreux philosophes romains et grecs ont mentionné d'autres planètes que celles connues. Vous voyez, il y a d'autres astrologues dans ce pays qui n'utiliseraient ces informations que pour leurs propres besoins. Tous n'utilisent pas leurs connaissances scrupuleusement ou pour rendre service, mais pour garnir leur propre porte-monnaie.

D : Est-ce l'une des raisons pour lesquelles il l'a codé ?
J : Oui, il n'en a même pas parlé à ses meilleurs élèves. Il a pu continuer son travail avec ces informations et il apprécie notre aide que nous lui avons apportée. Il est ravi que nous lui donnions des informations sur l'avenir.

D : Je me suis demandé si nous lui donnions les réponses ou si c'était lui qui nous les donnait. Qu'est-ce qui vient en premier ? Qui aide qui ? (Rire) Ou s'agit-il d'un effort de coopération ?
J : C'est une coopération. Nous lui donnons des informations. Nous sommes les esprits de l'avenir.

D'autres astrologues m'ont suggéré de demander à Nostradamus sur le calendrier qu'il utilisait à son époque. Le calendrier julien était en vigueur à l'époque. Le calendrier grégorien, que nous utilisons maintenant, est entré en vigueur en 1582 en France (après la mort de Nostradamus). Le reste du monde a mis du temps à suivre. L'Angleterre ne l'a adopté qu'en 1752, et la Russie a commencé à l'utiliser après la révolution bolcheviste de 1917. Il existe des divergences entre les deux calendriers et beaucoup de confusion sur les dates historiques. Les astrologues pensaient que s'il faisait des prédictions astrologiques en se basant sur son calendrier, alors il était possible d'en tirer des conclusions. elles ne seraient naturellement pas correctes à notre époque. J'ai donc suivi leurs suggestions et je lui ai demandé s'il utilisait un calendrier dans ses calculs.

J : Il utilise des livres de données astrologiques appelés "éphémérides". Il dit des choses comme : "Ce n'est pas un calendrier totalement précis qu'ils utilisent en ce moment." Il l'utilise pour les saisons et la vie quotidienne, mais il utilise surtout ses livres de données astrologiques pour écrire ses horoscopes.

D : *Sont-ils identiques ?*

J : Non, il y a des différences. Le calendrier n'est pas le même que les livres de données astrologiques. Ce sont des données qui ont été utilisées depuis l'époque des Égyptiens et des Babyloniens, jusqu'à l'an 6000.

D : *Sait-il que le calendrier a été modifié dans le futur ?*

J : Oui, il est très conscient des changements.

D : *C'est ce que je voulais clarifier. S'il établissait des données astrologiques basées sur le calendrier de son époque, faudrait-il les adapter en fonction de notre calendrier ? Par exemple, si dans l'un de ses quatrains il nous dirait que le soleil était en Poissons, les Poissons correspondraient-ils à un mois ou à une durée différente à son époque qu'à notre époque ?*

J : Lorsqu'il prédit l'avenir, il n'utilise que des données astrologiques car il sait que des calendriers différents auront des effets différents dans le futur. Par exemple, il considère les Poissons comme une période précédant l'équinoxe de printemps et non pas comme une date précise dans les calendriers traditionnels. Tout se fait par les étoiles et elles n'ont pas beaucoup changé.

D : *Son calendrier n'a donc aucune influence sur ses prédictions ?*

J : Il n'utilise le calendrier de son époque que pour savoir quand il doit aller à l'église. Il doit aller à l'église parce qu'il est très respecté dans sa communauté, et l'église est très importante à son époque. Il serait traité d'hérétique s'il n'y allait pas. Les gens d'église savent que c'est un homme avec de grand connaissances.

D : *S'il utilise un calendrier astrologique, cela rend-il plus difficile la prédiction des années ?*

J : J'ai cette idée en tête et il secoue la tête en disant "non". Il me montre un énorme livre relié en cuir. C'est comme un portfolio. Et il l'ouvre. Il énumère les positions des planètes. (Surpris) Et elles remontent jusqu'à 4000 ans avant notre ère ! Maintenant, il me montre comment cela se poursuit dans l'avenir, même au-delà du 2XXIe siècle, jusqu'au XXIIe, XXIIIe, XXIVe, et ainsi de

suite. Enfin, je vois que les derniers calculs indiquent l'année 6000 APRÈS JÉSUS-CHRIST.
D : Est-ce que c'est la limite du livre ?
J : C'est la limite jusqu'où va cet éphéméride. C'est presque comme si chaque page de ce livre représente une période de cent ans de positions astrologiques.
D : Et ce livre est très ancien ?
J : Non, il dit que c'est une information qui fait partie de lui-même.
D : Je pensais qu'il avait peut-être obtenu ce livre quelque part.
J : Non, il a glané ces informations dans d'autres livres et éphémérides. Il connaît la sucession des âges. Par exemple, il sait qu'il vit dans l'ère des Poissons et que nous sommes à l'aube de l'ère du Verseau. Il connaît les âges du Bélier, du Taureau, des Gémeaux, du Lion et du Cancer, Et il sait que l'étoile polaire a changé. Mais il a fait ces calculs astrologiques pour correspondre à la période de temps concernant la succession des âges.

Je me demande si c'est ce que son élève, Dyonisus, voulait dire lorsqu'il a déclaré Nostradamus regardait le ciel au moment où il voyait un événement se produire car Nostradamus voyait les étoiles telles qu'elles apparaissaient à ce moment là.

D : Lorsqu'il voit un événement, comment le relie-t-il aux données ?
J : Il consulte le livre de données astrologiques et se concentre sur les différentes périodes. C'est l'une des bases de la composition de ses quatrains. Il peut se concentrer sur les différentes dates et années.

Bien que mes questions suivantes n'aient rien à voir avec ce projet, je n'ai pas pu résister à la tentation d'en savoir plus lorsque l'occasion s'est elle-même présentée.

D : Pendant qu'il ouvre le livre, on dit que le jour de la naissance du Christ, il y a eu une étoile brillante dans le ciel, et qu'il y a toujours eu beaucoup de controverse sur ce que c'était. Je suis curieuse de savoir s'il a des données à ce sujet. S'agissait-il d'une conjonction ?
J : Oui. Il dit qu'il s'agissait d'une conjonction entre Jupiter et Saturne affectée par le Soleil. La lumière de Jupiter et de Saturne s'est combinée pour créer une grande lumière dans le ciel et elle est

restée là pendant des mois. Le Soleil du Christ, Jupiter et Saturne étaient dans le signe des Poissons. Il est né en ... mars.

D : *Il y a toujours eu des divergences concernant cet événement, comme par exemple quand commencer l'année après Jésus-Christ, et tant qu'il avait le livre ouvert, j'ai pensé que c'était le bon moment pour lui poser des questions à ce sujet. Une telle conjonction comme celle-ci pourrait-elle prédire un événement très important ?*

J : Oui, sachant que Jupiter et Saturne arrivaient à une conjonction et que l'étoile serait particulièrement brillante au-dessus du Proche-Orient, les trois Mages ont vu que cette étoile signifiait la naissance d'un grand serviteur du monde, et c'est pourquoi ils ont voyagé pour assister à sa naissance.

D : *Ils étaient donc aussi astrologues.*

J : Oui, les Mages étaient des astrologues. Ce n'étaient pas des rois. C'étaient des personnes riches qui étaient très appréciés pour leurs connaissances dans leurs pays respectifs.

D : *Je m'en suis souvent douté. Merci d'avoir répondu à ma question. John voulait clarifier quelques points supplémentaires concernant l'horoscope de l'Antéchrist. Je sais que Nostradamus n'est pas à l'aise avec ce mot.*

J : Il dit que ce n'est pas grave, mais qu'il n'est pas encore l'Antéchrist. Il est en train de se rendre vers son étagère et en retire un parchemin. Il l'ouvre et y trouve l'horoscope. Nous voyons février 1962 en haut et le Verseau dans la première maison. Je lui demande : "Est-ce que c'est intercepté quelque part ?" Et il me répond, "Non, c'est directement dans le Verseau." Le soleil, la lune, Mercure, Vénus, Mars, Jupiter et Saturne sont tous dans la première maison.

D : *Y a-t-il des conjonctions ?*

J : Non, il n'y a pas de conjonctions. Attendez un peu. Il y a une conjonction entre ... Je pense que c'est Vénus et Mars. Elles sont assez proches mais mais elles sont toutes à des degrés différents.

D : *Ce n'est donc pas une vraie conjonction ?*

J : Oui, ils sont tous conjoints par signe, mais pas à un même degré. Certains d'entre eux sont en conjonction les uns avec les autres. Ensuite, je vois la planète Pluton dans ce qui serait la huitième maison de ce thème, en Vierge. C'est de là que vient son énergie occulte. C'est un thème très inégal, car toutes les autres planètes sont en Vierge. car toutes les autres planètes sont dans la première maison. Il a dû être né au lever du soleil. Ensuite, je vois - j'essaie d'y voir un peu plus clair - ce qui ressemble à un yod.

D : *(Je n'ai pas compris.) Un quoi ?*

J : Un yod entre eux. Il dit que ce n'est pas un vrai yod, mais que c'est similaire.

Dn : *(L'autre astrologue) Entre quelles planètes ?*

D : *Entendez-vous l'autre personne dans la pièce quand elle parle ?*

J : Oui, j'entends une autre personne. Nostradamus dit qu'il y a un semi-sextile entre Uranus et Pluton, mais Uranus s'oppose à toutes ces planètes du Verseau. Uranus est dans le signe du Lion, dans la septième maison. Il ajoute, Pluton sera très important dans sa vie. Lorsque Pluton entrera dans le signe du Sagittaire, nous assisterons à de nombreux changements. Ce sera une période influente dans sa vie.

Plus tard, nous avons découvert que Pluton entrera dans le Sagittaire en novembre
1995, ce qui correspond au calendrier des événements.

D : *Y a-t-il d'autres signes dans les autres maisons que vous devez connaître ?*

J : Je lui demande où se trouve Neptune... (Rire) Il me répond : "Je n'ai pas mélangé Neptune à tout ceci."

D : *Je suis surprise qu'il ait mis Pluton et Uranus.*

J : La raison pour laquelle il n'a pas mis Neptune est que cet homme n'aura aucune compassion. Mais il dit : "Pour toi, je vais le mettre." Où le mettras-tu ? (Pause) Je pense que c'est en Vierge. Non, pas dans la Vierge, dans le Scorpion. Les symboles qu'il utilise pour la Vierge et le Scorpion sont très différents. A notre époque ces symboles sont très similaires. Il dit : "Oui, Neptune est dans le signe du Scorpion". Et cela se passe dans la dixième maison. Il dit que c'est la planète du mystère.

Il était évident que même s'il n'était pas familier avec ces planètes et leurs significations astrologiques, il les utilisait maintenant depuis que John lui avait montré le rouleau de la bibliothèque.

D : Y a-t-il d'autres symboles dans les autres maisons, en plus des symboles astrologiques ?
J : (marmonnant, difficile à comprendre, comme s'il parlait à Nostradamus). Utilisez-vous le système des parties arabes ? Il répond : "Non. Je suis un astrologue pur et dur, et je n'utilise que les planètes."
D : D'accord. J'ai pensé qu'il y avait peut-être d'autres symboles qu'il utilisait et que vous ne connaissiez pas. Pouvez-vous voir cet horoscope assez clairement pour le reproduire pour moi plus tard?
J : Oui. Il est juste un peu différent du dernier tableau.

J'ai ensuite donné à John des suggestions post-hypnotiques pour que tous les signes et leur disposition dans ce schéma inconnu restent clairs dans son esprit. et qu'il serait capable de le dessiner pour moi lorsqu'il se réveillerait.

Comme John avait fini d'examiner la carte, il a continué en donnant l'explication de l'écart entre la date donnée à Brenda et l'horoscope qui lui a été montré.

J : Il dit que l'autre horoscope, dessiné pour le Sagittaire 1968, correspond à la date à laquelle l'Antéchrist a perdu sa famille. Ils ont été tués lors de la guerre d'Egypte par les Israéliens.
D : J'allais poser une question sur les deux dates différentes. Nous ne pouvions pas comprendre comment il a pu acquérir autant de pouvoir avant d'avoir une vingtaine d'années.
J : Il dit que la date retenue par l'autre chaîne n'était pas sa date de naissance mais le jour où il a perdu ses parents. Elle a confondu.
D : Elle avait du mal à recevoir des données astrologiques.
J : Oui, elle l'a fait. Il était un jeune garçon de cinq ou six ans lorsque cela s'est produit. Et son oncle, l'Imam maléfique, l'a formé et est le vrai pouvoir derrière le trône. Nostradamus me laisse me regarder dans le miroir maintenant. Je vois une image de bâtiments universitaires, et l'homme que nous connaissons comme l'Antéchrist sort de l'un d'eux. C'est un homme très intelligent et beau, avec une aura magnétique qui attire les gens vers lui. Il étudie et fait des recherches sur un projet dans cette université en ce moment. Il intègre les philosophies de Voltaire,

Hegel, Marx, Engels et d'autres philosophes célèbres en une seule philosophie.

Brenda avait également déclaré que le jeune Antéchrist était actuellement étudiant en Égypte. C'est l'une des rares informations qu'elle a reçues sur l'endroit où il se trouve actuellement.

D : *Nostradamus nous a dit un jour que nous ne saurions jamais grand-chose sur le passé de l'Antéchrist parce qu'il resterait un mystère.*

J : Il y a un mystère en ce qui concerne le lieu où ses parents ont été tués, et l'Imam, le prêtre, gardera également les choses mystérieuses. L'Imam est la personnification de ce que l'on pourrait appeler le Diable. Il voue une haine venimeuse aux Israéliens et veut voir Israël piétiné et détruit. Il sèmera la zizanie et travaillera dans ce sens. Il n'a pas l'air méchant, mais ses yeux vous retiennent et vous attirent jusqu'à ce que vous ayez l'impression que votre âme est en train de se faire aspirée. Ses yeux sont comme des trous noirs.

D : *Il est étonnant que le jeune homme ne ressente pas cela.*

J : Le jeune homme l'aime parce qu'il a été nourri et aimé par lui. La vraie faiblesse de cet être maléfique, c'est ce jeune homme. Il a fait tout ce qui est possible pour rendre sa vie confortable et heureuse. C'est la raison pour laquelle une grande affection existe entre eux. Lorsque cet être maléfique - ce n'est pas un homme - en finira avec l'enveloppe de son corps, il transférera son essence et son esprit à ce jeune homme. C'est alors que le jeune homme deviendra l'Antéchrist. Mais cela se produira dans les années 1990.

D : *Est-ce que c'est à ce moment-là que Pluton provoquera le changement et qu'il commencera son ascension au pouvoir ?*

J : Oui. Il deviendra plus influent qu'il ne l'est actuellement. L'être maléfique s'occupe actuellement des questions d'argent, créant ainsi une base sur laquelle l'Antéchrist pourra s'élever. Il reçoit de l'argent des Arabes de toutes les nationalités dans le monde islamique pour le soutenir dans ses efforts. Il va également favoriser des changements révolutionnaires en Syrie, en Irak et en Iran. Et cela ne saurait tarder.

D : Lorsqu'il nous a donné des signes astrologiques par l'intermédiaire de Brenda, il a dit que certains de ces signes ne concernaient pas son thème natal mais l'horoscope de son arrivée au pouvoir.

J : La chaîne a obtenu ce qu'elle pensait être sa date de naissance, mais il s'agissait en fait de la mort de ses parents, ce qui a été traumatisant pour lui car il était très jeune à l'époque. Il a ensuite été pris en charge par son oncle, l'être maléfique. L'Antéchrist ne le sait pas, mais son père et sa mère ont été assassinés. On a cru qu'ils étaient morts à cause de la guerre, mais en fait, l'oncle avait engagé des assassins, parce qu'il voulait le garçon pour lui-même.

D : Est-ce qu'il complotait déjà à ce moment-là ?

J : Oui, il a comploté pour enlever les parents, et le jeune homme ne le sait pas. Nostradamus dit que c'est le mystère qui entoure ses débuts. L'être maléfique est né dans les années 1930. Il a vu la montée d'Israël en Palestine, son pays, et a vu sa vie lui être enlevée. Il s'est consacré aux forces noires de l'univers et les a laissées s'emparer de sa vie. C'est la même situation que nous connaissons avec les "walk-ins". qui viennent pour rendre service. Il a permis à une personne négative de prendre sa place dans sa vie. Son but est de préparer l'Antéchrist à prendre sa place puissante dans le destin du monde.

D : C'est peut-être pour cela qu'il a dû commencer par un enfant.

J : C'est vrai.

D : Pensez-vous que les autres horoscopes sont exacts ?

J : Il pense que la plupart des autres choses qu'elle a canalisées étaient fondamentalement exactes. Il dit qu'elle n'a eu des difficultés qu'avec l'horoscope de l'Antéchrist.

D : Nous avons également été troublés par la mention d'un grand trine.

J : Le grand trine a lieu lors de l'ascension de l'Antéchrist. Saturne est en Poissons. Je ne vois pas le reste. Il me dit : "Cherchez, ce sera au milieu des années 90".

D : Il a également dit que les trois signes d'eau se rapportaient à trois étendues d'eau.

J : Oui, Nostradamus dit qu'il faisait référence au Proche-Orient lors de sa montée au pouvoir, Saturne sera dans le signe d'eau des Poissons. Il dit qu'il montera au pouvoir entre le début et le milieu des années 1990.

J'ai demandé à John : "Penses-tu que cela va clarifier ce que tu cherchais ?"

J : Oui, maintenant je peux dessiner l'horoscope comme je le vois.

Plus tard, lorsque John a eu le temps de consulter son éphéméride, il a découvert qu'un grand trine des signes d'eau se produira plusieurs fois au cours de l'été 1994. Deux de ces occurrences ont été considérées comme les plus probables. En juillet 1994, il y aura une conjonction du Soleil et de Mercure en grand trine avec Jupiter et Saturne. Cette conjonction est considérée comme la plus importante en raison de la présence du Soleil. Le dsecond grand trine se produit en septembre 1994, impliquant Mars, Jupiter et Saturne. Ce sont toutes des planètes puissantes avec des influences importantes, et nous croyons que l'Antéchrist émergera au cours de cette période. Il est intéressant de noter qu'aucun grand trigone (impliquant des planètes majeures dans les signes d'eau) ne se produit pendant le reste des années 1990.

Don souhaitait poser quelques questions dont il avait convenu avec John avant la session.

D : Nous avons un autre astrologue qui aimerait poser quelques questions.

Dn : A l'époque de Nostradamus, quelles planètes gouvernent quels signes ? A notre époque, on se demande quelles sont les planètes qui gouvernent les signes de la Vierge et de la Balance.

J : Il dit que le signe du Bélier est gouverné par Mars, la planète rouge qui apparaît dans le ciel du soir. Il dit également que le signe du Taureau est gouverné par Vénus, la belle étoile ; les Gémeaux le sont par Mercure ; le Cancer, lui, est gouverné par le signe de la lune ; et le Lion par le soleil. Le Scorpion est gouverné par votre planète Pluton, l'une des planètes les plus destructrices qui soient. Le Sagittaire est gouverné par Jove ... Jupiter. Le Capricorne est le maître d'œuvre de Saturne ; Uranus, la planète du changement, gouverne le signe du Verseau. et Neptune gouvernera le signe du poisson. La Vierge, dit-il, sera gouvernée par une autre planète qui n'a pas encore été découverte à votre époque. Comme de nos jours, nous ne pouvons voir que jusqu'à Saturne, mais nous savons qu'il y a d'autres planètes au-delà. Il en va de même à votre époque : vous découvrirez des planètes qui régiront la Vierge, puis la Balance.".

D : *Il n'y a donc pas de planètes qui régissent la Vierge et la Balance à son époque ?*

J : Il dit : "A mon époque, il n'y a pas de maître pour la Balance, la Vierge, le Verseau ou les Poissons, mais nous avons assigné Jupiter aux poissons et Saturne au Verseau. Nous avons également attribué Mars au Scorpion." Selon lui, au fil des siècles, nous découvrirons deux autres planètes, qui susciteront une grande émotion. La première planète régnera sur la Vierge, et la seconde apportera la véritable ère du Verseau, celle de la sagesse. Il appelle l'ère du Verseau l'"âge d'or". Il dit que cette planète sera aperçue au ... (hésitation) XXIIe siècle. Nostradamus dit : "Vous vous trompez là, John. (Rire) C'est vers 2040 que cette découverte aura lieu." Les deux planètes font partie d'un autre système solaire. Il me donne une image de cet autre système solaire qui a une étoile binaire. Ce qui veut dire qu'il y a deux étoiles.

D : *Est-ce proche de la Terre ?*

J : Oui, il dit que c'est proche de la Terre, mais nos scientifiques les ont négligés. Il dit qu'ils pourront voir cette étoile avec des télescopes plus puissants.

D : *Tu veux dire que les deux systèmes solaires, le nôtre et celui-là, se chevaucheront ?*

J : Notre système solaire et cet autre système se chevauchent (surpris) maintenant. En ce moment même.

Dn : *Est-ce que Pluton aurait pu faire partie de ce système solaire ?*

J : Il dit qu'Uranus, Neptune et Pluton ont tous fait partie de ce système là.

D : *Alors que s'est-il passé ?*

J : Oh, je vois ce qu'il veut dire maintenant. Il dit qu'il y avait deux étoiles qui ont explosé et que ces planètes ont été projetées sur notre orbite. Uranus, Neptune, Pluton et les deux autres planètes faisaient auparavant partie de cet autre system solaire. Il dit avoir reçu ces informations lorsqu'il est entré en transe et a voyagé par voyages astraux.

D : *Est-ce qu'ils sont en orbite autour de notre soleil en ce moment ?*

J : Elles ne sont pas dans une orbite exacte mais elles sont attirées par le soleil, comme Pluton.

D : Qu'est-ce que tu veux dire, elles ne sont pas sur une orbite exacte ?
J : Elles ont un plus grand degré de curvature, dit-il.
D : Est-ce l'une des raisons pour lesquelles les scientifiques ne les ont pas encore vues ?
J : Oui. Il dit que cette étoile binaire était un vieux système qui a explosé et s'est consumé.

Nous nous sommes à nouveau référés aux questions de Don.

D : Nous nous demandions aussi s'il s'était passé quelque chose dans la vie de Nostradamus qui lui ait donné envie de commencer à prédire l'avenir ?
J : Il dit que oui, il s'est passé effectivement quelque chose.
D. Voudrait-il le partager avec nous ?
J : (tristement) Il dit : "C'est douloureux... mais j'ai perdu ma famille. J'ai traversé une dépression très profonde à cette époque, et je me suis senti très inutile. Comme j'étais capable d'avoir une vision des choses à venir dans le futur, je me suis consacré à mes capacités astrologiques. C'est ainsi que j'ai commencé à prédire l'avenir". Il est très triste. Il dit : "J'aimais beaucoup ma femme et mes enfants. Ils sont morts de la peste et je n'ai rien pu faire pour les aider." (Tout cela a été dit avec grande émotion.)
D : Il était médecin à l'époque, n'est-ce pas ?
J : Oui, et il ne pouvait rien faire pour les aider. (Toujours avec tristesse.) " Je devais m'occuper de mes affaires ", dit-il."J'ai perdu ma foi en la vie quand ma femme est morte, mais je l'ai retrouvée. Je me suis remarié et j'ai une femme, bonne, qui m'aide vraiment".
D : A-t-il des enfants maintenant ?
J : Oui, il en a. Et il dit : "C'est comme si... Je suis libéré. Je forme mes enfants sur une bonne voie."
D : C'est bien. S'intéressait-il à l'astrologie avant la mort de sa première famille ?
J : Oh, oui. Il dit : "J'étais très versé dans l'astrologie, car je faisais des horoscopes pour mes prestigieux protecteurs."
D : Quand a-t-il commencé à écrire les choses qu'il voit ?
J : Il écrit depuis un certain temps, dit-il. Il a ressenti le besoin d'écrire ces choses. Il avait des visions de l'avenir et pensait qu'il était important d'en parler et de les laisser en héritage.

D : Le problème, c'est qu'il les a rendues trop obscures et que beaucoup de gens ne peuvent pas les comprendre.

J : Les gens qui ont besoin de les comprendre les comprendront.

D : C'est notre rôle dans tout cela.

J : (Soudain) On frappe à la porte. (J'ai regardé autour de moi. J'ai pensé qu'il voulait dire qu'on frappait à la porte de son appartement). Il va à la porte. (Très doucement.) C'est sa femme. Elle est très jolie. On pourrait dire qu'elle est un peu ronde, mais elle a un visage aimable et elle lui sourit. Il l'embrasse et elle dit (doucement) : "Eh bien, viens, mon chéri. Il faut que nous mangions maintenant. Tu as passé tout l'après-midi dans ton bureau. Il est temps que tu manges. J'ai préparé de l'agneau. Viens." Et il dit : "Eh bien, je dois y aller maintenant."

D : Et nous ? Il ne peut plus nous parler ?

J : Non. Il dit : "Je suis désolé. Reprenez contact avec moi bientôt. J'ai hâte de le faire, mais maintenant je dois y aller."

J'essayais de trouver un moyen de continuer à communiquer avec lui parce qu'il nous restait encore beaucoup de temps.

D. Pouvons-nous lui parler après qu'il ait pris son repas ?

J : Je demande. Je lui ai dit que nous pouvions revenir. Et il dit : "Non, je dois y aller". Nous ne pouvons plus lui parler aujourd'hui.

D : Très bien. Nous apprécions qu'il nous ait consacré. autant de temps qu'il l'a fait.

J : Il s'impatiente. Il dit : " Je dois y aller. J'ai dit à ma femme que que je faisais quelque chose d'important, mais elle m'a dit que c'était l'heure de manger." J'ai l'impression qu'elle pense qu'il passe trop de temps ici. Et si elle n'insiste pas, il va rater son repas. Il dit : "S'il vous plaît, revenez et recontactez moi". Et il s'en va. La pièce est vide à présent. C'est une très très belle pièce. Je pensais que les meubles étaient rustiques, mais en fait ils ont été lissés et polis. Cela montre que l'on y a mis beaucoup d'amour.

D : Pourriez-vous avoir accès au reste de la maison, pour voir à quoi elle ressemble ?

J : Nous ne devrions rester que dans cette pièce. Il y a un beau brasero en bronze qu'il allume parfois et ... il voit dans le feu. Il garde les choses très bien soignées. Il y a des joncs sur le sol et un tapis spécial sous sa chaise pour garder ses pieds au chaud.

(Brusquement) Quelqu'un dit, "Allez, John, tu dois partir d'ici maintenant." Je dois partir. Le gardien de la tapisserie dit : "Tu ne peux pas t'imposer aux autres. S'il te plaît, ne fais pas ça." Il me met en garde. "N'essayez pas de perturber le libre arbitre d'autrui." ... (D'un ton grave) Ok ! Oui, je comprends. Et il dit, "Soyez juste prudent. Maintenant vous pouvez partir." Il est très sévère.

D : *Dites-lui que nous ne nous sommes pas vraiment imposés. Nous n'aurions jamais essayé de rester si la personne ne le voulait pas.*

J : Oh, le gardien est très strict aujourd'hui. Il comprend, mais parce que nous étions en train d'essayer de forcer Nostradamus contre sa volonté, il m'a rappelé à l'ordre. Il m'a dit : "L'une des lois de l'univers est de ne pas contraindre ou imposer sa volonté à d'autres personnes. Ne faites pas ça ou vous vous créerez un mauvais karma pour vous-même."

D : *Est-ce qu'il comprend que nous n'avions pas l'intention de faire cela ?*

J : (rires) Il dit : "Vous venez juste d'essayer".

D : *Eh bien, nous voulions juste savoir si nous pouvions le voir après qu'il ait fini de manger. (Rires)*

J : Oui. Je le lui ai dit. J'ai dit que nous n'essayions pas vraiment de le contraindre, et il n'est pas en colère.

Je voulais atténuer les sentiments du gardien. Si nous avons fait quelque chose qui l'a l'offenser, il pourrait ne pas nous permettre de revenir au travers de la tapisserie.

D : *Vous regardiez la pièce, c'est tout.*

J : Il dit qu'il vaut mieux n'être là que lorsque Nostradamus est là. Parce que je me présente comme un esprit ou un fantôme, d'autres personnes pourraient sentir ma présence. Il dit que lorsque Nostradamus mange, c'est généralement le moment auquel la servante entre pour nettoyer la chambre. Cela aurait pu l'effrayer, et elle a eu assez de moments difficiles dans sa vie. (Rire)

D : *Je ne savais pas si quelqu'un d'autre pouvait percevoir notre présence lorsqu'ils étaient dans la maison.*

J : Nostradamus a dit à sa femme qu'il est en communication et qu'elle le comprend. Elle est une véritable assistante pour lui parce qu'elle l'aime et s'occupe de lui. Le gardien m'a ramené dans la salle de la tapisserie, et il m'a dit : "Il est temps pour vous de partir. Nous

nous reverrons plus tard." (Rires) Il n'est pas en colère. Il est juste très sévère.

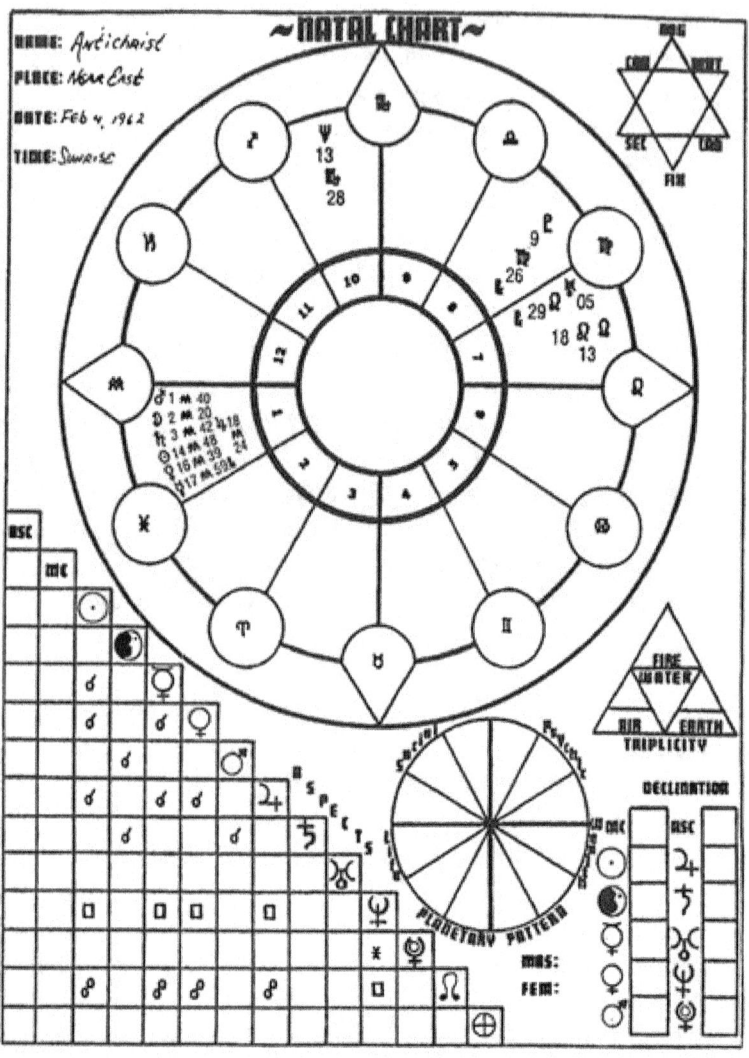

Horoscope de l'Antéchrist avec la date de naissance du 4 Fevrier 1962.

D. : *Dites-lui que nous n'avions aucune idée que quelqu'un d'autre pouvait sentir notre présence.*

J : Il dit : "Oui, je comprends. Mais vous ne devez pas enfreindre les règles de l'univers, sinon vous risquez d'être sévèrement réprimandés."

D : *Nous essayons de faire ce que nous sommes censés faire. Nous ne voulons pas enfreindre les règles.*

J : Il le sait. Il dit : "Au revoir !". (Surpris) Tout a disparu ! Tout est gris. Je ne suis plus là.

Soudainement, c'était comme si on avait utilisé un interrupteur et il n'était plus en contact avec la salle de la tapisserie. On aurait dit qu'il y avait quelqu'un de l'autre côté en control de notre accès à la salle et la durée pour y séjourner. Il n'y avait aucun autre choix que de ramener John à sa pleine conscience. Il demande alors curieusement à Don : " De quoi a-t-il parlé sur le plan de l'astrologie ?"

Don expliqua alors les règles des signes et la découverte future de deux nouvelles planètes qui ne peuvent pas être observées dans l'espace à l'heure actuelle. Il semble que Nostradamus ait eu connaissance de toutes ces choses en sortant de son corps et en voyageant par projection astrale.

Lorsque John a cherché la date de naissance de l'Antéchrist dans son éphéméride, il a découvert que le 4 février 1962 était la date à retenir. Les données correspondaient complètement et exactement à l'horoscope en forme de diamant que Nostradamus. lui avait montré sur le parchemin. Je suis certaine qu'il a ressenti la même excitation que moi lorsque j'en ai entendu parler. Les chances que cela se produise par hasard, même pour un astrologue professionnel, sont trop grandes pour être calculées. Même avec toutes les données astrologiques que John possède dans son subconscient, il aurait difficilement pu trouver tous ces placements corrects parmi les milliers disponibles dans les éphémérides. Il était donc important qu'il soit là pour interpréter les informations astrologiques, car pour nous autres, c'était littéralement comme essayer de comprendre du grec. Nous connaissons peut-être les signes du zodiaque, mais il fallait un professionnel pour comprendre rapidement ce qu'il lui était montré. En outre, l'écriture était particulière et pour Brenda ou moi-même, elle n'aurait fait qu'ajouter à notre confusion. C'est dans cette logique que ces informations ont été présentées à John.

John estimait maintenant disposer de suffisamment d'informations sur l'horoscope de l'Antéchrist grâce à Nostradamus pour pouvoir en procéder à la lecture et l'interprétation. Son souhait avait été exaucé.
Voici un bref résumé de ce que John a trouvé :
Il s'agit d'un thème très inhabituel et intense. Toutes les planètes traditionnelles : Le Soleil, la Lune, Mercure, Vénus, Mars, Jupiter, Saturne et le Nœud Sud sont alignés dans la Première Maison de la Personnalité. Le Soleil, ici, promet une excellente constitution et un désir de "devenir quelqu'un" dans cette vie. La Lune, elle, indique un esprit très curieux, sur le plan scientifique et intellectuel, avec un sens aigu pour la technologie. Mercure accentue considérablement ces traits de caractère à un niveau significatif. Vénus représente les émotions qui sont froides, calmes et détachées. Il est plus facile d'être affectueux envers tous qu'envers un seul. Mars, planète de l'action, annonce un dynamisme qui fonctionne au travers d'une énergie purement intellectuelle. Cette position s'accompagne d'une bonne connaissance de la mécanique. Jupiter indique une personnalité plutôt charmante et humanitaire. La planète Saturne dans la première maison laisse présager des obstacles au début de sa vie, suivis d'une grande discipline pour atteindre ses objectifs. Il est intéressant de noter que son stellium du Verseau qu'il fasse un aspect défavorable à Neptune, la planète de la compassion dans la dixième maison. Cela présage qu'il accèdera au pouvoir de manière rapide mais clandestine. Une fois au pouvoir, il pourrait abuser de ce privilège. Pluton dans le signe de la Vierge, dans la huitième maison, souligne de grandes capacités psychiques, mais aussi une forte tendance à la manipulation. Uranus dans le signe du Lion, dans la septième maison des partenariats, représente des "ennemis" ouverts ainsi que des perturbations dans les relations personnelles. Cet horoscope révèle en soi une grande puissance, indiquant une âme très avancée qui a subi le "test du pouvoir" dans des vies antérieures et qui est à nouveau testée.

Lors d'une séance précédente avec Brenda, nous avons traité le quatrain qui suit. Nostradamus nous avait alors donné des instructions spécifiques. Il nous a dit de relier ce quatrain aux horoscopes, mais nous ne les avions pas à l'époque.

SIÈCLE V -24

Le regne & lois souz Venus eslevé,

Saturne aura sus Jupiter empire:
La loi & regne par le Soleil levé,
Par Saturnins endurera le pire.

Le royaume et la loi sont élevés sous Vénus,
Saturne dominera Jupiter.
La loi et l'empire élevés par le Soleil,
subiront le pire à travers ceux de Saturne.

B : Il dit que ce quatrain fait référence à l'organisation dirigée par celui qu'il a appelé "Ogmios". Cette organisation survivra à la pire des périodes troublées et servira de base aux futurs gouvernements après la chute de l'Antéchrist. Il dit de lire la ligne avec le soleil dedans.

D : *"La loi et l'empire élevés par le soleil."*

B : Oui. Il dit que la gloire et la nature positive du soleil seront derrière Ogmios et l'aideront à supporter le pire.

D : *J'essaie de comprendre la signification de cette ligne. "Endurera le pire à travers ceux de Saturne."*

B : Il dit que pour obtenir des nuances spécifiques et pour pouvoir traduire les profondeurs de ce quatrain, il faut consulter les horoscopes d'Ogmios et de l'Antéchrist, en prêtant attention aux relatives positions des différents corps célestes. Utilisez également les comparaisons données dans ce quatrain pour vous faire une idée de l'évolution de cette organisation clandestine.

D : *Comparez la position de trois planètes, Vénus, Saturne et Jupiter?*

B : Dolores, il te dit de ne pas essayer d'interpréter les informations astrologiques car vous arriverez à des conclusions erronées. Laissez l'astrologue travailler avec ses connaissances et ses outils.

D : *Je suis sûre qu'il peut comprendre beaucoup mieux que moi. Pour moi, c'est du grec. (Rire)*

B : Il dit de laisser les Grecs parler grec et de se préoccuper de la communication. (Nous avons ri.)

D : *Nous donnons à John beaucoup de travail sur ces quatrains.*

B : Il dit qu'il a supposé que ce serait le cas, que John devait y ajouter l'information disponible.

Maintenant que John avait les deux horoscopes, il pouvait suivre les instructions de Nostradamus. Après qu'il ait eu l'occasion de les comparer, nous nous sommes revus et il nous a donné les informations suivantes :

J : Ce qui est vraiment intéressant, c'est que "Saturne dominera Jupiter" figure dans leurs deux horoscopes. Saturne, le co-responsable du signe du Verseau, apparaît dans l'horoscope de l'Antéchrist. Il a Saturne dans la première maison en Verseau, ainsi que Jupiter en Verseau. Saturne domine Jupiter dans cet horoscope, parce que Saturne est dans sa position de co-règne. Il est intéressant de noter que dans l'horoscope d'Ogmios, Saturne est également en position dominante. Il est en Balance, le signe de son exaltation. Et il domine le Jupiter d'Ogmios, parce que son Jupiter se trouve en Taureau, qui n'est pas vraiment la meilleure place pour Jupiter. C'est une position confortable pour Jupiter, mais ce n'est pas vraiment sa position dominante. Il est donc vrai que pour ce quatrain, Saturne domine Jupiter dans les deux horoscopes.

D : *Nostradamus voulait aussi que vous compariez les planètes mentionnées dans le quatrain.*

J : Oui. Vénus est en Verseau dans l'horoscope de l'Antéchrist et en Scorpion dans celui d'Ogmios. Les aspects de Vénus entre ces deux-là sont carrés l'un à l'autre, ce qui signifie qu'ils ont un sentiment de conflit d'objectifs. Vénus en Scorpion est beaucoup plus émotionnelle et sensible que Vénus dans le signe du Verseau, qui est froide et détachée. L'Antéchrist manquera de compassion et de compréhension pour les autres, alors que la Vénus en septième maison dans la carte d'Ogmios montre qu'il est une personne beaucoup plus aimante, même s'il est possible qu'il n'ait pas d'affections personnelles. Il est devenu spirituellement aimant pour tout le monde. Chaque fois que nous trouvons Vénus en Scorpion, elle passe par un processus de transformation. Voyons "Le royaume et la loi ont été élevés sous Vénus. Saturne dominera Jupiter. La loi et l'empire élevés par le soleil subiront le pire à travers ceux de Saturne." Saturne est dans sa position de chute dans le signe du Verseau et dans le signe de son déclin dans le signe de la Balance dans l'horoscope de l'Antéchrist. "Le soleil endurera le pire" indique que ce ne sont pas les meilleurs placements pour le soleil dans l'astrologie traditionnelle. Le soleil est en chute dans le signe du Verseau, ce qui signifie - j'ai l'habitude de le comparer à la période de l'année - C'est comme les jours frais et enneigés de janvier et de février. C'est le moment où le soleil revient vers les latitudes méridionales, et c'est pour cette raison que l'on considère que c'est l'automne. Lorsque le soleil est dans la Balance, les jours et les nuits sont à nouveau égaux. Parce que la nuit devient plus forte pendant le mois de la Balance, et que le soleil d'Ogmios est dans le signe de la Balance, cela signifie que la nuit est en train de tomber. Dans l'horoscope de l'Antéchrist, le soleil est dans le Verseau, qui est en automne. Cela signifie que le soleil s'est éloigné et qu'il revient à nouveau lentement. Ce sont les périodes les plus sombres de l'année concernant l'énergie solaire.

D : *"Le royaume et la loi ont été élevés sous Vénus". Pensez-vous que cela fait référence à l'arrivée au pouvoir du royaume de l'Antéchrist ?*

J : Eh bien, Vénus en Verseau montre qu'il va se présenter comme un être humanitaire très fort en aidant le monde. Il pourrait même utiliser quelque chose de similaire au Mouvement mondial pour la paix. Il va utiliser les impulsions humanitaires à son avantage.

D : *Voyons voir, il a dit : "Utilisez les comparaisons données dans ce quatrain pour vous faire une idée du développement de l'organisation clandestine".*

J : Les planètes de la Balance qui apparaissent dans la carte d'Ogmios sont en bon aspect avec celles de l'Antéchrist, ce qui montre qu'elles sont compatibles. Donc Ogmios pourrait commencer par suivre l'Antéchrist, mais lorsqu'il voit l'inhumanité de celui-ci, il se séparera de lui. En d'autres termes, Ogmios croira que cet homme essaie de rendre l'humanité plus prospère, mais il sera désillusionné lorsqu'il le verra sous son vrai jour. Ses aspects montrent qu'au début, Ogmios ne veut pas se voir lui-même comme un leader.

D : *Est-il entraîné dans quelque chose dont il n'est pas sûr ?*

J : En effet. Il a des principes humanitaires forts avec son nœud nord dans le signe du Verseau. Sa destinée spirituelle est montrée par son nœud nord, montrant qu'il a eu une croissance en tant qu'âme dans des vies antérieures et qu'il est temps pour lui d'aider l'humanité. Il est temps pour lui de se présenter devant le monde. Son organisation clandestine est gouvernée par le Scorpion dans la septième maison, il aura donc un réseau de partenaires et d'amis, et des contacts clés qui seront cachés. Pluton dans la quatrième maison montre que sa base d'opérations sera proche de son lieu de naissance.

D. Je ne suis pas sûr mais je pense qu'il est né quelque part en France.
J : Ogmios fera un bon adversaire car il comprendra l'Antéchrist. Il aura probablement travaillé pour lui au début.

Dans le chapitre 6, "Les actes du monstre", nous avons reçu l'instruction de comparer une date dans le quatrain à l'horoscope de l'Antéchrist afin d'obtenir une image plus claire des événements autour de 1997, lorsqu'il commencera à utiliser des armes nucléaires. Nous n'avons pas pu suivre les instructions de Nostradamus à l'époque car nous n'avions pas l'horoscope. Lorsque nous avons pu le faire, nous avons découvert quelque chose de tout à fait inattendu caché dans sa formulation obscure.

SIÈCLE VI -35

Pres de Rion & proche à la blanche laine,
Aries, Taurus, Cancer, Leo, la Vierge
Mars, Jupiter, le sol ardra grand plaine,
Bois & citez, lettres cachez au cierge.

Près de l'Ours et de la laine blanche,
Bélier, Taureau, Cancer, Lion, Vierge
Mars, Jupiter, le Soleil brûleront la grande plaine,
les bois et les villes ; les lettres cachées dans la bougie.

John a travaillé avec Nostradamus sur les signes astrologiques et en est arrivé à la conclusion que l'Antéchrist arriverait pour la première fois au pouvoir en 1992, de manière très subtile, en utilisant la guerre conventionnelle dans des guerres mineures. Il utiliserait la menace d'une confrontation nucléaire mais n'aurait pas de telles armes. Le 23 janvier 1998, il utilisera des armes nucléaires pour la première fois. Nostradamus nous a ensuite donné des instructions précises.

B : Il dit qu'il faut se procurer l'horoscope de l'Antéchrist et consulter les signes suivants, et la façon dont ils se rapportent les uns aux autres et leurs divers aspects. Comparez-les aux positions des planètes et à leurs influences sur l'horoscope de l'Antéchrist pour vous faire une idée du conflit. Il précise que cela vous donnera une idée de la façon dont se dérouleront certaines périodes de troubles, en particulier autour de 1997.

Maintenant que nous avions la pièce manquante la plus importante, nous pouvions suivre ses instructions et faire les comparaisons.Un graphique a été établi pour la date et en voici les conclusions :

Le 23 janvier 1998, Mars et Jupiter en transit seront exactement conjoints à 27 degrés du Verseau, et seront conjoints au stellium Verseau de l'Antéchrist (trois planètes ou plus dans le même signe). On trouve de nombreux aspects de grande signification en comparant cette date avec son thème. La conjonction Mars/Jupiter est en opposition à son nœud nord natal et à son Uranus. Uranus est la planète des événements destructeurs soudains, et le nœud nord représente les réalisations de la personne dans la vie. À cette date également Pluton est en carré avec son Pluton natal. Pluton est la planète de la mort de l'ancien, afin que le nouveau puisse naître. Le Pluton de l'Antéchrist est dans la huitième maison, connue sous le nom de "maison de la mort" et gouvernée par Pluton. Cela correspond avec le début de l'utilisation d'armes nucléaires majeures. Les planètes Mars, Saturne et la Lune de l'Antéchrist sont toutes conjointes au Soleil dans la carte du 23 janvier 1998. Chaque fois que le Soleil d'une carte est impliqué dans des événements majeurs dans un autre thème (en particulier lorsque Saturne et Mars sont ensemble), cela est très significatif car le Soleil est la force vitale. Il y a également d'autres aspects significatifs entre les thèmes.

La comparaison des signes du quatrain avec l'horoscope de l'Antéchrist a constitué la pierre d'achoppement. Il n'y avait pas de planètes en Bélier, en Taureau ou en Cancer. Pluton était en Vierge, et le nœud nord et Uranus étaient en Lion, mais aucun des autres signes ne semblait avoir de rapport avec elles. L'étape suivante consistait à vérifier les maîtres de ces signes. C'est alors que l'intrigante découverte a été faite. Les maîtres sont Bélier/Mars, Taureau/Vénus, Cancer/Lune, Lion/Soleil, Vierge/Mercure. Lorsque le quatrain a été examiné de cette manière, il est devenu évident que Nostradamus avait caché, à sa façon sournoise, la majeure partie du stellium de l'horoscope de l'Antéchrist. Il y montrait également sa relation avec un modèle d'événement important. Les indices étaient là pour que n'importe qui puisse les trouver, mais seule une personne éduquée en astrologie aurait pu savoir ce qu'il fallait chercher. Nous avons éprouvé l'exaltation que l'on ressent lorsqu'on a réussi à résoudre une énigme compliquée. Bien sûr, nous n'aurions jamais fait ce lien sans les instructions de Nostradamus. Lorsqu'il nous a dit d'obtenir le thème astral de l'Antéchrist, il nous disait en fait que les indices se trouvaient dans le quatrain. Il s'attendait à ce que les astrologues voient les liens, ce que personne n'avait fait jusqu'à présent. Nous avions un avantage sur les autres enquêteurs puisque Nostradamus avait montré le thème à John et nous avions sa date de naissance. J'aurais dû savoir que Nostradamus n'aurait pas complètement caché l'identité d'un personnage aussi important. Il estimait que l'avenir de notre monde reposait sur les actions de cet homme, il se devait de donner des indices. Mais ses quatrains sont composés de tant de couches que les indices sont trop habilement déguisés. Je considère que c'est une découverte remarquable de trouver les planètes énumérées qui permettraient d'identifier ce "destructeur de monde". Je ne peux que m'émerveiller du génie complexe de notre ami qui vivait il y a 400 ans.

L'astrologue a voulu souligner que ces deux dates (1992 et 1998) sont des dates probables. Les possibilités sont très élevées pour l'avancée de la prise de pouvoir de l'Antéchrist par l'utilisation de l'énergie nucléaire à ce moment-là. Mais cela n'a pas à se produire si l'on fait preuve de suffisamment de volonté pour canaliser l'énergie dans des directions plus positives. Nostradamus nous a peut-être montré des possibilités, des probabilités, parce qu'il savait que l'histoire se répète.

Je suis conscient que ces chapitres traitant de l'astrologie peuvent être difficiles à lire, mais je pense qu'ils sont importants pour ceux qui comprennent les terminologies en astrologie. Ils nous donnent également un meilleur aperçu de la personnalité des principaux personnages qui façonnent notre avenir.

Chapitre 13

La force du prêtre maléfique

LORSQUE JE CONDUIS MON TRAVAIL DE REGRESSION, je place toujours mentalement de la lumière blanche autour du sujet afin de le protéger contre toute forme d' influence négative pendant qu'il est en transe ou lors de ces voyages astraux. Bien que je faisais très attention à mes sujets, mes guides m'ont réprimandé parce que je négligeais de me protéger moi-même. J'ai toujours fait passer le bien-être de mes sujets, et il ne m'était pas venu à l'esprit de me préoccuper de moi-même. Mes guides m'ont alors enseigné une procédure pour une protection efficace de mes sujets.

En travaillant avec John, j'ai négligé de m'inclure dans l'aura protectrice. J'ai découvert, à mon grand désarroi, que mes guides avaient raison de s'inquiéter pour ma sécurité. Au cours de cette étrange séance, j'ai découvert qu'il existe en effet des forces dont nous ne sommes pas conscients ; des forces qui dépassent notre entendement, que nous ne pouvons pas comprendre ou même anticiper.

J'ai de nouveau utilisé le mot-clé et j'ai demandé à John de se rendre dans l'état d'esprit où il a facilement trouvé la salle de la tapisserie et s'est concentré sur le fil d'or de Nostradamus. En quelques secondes, nous avons été à nouveau transportés dans le bureau du grand homme.

J : Je vois Nostradamus. Il est à son bureau en train d'écrire et de recopier des choses. Il me sourit. Et il me dit : " Oh, c'est encore vous ! Un de mes amis spirituels Je savais que vous alliez bientôt vous montrer." Il est d'une humeur délicieuse aujourd'hui. Il vient de me dire, "Une dette qui a été longtemps attendue a été payée." Il se sent bien dans sa peau et dit : "Maintenant je peux voyager". Je lui ai demandé : "Tu pars en voyage ?" Il me dit qu'il doit aller à Avignon.

D : Pourrons-nous toujours le contacter quand nous en aurons besoin?

J : Oui, il dit qu'il sera toujours disponible. Mais en ce moment, il pense à se rendre en Avignon.

D : Serions-nous bien inspirés de lui demander pourquoi ?

J : Je lui ai demandé : "Pourquoi vas-tu à Avignon ?" Et il m'a répondu : "Eh bien, ce n'est pas vraiment tes affaires". (Rire)

D : (Rire) Dites-lui simplement que nous sommes curieux.

J : Il dit : "Je comprends. Les gens sont curieux de tout ce que je fais, et vous êtes curieux de ma vie personnelle".

D : C'est dans notre nature de poser beaucoup de questions.

J : (Abruptement) Il vient de me montrer un placard.

D. Un placard ?

J : Et c'est une ... (surpris) toilette. (Rire fort.) C'est comme s'il voulait que nous sachions : " Hé, je suis une personne. Je dois aussi excréter".

D : (Rires du groupe) A quoi cela ressemble-t-il ?

J : Il dit que c'est une pièce très spéciale qu'il a aménagée comme un placard. Il y a un siège en bois avec un trou dedans. Il y a un seau de cendres qu'il verse dans les toilettes. Il y a aussi un seau d'eau où il se lave.

D : Oh ? Est-ce que c'était courant à son époque d'avoir cela ?

J : Il dit : "NON. J'ai fait mettre ceci spécialement dans ma maison. Mes serviteurs et ma femme utilisent l'extérieur." Ils utilisent les toilettes qu'il a à l'extérieur. Mais il dit : " C'est pour mon usage personnel. Parfois, c'est ici que je réfléchis le mieux." (Rires du groupe)

D : Oh là là ! Cela fait de lui un être humain.

J : Il veut juste dire que, oui, il est humain. Il est aussi réel que vous. Il a bu un verre de vin, alors il est d'humeur très pétillante.

D : Eh bien, dites-lui que je ne lui aurais jamais posé une question aussi personnelle s'il ne nous l'avait pas montré. (Rires)

J : (Rire) Oui, il est d'une humeur délicieuse.

D : Cela ne le dérange pas de nous parler un peu ?

J : Il dit : "Je serais heureux de parler avec vous. Seriez-vous intéressé d'examiner à nouveau la vie du jeune Antéchrist ?"

D : D'accord, nous pourrions voir cela.

J : Il me fait signe de me regarder dans le miroir. Il s'éclaircit et une image se forme dans le miroir.

Il y a eu une pause, puis une forte inspiration. L'humeur joviale de John s'est soudainement transformée.

J : C'est vraiment EFFRAYANT.
D : Qu'est-ce que tu veux dire ?
J : (Sa voix était très calme) Parce que l'Imam sait que nous sommes dans la pièce avec lui.
D : Il le sait ?
J : Oui, et il n'aime pas ça.
D : Il ne peut rien y faire, n'est-ce pas ?

Plus tard, j'ai regretté d'avoir dit cela parce que j'ai découvert très vite qu'il y avait effectivement quelque chose qu'il pouvait faire à ce sujet.

J : Maintenant, il génère tout un champ de force de négativité et de mal, et il essaie de nous bloquer.

C'est à ce moment-là que la chose la plus étrange s'est produite. J'ai littéralement senti quelque chose ; une énergie, un champ ou quelque chose de ce genre. Cela m'a frappé si fort que j'ai failli tomber de ma chaise. Pendant un instant, la pièce s'est brouillée et est devenue noire. J'ai senti un impact de quelque chose d'invisible. Sur l'enregistrement, on pouvait entendre la chaise sur laquelle j'étais assise grincer, comme si elle avait subi un mouvement soudain. Je ne pouvais pas l'imaginer. Les autres personnes présentes dans la pièce étaient également conscientes que quelque chose s'était passé lorsque j'ai reculé contre la chaise, mais ils étaient aussi inconscients que moi de ce qui se passait. J'ai sursauté et ma vision s'est éclaircie. Tout mon corps a vibré et j'ai ressenti une sensation dans la zone du chakra du troisième œil qui a duré plusieurs secondes. Cela ne semblait pas affecter John puisqu'il continuait à parler, mais j'avais des vertiges et des difficultés à me concentrer sur la conversation. Les autres personnes présentes dans la salle étaient assises plus loin et cela n'a pas semblé les affecter. L'un des observateurs a déclaré plus tard qu'il a vu ce qui semblait être un nuage noir obscurcir soudainement la personne endormie sur le canapé et commencer à se répandre dans la pièce. Immédiatement, il a projeté mentalement un champ de force de lumière blanche pour contrer ce qui était en train de se passer.

John a continué, apparemment sans savoir qu'il s'était passé quelque chose de notre côté de la connexion.

J : Il enseigne au jeune homme les techniques de l'esprit. Il dit : " Nous sommes influencés par d'autres forces que nous devons chasser. Pense à la haine, pense à la haine, pense à la haine... "

Cela a été répété plusieurs fois comme un chant avec une force énorme Puis, apparemment, cela a commencé à affecter John.

J : Nous devons partir. Nous ne pouvons pas continuer ainsi.
D : Je sais que vous devez partir. Je le sens et je n'aime pas ça. Ce n'est pas grave. Nous ne sommes pas obligés d'être là. Partons.
J : Oui. Le miroir est noir maintenant. L'humeur de Nostradamus a changé. Il dit : "Vous ne comprenez pas l'importance de la malveillance que cet homme peut emtretenir. Il sera extrêmement malfaisant. Vous ne vous rendez pas compte de ce qu'il est capable de faire, et il le fera."

Maintenant que nous nous étions éloignés de la scène, ma tête revenait à la normale et j'étais capable à nouveau de penser clairement. Je devais admettre que cela m'avait ébranlé.

D : Comment a-t-il su que nous étions là ?
J : Nostradamus dit que l'Imam est l'un des médiums les plus talentueux qui ait jamais existé. Il est le mal incarné. Il est issu du mal qui sévit sur Terre depuis des siècles. Il est l'un des chefs des esprits qui se rebellent contre leur destin, leur évolution ou leur croissance spirituelle. Il dit que les hommes occidentaux l'ont appelé le Diable. Il est venu sur Terre et s'est incarné à travers l'Imam - il est l'Imam - et sait ce qu'il a à faire. Il est indescriptible de voir à quel point cet homme est mauvais. Nostradamus dit : "Oh, John, tu ne comprends pas. C'est horrible. Tu ne sais pas ce que j'ai vu."
D : Je pense que si ce que je viens de ressentir est un peu de cela, alors j'imagine que nous pouvons commencer à le comprendre.

J : Nostradamus dit qu'il est important de traiter ce problème à l'avance afin de pouvoir l'atténuer. Il dit que c'est comme l'astrologie - prévenir, c'est se protéger.

D : *Apparemment, l'imam nous a sentis quand nous sommes entrés dans la pièce.*

J : Oui, c'est ce que dit Nostradamus. Ce mentaliste diabolique a senti notre présence et sait que nous l'espionnons.

D : *Alors il vaut mieux ne pas le regarder pour l'instant.*

J : Non. Il est parti. Je veux dire que nous sommes sortis de cette situation. Il dit qu'ils vont essayer de nous empêcher de les regarder et de voir ce qu'ils font.

D : *Savent-ils que nous le faisons maintenant ?*

J : Oui, il dit qu'ils sont au courant.

D : *Ils n'étaient pas conscients de nous avant, n'est-ce pas ?*

J : Ce mentaliste était conscient de quelque chose, mais maintenant il nous a vus.

D : *(Surpris) Il nous a vus ?*

J : Il m'a vu ... sous forme d'esprit.

D : *Sous forme d'esprit. Peut-être que ce ne sera pas si mal, parce qu'il ne pourra peut-être pas te reconnaître.*

J : Nostradamus dit que nous devons l'arrêter parce qu'il est vraiment mauvais. Il est comme un vampire qui pourrait aspirer votre âme hors de votre corps. Il vit de l'énergie générée. Il vit d'autres âmes.

D : *Notre protection n'était-elle pas assez puissante ?*

J : Oui, notre protection est très puissante. Mais ce que Nostradamus me dit à propos de cette entité, c'est que son énergie ira plus tard dans l'Antéchrist.

D : *Pensez-vous que le fait qu'il nous voie va causer des problèmes ?*

J : (calmement et sérieusement) Eh bien, Nostradamus dit : "Soyez prudents".

D : *Après tout, nous sommes à l'autre bout du monde. (Je ris nerveusement.)*

J : Oui. Il dit : " Ne vous inquiétez pas, vous serez protégés. Mais ... faite attention dans vos rêves. Protégez vos rêves. Protégez-vous dans l'état astral avant de dormir, John, parce qu'il pourrait venir à ce moment-là."

D : *(Tout cela est très troublant.) Très bien. Est-ce qu'il voit un inconvénient à ce que nous faisons ceci, si nous avons une protection adéquate ?*

J : Nostradamus secoue la tête et dit : "Soyez prudents. C'est tout."

D : *Je pense qu'il est préférable de ne pas revoir l'Antéchrist à nouveau. Nous n'avons pas besoin de jeter un coup d'œil sur leur vie. Il devrait suffire de les avoir vus et de savoir à quoi ils ressemblent. C'est tout ce dont nous avons besoin. A partir de maintenant, nous parlerons avec Nostradamus. Cela vous convient-il ?*

J : (Sérieusement) Hmmm, son humeur a un peu changé. Il était si heureux et jovial, mais maintenant il semble un peu déprimé.

D : *Peut-être qu'il ne s'attendait pas à ce que cela arrive. Peut-être que cela l'a pris par surprise, lui aussi.*

J : Oui, c'est comme... (Il fronce les sourcils.) Il est très morose.

D : *Est-ce que Nostradamus aurait la capacité de te protéger ?*

J : (Sérieusement) Non, il dit que c'est une situation complètement différente. Vous ne réalisez pas qu'il s'agit d'un véritable brasier. L'esprit de cet homme consumera tout ce qu'il peut. Nostradamus dit, "Ne vous inquiétez pas, je ne vous le montrerai plus de nouveau."

Nostradamus semblait lui aussi bouleversé par ce qui s'était passé. Je crois qu'il ne s'attendait pas vraiment à ce que l'Imam sente notre présence. Il nous a montré en toute innocence ce qu'ils faisaient à ce moment-là, comme il l'avait déjà fait deux fois auparavant. Je ne pense pas qu'il nous aurait délibérément mis en danger, et il a probablement été aussi surpris que nous lorsque cette puissance est sortie du miroir. Il avait été d'une humeur très agréable avant que cela ne se produise, et nous avions l'intention d'essayer d'interpréter certains des quatrains par l'intermédiaire de John. Mais cet incident a provoqué un tel changement d'humeur Nostradamus suggéra que nous partions et il mit brusquement fin à la séance.

Après que John eut repris conscience, il discuta de ce qu'il avait vu lorsque cette force négative s'était manifestée alors qu'il voyait l'Antéchrist.

D : *Vous ne nous avez pas dit ce que vous voyiez avant que cette force ne nous fasse sortir de cette réalité.*

J : Eh bien, ils étaient dans cette pièce. Les stores étaient tirés et il faisait sombre. Il semblait qu'ils pratiquaient la maîtrise mentale parce que c'était comme s'ils étaient en transe. L'Imam et l'homme qui sera l'Antéchrist pratiquaient des techniques mentales.

D : *Ils étaient tous les deux en transe ?*

J : C'était comme s'ils étaient en transe, oui. Et c'est ainsi qu'il a pu me voir.

D : *Peut-être qu'ils devaient être dans un état plus psychique pour savoir qu'on épiait sur eux. Avant, quand nous les avons vus dans le manoir, il se doutait que nous étions là., et il avait l'impression que quelqu'un l'observait. Cette fois, vous avez dit qu'il savait que nous étions là, et il a mis en place le champ de force pour nous repousser.*

J : Eh bien, il m'a projeté en arrière. Je veux dire, ce miroir a fait "whaap".

D : *C'est ce que j'ai ressenti. (Rire nerveux.) C'était définitivement une sensation physique, que je ne voudrais pas répéter.*

J : Je me suis sentie protégé, mais cette personne qui est l'Imam est très puissante. C'était comme l'esprit du diable. Je veux dire, je ne crois pas au Diable, mais c'était comme le Diable.

J'ai essayé de le rassurer et de me rassurer moi-même.

D : *Eh bien, il est à l'autre bout du monde, en Égypte.*

J : Apparemment, cela ne fait aucune différence.

D : *Le bon sens nous dit qu'ils sont là-bas et que nous sommes ici. Mais comment pouvons-nous ressentir quelque chose d'aussi loin ?*

J : Rien de tout cela n'a vraiment de sens. Nostradamus me l'a montré des années 1500, alors qu'il se projetait dans notre époque, mais l'Imam était conscient de moi et pouvait vous affecter physiquement depuis l'autre bout du monde. Tout cela est très compliqué.

D : *Je ne pense pas que tu sois en danger. L'Imam t'a peut-être simplement vu qu'une sorte d'esprit lumineux et pensé que tu étais une sorte de fantôme. (Rire) Je ne vois pas comment il pourrait penser que tu es une personne humaine qui l'espionne.*

C'est ce que je voulais désespérément croire.

J : (Sérieusement) Je ne sais pas. Je n'ai aucune idée de la façon dont je suis apparu à ses yeux.

John ne semble pas s'inquiéter de la situation. Bien que cette expérience ait été très déstabilisante, je ne me sentais pas en danger parce que je pensais que John était le seul que l'imam avait connaissance. Je savais que je n'oublierais plus jamais de m'inclure dans le cercle de protection, ni toute autre personne intéressée dans la pièce. Je crois qu'après avoir été mis dans une telle situation, le commun des mortels aurait décidé de ne pas poursuivre ce projet et aurait renoncé à toute autre sessions. Mais la curiosité de John était apparemment aussi forte que la mienne. Il s'est souvenu que Nostradamus l'avait averti de se protéger surtout la nuit avant de s'endormir. Il a déclaré que c'était son habitude, car il demandait toujours la protection de Dieu pendant la nuit. Il n'était pas inquiet et se sentait capable de gérer mentalement cette situation inhabituelle. Je ne pouvais pas imaginer qu'un prêtre de la lointaine Égypte puisse nous nuire à l'autre bout du monde. Mais il y avait toujours cette impression étrange et tenace que Nostradamus en savait plus que nous. sur cette force sinistre. John allait bientôt découvrir qu'il y a beaucoup de choses étranges dans cet univers que nos esprits mortels ne peuvent pas comprendre.

John a eu sa première expérience étrange quelques jours après notre rencontre inattendue avec le champ de force énergétique de l'Imam. Cela s'est produit alors qu'il essayait de s'endormir. J'ai enregistré sa description de l'événement.

J : J'étais en train de m'endormir, mais j'étais encore à moitié réveillé. J'avais l'impression d'être dans une pièce recouverte d'un dôme de verre et que je regardais un homme au-dessus de moi qui essayait d'entrer dans la pièce. Cet homme ne pouvait pas me voir. Je le voyais, mais lui ne me voyait pas. Il cherchait un moyen d'entrer dans la pièce, mais il ne pouvait pas entrer. Ce n'était pas ma chambre ici, mais on aurait dit que c'était dans l'autre monde. C'était le même homme que j'avais déjà vu, l'Imam. Il a des traits arabes et un nez de faucon. Il voulait absolument entrer dans cette pièce, mais il n'y est pas parvenu.

John a déclaré qu'il pouvait voir l'homme toucher la parois de verre avec ses mains et regarder à l'intérieur, cherchant un moyen d'entrer.

D : S'agissait-il d'une sorte de mur en verre ?
J : Oui, on aurait dit du verre. Mais il ne pouvait pas voir à l'intérieur, donc il devait faire sombre. Je crois que le mur était l'énergie protectrice qui m'entourait. J'ai eu le sentiment qu'il essayait de me trouver et de voir à quoi je ressemblais. Je n'ai pas eu peur ou quoi que ce soit d'autre, car je me sentais protégée. J'ai l'impression que cette entité maléfique sait qu'il se passe quelque chose, mais elle ne peut pas le découvrir parce que nous sommes protégés. Je me suis réveillée juste après cette expérience, et je me suis dit : "Je dois m'en souvenir pour pouvoir le dire à Dolorès." Cela ne m'a pas fait peur, mais c'était inhabituel. Je ne fais pas de rêves de ce genre.

LA SEMAINE SUIVANTE, je n'ai pas travaillé avec John parce qu'il avait des amis qui lui rendaient visite. L'une de ces nuits, il a oublié de se protéger comme d'habitude avant de s'endormir. ce, surtout à cause de la perturbation dans sa routine. Pendant la nuit, il s'est réveillé brusquement lorsqu'une grande forme noire indistincte sortait du placard et se dirigeait vers son lit. La seule chose qu'il pouvait distinguer était un grand couteau arabe. Il n'était pas assez grand pas assez grand pour une épée, mais il était grand pour un couteau. C'était un cimeterre, le couteau courbé normalement associé à cette partie du monde. La silhouette s'élança vers lui, le couteau en équilibre, prêt à le frapper. John roula frénétiquement sur le côté au moment où le couteau s'enfonçait dans le lit à côté de lui. Il invoqua immédiatement la protection et la silhouette avec le couteau s'est évaporée. Il savait que ce n'était pas un rêve, mais il ne trouvait pas d'explication. Plus tard, il s'est demandé s'il n'y avait pas un lien avec l'Imam maléfique et si le prêtre ne cherchait pas toujours de le localiser. Je ne savais pas quoi penser. Même s'il s'agissait de l'Imam, pourquoi utiliser un couteau contre John ? Une telle chose ne pouvait pas le blesser physiquement s'il s'agissait d'une manifestation spirituelle... ou bien est-ce le cas ? Peut-être que le but n'était pas de le blesser mais de l'effrayer. Quelle qu'en soit la raison, je ne pense pas que John oubliera de se protéger à nouveau, surtout la nuit, lorsque nous sommes dans notre état le plus vulnérable.

Chapitre 14

666, The secret of the Number of the Beast

Nous AVONS À NOUVEAU PARCOURU la tapisserie pour retrouver Nostradamus.

J : (triste) Il a l'air malheureux aujourd'hui.
D : Savez-vous pourquoi ?
J : (Avec beaucoup de compassion) Il a pleuré.
D : Est-ce qu'il sait que vous êtes là ?
J : (Pause) Pas en ce moment. Je le laisse ressentir son chagrin.
D : Savez-vous ce qui se passe ?
J : (Triste) Un de ses proches est décédé. Il a l'air beaucoup plus vieux.
D : Vous savez que nous n'aimons pas nous imposer, mais nous aimerions lui parler. Qu'en penses-tu ?
J : (Pause) Il a senti ma présence dans la pièce et a levé les yeux de son chagrin. (Pause) Je lui ai donné tout mon amour et ma compassion, et je remplis la pièce d'amour pour lui faire savoir qu'il est aimé et qu'on s'occupe de lui.
D. Est-ce que cela a aidé ?

J'avais vraiment l'impression que nous dérangions et que nous devrions partir, mais nous pourrions peut-être aider Nostradamus d'une manière ou d'une autre.

J : Oui, ça l'a aidé. Il se sèche les yeux un peu.
D. Est-ce qu'il veut vous dire ce qui s'est passé ?
J : Il dit qu'un de ses filleuls préférés vient de décéder et bien qu'il ait essayé de l'aider médicalement, il n'a rien pu vraiment faire. Il a fait tout ce qui était possible pour sauver ce petit garçon, et il ressent un sentiment de futilité. Il dit que sa femme a une sœur et que leurs familles sont très proches. Il a également tenu le bébé

lors de son baptême ; c'est pourquoi il l'a appelé son filleul. La famille vient juste de partir et se prépare à l'enterrement du corps.

D : Qu'est-ce qui n'allait pas avec l'enfant ?

J : Il n'utilise pas le mot "génétique" comme nous le faisons, mais il dit qu'il y avait quelque chose entre les parents. (Nostradamus avait apparemment difficultés à communiquer ce qu'il voulait dire). Leur enfant a hérité de quelque chose et il était très difficile pour lui de trouver le remède. Cela ressemblait à un problème respiratoire bronchique et l'enfant avait de plus en plus de difficultés à respirer. Il dit que c'était comme si l'enfant n'avait pas complètement développé ses poumons. Il avait trois ou quatre ans lorsqu'il est décédé. Il était très étonné qu'il ait vécu aussi longtemps. Mais au moins, il avait appris son nom et celui de ses parents. "Il était comme un petit ange", dit Nostradamus. C'était très dur pour lui parce qu'il était tellement une joie. Il dit : "Mes enfants sont maintenant grands et vivent leur vie. Ma femme et moi aimons regarder les petits ; ils sont si rafraîchissants et curieux de la vie. Il était un peu comme une étincelle pour moi".

D : Eh bien, avec ce type de maladie, il n'y a rien qu'il aurait pu faire. et il ne peut donc pas s'en vouloir.

J : Non, il le savait. Il ne se blâme pas. C'est juste que... il a du chagrin.

D : Oui, mais nous savons que Nostradamus n'est qu'un être humain. Il y a des limites à ce qu'il peut faire.

J : C'est ce qu'il ressent avec ce sentiment de futilité.

D : Qu'en pensez-vous ? Est-il prêt à travailler avec nous pendant un certain temps pour se changer les idées ? Ou bien a-t-il l'impression que nous nous immisçons dans sa vie ?

J : (Pause) Il semble se ressaisir un peu. (Pause) Il a un bol d'eau et il se lave le visage et les mains. Maintenant il les sèche avec une serviette et cela l'a un peu réveillé. Et il dit : (résolument) : "Je serai là pour vous aider." Il se sèche le visage et ses mains. Il prend le bol d'eau et ouvre la fenêtre et la jette à l'extérieur. Puis il remet le bol sur le trépied. Il s'assoit à la table et sort le miroir d'obsidienne noire d'un sac de velours.

Je ne pouvait que seulement penser : "Quel merveilleux dévouement !" Le fait d'être prêt à travailler ainsi alors qu'il était accablé par le chagrin montre bien qu'il se sentait vraiment obligé de participer à ce projet

D : Il garde le miroir couvert ?
J : Oui, il le garde couvert. Et il dit : "Nous parlerons des visions du futur aujourd'hui, John. l'avenir aujourd'hui, John. Je vais te montrer comment je vois l'avenir." Il s'assoit en position méditative et on dirait qu'il fait quelques exercices de respiration, puis il se concentre et imagine une flamme de bougie dans son esprit. Tout à coup, le miroir explose de lumière, et c'est ainsi qu'il voit l'avenir.
D : Pouvez-vous voir quelque chose dans le miroir ?
J : C'est très nuageux. Avec tous les nuages, on dirait un orage qui approche. Il est néanmoins toujours en train de méditer.
D : Je veux lui faire comprendre que nous apprécions qu'il fasse cela, même s'il n'est pas dans le meilleur état d'esprit. Cela montre son dévouement au projet.
J : Il dit : "Eh bien, parlons un peu."
D : Cela l'intéresserait-il que je lise des quatrains et que je lui en demande les traductions ?
J : Il dit qu'il va parler du miroir. Avez-vous des questions surce que vous aimeriez voir dans le futur ? Il me montrera les réponses dans le miroir. A un autre moment, nous pourrons parler des quatrains parce que maintenant c'est bien plus important de voir dans le miroir.
D : Avec l'autre véhicule, j'ai lu des quatrains et il m'a dit ce qu'ils signifiaient.
J : Il le sait et il comprend. Mais il ne veut pas le faire maintenant parce qu'il a beaucoup de chagrin. Il est plus facile de travailler avec le miroir. Il dit que vous aurez beaucoup de questions à poser au miroir.
D : D'accord. Je respecte son état mental, et je ne voudrais pas faire quoi que ce soit pour le contrarier.
J : Il dit que c'est une merveilleuse façon de méditer sur la vie humaine et ses accomplissements. J'ai l'impression que Nostradamus ne croit pas à la réincarnation. Du coup, il a mal vécu la mort de l'enfant. C'est sa croyance personnelle. Il semble qu'il y ait un mur autour de la possibilité de parler de ce sujet avec lui, alors je ferais mieux de ne pas en parler. Mais il est heureux de parler avec le miroir. Il dit : "Je pourrais vous montrer des choses que je vois dans mes méditations."

J'ai regardé les autres personnes présentes dans la pièce. C'était tellement inattendu qu'il était difficile de trouver quelque chose à demander. J'avais prévu de travailler avec les quatrains. Les autres n'ont fait que hocher la tête. J'ai haussé les épaules et j'ai continué.

D : D'accord. Peut-il voir les prochaines élections de la fin des années 1980 aux États-Unis ?
J : Eh bien, ... Je suis en train de voir cette élection. (Pause)
D : Dites-moi ce que vous voyez.
J : Il me montre l'image d'un discours de victoire lors d'une élection. (Pause) Et il dit que cet homme ne vivra pas son mandat. Il mourra en cours de mandat.
D : Pouvez-vous voir à quoi il ressemble ?
J : Il a les cheveux noirs avec quelques cheveux gris, et il semble avoir la cinquantaine. Je ne pense pas que ce soit George Bush. Je pense que c'est quelqu'un d'autre. Il ne peut pas me donner un nom, mais il dit que ce n'est pas important. Les élections et les gens, changent constamment. Il dit : "Ne banalisez pas les informations que j'ai dans mon miroir."

A cette époque, en avril 1987, personne n'avait la moindre idée de qui serait candidat à la présidence. Plus tard, tant de candidats se sont lancés dans la course que celle-ci aurait pu prendre n'importe quelle direction. Il n'y avait pas de favori clairement défini. Après les primaires de 1988, Michael Dukakis avait été désigné. John n'a pas reconnu l'homme que Nostradamus lui avait montré, si ce n'est qu'il reconnaissait que il ne pensait pas qu'il s'agissait de George Bush. C'est logique, car peu de gens auraient reconnu Dukakis avant les primaires. Après l'élection, George Bush a été élu président. Je ne sais pas si cela compte comme une erreur de la part de Nostradamus. Il aurait pu montrer à John l'un des candidats prononçant un discours, et ce n'était pas nécessairement le vainqueur. En fin de compte, ce type de travail se résume à l'interprétation individuelle de ce qui est montré ou de la manière dont on s'identifie aux concepts présentés. Comme nous sommes tous humains, nous ne sommes pas infaillibles. Nous avons été placés dans la même situation au chapitre 21 lorsque Nostradamus nous a demandé qui serait le prochain roi de France.

J : Il me montre d'autres images.
D : D'accord. Peut-être qu'il peut nous montrer quelque chose et ensuite nous pourrons trouver comment poser des questions.
J : Oui, il me montre comment l'Antéchrist arrive au pouvoir.

Nous avons appris notre leçon quand nous avons été frappés par la force du prêtre maléfique. Et bien que nous ne soyons plus intéressés par l'étude de la vie actuelle de l'Antéchrist en devenir, il pourrait être intéressant de se pencher sur son avenir.

J : Il dit que l'Antéchrist disposera de grands systèmes de communication, car je le vois parler à des ordinateurs et c'est sa voix qui active l'ordinateur. Il y a de grandes banques d'ordinateurs, partout. (Pause) Il dit qu'il y a une coalition d'autres hommes qui lui seront utiles, et qu'il les hypnotisera. Il parle de chefs religieux... comme l'ayatollah Khomeni. Il tente d'unir des gens comme Jerry Falwell et la droite religieuse des États-Unis avec l'esprit de l'œcuménisme et des projets tels que l'aide aux pays pauvres du monde. Mais en réalité, il les dupera.
D : C'est ainsi qu'il va commencer ?
J : Oui. Mais Nostradamus dit : "Ne vous inquiétez pas".
D : Il semble que nous aurons beaucoup de soucis à nous faire si cette guerre a lieu.
J : Il dit que c'est encore un peu dans le futur. Au début, l'Anti-Christ sera considéré comme un sauveur du monde. Il aura des inventions merveilleuses qu'il commercialisera et utilisera pour aider les gens. En d'autres termes, il se présente comme un sauveur du monde pour aider l'humanité.
D : S'agit-il d'inventions que son pays produira ?
J : Non, c'est lui qui les inventera.
D : Quel type d'inventions ?
J : Il fera des progrès dans le domaine de l'informatique, de la culture hydroponique et de l'agriculture intensive pour aider à soulager la faim dans les pays qui meurent de faim. Il apparaîtra avec ces inventions utiles et les gens l'admireront parce qu'il gagnera beaucoup d'argent grâce à elles. Il sera très innovateur et c'est ainsi qu'il montera au pouvoir.
D : A ce moment-là, se proclamera-t-il sauveur du monde, comme un sauveur religieux ?

J : Non, il ne dira pas qu'il est le sauveur du monde, mais il essaiera d'influencer les gens par la pensée rationnelle. Il leur dira que ce sont eux qui pensent, alors qu'il sera en train de les manipuler activement.

D : Il n'aura donc pas l'air d'un chef religieux ?

J : Il apparaîtra comme un chef spirituel, mais pas dans le sens religieux conventionnel.

D : Ces autres chefs religieux vont-ils s'unir derrière lui parce qu'ils pensent qu'il est sur la bonne voie ? Je veux dire, comment un musulman va-t-il influencer les leaders chrétiens fondamentalistes ?

J : L'argent répondra aux problèmes de beaucoup de gens, et c'est une façon pour lui de gagner leur respect. Il tentera d'unifier le monde en aidant les pays les plus pauvres. Peu importe leur religion. Il sera perçu comme un grand humaniste qui essaie d'aider les affligés, les pauvres et les malades. Il aidera vraiment beaucoup, mais il a d'autres projets. Il ne s'agit là que d'une partie de son plan de manipulation.

D : Qu'est-ce qu'il va enfin faire pour montrer sa vraie nature ?

J : Jusqu'à présent, il fonctionne à partir de son vrai moi humanitaire, mais après la mort de l'Imam, le manteau du mal descend sur lui. C'est à ce moment-là qu'il semblera apparemment vouloir mettre le monde sous son contrôle.

D : Qu'entendez-vous par "apparemment" ?

J : Il demandera de l'argent aux nations les plus riches de la Terre, soi-disant pour le donner aux nations les plus pauvres, mais il va canaliser une partie de cet argent vers ses propres ressources privées. Il mettra également en place d'immenses réseaux de communication. Et il réussira à aider d'autres pays. C'est ainsi qu'il gagnera le respect total de tous les chefs religieux et de tous les gouvernements.

D : Et ils penseront que grâce à toutes les bonnes choses qu'il fait, tout va bien. Jusqu'à ce moment, même lui croira qu'il fait ce qui est bien ?

J : Il a un côté humanitaire très fort qui se retournera contre lui-même après la mort de l'Imam. Il sera alors blasé et corrompu.

Quelqu'un dans la salle s'est demandé : si on nous donne toutes ces informations sur l'Antéchrist pour que nous soyons conscients de la situation, est-ce qu'il y a des mesures que nous pourrions prendre pour l'en empêcher, ou si nous avions quelque autre sorte de choix pour l'arrêter ?

J : Il dit que c'est son propre destin qui a été prédit depuis des siècles. Devenir l'Antéchrist est son destin dans sa vie. Mais d'autres sauront qui il est. Ils ne tomberont pas dans le piège de son faux prestige. Quand le monde entier l'acclamera comme un humanitaire ou un gardien de la paix dans le monde, il y aura une minorité bruyante qui dira : "Hé ! c'est lui. C'est l'Antéchrist." Ils le reconnaîtront et se transformeront en un réseau clandestin qui contribuera à faire avancer la cause de la vérité, plutôt que celle de cet homme de la tromperie et du mensonge. Ainsi, de telles informations seront utiles, car elles aideront à la résistance.

D : *Pensez-vous qu'il va s'emparer de pays avant qu'ils ne réalisent ce qu'il fait ?*

J : Non. Il essaiera de réunifier le monde en lui apportant son aide. Il commence par unir d'abord le monde en étant un vrai humanitaire. C'est très difficile parce qu'au moment où il arrivera au pouvoir, nous aurons subi des pertes économiques et financières, ainsi qu'une famine. Il essaiera alors d'unir toutes les nations du monde pour aider tous les peuples. Il utilise la bannière de l'humanitarisme. Nous devons nous en souvenir ! S'il vous plaît, souvenez-vous-en ! C'est ce que cet homme utilisera.

D : *Il sera très difficile de convaincre qui que ce soit parce qu'ils diront qu'il ne fait que de bonnes choses. Les gens ne croiront pas qu'il est mauvais, et le mouvement de résistance ne sera pas très populaire.*

J : C'est exact. Lorsque nous voyons tous les signes de l'arrivée au pouvoir de ce leader, beaucoup de gens se prosterneront presque et l'adoreront parce qu'il a tellement aidé le monde. On le regardera et on l'admirera, et il gagnera toutes sortes de prix et d'acclamations. (John a dit plus tard qu'il l'avait même vu le voir remporter le prix Nobel de la paix). Tout le monde pensera qu'il est merveilleux parce qu'il a contribué à apporter un sentiment de prospérité à tous les pays qui ont subi des pertes économiques. Mais voyez-vous, en aidant tous ces autres pays et grâce à ses réseaux de communication, il aura accès aux dossiers de tous les gens : données de naissance, informations financières, et d'autres choses de ce genre. Il sera donc doublement difficile de s'opposer à lui quand il contrôlera l'industrie bancaire mondiale et le crédit économique mondial. Finalement, il tentera d'affamer les clandestins et d'écraser les résistances. Mais il le fera clandestinement, pas ouvertement.

D. *Quelqu'un dans la salle aimerait connaître la signification du 666 dans l'Apocalypse. Est-ce que cela a un rapport avec ceci ou non ?*

J : Il me montre des colonnes et des colonnes de chiffres et encore des chiffres. Cela ressemble à des informations qui sont habituellement stockées dans des ordinateurs. Et ce nombre, 666, pourrait être le code personnel de l'Antéchrist qu'il introduit dans les différents systèmes mondiaux parce qu'il établit un système mondial de communication et un réseau informatique.

D : *L'Apocalypse le mentionne comme le nombre de la bête. L'Antiéchrist est-il la bête dont il est question ? Nostradamus a dit auparavant qu'ils pouvaient le prévoir même en remontant jusqu'aux temps bibliques.*

J : Ce sera une bête déguisée en brebis. Il semblera être un mouton en apparence, mais il sera en fait une bête horrible à l'intérieur.

D : *Est-ce là le sens de certaines prédictions de l'Apocalypse dans la Bible ?*

J : Je communique cela à Nostradamus et il me dit : "J'étudie la Bible Vulgate qui a été écrite en latin. Parce que les traductions sont différentes, lire les Révélations de Saint Jean, c'est comme lire une allégorie."

D. *Elle est donc probablement différente de la Bible que nous avons aujourd'hui. Il a été dit qu'avant ceci l'Antéchrist ferait beaucoup de progrès en utilisant sa langue d'or. Il a été dit que ce serait l'une des façons grace à laquelle il prendrait le pouvoir.*

J : N'est-ce pas logique ? Il aiderait tant de nations qui ont subi des pertes économiques et des famines. En leur donnant des céréales et de la nourriture et en les aidant à se reconstruire, il sera considéré comme un serviteur et un sauveur du monde.

D : *Quand il se transforme en cet être maléfique, est-ce à ce moment-là qu'il commence à s'emparer des pays ?*

J : Il aura déjà mis en place un réseau informatique qui rendra les pays vulnérables. Il pourra détruire leur base économique en ayant accès à l'information. Nostradamus me montre une image d'un globe avec beaucoup de reseaux qui l'entourent. Il dit : "Il aura la clé maîtresse de tout cela et mettra les nations à terre en coupant leur communication avec le reste du monde."

Un membre du groupe a demandé si l'Antéchrist voulait être comme Napoléon et tout contrôler.

J : Il ne veut pas être Napoléon. Napoléon désirait seulement la vision d'une Europe unie sous son autorité. L'Antéchrist veut le monde entier.

D : *Hitler aussi voulait s'emparer du monde.*

J : Oui, Hitler voulait conquérir le monde, mais il n'y a pas réussi. Aucun de ces hommes ne réussira vraiment, mais n'ont-ils pas tous causé des ravages ?

Dn : *Utilisera-t-il la guerre psychologique et pas seulement les ordinateurs et la technologie ? La résistance ou la minorité bruyante auront-elles des problèmes parce qu'il sera capable de se mettre au diapason de ce qu'ils font contre lui ?*

J : C'est un domaine où il aura de grands pouvoirs. Il aura le pouvoir d'utiliser ses énergies à un niveau élevé, au point qu'il inventera même un ordinateur qui fonctionnera au niveau du cerveau psychique. Une personne pourra l'allumer en lui donnant un ordre mental, plutôt qu'en lui parlant. Il sera considéré comme un génie, car il sera très créatif et inventif et utile.

D : *J'imagine que notre pays aura aussi des ordinateurs. Sera-t-il capable de les contrôler tous ?*

J : Il dit que tous les ordinateurs sont actuellement reliés en réseau dans le monde entier. Nos systèmes de communication, nos systèmes satellitaires et toutes choses de ce type sont en réseau à l'heure actuelle. Obtenir la clé de ce système lui donnera un sentiment de puissance qu'il utilisera pour unir les systèmes mondiaux pour tenter d'atténuer le chaos économique qui en cours. Les systèmes de communication en réseau l'aideront à le faire rapidement et facilement. Le chaos économique se sera installé dans le monde et la famine aura progressé. Les pays du tiers-monde ne seront pas les seuls à souffrir, mais les pays du monde développé souffriront également de la faim. En mettant en place des plans et des changements, il gagnera en puissance grâce au pouvoir de la communication.

D : Nous avons déjà traduit plusieurs de ses quatrains qui traitent des explosions atomiques et des guerres, et j'ai pensé qu'il voulait dire que cela se produisait lorsque l'Antéchrist s'emparait de ces pays.

J : Non, pas au départ. Il dit que c'est grâce au réseau de communication qu'il a acquis le pouvoir. Il est comme un enfant qui joue au jeu de ficelle (berceau du chat) en en tirant toutes les bonnes ficelles.

D : Nous avons aussi traduit des quatrains qui disaient qu'il assassinerait les dirigeants du monde.

J : D'une certaine façon, il les assassine simplement en les ayant sous son contrôle.

D : Les pays n'essaieront-ils pas de se rebeller plus tard ?

J : Ils connaîtront beaucoup de prospérité, voyez-vous, en utilisant son système. Des considérations financières leur seront accordées s'ils font partie de son système et s'ils ne "jouent pas le jeu", ils seront exclus et en souffriront.. N'oubliez pas qu'il est un serviteur du monde et un humaniste. Il semblera être de la lumière, mais il ne le sera pas.

Dn : Que fera-t-il finalement pour faire souffrir les gens ?

J : Le mouvement de résistance gagnera en popularité, et quand le manteau du mal absolu prendra le dessus, il commencera à exterminer les gens qu'il juge inutiles à son système. C'est alors que le chaos et la rébellion commencent.

D : Exterminer les gens ?

J : C'est là qu'il va créer des difficultés. Il présentera l'avenir comme prospère et brillant. Puis, au fur et à mesure que le mal descend et qu'il change, il essaiera d'exterminer les gens qui n'ont aucun avantage économique pour son projet mondial.

D : Tu veux dire des pays ou quoi d'autre ?

J : Il éliminera des groupes de personnes. Tout comme Hitler a exterminé les juifs, il exterminera les gens qu'il ne juge pas dignes de vivre sur cetteplanète : les malades, les pauvres, les infirmes, les gens qui n'ont aucune valeur à ses yeux. Grâce à son réseau, il pratiquera l'euthanasie de masse. Il n'y aura pas d'échappatoire car tout sera fiché. Par exemple, si le fils de quelqu'un est attardé, ou si la mère d'un autre est trop âgée et improductive, ou si une sœur est déséquilibrée sur le plan mental ou affectif, ils seraient tous voués à l'extermination.

Cela ressemble beaucoup au plan d'Hitler pour contrôler le monde et créer une race supérieure. Nostradamus a déclaré que l'Antéchrist étudiera Hitler dans les moindres détails afin de pouvoir l'utiliser comme modèle, en apprenant de ses erreurs pour réussir là où Hitler avait échoué.

D : Au moment où cela se produira, il aura envoûté le monde entier.
J : Oui. Il dit que c'est parce que le réseau de communication sera très performant.
Dn : Une fois qu'il aura reçu le pouvoir, combien de temps se passera-t-il avant qu'il ne soit submergé ? Combien de temps devrons-nous vivre avec cette extermination et ce contrôle ?
J : Pendant un certain temps. Nostradamus secoue la tête et dit : "Je ne peux pas le dire".
D : Veut-il dire qu'à ce moment-là, les gens ne pourront plus se défendre ?
J : Tout est paralysé parce qu'il contrôle le réseau de communication. Il sait donc ce qui se passe partout. Nous serons devenus une société informatisée à ce moment-là et tout le monde aura un certain matricule qui sera stocké dans cet ordinateur principal. Ce numéro sera tatoué de manière indélébile sur votre main, votre avant-bras ou votre front, selon le niveau du système auquel vous appartenez. Les personnes qui se trouvent sur l'échelon supérieur de son système auront ce numéro gravé sur leur front afin qu'ils puissent marcher dans n'importe quel endroit. Le numéro sera automatiquement lu, pour leur permettre d'entrer. Pour la plupart d'entre nous, il sera gravé de manière indélébile sur notre avant-bras ou notre main. Cela se fera au laser et sera indolore. Elle ne ressemblera pas à une tache de naissance ou à un défaut, mais sera invisible à moins d'être scannée par un équipement optique. Ainsi, nous pourrons faire des courses, acheter de la nourriture et entrer dans certains lieux nécessaires à notre travail ou à notre carrière.

Un membre du groupe a voulu savoir si le mouvement de résistance aurait des influences extérieures qui l'aideraient à combattre cet homme, comme des gardiens d'autres planètes ou des plans supérieurs.

J : Il y aura des gardiens d'autres sources. Des protecteurss de tout l'univers observeront ce drame. Il y a une grande leçon spirituelle à tirer de l'anéantissement complet d'un esprit. Une loi cosmique sera enfreinte ici, et elle représente l'extension de cette énergie. C'est une leçon très importante. Ainsi, beaucoup d'autres êtres de tout l'univers seront rassemblés ici pour assister à ce spectacle.

Je me suis dit que cela me disait quelque chose. Puis je me suis souvenu que dans mon livre, "Les gardiens du jardin", mon sujet, Phil, disait la même chose. Que des êtres de tout l'univers étaient rassemblés pour observer les événements qui se déroulaient sur Terre en ce moment. Que ces événements avaient bien plus d'importance que quiconque ne pouvait se l'imaginer, et que leurs effets seraient de nature cosmique. À l'époque où je travaillais avec Phil sur ce livre, je n'aurais pas pu imaginer l'ampleur gigantesque que prendraient ces événements.

D : Quelle est la loi cosmique qui sera enfreinte ? Peut-il le préciser?
J : C'est la loi cosmique qui représente l'harmonie avec l'univers. L'Antéchrist essaiera d'utiliser l'univers pour créer sa propre harmonie ; pour devenir omnipotent dans sa propre harmonie. C'est la loi cosmique qu'il enfreindra. Il est rare qu'une âme soit détruite.
D : Oh ? Je ne pensais pas qu'il soit possible de détruire une âme. Est-ce qu'il veut dire cela littéralement ?
J : Ce n'est pas possible à moins que... (Pause) Là encore, il s'agit de plus d'informations qu'il ne veut pas partager.
D : D'accord. Je pensais qu'il l'avait dit au sens figuré et non au sens propre.
J : Non. Il dit que ces informations proviennent de niveaux supérieurs qu'il a contactés, et qu'il ne peut pas les révéler pour le moment. Nous n'avons aucun impact là dessus. C'est à un conseil supérieur ou à des êtres spirituels élevés qui observent. Même si ce pouvoir se joue dans le monde physique, il s'agit d'une leçon spirituelle très importante qui doit être apprise par des âmes ou des esprits plus avancés, plutôt que par les habitants de la Terre.

Une phrase me trottait dans la tête et elle ne m'a jamais semblé aussi appropriée qu'aujourd'hui. "Qu'est-ce que cela peut rapporter à un homme de gagner le monde entier et qu'il perde son âme immortelle".

D : *Y a-t-il quelque chose que nous puissions faire en tant que mouvement de résistance ? Ou ce drame doit-il se dérouler de lui-même ?*

J : Le drame se jouera de lui-même. Le mouvement de résistance aura conscience de ce qui se passe, mais les gens n'écouteront pas le mouvement clandestin. Ce seront des renégats qui ne pourront pas s'intégrer dans la société faite par les tribunaux ou les réseaux de communication. Ils devronnt vivre comme des hors-la-loi. Ils seront composés de personnes aux systèmes de croyances financières et spirituelles bien différents, mais ils seront tous unis pour les renverser. Mais ils ne pourront pas renverser le réseau de communication de l'Antéchrist, car s'ils le font, leur pays en souffrira énormément. En conséquence, ces personnes devront vivre comme des parias.

D : *Est-ce là qu'intervient le personnage que nous connaissons sous le nom d'Ogmios ?*

J : Ogmios aura un sens du destin et rassemblera autour de lui des gens du monde entier. Ils utiliseront collectivement leurs pouvoirs intuitifs pour se battre. Je les vois riposter dans le cadre d'une guerre psychique. Ce sera plus comme donner au géant un mal de tête.

D : *Au lieu d'une véritable guerre ?*

J : Non, elle sera jouée. C'est un drame qui se joue non seulement pour les Terriens, mais aussi pour enseigner aux êtres plus évolués. Cela fait partie de leur connaissance et de la croissance de leur âme. Nous ne pouvons donc pas comprendre les nombreuses couches dans cette histoire (brusquement) Nostradamus dit qu'il est fatigué maintenant. Il est toujours en deuil. Il dit que montrer des images dans son miroir magique a été une meilleure façon d'expliquer ses siècles. Ne vous inquiétez pas, (brusquement) Nostradamus dit qu'il est fatigué maintenant. Il est toujours en deuil. Il dit que montrer des images dans son miroir magique a été une meilleure façon d'expliquer ses siècles. Ne vous inquiétez pas, il dit qu'il vous aidera, Dolorès, avec les quatrains dans un futur proche, mais il voulait donner à ce véhicule une idée de la façon dont l'Antéchrist manipule pour devenir puissant. Il dit qu'il ne lui a pas vraiment été expliqué en détail comment l'Antéchrist transmet le sentiment de puissance qu'il possède dans cette vie, mais il montrait à ce véhicule comment il atteindrait ce pouvoir.

D : Oui, il semble tellement impossible qu'un seul homme puisse atteindre un tel niveau de pouvoir.

J : Il aura des subordonnés qui seront aussi très puissants, mais il sera le chef du cercle. Il dit que c'est comme les concerts que nous organisons pour aider les agriculteurs et les victimes de la famine. Les gens sont mis en réseau dans de différentes parties du monde pour un objectif commun. C'est de là que lui est venue l'idée de les connecter et d'unir le monde.

D : Utilise-t-il tout cela dans le plan qu'il est en train d'élaborer ?

J : Oui. Nostradamus dit qu'il aimerait être en paix maintenant. Il aimerait que je parte. Il dit : "C'est merveilleux d'être à votre service et Je vous aiderai avec d'autres quatrains à l'avenir, mais pour l'instant je suis un peu chagriné".

D : Le fait qu'il soit capable de mettre son chagrin de côté pour un petit moment montre qu'il est dévoué au projet. Je lui en suis reconnaissante.

J : Il voudrait que je parte. Je suis dans le miroir mais je suis passé à la tapisserie. Je suis maintenant dans la salle de la tapisserie, et c'est tout simplement magnifique.

John a été élevé dans la religion catholique, mais il ne connaît pas aussi bien les Écritures que moi. Il ne connaissait donc pas les implications de cette session sur l'accomplissement des prophéties bibliques. du livre de l'Apocalypse. Cette partie de la Bible est très lourdement enveloppée de symbolisme, et les gens ont eu des difficultés à la comprendre depuis l'époque où elle a été écrite. Il s'agirait d'une vision, ce qui en expliquerait les symboles. Dans le premier volume, Nostradamus dit que Saint Jean avait eu la même vision que lui et l'avait décrite du mieux qu'il avait pu. L'Antéchrist n'est pas appelé par ce nom dans l'Apocalypse, mais la Bête semble désigner le même homme.

Voici des extraits qui semblent s'y appliquer (Apoc. 13:11-18) :

"Je vis monter de la terre une autre bête, qui avait deux cornes semblables à celles d'un agneau, et elle parlait comme un dragon. Elle fait de grands prodiges, au point de faire descendre le feu du ciel sur la terre, à la vue des hommes. Et il séduit les habitants de la terre par le moyen de ces miracles qu'il avait le pouvoir de faire... disant aux habitants de la Terre, de faire une image à la bête. Et Elle avait le pouvoir d'animer l'image de la bête, afin que l'image de la bête puisse à la fois parler, et de parvenir à ce que tous ceux qui n'adoreraient pas l'image de la bête soient tués. Elle fit que tous, petits et grands, riches et pauvres, libres et esclaves, recevront une marque sur leur main droite, ou sur leur front, et que nul ne pourrait acheter ni vendre, s'il n'avait la marque, ou le nom de la bête, ou le nombre de son nom. C'est là que se trouve la sagesse. Que celui qui a de l'intelligence compte le nombre de la bête : car c'est un nombre d'homme, et son nombre est Six cent trois soixante et six (666)."

Il est intéressant de noter que la traduction de la Bible en araméen par George Lamsa se lit presque comme les prédictions de Nostradamus. Apocalypse 13:17-18 :

"Ainsi, nul ne pouvait acheter ni vendre, s'il n'avait la marque du nom de la bête ou le code de son nom. Voici la sagesse : Que celui qui a de l'a compréhension déchiffre le code de la bête, car c'est le code du nom de la bête. car c'est le numéro de code du nom d'un homme, et son numéro est six cent et soixante-six (666)".

Les chapitres 14 et 15 de l'Apocalypse parlent d'un homme qui vient aider à lutter contre la bête, et certains versets pourraient symboliquement se référer au mouvement clandestin. Pendant cette période, sept fléaux, plus terribles les uns que les autres, s'abattent sur la terre. tous plus terribles les uns que les autres, qui créent de plus en plus d'agitation parmi les citoyens de la Terre. Il semble n'y avoir aucun espoir pour l'humanité jusqu'à ce que le dernier fléau soit délivré à un endroit appelé Armageddon lorsqu'une grande voix venant du ciel s'écrie : "C'en est fait".

Les chapitres suivants font référence à la disparition de l'ancien monde et l'établissement des années de paix, ce qui pourrait renvoyer à la description par Nostradamus du règne du Grand Génie qu'il voit arriver après la période de troubles et le rétablissement de l'harmonie dans le monde. (Cette description est décrite en détail dans le premier volume).

Dans mon désespoir de nier que ce que Nostradamus avait vu qui allait se produire, je m'acccroche au fait que Nostradamus ne connaissait que la Bible de son époque. Il a dit à maintes reprises que les saints et les. prophètes avaient vu les mêmes événements que lui. Je continue d'espérer que cela a été partiellement une influence sur

Nostradamus et que ce qu'il voit est une extension de ces même prophéties bibliques et qui ne se produira sûrement pas. Mais il y a trop de corrélations pour qu'il s'agisse d'une coïncidence. L'interprétation par St Jean de la création d'un réseau informatique par l'Antéchrist est une meilleure explication du le nombre 666 que quiconque n'ait pu trouver en utilisant la logique.

Chapitre 15

La résidence de Nostradamus

AVANT LE DÉBUT DE CETTE SÉANCE, j'ai posé à John quelques questions sur la maison de Nostradamus.

D : Qu'avait-il dans son bureau ? Avez-vous pu voir quelque chose ?
J : Oui, j'ai vu beaucoup de choses. Il a des étagères sur lesquelles il y a toutes sortes de parchemins et seulement quelques livres qui sont comme nos livres reliés.
D : Et les instruments qu'il utilise ?
J : Il y avait des choses qui ressemblaient à des compas, et il a des plumes qu'il utilise pour écrire. Il a un verre entier... pas un verre mais un récipient rempli de plumes de différentes formes. Il a une sorte de trépied avec un bol que j'ai remarqué dans un coin. J'ai pensé que c'était pour la chaleur parce qu'on pouvait mettre du feu dans le récipient. Il a aussi une longue table avec deux chaises pour travailler, et il y a un banc parce que c'est parfois là qu'il parle à ses élèves. Il a un coffre sculpté qu'il garde fermé à clé.
D : Hmm, je me demande ce qu'il y a là-dedans.
J : Je ne l'ai pas encore fait.
D : Je me demandais s'il y avait autre chose qu'il pouvait utiliser pour ses prédictions, comme le miroir, etc.
J : Il utilise le miroir et peut-être le trépied avec le récipient dedans. Le travail de ferronnerie est très chic ; il est détaillé et semble très ancien. On dirait un braséro ou quelque chose qui date de l'époque romaine.
D : Je me demandais s'il y avait d'autres types d'instruments qu'il utilisait pour travailler.
J : Je n'ai pas vu d'instruments de laboratoire ; non, rien de tel.
D : Rien qu'il utiliserait pour l'alchimie ou quelque chose comme ça ?
J : Non, il a des boîtes avec des herbes, mais c'est dans la pièce d'à côté.
D : La pièce où il traite ses patients ?

J : Oui, la pièce de devant. Vous voyez, ici, c'est le bureau de derrière. Il a un cabinet de travail à l'avant où il traite ses patients ; il y a des herbes et une sorte de lit. Je n'ai pas le droit d'y entrer. Vous savez, ce n'est pas ma... zone.

D : *Il ne veut pas que vous alliez dans cette partie de la maison.*

J : Non. Ce n'est pas là qu'il veut que j'aille. Pendant qu'il me parlait, j'ai jeté un coup d'œil à son bureau. Ce n'est pas une très grande pièce, elle serait plutôt petite selon nos critères.

Une fois John en transe, nous avons commencé la séance. Tout d'abord, je voulais obtenir une description complète de la pièce.

J : Oh, il est à son bureau aujourd'hui - ce n'est pas vraiment une table de bureau, c'est une table - et il semble très absorbé par ses écrits.

D : *Voulez-vous faire le tour de la pièce avant que nous ne le contactions ?*

J : Oui. À ma gauche se trouve le coffre. C'est en fait une boîte carrée, sculptée, avec une serrure à clé, mais ce n'est pas vraiment une clé. On dirait plutôt un pic à glace qui la verrouille. C'est très simple, et nous pourrions probablement le forcer à s'ouvrir si nous le voulions. Mais je ne pense pas que Nostradamus apprécierait. Le coffre est très sculpté, et parfois il y met des choses dessus. Juste à côté, il y a une étagère avec de petits compartiments où il met des rouleaux de parchemin. Ce n'est pas du papier comme nous en avons, c'est du parchemin. Et à côté de cela, il y a une petite fenêtre qui ressemble à du verre, mais je ne pense pas que cela en soit. On dirait une sorte de peau d'animal qui a été tannée. Elle est opaque mais qui laisse passer la lumière.

D : *S'agit-il d'une seule matière solide ?*

J : Non, c'est composé de petits morceaux avec une sorte de filament entre les deux.

D : *Est-ce que c'est comme des petits carrés ?*

Je pensais à des pièces de vitrail qui sont plombées pour les maintenir ensemble. Apparemment, il s'agit de quelque chose de totalement différent.

J : Non, ils ne sont pas carrés, ils sont ronds. Je ressens le mot "moelle", mais je ne pense pas que ce soit de cela dont il s'agit.

D : *Mais on ne peut pas voir à travers.*
J : Non. Je peux voir de la lumière à travers, mais on ne peut pas voir à l'extérieur. A droite de cette fenêtre, il y a la petite pièce qui lui sert de toilettes. droite de cette fenêtre, il y a la petite pièce qu'il utilise comme toilettes. Dans cette pièce, il y a un grand seau d'eau et un grand récipient de cendres, qu'il met dans les toilettes. Tu comprends, une fois qu'il a fini, il jette de la cendre par-dessus. Il semble y avoir un écoulement qui descend dans la terre. Il n'y a pas d'odeur parce que Nostradamus y jette des herbes de temps en temps, donc il n'y a pas d'émanations nocives.
D : *Il a peut-être eu l'idée de ses toilettes en regardant dans le futur. (Rire)*
J : (Rire) Oui, c'est peut-être ça. Et puis il y a la table avec une grande chaise où il s'assoit. Il a un tapis rouge, noir et marron sous la chaise. Ensuite, il y a des joncs propres, comme de la paille, sur le sol. En dessous la dalle est froide, c'est pour cela qu'il y a des joncs par terre, pour garder la chaleur. Là où j'arrive, il y a une cheminée qui réchauffe complètement l'endroit. D'habitude, je ne la vois pas parce que c'est la partie de la pièce par laquelle je passe. Dans un coin, derrière la table il y a le trépied avec le recipient du braséro dessus, et il a invoqué des esprits et des gens avec cela. Il s'en sert pour les rituels, mais aussi pour se chauffer. Il le déplace au centre de la pièce lorsqu'il fait très froid.

Ceci est très similaire à la description de certaines méthodes de divination de Nostradamus dans ses deux premiers quatrains (SIÈCLE I-1 et 2) :"Estant assis de nuict secret estude,Seul reposé fus la selle d'airain; Flambe exigue sortant de solitude, Feit proferer qui n'est à croire en vain", "La verge en main mise au milieu des branches, De l'onde il molle le limbe & le pied, Un peur & voix fremissent par les manches, splendeur divine, le divin pres s'assied."Ces deux quatrains ont été interprétés dans le premier volume, mais ils sont évidents et probablement les plus faciles à interpréter de tous les quatrains de Nostradamus.

J : Quand il fait très froid et qu'il a besoin d'être dans cette pièce, il allume un feu dans le récipient. Il fait un grand feu dans la cheminée et l'allume aussi pour avoir une bonne chaleur près de lui quand il écrit. Il porte également des mitaines, qui n'ont pas de doigts sur elles. Les murs sont faits de quelque chose qui ressemble à du stuc. Si vous les effleurez trop, ils tomberont.

D : *Est-ce que vous voyez des instruments qui traînent ?*

J : Il garde ses instruments sous clé parce qu'il a une bonne curieuse. Il n'aime pas qu'elle fouille dans ses affaires. Il dit : "Heureusement qu'elle ne sait pas lire, parce qu'elle serait probablement dans tous mes livres." (Rire) Et ce qu'il appelle des livres sont en fait ses parchemins. Il n'a que deux ou trois livres et ils sont copiés à la main.

D : *Y a-t-il des photos ou quoi que ce soit d'autre sur les murs ?*

J : Les murs sont nus, mais au-dessus du coffre, il y a des taquets sur lesquelles il accroche ses vêtements.

D : *Où se trouve la porte qui mène à l'autre salle ?*

J : Elle se trouve à gauche, juste à côté de l'endroit où... le coffre est d'un côté... et... oh, il y a quelque chose d'autre là. Je ne me souviens pas l'avoir encore vu. On dirait un ... Je ne sais pas ce que c'est. Je le regarde de près.(Pause)

D : *A côté de la porte ou ailleurs ?*

J : Eh bien, de l'autre côté de la porte. D'un côté, il y a le coffre, et il y a quelque chose d'autre. (Il se marmonne en l'examinant.) On dirait un trépied, mais ce n'est pas un trépied. Ça ressemble à un candélabre, sauf qu'il est beaucoup plus grand. Il mesure un mètre vingt ou un mètre cinquante et il y a de la place pour cinq ou plus... cinq, six, sept, huit, neuf, dix bougies. Je veux dire.., on peut vraiment l'éclairer. Je pense qu'il ne l'utilise que lorsqu'il fait très sombre et qu'il doit travailler tard dans la nuit.

D : *Je pensais qu'il devait avoir une sorte de lumière.*

J : Uh-huh. Il le place au centre de la pièce pour éclairer toute la pièce. Il déplace beaucoup de choses. Il y a aussi quelques bancs près de la table où ses étudiants s'assoient lorsqu'ils viennent étudier avec lui.

D : *Est-ce la porte qui donne sur l'autre partie de la maison ?*

J : Elle donne sur le bureau de devant où il garde ses fournitures médicales et où il fait ses consultations.

D : *Et nous n'avons pas le droit d'aller dans une autre pièce que ce bureau-ci.*

J : Non, il ne veut vraiment pas que nous allions dans une autre pièce. Il y a une sorte de bloc ou de barrière. On dirait de l'huile ou du sel sur le seuil de la porte qui nous empêche d'aller dans cette zone.

D : *Est-ce que cela a un pouvoir réel ou est-ce juste symbolique ?*

J : Je pense que c'est à la fois symbolique et puissant. Il a mis en place un champ d'énergie. Il ne veut pas que les esprits du futur aillent au-delà de ce point. J'ai pu regarder dans cette pièce, mais je n'ai pas pu y entrer.

D : *Nous voulons respecter ses souhaits.*

J : Il écrit toujours à son bureau. Il ne sait pas encore que je suis là. Dois-je le lui faire savoir ?

D : *Oui, si tu le veux bien, alors nous pourrons continuer notre travail.*

J : D'accord. J'apparais dans le miroir, il lève les yeux de ses écrits et dit, "Oh, bonjour. Oui, c'est Jean du futur".

D. *Par curiosité, pourriez-vous lui demander ce qu'il garde dans le coffre fermé à clé ? Dites-lui que nous sommes curieux.*

J : Il dit : "Jean ... (le nom se prononce 'Jean', l'équivalent français de John).

D : *Il prononce votre nom Jean ?*

J : Oui. Il dit que je suis Jean. Il sourit et dit : "Jean, ça ne te regarde pas, mais je vais te le dire. Je garde des choses là-dedans que je dois mettre sous clé parce que j'ai une servante curieuse qui se mêle de tout. Elle essaie d'entrer dans ce coffre parce qu'elle pense qu'il doit contenir une grande quantité d'argent. En fait, j'y stocke un peu d'argent parce que j'ai des pièces de monnaie qui remontent à l'antiquité, mais surtout, Jean, j'ai des choses qui sont très anciennes". Il les garde sous clé parce qu'avec autant de personnes...Il dit : "J'ai trois domestiques et quatre ou cinq étudiants. il est très facile de perdre des objets ici." Il s'agit d'antiquités du passé, principalement de l'époque romaine et grecque. Il a une ancienne épée romaine.

D. *Comprend-il que nous sommes simplement curieux des choses qui se trouvent dans la pièce ? Il n'a rien à craindre de nous.*

J : Il comprend qui nous sommes. Il dit : "Cela n'a vraiment rien à voir avec ce sur quoi nous travaillons. Ce sont juste des antiquités que j'ai collectées." Il dit qu'il lui arrivait d'aller dans les champs et de trouver des choses, dans des ruines et en creusant le sol. Il explique que la région de France où il vit était autrefois une grande province romaine. Il y a beaucoup de choses qui ont été déterrées par les agriculteurs qui plantent, et il les achète et les collectionne.

C'est un peu comme un collectionneur d'antiquités, parce qu'il les trouve intéressantes. L'exécution de ces produits est très raffinée par rapport à l'exécution de son époque, dit-il.
D : *Oui, je peux le comprendre. J'aime aussi les choses anciennes. Dans quelle région de France vit-il ? Peut-il vous le dire ?*
J : Il me montre une carte de France, et on dirait que c'est un endroit dans le sud... ce n'est pas près de Paris. C'est loin de Paris et plus près de l'Italie. Je ne vois pas la ville exactement, mais il dit que c'est sans importance et qu'il ne faut pas s'en préoccuper.
D : *J'ai quand même pensé à lui demander. Il sait qu'il a affaire à des esprits très curieux. (Rire) Il y a des gens à notre époque qui veulent savoir sur lui et sa vie, et c'est pourquoi nous posons tant de questions.*

En faisant mes recherches, j'ai découvert que Nostradamus avait passé la plus grande partie de sa vie. à Salon, qui se trouve dans le sud-est de la France, près de l'Italie et de la Méditerranée. Comme l'a dit John, c'était loin de Paris. Salon se trouve dans la province de Provence et la région a été conquise par les Romains au deuxième siècle avant Jésus-Christ, Provincia Romana, d'où le nom de la province. Il est donc tout à fait possible que Nostradamus ait pu trouver des reliques romaines.

Deuxième Partie

La Traduction

Chapitre 16

La Traductiontion par John Commence

NOUS AVIONS RÉUSSI À RENOUER LE CONTACT et nous étions maintenant prêts à poursuivre la traduction de ses quatrains. Nous avions eu beaucoup de succès en passant par Brenda, et je ne savais pas si nous pourrions obtenir le même résultat par l'intermédiaire de John. Nous risquions d'obtenir des informations contradictoires qui auraient pu mettre en péril l'ensemble du projet. Logiquement, il semblerait impossible que deux personnes interprètent séparément ces puzzles compliqués et trouvent les mêmes réponses, à moins d'être réellement en contact avec l'esprit qui en est à l'origine. Nous prenions un risque et nous le savions, mais nous étions tous les deux prêts à tenter l'expérience.

Je suis tombée sur plusieurs quatrains que Nostradamus estimait ne pas pouvoir interpréter clairement par l'intermédiaire de Brenda en raison de leurs composantes astrologiques. Il a suggéré de les mettre de côté jusqu'à ce que nous puissions travailler avec John. Ces quatrains furent les premiers quatrains que j'ai désirés explorer. Comme certains d'entre eux contenaient des phrases difficiles, ce serait un véritable test pour John, un test qu'il ne pourrait pas passer avec son esprit conscient et calculateur. Les réponses devraient venir avec l'aide de Nostradamus. Bien que cela ait fonctionné deux fois auparavant, les chances de recevoir les traductions par l'intermédiaire d'une tierce personne semblaient très minces. Mais nous étions en contact avec Nostradamus et notre curiosité ne nous permettait pas de faiblir à ce stade de la partie.

Je lui ai demandé s'il voulait que je les lise comme je l'avais fait avec Brenda.

J : Il dit de les répéter d'abord et s'il y a des données astrologiques, il en fera la configuration pour nous.

SIÈCLE I -42

Le dix Kalende d'Avril de faict Gothique,
Resuscité encor par gens malins:
Le feu estainct assemblé diabolique,
Cherchant les os du d'Amant & Pselin.

Le dixième jour des calendes d'avril,
calculée à la mode gothique est
est ravivé par les méchants.
Le feu est éteint et l'assemblée diabolique
cherchent les os du démon de Psellus.

    John m'a demandé de le répéter. L'air perplexe qu'il arborait montrait clairement qu'il n'avait aucune idée de ce que cela signifiait. La traduction du quatrain a alors commencé à se faire, manifestement pas oar l'esprit de John, mais celui d'une tierce personne.

J : Il dit que ce quatrain a trait à la destruction de l'église. Pendant la période des troubles, de mai du milieu jusqu'à la fin des années 1990, l'église traversera des moments difficiles. Il dit que le pape de l'époque sera assassiné de l'intérieur afin que le dernier pape puisse prendre le pouvoir, et ce quatrain fait référence à cela. Il dit que c'est tout ce qu'il peut dire pour l'instant concernant ce quatrain.

D : *Le mot "Calendes" était déroutant. Les traducteurs disent que c'est le premier jour du mois romain.*

J : Nous ne sommes pas en avril. Nous sommes au premier mai. Il dit qu'il aime jouer avec les mots parfois, et c'était une anagramme qu'il a en quelque sorte créé de manière trompeuse. Mais cela signifie le premier mai. Comment interprètent-ils ce quatrain ?

D : *Ils l'ont interprété comme étant le mois d'avril. Les traducteurs pensent qu'il s'agit d'une référence à l'institution du calendrier grégorien.*

J : Il dit : "Ces gens ne savent pas ce qu'ils font". Cela fait référence à l'Église et à ses intéressantes batailles internes. Il y aura un pape qui sera assassiné par les siens, et cela sera caché. Cela donnera le pouvoir au dernier pape. Il dit de revenir à la partie sur le poison."

Je suis resté perplexe. Il n'y avait aucune référence évidente au poison dans le quatrain. J'ai relu la dernière partie. "Révisé à nouveau par des gens méchants. Le feu est éteint et le rassemblement diabolique cherche les os du démon de Psellus."

J : Il dit que le pape sera tué par un poison qui sera absorbé par ses os. Il s'agira d'un type de poison spécial qui attaque le système nerveux central et le système squelettique, ce qui donnera l'impression qu'il était en état de choc ou qu'il avait eu une attaque. C'est ainsi qu'ils présenteront sa mort au monde. C'est ainsi que le dernier pape de l'église catholique romaine montera au pouvoir.

D : *Les traducteurs sont vraiment à côté de la plaque. Leur interprétation se réfère à la date à laquelle Nostradamus a commencé à écrire ses prophéties.*

J : "Oui", dit-il, "vous savez que nous avons déjà débattu de leurs inexactitudes".

D : *(Rire) Oui, je sais. Parfois, il se met vraiment en colère.*

J : Il dit : "Non, je ne suis pas fâché, c'est juste que ces gens... Je ne sais pas où est leur intelligence".

D : *Eh bien, ils utilisent leur bon sens, c'est tout ce qu'ils peuvent faire.*

J : Oui, dit-il, mais ils n'utilisent pas leur mémoire intuitive. Cela fonctionnerait probablement mieux. Il sait qu'à notre époque, de nombreux livres seront écrits sur lui, mais ils n'auront pas la moindre idée de la véracité de ses propos.

D : *Oui, c'est cela. Chacun essaie de trouver sa propre interprétation.*

SIÈCLE I -52

Les deux malins de Scorpion conjoinct,
Le grand seigneur meutri dedans sa salle:
Peste à l'Eglise par le nouveau roy joinct
L'Europe basse & Septentrionale.

Deux influences maléfiques en conjonction dans le Scorpion.
Le grand seigneur est assassiné dans sa chambre.
Un roi nouvellement nommé persécute l'Eglise,
Le bas de l'Europe et le Nord.

J : Il dit que les deux influences maléfiques sont Mars et Saturne dans le signe du Scorpion. Cela fait référence à la perte du monarque britannique.

D : *Est-ce le grand Souverain ?*

J : Le grand Souverain est le monarque britannique qui sera assassiné par des serviteurs, des gens qui n'aiment pas son style ou son gouvernement. Il est un symbole, donc ils ne tuent pas tant l'homme qu'ils n'assassinent un symbole. Il sera assassiné par le peuple de l'IRA.

D : *(Je n'ai pas compris.) Le peuple de qui ?*

J : Si l'IRA n'est plus en conflit au moment où cela se produit, il s'agira d'un groupe similaire de mécontents avec de même motivations. Il dit qu'ils l'assassineront une fois qu'il sera devenu roi.

D : *Pourrait-il nous en dire plus sur l'année ? Ou pourriez-vous trouver quelque chose à partir de cette conjonction ?*

J : Il dit que cela aura lieu après l'an 2000 ou à peu près.

D : *Est-ce que cela se réfère à celui qui sera roi à ce moment-là ?*

J : Oui, le Prince Charles sera le Roi Charles à ce moment-là, et cela se réfère à lui. Pouvez-vous lire la suite du quatrain ?

D : *"Un roi nouvellement nommé persécute l'Eglise, Le bas de l'Europe et le Nord."*

J : La mort de ce roi causera beaucoup de divisions en Irlande et en Angleterre. Les Anglais vont détruire les églises catholiques parce qu'elles sont généralement un centre pour les Irlandais au sein de l'Empire britannique. C'est là que ce quatrain s'accomplira ; c'est leur lieu de rassemblement. Les gens sauront que ce groupe de mécontents a assassiné le roi, car ils s'en glorifieront.

D : *Est-ce qu'il vous montre ces événements ou est-ce qu'il vous en parle ?*

J : Il me montre des images.

D : *J'étais curieuse parce qu'il a aussi montré des images à l'autre véhicule.*

Lorsque nous avons pu obtenir les éphémérides de l'an 2000, nous avons découvert que Mars et Saturne seront en conjonction exacte dans le Scorpion le 26 août 2014. Elles sont entrées dans ce signe le 2 7 juillet 2014, et cette configuration durera quelques mois. Pendant cette période, le roi d'Angleterre pourrait être en grand danger.

SIÈCLE I -83

Le gent estrange divisera butins,
Saturne en Mars son regard furieux:
Horrible estrange aux Tosquans & Latins,
Grecs qui seront à frapper curieux.

La nation étrangère se partagera le butin.
Saturne en terrible aspect à Mars.
Redoutable et étranger pour les Toscans et les Latins.
Grecs qui voudront frapper.

J : Ce quatrain décrit le pays que nous connaissons sous le nom de Turquie. C'est la nation étrangère. Il dit que la Turquie va bientôt entrer en guerre avec la Grèce. Selon lui, la Grèce demandera de l'aide à l'Italie et aux pays environnants parce que la Turquie semblera très dominatrice. Elle pourrait même utiliser des armes nucléaires, pas vraiment des bombes, mais ce type d'armes. Elle utilisera également la technologie sophistiquée des Russes. Les Russes soutiendront la Turquie au cours de ce soulèvement qui aura lieu au début des années 1990. Le "terrible aspect" est soit un carré de Saturne en Mars, soit un carré de Mars en Saturne. Il raconte Mars carré en Saturne. Je lui demande où sera Saturne à ce moment-là. Il me répond que Saturne sera dans sa position dominante du Capricorne et que Mars sera en Bélier. Il me dit que cela m'aidera à savoir quand cela se produira.

D : *"La nation étrangère se partagera le butin." Cela signifie-t-il que la Russie est impliquée, ou fait-il référence à l'une des parties en guerre ?*

J : Il s'agit de la Turquie, parce qu'il y a beaucoup de factions internes dans ce pays. Elle déclenchera une guerre et les gens se concentreront sur la guerre plutôt que sur les problèmes internes qui se posent dans leur pays.

D : *Oui, cela leur permet toujours de se changer les idées.*

J : C'est vrai. Il dit que cela provoquera une guerre avec la Grèce qui voudra anéantir la Turquie. Mais alors que la Turquie aura le soutien de la Russie, la Grèce n'aura pas le soutien d'autres pays. Elle demandera l'aide de l'Italie, des États-Unis et d'autres pays, mais nous resterons tous neutres. Cela ne durera que quelques mois. Ce sera une guerre courte qui mettra le feu à la grande ville d'Athènes. Je lui ai demandé s'ils allaient brûler le Parthénon et il m'a répondu : "Non, je ne vois pas que le Parthénon soit brûlé cette fois-ci".

Cela semble aller dans le sens des prédictions du premier volume qui font référence à la destruction des centres classiques pendant les périodes de troubles.

J : Il répète que Mars sera dans le signe du Bélier et que Saturne sera dans le signe du Capricorne.

Il a été découvert plus tard que ces signes se produiraient du 31 mai jusqu'au 12 juillet 1990, avec un carré exact entre Saturne et Mars le 1er juillet 1990.

MISE À JOUR : Ce quatrain et le SIÈCLE III-90 du chapitre 21 ("La crise cardiaque") sont liés et Nostradamus a dit qu'ils se référaient au même événement. Les dates données suggèrent fortement que ce quatrain est lié à la courte guerre dans le Golfe Persique qui a commencé à se développer au cours de l'été 1990 et qui a abouti à la guerre en février 1991. Les dates, les pays impliqués (Turquie, Israël, la Syrie, l'Iran, les États-Unis, la Russie et la région de la Méditerranée orientale), ainsi que d'autres détails mentionnés dans le quatrain semblent l'indiquer. La seule partie qui ne colle pas est la mention de la Grèce dans les deux quatrains. J'ai découvert que la Turquie et la Grèce avaient de mauvais rapportts l'une envers l'autre depuis des siècles, remontant à l'Empire, la Grèce étant une nation chrétienne. Il ne serait pas inconcevable que des troubles se développent dans cette région. Il ne serait pas inconcevable que des troubles s'y développent, car toute la région semble prête à exploser, et il ne faudrait pas grand-chose pour entraîner la Grèce dans la tourmente. Je pense que ce quatrain signifie que les graines ont été semées au milieu de l'année 1990, et qu'elles germeront lorsque la situation s'aggravera au milieu des années 1990 (selon d'autres quatrains). Dans ce cas, 85 % du quatrain a été réalisé et les 15 % restants dépendent d'événements futurs.

SIÈCLE III -1

Apres combat & bataille navale,
Le grand Neptune à son plus haut befroi:
Rouge adversaire de peur deviendra pasle
Mettant le grand Ocean en effroi.

Après le combat et la bataille navale,
Le grand Neptune dans son plus haut clocher ;
L'adversaire rouge pâlira de peur,
Mettant le grand océan dans un état de terreur.

J : Il dit que ce quatrain fait référence à la Seconde Guerre mondiale et à l'avancée japonaise dans le Pacifique.

D : Est-ce qu'il fait référence aux batailles navales qui s'y sont déroulées ?

J : Oui. Il dit que Neptune était dans le signe de la Vierge en Balance à cette époque.

D : Est-ce que c'est ce que l'on entend par le plus haut clocher ?

J : Oui. Il dit que cela correspond à toute la période de la Seconde Guerre mondiale.

D : J'ai pensé que l'adversaire rouge pouvait faire référence à Mars. Est-ce exact ?

J : Il dit que Mars était en mauvais aspect avec Neptune à cette époque. Cela représente aussi l'avancée des Soviétiques en Chine et la Chine devenant un pays communiste. Il confirme que cela représente les années 1940.

D : Neptune fait donc référence à un signe astrologique ?

J : Il dit qu'il voulait parler à la fois du signe astrologique et de l'archétype de maître de l'océan. Lorsque Neptune était dans le signe de la Balance et de la Vierge, et que Mars était en carré avec ce signe, il a vu les principales forces de l'océan. La Vierge, et Mars était en carré, c'est à ce moment-là qu'il a vu les principales batailles navales se dérouler. À ces dates, de nombreuses vies ont été perdues et Neptune s'est levé pour transporter les morts au fond de l'océan. Selon lui cela représente également l'avancée de l'Union soviétique pour rendre la Chine communiste.

Plus tard, lorsque John a examiné ces signes dans son éphéméride, il a découvert que la date mentionnée était le mois d'avril. 1944. Mes recherches ont révélé qu'en 1944, certaines des batailles navales les plus sanglantes de l'histoire se sont déroulées autour d'îles capturées dans le Pacifique.

Il était également exact que la Russie était en train de transformer la Chine en un pays communiste au cours des années 1940. Ils ont utilisé les préoccupations de la population concernant la guerre avec le Japon pour faire des percées politiques. C'est ainsi qu'en 1949, l'ensemble du continent chinois est tombée aux mains des communistes et le gouvernement nationaliste s'est réfugié à Taïwan.

J'inclus l'interprétation de Brenda de ces prochains quatrains parce qu'il est intéressant de comparer à quel point son interprétation est proche de celle de John. Il est évident qu'on leur a montré presque les mêmes images, et chacun a probablement interprété ce qu'il a vu un peu différemment. Puisque Nostradamus a dit qu'il peut y avoir des références à plusieurs différents événements dans le même quatrain, ils ont également pu voir différents aspects d'événements similaires qu'il essayait de présenter. Ils sont trop semblables pour être une coïncidence, d'autant plus que les traducteurs ne se sont même pas approchés de ce que Brenda et John ont interprété. Je pense que cela pourrait expliquer les légères incohérences. Nostradamus a également expliqué que chacun verra les images un peu différemment et les interprétera dans son propre contexte. les interprétera dans le contexte de ses propres connaissances et expériences.

SIÈCLE II -51

Le sang de juste à Londres fera faulte,
Bruslés par fouldres de vingt trois les six:
La dame antique cherra de place haute,
Des mesme secte plusieurs seront occis.

Le sang des justes sera exigé de Londres.
brûlée par le feu en trois fois vingt plus six.
L'ancienne dame tombera de sa haute position,
et de nombreux membres de la même confession seront tués.

L'interprétation de Brenda.

B : Il dit que ce quatrain a de multiples significations. "Le sang des justes tué par le feu" fait référence aux attaques terroristes de l'IRA sur Londres. A cause des bombes incendiaires et autres types d'armes, beaucoup d'innocents seront blessés. Il dit que la "vieille dame tombée de son haut lieu" réfère à la destruction de la Tour de Londres. D'après lui il s'agit d'un quatrain qui peut rendre quelque peu confus parce qu'il fait référence à un grand nombre de petits événements divers, faisant tous partie d'événements plus importants qui se produisent.

D : *Quand la Tour de Londres sera-t-elle détruite ?*

B : Il dit que ce sera pendant la période des troubles. Pour savoir plus précisément, il faut compter à partir de l'époque de la guerre éclair pendant la Seconde Guerre mondiale, jusqu'à ce que la Tour de Londres soit détruite. (Pause) Il est troublé. Il dit qu'il a du mal à nous faire comprendre ces concepts temporels. Les trois fois vingt plus six ... la façon dont il l'a formulé peut se référer à deux nombres différents. Il dit qu'il peut s'agir de soixante-six ou de soixante-dix-huit, selon la façon dont on lit le nombre. Il l'a écrit ainsi parce que trois fois vingt font soixante, plus six font soixante-six, ou trois fois vingt plus six font soixante-dix-huit.

C'est une chose à laquelle je n'aurais jamais pensé, et personne d'autre non plus. Les traducteurs ont interprété la date comme étant 1666.

B : Il dit qu'il a utilisé ces nombres comme des ratios pour représenter certaines planètes particulières dans le thème astral. Je pense qu'il se réfère aux rapports (soixante-dix-huit et soixante-six) de leurs orbites autour du soleil. Il dit que lorsqu'elles sont en conjonction ou dans une relation particulière, cela indiquera quand cette destruction aura lieu pendant la période de troubles. Il dit que la ligne "la grande dame sera enlevée de sa haute position et d'autres personnes de la même dénominations tuées" se réfère à un événement qui s'est déjà produit. De notre point de vue, il s'agit du passé, mais c'est encore l'avenir pour lui. Cet événement fait référence à la chute de l'Église catholique en Angleterre et à l'identification de l'Angleterre à une autre église. La haute dame et le haut état font tous deux référence à l'Église catholique. Il dit que des prêtres de l'Église catholique ont également été tués au cours de la guerre qui a suivi la transformation de l'Angleterre en un pays protestant.

D. Pensez-vous que John sera en mesure de comprendre ces chiffres à partir des informations que Nostradamus nous a données ?

B : Il dit que oui. S'il a besoin de plus d'informations, n'hésitez pas à le contacter.

D : Les traducteurs pensent que cela fait référence au grand incendie de Londres en 1666.

B : Il acquiert, mais ce n'est pas l'unique chose à laquelle il fait référence. Puisque cet événement est dans le passé de votre point de vue, il vous parlait d'autres choses qui n'ont rien à voir avec cet événement.

D : Ils ont donc raison dans la mesure de leur compréhension. Ils ont trouvé intéressant qu'il ait utilisé ces chiffres. Je vais montrer cela à John pour voir s'il peut trouver la date. Et s'il a d'autres questions, nous reviendrons vers vous.

B : Il dit que les nombres correspondent à quelques planètes extérieures avec des temps de révolution beaucoup plus importants.

L'interprétation de John

J : Il dit que ce quatrain fait référence à l'effort de guerre lorsque les forces de l'Antéchrist tenteront de bombarder Londres. L'ancienne dame représente la cathédrale Saint-Paul, car il y avait un temple dédié à l'ancienne religion sur ce site, et dans les entrailles de l'église se trouve l'ancienne dame. Elle sera découverte lors du bombardement. C'est en partie ce qu'elle représente. Le quatrain prédit également que la Grande-Bretagne connaîtra de nombreuses difficultés, les chrétien persécutant d'autres chrétiens. Il y aura aussi beaucoup de persécutions parmi les plus nantis aussi. Les gens se soulèveront contre les riches, parce qu'ils n'ont presque rien, alors que les riches ont tout. Cela se passera dans les années 1990 au changement de siècle.

D : Peut-il expliquer la signification de ces chiffres ? Trois fois vingt plus six.

J : (Longue pause) Il dit qu'ils ressemblent à une anagramme, mais que ce sont des nombres. Il dit qu'ils représentent 1996.

D : La seule interprétation que les traducteurs ont pu trouver est le grand incendie de Londres en 1666.

J : Oui, il dit que cela a été interprété correctement comme signifiant l'incendie de Londres, mais que cela représente aussi des évenements dans le futur, comme dces problèmes en 1996 pour le peuple britannique.

SIÈCLE III -4

Quand seront proches de defaut des lunaires,
De l'un à l'autre ne distant grandement,
Froid, siccité, danger vers les frontieres,
Mesme ou l'oracle a prins commencement.

Lorsque la chute des lunaires est proche,
ils ne seront pas très éloignés l'un de l'autre.
Froid, sécheresse, danger aux frontières,
même là où l'oracle a pris sa source.

L'interprétation de Brenda
B : Il dit que ce quatrain fait référence à l'établissement de stations spatiales aux points L-5 par rapport à la lune et à la terre. Les voyageurs de l'espace doivent se méfier du vide profond qui règne dans l'espace. Quels que soient leurs préparatifs, même avec les informations fournies par les ordinateurs, qu'il appelle ici "oracle". Ils ne seront toujours pas préparés aux aspects inattendus de cet environnement. Il a qualifié les ordinateurs en général d'oracle parce qu'ils les utiliseront pour extrapoler des informations inconnues à partir d'informations déjà connues.
D : *Auparavant, je crois que vous aviez mentionné l'établissement de stations spatiales L-5 sur la lune.*
B : Elles ne seront pas sur la lune mais au point L-5 ! (Exaspéré) Il dit que si vous connaissiez les bases de l'astronomie. C'est le point entre la Lune et la Terre où l'attraction gravitationnelle est égale dans les deux directions. Il faut moins de carburant pour maintenir les stations en position à cet endroit puisque la gravité fera la majorité du travail.
D : *D'accord. Quand il l'a mentionné avant, il a simplement parlé de stations spatiales L-5, donc j'ai supposé qu'il voulait dire sur la lune.*

B : Il dit qu'il est heureux que vous n'ayez pas imprimé cela parce que cela aurait fait de vous la la risée de tous. Il dit que les points L-5 sont un concept astronomique de base.

D : *"Lorsque la chute des stations lunaires sera proche, elles ne seront pas éloignés les uns des autres". Cela prédit des problèmes avec les stations spatiales. "Le froid, la sécheresse", etc. sont liés aux vides extrèmes.*

B : Oui. Il dit que lorsque ces stations L-5 seront établies, il y aura aussi des observatoires astronomiques qui seront construits sur la surface lunaire elle-même. Ce sera un projet commun entre les Etats-Unis, la Russie et l'Angleterre. Les États-Unis et l'Angleterre seront impliqués parce qu'ils disposent des informations scientifiques nécessaires et la Russie parce qu'elle a les meilleurs scientifiques. La Russie et les États-Unis disposent également de la technologie spatiale. Il dit qu'il y aura des accidents, comme c'est toujours le cas lorsqu'une nouvelle technologie est explorée.

D : *Est-ce que c'est dans le futur ?*

B : Pas aussi loin qu'on pourrait le croire.

D : *Cela se passera-t-il à l'époque du Grand Génie ?*

B : Oui, ou avant. Il dit que la technologie existe actuellement pour faire tout cela mais à cause des pressions politiques et économiques créées par la cabale, cela ne peut pas être fait maintenant. Il ne s'agit donc de se débarrasser de l'Antéchrist et la cabale, et l'humanité pourra commencer à faire toutes ces choses. Et plus tard, le Génie viendra.

SIÈCLE III -5

Pres loing defaut de deux grands luminaires,
Qui surviendra entre l'Avril & Mars:
O quel cherté nais deux grans debonnaires,
Par terre & mer secourrant toutes pars.

Ensuite, après l'éclipse des deux grandes étoiles,
Qui se produira entre avril et mars.
Oh, quelle perte ! Mais deux grandes influences positives
Aideront de tous côtés par terre et par mer.

B : Il dit qu'il pourrait commencer à expliquer ce quatrain maintenant, mais qu'il vaudrait mieux le traduire en présence de Jean, l'astrologue. Il note également qu'il est quelque peu lié au quatrain précédent et qu'il voudra peut-être les traiter comme une paire lors de la traduction.
D : *Vous parlez du quatrain sur les stations spatiales ?*
B : Oui, il veut les couvrir avec John.

L'interpretation de John
D : *Nostradamus m'a dit que les deux prochains quatrains sont liés. Dois-je les lire ensemble ou séparément ?*
J : Lisez-les ensemble. (C'est ce que j'ai fait.) Il dit que ils se réfèrent à l'avenir, à l'horizon de l'an 2000 ou 2100. Ils couvrent l'exploration spatiale et des sujets qui y sont liés. Il dit qu'après la formation du gouvernement mondial, nous nous allierons à d'autres pays pour mener des explorations spatiales conjointes, autour de la Lune et d'une autre planète qui pourrait se trouver de l'autre côté de la Lune. (John semblait confus et il s'est adressé à Nostradamus). "C'est bien ce que vous voulez dire ?" Ok. Je comprends ce qu'il veut dire maintenant. Il dit que c'est de l'autre côté de la lune, ce qui veut dire que nous devons aller au-delà de la lune. Cela représente aussi un moment où nous pourrions avoir un contact intelligent avec des extraterrestres, travailler avec eux pour construire des stations spatiales et coloniser l'espace. Cela aura lieu au 21ème ou au 22ème siècle.
D : *Est-ce que ce sera après l'époque de l'Antéchrist ?*
J : Oh, oui. Il dit que cela n'a rien à voir avec l'Antéchrist. L'exploration spaciale, la colonisation de l'espace et l'effort conjoint de la Terre et d'un autre système planétaire auront lieu au milieu du 22ème siècle.
D : *Le deuxième quatrain dit : "Après l'éclipse des deux grandes étoiles quise produira entre avril et mars - oh ! Quelle perte !"*
J : Il dit que cela se passera aussi au milieu du 22ème siècle. J'obtiens l'année 2158 ou quelque chose comme ça.
D : *Quel est le rapport avec l'autre quatrain ?*
J : Il dit qu'il pourrait y avoir des difficultés, et qu'ils pourraient perdre l'une des stations de base. Mais il y aura de l'aide d'une autre galaxie.

D : Est-ce que c'est ce qu'il veut dire par "Deux grandes et bonnes influences aideront de tous côtés, sur terre et sur mer" ?

J : Oui. Il veut dire qu'une autre conscience planétaire entrera en contact avec la Terre. (Abruptement) Il dit qu'il est heureux de rendre service, mais qu'il aimerait écrire dans son livre maintenant.

D : En a-t-il fini avec nous ?

J : Oui. Il aimerait écrire maintenant. Il dit qu'il est temps de faire sa méditation sur son livre, comme il l'appelle, et il aimerait que nous partions.

D : Puis-je continuer la traduction des quatrains quand nous reviendrons ?

J : Oui, il sera heureux de vous rendre service, mais il aimerait retourner à son travail maintenant. Il a sorti sa plume et il veut écrire. Il dit quelque chose comme "Bonne journée", mais ce n'est pas "journée" qu'il dit. C'est événement.

D : Un bon événement ? (Rire)

J : Je ne comprends pas, mais il me fait signe de partir. D'accord, on se voit plus tard. Au revoir.

Comme il nous renvoyait manifestement, nous n'avons pas eu d'autre choix que de partir.
John se retrouve immédiatement dans la salle de la Tapisserie.

D : Je continue à me demander si, lorsque nous lisons les quatrains, cela déclenche l'image qu'il vous montre ou... ?

J : Oui. Nous sommes assis à une table avec le miroir noir entre nous. Je répète habituellement le quatrain deux fois dans ma tête, sauf que j'imagine les mots, et ensuite il les écrit. Pendant qu'il écrit, une image apparaît dans le miroir qu'il indique du regard.

D : Penses-tu qu'il écrivait les choses dont nous parlions ?

J : Je pense qu'il y a quelque chose dans cette théorie. Peut-être qu'il voulait écrire ce dont nous parlions avant de l'oublier.

D : Je suis curieuse de savoir si nous l'aidons à écrire ces quatrains.

J : Je pense que oui.

D : Je sais qu'il les a écrites en français à l'origine.

J : Oui, mais il dit qu'il lit dans mes pensées en français.

D : Je ne suis même pas sûr que cela ait été traduit correctement en anglais. Mais c'est la lecture du quatrain qui déclenche l'image. Est-ce alors qu'il explique ce qu'il signifie ?

J : Oui, en le montrant à travers le miroir.

D : Je me suis toujours demandée si c'était l'inverse, s'il avait vu l'image puis ensuite écrit le quatrain. (John secoue la tête). Alors, nous l'aidons vraiment à le faire. Mais n'est-ce pas une grande responsabilité pour nous, à notre époque, d'influencer ce qu'il fait dans le passé ? Est-ce que cela est permis ? Est-ce bien approprié ou éthique ?

J : C'est normal que nous fassions cela. Il ne communique pas seulement avec nous, mais aussi avec des gens d'autres parties du futur.

D : Est-ce qu'ils lui disent ce qui se passe ?

J : Non. Je vois son fil de tapisserie se connecter à d'autres fils de tous les âges. Il a donc la capacité d'être en contact avec des gens d'autres époques que la nôtre.

D : C'est ainsi qu'il sait que les événements se produisent ?

J : Oui, c'est ainsi qu'il connaît l'avenir. Il est son propre voyageur dans le temps. C'est une grande âme.

D : Je me demandais si nous l'influençons d'une manière ou d'une autre, et si c'est mal de le faire ?

J : Dans une certaine mesure, nous l'influençons parce que toute vie influence la vie. Le gardien de la tapisserie est ici maintenant et il dit : "Ne vous inquiétez pas à ce sujet."

D : Je ne voudrais pas l'influencer dans le mauvais sens.

J : Non. Il dit que vous n'influencez rien dans le mauvais sens.

D : Mais est-ce que c'est éthique pour nous, dans un sens, d'écrire les quatrains pour lui ? C'est là que je ne comprends pas. c'est où je suis confuse.

J : Il dit de ne pas s'inquiéter à ce sujet. "Au fur et à mesure que votre conscience évolue, vous serez capable de comprendre les vies parallèles et le concept du temps." Une voix dit : "S'il vous plaît, ces choses vous dépassent. Vous travaillez dans vos livres de grammaire et vous posez des questions d'un niveau universitaire".

D : (Rire) D'accord. Tant qu'ils ne considèrent pas cela comme une ingérence, parce que je ne veux pas avoir d'influence indue.

J : Il dit : "Ne vous inquiétez pas. Vous faites ce qu'il y a de mieux pour toutes les personnes concernées."

Nostradamus avait tenu sa promesse de venir par le biais d'un autre véhicule. Je n'avais pas à craindre de perdre le contact avec lui. Après tout, c'est lui qui m'avait choisi, et non l'inverse. Ce qui est étonnant dans les premières interprétations de John, c'est qu'elles ne s'écartaient pas de l'histoire de base que Nostradamus essayait de nous transmettre. Elles ne contredisaient pas les interprétations de Brenda, mais ajoutaient simplement de nouvelles pièces au puzzle. Cela donnait encore plus de validité à la possibilité que nous étions vraiment en contact avec lui. Il n'y avait aucune autre explication possible.

Chapitre 17

Le destin de l'Antéchrist et du monde

DEPUIS QUE NOUS AVIONS TRAVAILLÉ avec Brenda, une question importante était restée sans réponse. Quel était le sort de l'Antéchrist ? Nous avions vu l'horreur qu'il voulait déverser sur le monde, et nous avons vu qu'elle progresserait apparemment jusqu'au point où il n'y aurait plus moyen de l'arrêter. Mais Nostradamus a vu que l'époque du Grand Génie. Nous savions donc que quelque chose devait se produire pour mettre fin à cette folie. La réponse à ceci a été trouvée de manière inattendue dans un quatrain que Brenda avait eu du mal à interpréter parce qu'il contenait des informations astrologiques. Nostradamus a suggéré que John s'en charge, et je l'ai donc inclus dans les premiers quatrains à lui présenter.

SIÈCLE VIII -49

Saturn: au beuf joue en l'eau, Mars en fleiche,
Six de Fevrier mortalité donra,
Ceux de Tardaigne à Briges si grand breche,
Qu'a Ponteroso chef Barbarin mourra.

Saturne en Taureau, Jupiter en Verseau, Mars en Sagittaire,
Le 6 février apporte la mort,
Ceux de Tardaigne une si grande brèche à Bruges,
que le chef barbare mourra à Ponteroso.

J : (Il a corrigé ma prononciation des noms.) Il demande :"N'avons-nous pas déjà revu celui-ci ?"

D : *Oui, nous l'avons fait, par l'intermédiaire de Brenda. Mais certaines choses n'étaient pas claires. Il voulait donc qu'un astrologue examine les signes pour l'aider à fixer une date. (Il m'a demandé de répéter les signes astrologiques).Saturne en Taureau, Jupiter en Verseau, Mars en Sagittaire, le 6 février.*

J : Il dit que ce quatrain a un rapport avec le changement pour la Terre. Il aura lieu au début du 21e siècle, et beaucoup de gens quitteront la planète à ce moment-là. Cela vous donne une idée de la date à laquelle cet événement aura lieu.

D : *S'agit-il du grand changement de la Terre ? Viendra-t-il après l'époque de l'Antéchrist au 21ème siècle ?*

J : L'Antéchrist sera encore au pouvoir. C'est l'une des façons dont beaucoup de ses partisans quitteront la planète.

D : *Il est dit que "le chef barbare mourra à Ponteroso".*

J : Cela représente la mort de l'Antéchrist.

D : *Oh ? Nous étions curieux de savoir ce qui lui arrive.*

J : Il meurt à cause du changement de la Terre.

D : *Nostradamus répétait que ce serait un événement mystérieux et qu'il ne nous en dirait pas plus.*

J : Ce quatrain prédit le changement de Terre où beaucoup de gens quitteront la planète, en particulier cet être maléfique. Il dit qu'à votre époque, vous verrez le monde changer. Il me donne une image de la Terre. Il semble que nos pôles se déplacent plus rapidement, loin de leur position actuelle. Il en résulte un déplacement des eaux.

D : *Peut-il voir ce qui arrive à l'Antéchrist lorsque cela se produit ?*

J : Il dit que l'Antéchrist sera emporté par un raz-de-marée. Lui et son armée seront prêts à frapper et ce sera la dernière défense de l'humanité contre lui. Finalement, il sera anéanti par un changement de la Terre. Parce qu'il croit que son pouvoir est omnipotent et qu'il peut contrôler les forces de la Terre - et pas seulement les habitants de la Terre, mais la dynamique de la Terre elle-même.- il ne comptera pas sur le raz-de-marée. Non, personne ne peut contrôler l'esprit de cette planète. La planète se rebelle et tremble, et nous voyons des tremblements de terre et des raz-de-marée qui affectent son armée et l'amènent à genoux lorsqu'il est emporté par un déluge d'eau.

D : *C'est intéressant de voir qu'il faudra quelque chose de cette ampleur pour l'arrêter.*

J : Eh bien, l'Antéchrist croit qu'il n'a pas seulement les gens du monde entre ses mains, mais aussi l'esprit du monde. Il me montre une image. Je vois tout un campement de différents types d'avions, de bateaux et de véhicules que je n'ai jamais vus auparavant. Et tout cela est balayé par des tremblements de terre et de grandes eaux. Cela se passera très vite.

D : *Dans le quatrain, il est dit que cela se passera à Ponteroso. C'est un mot que les Pouvez-vous nous expliquer la signification de ce mot ?*

J : Il dit qu'il fait référence à la région alpine du nord de l'Italie et de la Suisse.

D : *Est-ce le nom d'un lieu ?*

J : Oui. Il dit que c'est près de l'endroit où il sera emporté.

D : *Les signes astrologiques indiquent-ils quand cela se produira ?*

J : Il dit que ce sera au début du 21ème siècle. Vous devriez pouvoir le trouver.

D : *Certains de nos éphémérides ne vont pas aussi loin.*

J : Vous aurez accès à tout ce dont vous avez besoin.

Il semblerait simple de trouver la date du changement à partir des données astrologiques fournies, mais cela s'est avéré plus difficile que prévu. Une partie du problème a été causée par une erreur dans la traduction de Mme Cheetham, et la recherche de cette date s'est avérée aussi compliquée que celle d'un détective qui suit des indices pour résoudre un mystère. Cette recherche est décrite au chapitre 29, "Trouver la date du changement". La date à laquelle nous sommes parvenus y est indiquée.

D. *Alors ce sera la fin de la guerre de l'Antéchrist.*

J : Il dit que ses partisans essaieront de continuer, mais la souffrance et la douleur du basculement de la Terre amèneront les gens à ranger leurs armes et à essayer de reconstruire la civilisation.

D : *Est-ce que l'Antéchrist contrôlera beaucoup le monde à ce moment-là ?*

J : Oui, ce sera une période de tensions climatiques entre les peuples du monde, et un temps pour que la Terre se renouvelle.

D : *Notre pays, les Etats-Unis, sera-t-il un jour pris en charge par l'AntécChrist ?*

J : Non. Il dit que les Etats-Unis sont hors jeu. L'Antéchrist règne surtout en Europe. (Pause) Mais il me montre une image des États-Unis ... après. Il y a surtout des îles.

D : *Après le changement de Terre ?*

J : Oui. On dirait des îles.

Ce que John a fait ensuite était extrêmement difficile Il a tenté de décrire la carte telle qu'elle lui avait été montrée par Nostradamus. Regarder une vue topographique des États-Unis sans les frontières des États est déjà difficile. Il est encore plus difficile de regarder une masse terrestre qui a changé et d'essayer de déterminer quelles parties des États sont restées. Il n'y avait que peu de points de repère, et n'importe qui aurait eu du mal à s'y retrouver. C'est la raison pour laquelle je ne m'attends pas à ce que cette description soit totalement exacte. Je pense que John a fait un travail admirable dans ces circonstances.

Comme je n'avais pas de carte à laquelle me référer, je me suis appuyé sur mes connaissances en géographie pour poser des questions.

J : Il y a une grande île qui commence au nord du Québec et du Nouveau-Brunswick et qui contient des parties du nord du Maine, du nord du Nouveau-Hampshire, du Vermont, du nord de l'État de New York et de la Pennsylvanie. En dessous, il y a une autre masse insulaire qui va vers le sud. Je vois qu'elle englobe les Appalaches méridionales jusqu'à la Virginie-Occidentale. Il y a des terres autour du Tennessee, de la Caroline du Nord et du Sud, du nord de la Géorgie, du nord de l'Alabama et du Kentucky. Toute cette région est une autre masse terrestre séparée par un détroit. Elle est ensuite séparée par un océan plus large d'une énorme île au sud-ouest qui est presque circulaire. L'Iowa, le Missouri et Arkansas font tous partie de cette grande île. Elle contient également des terres de l'est de l'Oklahoma, du Kansas et du Nebraska. Omaha est un port maritime. C'est aussi également une grande ville.

D. *Saint Louis ?*

J : Non, je ne vois pas Saint Louis. Je vois une partie du Missouri et de l'Arkansas qui sont coupés en deux, selon leur emplacement actuel au 20e siècle. Ce qui reste, c'est la partie nord de ce qui serait le nord-ouest de l'Arkansas, le sud-ouest du Missouri et la quasi-totalité de l'ouest du Missouri. L'Iowa, une partie du Minnesota, une partie des Dakotas, une partie du Nebraska, Le Kansas et l'Oklahoma forment une grande île qui a presque la taille d'un continent. C'est là que se fera la majeure partie du commerce du pays car il s'agira de la plus grande portion de terre avec de l'eau tout autour. Au-dessus de cette île, je vois le nord-ouest du Pacifique et l'Alaska réunis en une seule masse terrestre qui s'étend en descendant jusqu'au nord du Colorado et suit les chaînes de montagnes à travers le Colorado. C'est encore une autre zone qui semble être un continent. La majeure partie du Texas est sous l'eau, mais une partie de l'est du Texas et de l'est de l'Oklahoma est rattachée à la grande masse terrestre qui constitue le Midwest.

D : *Le reste du Texas a-t-il disparu ?*

J : La côte maritime du Texas a disparu, et seul l'est du Texas semble subsister. Le nord du Mexique semble n'être que de l'eau, mais les montagnes de l'Arizona, du Nouveau Mexique et de la Californie forment une autre masse terrestre.

D : *La Californie est-elle là ?*

J : Certaines parties de la Californie sont là, mais la partie sud ne l'est pas. Les zones montagneuses sont là, mais elles sont séparées du Nouveau Mexique, du Colorado et de l'Utah par un autre détroit. Il y a quelques îles au large de cette region qui faisaient partie de la Californie du Sud, où les montagnes sont élevées, mais elles ressemblent aux îles de la Manche. Elles ressemblent plus à des sanctuaires d'oiseaux avec seulement quelques personnes.

D : *Et la Floride ?*

J : Il n'y a pas de Floride.

D : *Alors ce que vous voyez ressemble à une série d'îles avec de l'eau entre elles deux. Le fleuve Mississippi fait-il partie de l'océan ?*

J : Oui, il fait partie de l'océan. La masse terrestre principale est constituée par le Missouri, l'Arkansas, une partie du Kansas, une partie du Nebraska et de l'Iowa.

D : *J'imagine que beaucoup de villes ont été détruites. Qu'en est-il de New York ?*

J : New York a disparu. Omaha semble être une très grande ville. Knoxville, Tennessee, et Harrison, Arkansas, sont de grandes villes. Jefferson City, dans le Missouri est une grande ville. Des Moines est le grand centre industriel et de communication. De nombreux spécialistes des réseaux viennent de Des Moines et du nord de l'Iowa. Il y aura une nouvelle ville dans le nord de l'Iowa qui n'a pas encore de nom, mais il s'agira d'un port maritime.

D : Il est logique que les terres situées à proximité des Grands Lacs et des grands fleuves et golfes soient les premières à être inondées lorsque ce changement se produira.

J : Il y aura beaucoup de déplacements d'eau lorsque les continents se soulèveront à nouveau. Les îles hawaïennes ont disparu, tout comme la majeure partie de l'Alaska, et le changement en a fait une zone plus tropicale.

D : Qu'en est-il des régions septentrionales du Canada ?

J : Ces régions sont d'autres îles. Elles sont plus tropicales parce que la calotte polaire s'est déplacée, créant un climat différent.

J'ai pensé que si nous étions si intéressés par les changements sur notre continent, il y aurait peut-être d'autres personnes dans le monde qui s'intéresseraient au remodelage de leurs continents.

D : Et l'Amérique du Sud ?

J : L'Amérique du Sud a complètement changé. Il y a une longue île qui s'étend de la pointe de son extrémité sud jusqu'au nord. à travers toute l'Amérique centrale. Autour d'elle, elle a presque la forme d'une feuille, mais c'est une feuille très étroite. Il n'y a pas beaucoup de terres. Mais il y a de nouvelles terres qui se sont élevées dans les Caraïbes et qui lui sont reliées. Il y a beaucoup d'eau qui la sépare des îles de l'Amérique du Nord. On dirait que l'équateur s'est également déplacé, parce qu'une grande partie de cette région aura un climat très modéré, mais pas tropical.

D : Une partie des nouvelles terres des Caraïbes a rejoint l'Amérique du Sud. Y a-t-il d'autres nouvelles masses terrestres ?

J : Oui. Il y a de nouvelles masses terrestres au milieu de ce qui était les océans Pacifique et l'Atlantique qui ont la taille d'un continent. Elles sont remontées du fond de l'océan. La nouvelle masse terrestre au milieu de l'océan Atlantique est reliée au Groenland, créant ainsi un nouveau continent. De l'eau le sépare des îles qui constituent ce qui était l'Amérique du Nord.

D. Peut-il nous montrer à quoi ressembleront les continents européen et asiatique après ce déplacement ?

J : Oui, il me montre le globe. La majeure partie de l'Inde et de la péninsule arabe semblent avoir disparu, mais il y a de grandes îles qui constituent des parties de l'Asie. Le Japon, les Philippines et toute cette région de l'Asie du Sud-Est ont disparu, mais l'intérieur de ce qui était la Russie et la Chine semble être une immense masse terrestre. L'Europe s'est fragmentée. Elle a des îles qui vont de l'intérieur de l'Espagne, jusqu'à la Norvège. Ces régions sont comme un saupoudrage de nombreuses îles, presque comme les îles au large de la Grèce. Les deux nouvelles grandes masses terrestres sont celles de l'océan Pacifique et de l'océan Atlantique.

D : L'Europe est-elle séparée par l'eau de ce que nous appelons l'Asie?

J : Oui. Il semble qu'il y ait beaucoup d'eau sur sa frontière orientale.

D : Et l'Angleterre?

J : La plus grande partie de l'Angleterre a disparu, à l'exception d'une partie. Elle a toujours été une île, mais elle n'est plus aussi grande qu'avant.

D : Et la Méditerranée?

J : La Méditerranée a disparu. Il n'y a plus que l'océan vers le sud. L'Italie n'est plus là. Il y a quelques parties de l'Italie du Nord, mais la plus grande partie n'existe plus. La plus grande partie de la Grèce est encore intacte, étonnamment, mais c'est une île. La majeure partie de l'Europe de l'Est est présente, à l'exception de la Pologne. La Pologne est entièrement recouverte d'eau.

D : Qu'en est-il de la Suisse, de la Suède...

J : Il y a des parties de la Suisse, de la Suède et de la Norvège, mais elles sont toutes dispersées comme des îles entourées d'eau. Cependant, l'eau n'est pas très profonde. Elle n'a qu'une profondeur d'approximativement 15 à 30 mètres, elles sont donc comme des îles dans un lac. La majeure partie de l'Afrique a disparu, à l'exception de quelques îles de taille moyenne, principalement vers l'ouest.

D : Et l'Antarctique?

J : L'Antarctique est une masse terrestre qui semble être reliée à l'Australie d'une manière ou d'une autre.

D : J'ai l'impression que les régions du monde qui sont aujourd'hui montagneuses sont celles qui resteront.

J : Oui, c'est ce qu'il semble. Parce que lorsque le déplacement de la Terre aura lieu, de nouvelles masses terrestres dans les océans Atlantique et Pacifique déplaceront beaucoup d'eau.

D : Pourrait-il vous montrer où se trouvent l'équateur et les nouveaux pôles ? après le basculement ?

J : C'est difficile à décrire parce que tout semble vraiment déséquilibré par rapport à notre monde.

D : D'accord. *Je pense que vous m'en avez déjà dit beaucoup. Avez-vous dit que les climats de tous ces pays va changer ?*

J : Oui. Les régions septentrionales seront tropicales. Des endroits comme l'Alaska et la Patagonie seront chauds. Dans d'autres endroits, le climat sera modéré. Je ne vois pas beaucoup de températures froides. Je ne vois pas de calottes glaciaires.

D : *Il semble donc que les États-Unis connaîtront un climat plutôt modéré. Est-ce vrai ?*

J : Oui, le climat sera surtout modéré.

D : *Je suis heureuse que nous ayons une idée de ce à quoi ressemblera le monde dans cette période. Mais une question se dessine à moi. Il voit que nous allons avoir des changements drastiques sur la Terre, et pourtant il voit toujours les voyages spatiaux et l'exploration dans notre avenir. Comment allons-nous poursuivre notre technologie après de telles catastrophes ?*

J : Il dit qu'il y aura beaucoup de gens qui transporteront les nouvelles technologies dans ces zones sûres.

D. *Je pensais que quelque chose comme un basculement de la Terre serait si radical que tout serait anéanti.*

J : Il dit qu'il y a beaucoup de progrès à faire avant que tout cela n'ait lieu. Le gouvernement dispose déjà d'endroits dans le nord-ouest où ils peuvent poursuivre l'exploration spatiale si la Terre subit d'importants changements. Il dit qu'il faudra 10 à 15 ans pour que la technologie retrouve son niveau qu'elle avait avant le changement. Mais dans le même temps, nous entrerons en contact avec des extraterrestres. Il dit que d'autres êtres seront là pour nous aider pendant cette période. Ils nous aideront à progresser sur le plan technologique afin que nous puissions explorer l'espace. Il dit qu'ils sont un peu différents de nous, mais qu'ils font toujours partie de nous.

D : *Je pensais que cela semblait contradictoire de reconstruire après de telles catastrophes et de progresser en même temps. Mais il voit d'autres êtres nous aider à reconstruire le monde après l'Antéchrist. Je craignais que ce changement ne signifie la fin de tout. Je pensais qu'il voulait dire qu'il n'y aurait plus de civilisation après que cela se soit produit parce que ce serait traumatisant.*

J : Il y aura une reconstruction et une utilisation économique de la terre. Nous n'exploiterons pas la terre comme nous l'avons fait dans le passé. J'ai l'impression que Nostradamus nous dit de ne pas nous inquiéter car d'autres personnes et d'autres guides de l'univers aideront les personnes qui traversent ces transitions. J'ai l'impression qu'il nous dit : "Ne vous inquiétez pas. Ce n'est pas votre préoccupation. Les gardiens surveillent la planète." Il me montre ce qui ressemble à un ange.

D : *L'important est que nous puissions reconstruire notre civilisation.*

J : Oui. Les villes seront beaucoup plus belles. Elles seront plus propres. Je ne vois pas beaucoup de voitures ou de choses de ce genre.

D : *Eh bien, je voulais savoir quel était le sort de l'Antéchrist parce que tout au long de ce temps, nous avons fait du zèle concernant ces quatrains, nous nous sommes demandés ce qui allait lui arriver. Je suppose qu'il faudrait quelque chose de cette magnitude pour l'arrêter.*

J : Il essaie de contrôler l'esprit de la Terre et elle se rebelle. Il est donc abattu par sa destruction.

Je peux comprendre combien il était difficile pour John d'obtenir ce type d'information en regardant une carte méconnaissable. Plus tard, nous avons décidé de demander à un artiste de tenter de dessiner une carte de cette version du monde. Ceci sera expliqué au chapitre 28, " L'établissement de la carte ".

Il peut être important de se référer à nouveau au livre de l'Apocalypse dans la Bible et de remarquer comment il semble s'appliquer à cette prédiction. Le lecteur doit se rappeler que ce livre biblique est rempli de références symboliques et doit être interprété de la même manière que les quatrains. Le chapitre 16 de l'Apocalypse commence par le déversement sur la Terre des sept derniers fléaux par les sept anges.

Apoc. 16:2-20 : Le premier (ange) alla, et il versa sa coupe sur la terre. Et un ulcère malin et douloureux frappa les hommes qui avaient la marque de la bête et qui adoraient son image. Le second versa sa coupe dans la mer. Et elle devint du sang, comme celui d'un mort; et tout être vivant mourut, tout ce qui était dans la mer. Le troisième versa sa coupe dans les fleuves et dans les sources d'eaux. Et ils devinrent du sang. Et j'entendis l'ange des eaux qui disait: Tu es juste, toi qui es, et qui étais; tu es saint, parce que tu as exercé ce jugement. Car ils ont versé le sang des saints et des prophètes, et tu leur as donné du sang à boire: ils en sont dignes. Et j'entendis l'autel qui disait: Oui, Seigneur Dieu tout puissant, tes jugements sont véritables et justes. Le quatrième versa sa coupe sur le soleil. Et il lui fut donné de brûler les hommes par le feu ; et les hommes furent brûlés par une grande chaleur, et ils blasphémèrent le nom du Dieu qui a l'autorité sur ces fléaux, et ils ne se repentirent pas pour lui donner gloire. Le cinquième versa sa coupe sur le trône de la bête. Et son royaume fut couvert de ténèbres; et les hommes se mordaient la langue de douleur, et ils blasphémèrent le Dieu du ciel, à cause de leurs douleurs et de leurs ulcères, et ils ne se repentirent pas de leurs oeuvres. Le sixième versa sa coupe sur le grand fleuve, l'Euphrate. Et son eau tarit, afin que le chemin des rois venant de l'Orient fût préparé. Et je vis sortir de la bouche du dragon, et de la bouche de la bête, et de la bouche du faux prophète, trois esprits impurs, semblables à des grenouilles. Car ce sont des esprits de démons, qui font des prodiges, et qui vont vers les rois de toute la terre, afin de les rassembler pour le combat du grand jour du Dieu tout puissant. Voici, je viens comme un voleur. Heureux celui qui veille, et qui garde ses vêtements, afin qu'il ne marche pas nu et qu'on ne voie pas sa honte! - Ils les rassemblèrent dans le lieu appelé en hébreu Harmaguédon. Le septième versa sa coupe dans l'air. Et il sortit du temple, du trône, une voix forte qui disait: C'en est fait! Et il y eut des éclairs, des voix, des tonnerres, et un grand tremblement de terre, tel qu'il n'y avait jamais eu depuis que l'homme est sur la terre, un aussi grand tremblement. Et la grande ville fut divisée en trois parties, et les villes des nations tombèrent, et Dieu, se souvint de Babylone la grande, pour lui donner la coupe du vin de son ardente colère. Et toutes les îles s'enfuirent, et les montagnes ne furent pas retrouvées.

Chapitre 18

L'enfant blessé

MAINTENANT QUE NOUS AVONS TRADUIT les quatrains contenant des données astrologiques, j'ai voulu continuer. J'ai demandé si c'était possible. Et, J'ai expliqué, "Nous avons le livre de ses quatrains qu'il a publié il y a de nombreuses années et nous aimerions travailler sur leur traduction, s'il est prêt à poursuivre ce travail."

John a fait la remarque : "En effet, il l'est. Il est en train de s'asseoir sur une chaise. Il m'a dit de m'asseoir aussi sur un banc. Il m'a dit : 'Nous pouvons en faire quelques-uns. Ne vous inquiétez pas.

J'ai expliqué la procédure que j'avais utilisée avec Brenda. Je lisais le quatrain et il m'en donnait l'interprétation. Il avait dit qu'il ne voulait pas se fatiguer avec les quatrains traitant du passé lointain de notre point de vue. Il ne voulait se concentrer que sur ceux qui concernaient notre présent et notre futur. Ceux-ci étaient les plus importants. Je voulais savoir s'il souhaitait
continuer avec la même méthode.

J : Il m'a dit : "Lis le quatrain et je te dirai où le placer".

J'ai décidé de continuer à lire les quatrains dans l'ordre à partir de l'endroit où je m'étais
arrêtée avec Brenda au lieu d'en prendre au hasard.

Ces quatrains ne seront pas classés chronologiquement dans les chapitres suivants à cause des événements qui se sont produits au cours de chaque session et qui m'ont persuadée de laisser les sessions intactes. Seuls les quatrains relatifs à des événements lointains dont Nostradamus pensait qu'ils ne seraient pas pertinents pour nous. ont été supprimés.

SIÈCLE III -40

Le grand theatre se viendra se redresser,
Les des jettez & les rets ja tendus
Trop le premier en glaz viendra lasser,
Par ares prostrais de long temps ja fendus

Le grand théâtre se relèvera
Les dés sont lancés et les filets déjà jetés,
Le grand qui sonnera le glas sera trop fatigué,
Détruit par des arcs fendus depuis longtemps.

J : Il dit que le théâtre ressuscité ne fait pas référence à un théâtre avec des personnes sur scène, mais à un théâtre plus proche des arènes romaines avec des gladiateurs. Il est en train d'écrire. Il vient d'écrire tout cela, là, et maintenant il me montre cette image. Cela ressemble à nos stades de football ou à un colisée sauf que les gens sont vraiment très excités. Ils ont des motos et toutes sortes de véhicules, et ils se battent en étant dessus.

D. *Est-ce que c'est dans notre futur ?*

J : Il dit que c'est en train de se produire. Il dit que les gens sont blessés, mais qu'ils ne vont pas là pour être blessés. Il me montre des photos de pistes de vitesse. Les émotions de la foule qui regarde les désastres qui se produisent parfois sur les pistes de vitesse, les tracteurs-poules et les derricks de démolition a été ravivé de l'ancien collosseum. C'est un peu comme les foules romaines. Il dit de lui lire la dernière partie du quatrain.

D : *" Les dés sont lancés et les filets déjà jetés."*

J : Il dit qu'il faut regarder combien d'argent est dépensé et combien de jeux d'argent sont pratiqués. Il dit que c'est comme la résurrection des jeux de gladiateurs de l'ancienne Rome romains, sauf qu'il ne s'agit pas de gladiateurs qui s'entretuent, mais organisé par l'intermédiaire de véhicules. Il dit que beaucoup d'argent est parié et perdu.

D : *La dernière réplique était "Le grand qui sonne le glas deviendra trop fatigué. Détruit par des arcs fendus il y a longtemps."*

J : Il dit que cela concerne la façon dont les gens perçoivent la religion. La plupart des religions, à votre époque, sonneront leur glas au fur et à mesure que plus de lumière et de compréhension seront avivés. Il dit que ce quatrain entretient un lien métaphorique. À son époque, on adorait Jésus sur la croix. Il affirme que ce symbole ne sera plus utilisé à l'avenir car il sera considéré comme trop choquant. Les gens penseront qu'il est barbare et païen de voir la souffrance et la mort. Ce symbole ne sera pas utilisé dans les religions de l'avenir parce qu'il est négatif. Il représente la mort, la destruction, la douleur et le désespoir alors que spirituellement nous sommes tous éternels. Ainsi, ce quatrain représente la mort de l'image de la crucifixion. C'est la fin de l'adoration du crucifix, et surtout de Jésus sur le crucifix.

D : Je suis d'accord avec lui sur ce point. Mais pourquoi ces deux choses sont-elles réunies dans un quatrain ? Y a-t-il un lien entre les deux ?

J : Oui, il dit qu'il y a un lien important si l'on y réfléchit. La religion est devenue une partie des masses et ce que les masses veulent, c'est du divertissement, tout comme à Rome. Ce quatrain représente le projet de donner aux gens une religion de masse et des divertissements de masse. C'est une image de notre monde tel qu'il est aujourd'hui. Les gens n'ont pas encore appris que la seule façon de grandir spirituellement est individuelle, et que pour trouver son propre sens d'être, il faut regarder à l'intérieur de soi.

SIÈCLE III -41

Bossu sera esleu par le conseil,
Plus hideux monstre en terre n'apperceu,
Le coup voulant crevera l'œil,
Le traitre au Roi pour fidelle recu.

Le bossu sera élu par le conseil,
On n'a jamais vu de monstre plus hideux sur Terre.
Le coup de feu délibéré lui transpercera l'oeil,
Le traître que le roi a reçu comme loyal.

J : Il dit que ce quatrain fait référence au dernier pape. Il n'est pas vraiment bossu mais il a eu des difficultés avec la courbure de sa colonne vertébrale et de ses jambes.

D : Ce quatrain fait donc référence à sa difformité ?

J : En effet. Il dit qu'il va s'aligner sur les matérialistes dominants et semblera vendre avec un découvert l'Europe.

D : Qu'est-ce que cela signifie, "le coup de feu délibéré lui transpercera l'œil". Le traître que le roi a reçu comme loyal" ?
J : Il essaie de me montrer une image de quelque chose. On dirait le pape en visite d'État. Ce qui se passe, c'est qu'un tir destiné au pape tue en fait un roi, un président ou une personne en position de pouvoir.
D. Ils tiraient sur ce pape ?
J : Oui. Ils voulaient tuer le pape mais ils ont tué un dignitaire haut placé dans le gouvernement, soit un président ou un autre homme d'État.

SIÈCLE III -42

L'enfant naistra à deux dents en la gorge,
Pierres en Tuscie par pluie tomberont.
Peu d'ans apres ne sera bled ni orge,
Pour saouler ceux qui de faim failliront.

L'enfant naîtra avec deux dents dans la bouche ;
Les pierres tomberont comme la pluie en Toscane.
Quelques années plus tard, il n'y aura plus ni blé ni orge,
Pour rassasier ceux qui s'affaibliront de faim.

J : Il décrit cela comme une famine mondiale. Les enfants naîtront affamés, prêts à manger, mais n'auront pas de nourriture. C'est le symbolisme des "deux dents dans sa bouche". Il dit qu'à son époque, la Toscane était un très grand centre d'agriculture. Je vois beaucoup de fermes, de vignobles et de vergers, mais tout est blanchi et sec. Les champs semblent brûlés par le soleil. Cela représente la famine mondiale.
D : Il est dit. "Les pierres tomberont comme la pluie."
J : Il me donne des images de tempêtes de grêle détruisant les régions productrices de nourriture des États-Unis, de la Russie, de l'Europe, de l'Amérique centrale et de l'Australie. Il dit qu'il y aura des changements climatiques dans le monde.
D : Pouvez-vous me dire à quelle période cela se produira ?
J : Je pose la question. Il dit : "Assez tôt dans votre vie".
D : Est-ce que ce sera avant que l'Antéchrist n'arrive au pouvoir ?
J : Oui. Il dit que c'est l'un des outils que l'Antéchrist utilisera.

La Toscane est une région du centre-nord de l'Italie. Aujourd'hui encore, cette région est agricole et très productive, avec presque aucune terre stérile. Il l'utilise ici comme un symbole de productivité, et ne désigne pas cette région comme le point de mire du quatrain.

SIÈCLE III -44

Quand l'animal à l'homme domestique,
Apres grands peines & sauts viendra parler,
De fouldre à vierge sera si malefique,
De terre prinse & suspendue en l'air.

Lorsque l'animal est apprivoisé par l'homme,
Commence à parler après de grands efforts et de grandes difficultés,
La foudre si nocive pour le bâton
Sera arrachée à la terre et suspendue dans les airs.

J : Il me montre une photo d'un laboratoire avec des singes, des gorilles et d'autres primates. Je vois des scientifiques qui leur apprennent à parler et ...(surpris) à parler ? oui, à parler ! Mais ils ne parlent pas avec leur bouche. Ils parlent avec leurs mains en utilisant le langage des signes. Cela représente l'avancée de la technologie de l'homme. Il me montre des choses qui se déroulent actuellement à notre époque. Comment les scientifiques ont pu développer des missiles, des satellites et des fusées. Il dit que c'est à cela que le quatrain s'applique. Les scientifiques qui apprennent aux primates à parler et à communiquer représente, dans une certaine mesure, un progrès spirituel. Le quatrain représente également ce que nous appellerions un progrès technologique.

D : *Que signifie la dernière partie ? "La foudre si nocive pour le bâton sera arrachée à la terre et suspendue dans l'air."*

J : On dirait des lasers. C'est ainsi qu'on les désignerait. Il est évident qu'il n'a aucune idée de ce qu'est un laser, car les lasers lui apparaissent comme des éclairs. Il voit une sorte d'appareil laser militaire et aussi comment ceux-ci peuvent être dirigés vers la Terre pour fournir de l'énergie à de différentes zones. Cela représente donc aussi un progrès technologique.

D : Les traducteurs disent que ce quatrain fait référence aux communications sans fil et à l'électricité.

J : (Rire) Il dit : "Oh, non, ce n'est pas ça". Il dit que la femme qui a écrit ce livre ne faisait que de la pure spéculation. Non, il me montre une scène de laboratoire où des animaux communiquent avec leurs gardiens en langage de signes. Il dit que c'est très important parce que cela représente un progrès spirituel. Voyez-vous, à son époque, les animaux étaient persécutés et tués parce qu'ils étaient considérés comme dangereux. Il voit donc ceci comme un merveilleux progrès.

D : Vous voulez dire que ce type d'animal était considéré comme dangereux ?

J : Il y avait quelques singes, mais pas beaucoup. Mais les animaux en général étaient considérés avec mépris Et maintenant, ce quatrain représente comment l'homme tente de comprendre le règne animal en essayant de communiquer avec lui.

D : Je sais que les animaux étaient utilisés comme bêtes de somme à son époque.

J : Oui. Il dit que les gens battaient les animaux et leur faisaient du mal. Et dans cette vision il a vu des gens qui essayaient de les comprendre.

D : Il est plus facile de comprendre ce quatrain quand on le voit de son point de vue.

Cette prédiction semblait étrange, mais lorsque j'ai commencé mes recherches, j'ai découvert qu'elle s'était déjà produite à notre époque. Certains des progrès réalisés dans la conversation avec les primates sont décrits dans le numéro d'octobre 1978 de la revue du National Geographic. Dans les années 1960, Keith et Cathy Hayes ont travaillé avec un chimpanzé pendant six ans et ont réussi à lui apprendre à prononcer oralement plusieurs mots. Par la suite, R. Allen et Beatrice Gardner ont perçu que la difficulté du chimpanzé à acquérir le langage n'était pas de la stupidité, mais plutôt une incapacité à contrôler ses lèvres et sa langue. Ils décident alors de tenter de leur enseigner la langue des signes américaine (AMESLAN), utilisée par les sourds américains. Avec une patience incroyable, ils ont réussi à apprendre à un chimpanzé à communiquer efficacement en utilisant la langue des signes. En 1972, Francine Patterson, de l'université de Stanford en Californie, a lancé un projet similaire avec un gorille. Les scientifiques ont été surpris de constater que le gorille était plus calme et plus réfléchi dans sa communication que le chimpanzé. Les grands singes sont non seulement capables de converser en utilisant le langage des signes, mais ils utilisent désormais des ordinateurs équipés de synthétiseurs vocaux. Tout cela était totalement inattendu et considéré comme tout à fait génial car, selon tous les concepts acceptés de la nature animale et humaine, les singes ne devraient absolument pas avoir aucune capacité de faire tout cela. Traditionnellement, un tel comportement est considéré comme exclusivement humain. Il semblerait que Nostradamus ait eu raison de définir cela comme une formidable avancée dans la relation de l'homme avec le monde animal.

SIÈCLE III -45

Les cinq estranges entrez dedans le temple
Leur sang viendra la terre prophaner:
Aux Tholousains sera bien dur example,
D'un qui viendra les lois exterminer.

Les cinq étrangers ayant pénétré dans le temple ;
Leur sang profanera le pays.
L'exemple fait par les Toulousains sera très dur
Fait par l'homme qui vient effacer leurs lois.

J : Il s'agit d'un temple juif construit en Israël. Des fanatiques musulmans tenteront de le profaner parce qu'il sera construit sur l'un de leurs sites sacrés. Il dit que cela se passera dans les années 1990, après un tremblement de terre qui frappera la Terre Sainte. Lors de ce tremblement de terre, le temple du Dôme du Rocher, qui est la mosquée musulmane ou temple sera détruit. n conséquence, un nouveau temple juif sera construit. Et parce que sur le site de leur mosquée sacrée, des fanatiques musulmans déguisés en juifs profaneront le temple en y commettant un suicide rituel. Il ajoute que ce sera le signal de l'avancée de l'Antéchrist dans le monde arabe. Ce sera le cri de guerre qui mènera à la bataille d'Armageddon.

D : S'agit-il d'un des tremblements de terre qui se produiront pendant cette période de soulèvements ?

J : Il dit que le tremblement de terre aura lieu avant cela. Puis le temple sera reconstruit. Ce sera une belle réplique de l'ancien temple de Salomon, car la mosquée se trouvait sur le site original de celui-ci. Elle sera construite très rapidement et les Arabes n'auront pas l'occasion de réclamer leur site sacré. Lorsqu'elle sera achevée, elle sera profanée par le sang des infidèles. Les Juifs seront considérés comme des infidèles. Ceci est comme un phare pour le monde arabe et pour les dirigeants de l'Antéchrist qui seront très actifs dans le monde arabe à ce moment-là.

D : S'agit-il de "l'homme qui vient effacer leurs lois" ?

J : Cela fait également référence à l'armée israélienne qui combat les forces de l'Antéchrist.

D : Les traducteurs disent que cela fait référence à la bataille de Toulouse en 1800.

J : Eh bien, Toulouse est un autre nom pour les Français qui seront impliqués dans ceci.

D : Est-ce que c'est ce qu'on entend par "l'exemple des Toulousains" ?

J : Les Toulousains étaient aussi des hérétiques à son époque, et ceci est lié à cela. Il dit qu'à votre époque vous n'utilisez pas le mot "hérétique", mais lui si. Il s'agit d'une région de France proche de son lieu de résidence et Toulouse était le centre de la ... (John a eu du mal avec le mot suivant. Il lui semblait étrange pour lui). Les Albanais ? Albain quelque chose. Il dit que l'église a persécuté ces gens. Le lien est que ces autres personnes seront fanatiques, se faisant passer pour des touristes juifs français qui viendront pour la dédicace du temple. Mais ce n'est pas le cas, ce sont des Arabes et des musulmans qui se suicideront rituellement sur les marches du temple pour le profaner.

D : Alors quand il utilise le mot "Toulousains", il veut en fait dire "hérétiques". C'est un sens de son époque.

J : Oui. Il dit qu'à son époque, Toulouse était un centre d'hérésie contre l'église.

D : Ils ne se sont même pas approchés de cette définition parce que c'est quelque chose que que les interprètes ne connaissaient pas.

Sans surprise, mes recherches ont révélé que Nostradamus avait raison concernant ses remarques sur Toulouse. La ville est située dans le sud-ouest de la France, et elle aurait pu être proche de lui car il avait mentionné une fois qu'il vivait dans le sud de la France, loin de Paris. Au début du 12ème siècle, les Comtes de Toulouse avaient un tel pouvoir qu'ils contrôlaient la majeure partie du sud de la France. À cette époque, la rébellion albigeoise contre l'Église de Rome s'est produite. (Albigeois est apparemment le mot qui posait problème à John). La révolte est soutenue par le Comte de Toulouse, ce qui entraîne le siège de la ville en 1211. Plus tard, elle devint la capitale de la province royale du Languedoc et le siège du parlement (cour) de Toulouse fut fondé en 1302. Cette cour est connue pour ses mesures sévères à l'encontre des hérétiques.

Il était évident que cette information ne provenait pas de l'esprit des participants à cette expérience. Elle avait une grande importance pour Nostradamus car elle faisait partie de l'histoire de la région dans laquelle il vivait, et il s'en servait donc comme d'un symbole. C'est aussi la raison pour laquelle cette traduction n'est venue à l'esprit d'aucun des autres interprètes - elle était trop obscure. Une fois de plus, cela montre que la seule façon de comprendre la complexité de ses prédictions est de connaître le fonctionnement de son esprit de son vivant, et de se rendre compte qu'il utilisait des choses qui lui étaient familières. L'histoire et la philosophie étaient très importantes pour lui.

Alors que ce livre était en cours de préparation, des articles parurent dans la presse en mai 1989 qui semblaient s'appliquer à ce quatrain. Il y était dit qu'un groupe de rabbins israéliens espérait reconstruire l'ancien Temple juif à Jérusalem, là où se trouvent aujourd'hui les sanctuaires islamiques. Je cite : "Le plan placerait l'autel du Temple sur ce que certains juifs ultra-religieux croient en être son site historique. L'endroit est celui où se trouve le Dôme du Rocher, coiffé d'un toit d'or, emblème de Jérusalem et l'un des sites les plus sacrés de l'Islam.

"La revendication apparemment irréconciliable des Arabes et des Juifs sur la zone, connue des Juifs sous le nom de Mont du Temple et des Arabes sous celui de Haram Al Sharif ou "Noble Sanctuaire", est l'une des questions les plus émotionnelles du conflit israélo-arabe."

Toute tentative d'Israël de le récupérer ne manquerait pas d'attiser les tensions dans l'ensemble du monde musulman. Le gouvernement ne soutient pas le projet des rabbins de reconstruire le Temple.

Les 50 rabbins et artisans de l'Institut du Temple ont fabriqué des vases du Temple et produit un plan informatisé du sanctuaire en vue de sa reconstruction sur le site où il se trouvait jusqu'en 70 après J.-C., date à laquelle les Romains l'ont détruit.

"Au cours des siècles qui ont suivi la destruction du Temple, la plate-forme rectangulaire de 35 acres est devenue un site islamique sacré, marquant l'endroit où le prophète Mahomet serait monté au ciel. Elle englobe le Dôme du Rocher et la mosquée Al Aqsa, considérés comme les lieux de culte les plus sacrés de l'islam après La Mecque et Médine."

Le groupe impliqué se consacre à la reprise du contrôle israélien du site, et ont collecté plus de 200 000 dollars, principalement auprès de juifs américains, pour financer le projet. Ils ont également déclaré qu'ils aideraient les musulmans à déplacer les deux mosquées à La Mecque et à les y reconstruire.

Une fois de plus, Nostradamus semble avoir vu une issue possible impliquant une question hautement émotionnelle entre deux grandes religions. Il semblait également probable qu'un temple puisse être construit sur ce site controversé.

SIÈCLE III -46

Le ciel (de Plancus le cité) nous presage,
Par clers insignes & par estoilles fixes:
Que de son change subit s'aproche l'aage,
Ne pour son bien ne pour ses malefices.

Les cieux annoncent, concernant la ville de Lyon
Au moyen d'un ciel clair et d'étoiles fixes,
Que soudain le temps du changement approche,
ni pour sa bonne ni pour sa mauvaise fortune.

J : Ce quatrain représente la destruction de la ville de Lyon au moment des bouleversements de la Terre. Il dit que cela a été prévu. Les astrologues sauront que le changement est imminent, mais beaucoup d'endroits ne seront pas sauvés pendant cette période. (Triste) Il est triste parce qu'il a un lien fort avec Lyon de son vivant, et son Lyon bien-aimé, comme il le dit, disparaîtra lui aussi.

Cela a dû lui briser le cœur de voir un lieu auquel il était émotionnellement attaché détruit et de ne pouvoir rien faire, même avec les connaissances issues de sa vision.

J : Je suppose que Lyon est l'une de ses villes préférées. J'ai l'impression qu'il y a fait ses études. (Soudain) On frappe à la porte.

Je n'ai pas compris. Je pensais qu'il voulait dire que quelqu'un frappait à la porte de l'appartement. Normalement, les bruits ne le dérangeraient pas car il était complètement coupé de notre monde. J'ai regardé les autres personnes présentes dans la pièce. Ils ont haussé les épaules. Il n'y avait pas de perturbation dans notre cadre temporel, alors j'ai continué.

D : Dans l'original français, au lieu de dire Lyon, il l'appelle "Plancus". Les traducteurs ont dit que cela signifiait la même chose, "soi-disant après la fondation de Lyon par Lucius Manatius Plancus en 43 avant J.-C." Est-ce que cela a un sens pour lui ?

J : Il dit que Lyon était une ancienne ville romaine. À une époque, c'était la capitale romaine de cette province.

Là encore, les recherches le prouvent. Cette ville était la capitale des Ségusiens, une tribu gauloise, avant César. Elle fut occupée par Munatius Plancus en 43 av. J.-C., et devint le centre du pouvoir politique de la Gaule en raison de sa position géographique. Il s'agit là d'une histoire locale qui n'aurait d'importance que pour Nostradamus, mais au moins les traducteurs ont pu faire la liaison, selon laquelle, Plancus se référait à Lyon.

J : Il dit que ce quatrain fait également référence au règne du pape français à l'époque de l'Antéchrist, car il aura aussi un lien avec Lyon.

D. *Comment cela se réfère-t-il à lui ?*

J : Il dit qu'il viendra de Lyon, et que la ville sera très importante pour ce pape français. (Brusquement) On frappe à nouveau à la porte. On frappe à nouveau à la porte. Une servante entre à l'instant, et il me dit de retourner dans le miroir parce qu'il a des clients qui arrivent.

D : *Alors il ne pourra pas continuer à nous parler ?*

J : Non. Il dit : "Revenez une autre fois, s'il vous plait". Il a une opération à faire. La servante lui demande ce qu'il faut faire. Quel type d'eau doit être bouilli et quels sont les couteaux dont il dispose ? Il dit qu'il n'aime pas faire des opérations chirurgicales. Mais le pied de cet enfant est tout déchiré et on dirait qu'il faudra l'amputer. Cela a l'air très abîmer. Il est sorti de la pièce et est passé dans l'autre bureau. Je ne peux pas y entrer, mais je peux regarder par la porte ouverte. Il est revenu dans la pièce et il me dit que je dois partir.

D : *La servante a-t-elle frappé ou est-elle entrée comme ça ?*

J : Elle a frappé et puis, est entrée. Il en a été quelque peu contrarié, mais l'enfant a besoin d'être soigné tout de suite. C'est une urgence. Il s'est précipité dans l'autre pièce, et il tient le pied de l'enfant en l'air. Il crie à tout le monde de prendre ceci et cela. Il est temps pour moi de partir. Je suis dans le miroir.

D : *Quand il nous demande de partir, nous devons obéir à ses demandes. C'est très important. Je ne veux pas l'offenser de quelque manière que ce soit.*

J : Je ne suis plus dans le coup. Il a été très gentil. C'est arrivé si vite.

D : *Il ne savait pas que ça allait arriver.*

J : Non. Il appréciait notre visite. Il n'a pas réalisé ce qui se passait quand tout un groupe de personnes s'est précipité en portant cet enfant. Il y avait quatre ou cinq personnes, sa femme et sa servante, et deux autres hommes. Ils se sont tous entassés dans la pièce. Le pied de l'enfant semblait comme s'il était déjà complètement arraché. Et il m'a dit : "Vous devez partir."

D : *Tu m'a dit qu'il n'aimait pas pratiquer la chirurgie.*

J : Il n'aime pas le faire, mais il se devait de s'en occuper. Il a tenu le pied de l'enfant en l'air, pour arrêter l'écoulement du sang, je suppose. Puis il a dit à la servante de faire bouillir de l'eau, et à sa femme de faire bouillir ses couteaux. Il a donné des ordres à tout le monde de faire toutes ces choses différentes et l'enfant saignait et criait en même temps. Il criait vraiment. C'était une véritable urgence. Il a donc dit : "S'il vous plaît, arrêtons nous pour l'instant." Maintenant, je suis sorti du miroir et je suis de retour à la salle de la Tapisserie.

D : Je pense que nous nous sommes très bien débrouillés. Nous avons pu commencer les traductions de votre point de vue.

J : (Il frissonne.) La situation était tellement alarmante.

D : Nous n'avons pas le choix quand une telle chose se produit. Avec toute l'agitation, je ne pense pas qu'ils t'auraient remarqué de toute façon.

J : Non, personne ne m'a remarqué, mais il copiait ce que je disais et lisait dans mes pensées. Je communiquais avec lui par télépathie et il écrivait les choses au fur et à mesure que je parlais. Maintenant, je suis de retour dans la salle de la tapisserie avec le gardien, et il me dit : "Oh ! Je comprends pourquoi tu es parti maintenant." Il peut voir l'événement.

D : Le gardien comprend pourquoi nous ne sommes pas restés aussi longtemps que nous le voulions.

J : Nostradamus n'est plus dans mon champ de vision.

D : Nous voulons respecter ses souhaits parce que nous entrons dans sa vie de manière inattendue à différents moments. Nous voulons donc faire attention à ne pas créer d'interférence.

Chapitre 19

Du vin mauvais

DANS CETTE SESSION, nous sommes arrivés avant Nostradamus.

J : Il entre dans le bureau et s'assoit. Il sait que je suis dans la pièce et il me dit : "Va devant le miroir". Quand j'apparais dans le miroir, il me reconnaît et dit qu'il est heureux de me voir.

D : *Au début, il vous sent dans la pièce, mais il ne sait pas de qui il s'agit.*

J : Oui, il sent une présence. Il dit : "La plupart des gens penseraient que je suis un nécromancien, et que j'appelle les esprits des morts, mais ce n'est pas le cas. Je sais que vos esprits sont éternels."

D : *Il ne sait donc pas vraiment de quel esprit il s'agit jusqu'à ce que vous vous regardiez dans le miroir ?*

J : Oui, c'est vrai, parce que les visages d'autres personnes apparaissent aussi dans ce miroir.

D : *Est-il conscient que nous vivons à notre époque et que nous lui parlons depuis le futur ?*

J : Il a eu un aperçu de notre vie, mais elle est si différente de la sienne qu'elle lui semble presque extraordinaire.

D : *Mais il sait qu'il ne parle pas avec des morts.*

J : Non. Il comprend le concept de spiritualité. Il dit qu'il sait qu'il est vrai que la mort n'existe pas.

D : *Sait-il que nous sommes en vie à notre époque et que nous menons des expériences pour le contacter ?*

J : Il dit qu'il le comprend.

D : *Nous avons donc les mêmes limitations que lui.*

J'ai ouvert le livre pour continuer les quatrains. J'ai décidé de ne pas classer les interprétations de John dans l'ordre chronologique, comme je l'avais fait pour celles de Brenda, mais de les laisser telles qu'elles nous sont apparues. Lorsque nous avons contacté Nostradamus par l'intermédiaire de Brenda, nous nous rencontrions dans un lieu de rencontre spécial, situé apparemment dans une autre dimension. Ainsi, nous n'étions pas personnellement impliqués avec lui. Lorsqu'il était appelé ailleurs ou qu'il cessait de communiquer, nous n'en connaissions jamais la raison. Mais en travaillant par l'intermédiaire de John, nous avons été personellement impliqués dans une petite partie de la vie de Nostradamus chaque fois que nous lui rendions visite. J'ai pensé que si je sortais les traductions de leur contexte cela pourrait atténuer l'impact que ces visites ont eu sur nous.

SIÈCLE III -47

Le vieux monarque dechassé de son regne
Aux Orients son secours ira querre:
Pour peur des croix ployera son enseigne,
En Mitylene ira par port & par terre.

Le vieux roi chassé de son royaume
ira chercher de l'aide auprès des peuples de l'Est :
Par peur des croix, il repliera sa bannière ;
il se rendra à Mitylène par terre et par mer.

J : Il dit que ce quatrain décrit le Shah d'Iran et le renversement de son gouvernement. Il dit qu'il est important de comprendre que tout type de fascisme fondamentaliste aura des effets sur les gens.

Nostradamus nous avait dit, par l'intermédiaire de Brenda, que si le quatrain prédisait des événements qui s'étaient produits dans notre passé, il souhaitait passer outre leur signification afin de consacrer du temps à ceux qui concernaient notre avenir immédiat. Il a insisté à nouveau sur ce point en répétant les mêmes instructions par l'intermédiaire de John. Il déciderait de ceux qu'il considère comme importants pour que nous en sachions davantage.

L'interprétation du quatrain suivant m'a semblé si controversée que j'ai lutté en mon for intérieur pour savoir s'il fallait ou non l'inclure. J'ai promis à Nostradamus d'être aussi fidèle que possible à ses interprétations et que je ne les censurerais pas personnellement. J'ai donc décidé de la laisser, même si elle ne représente pas mes croyances et que j'espère qu'elle s'avérera fausse.

SIÈCLE III -48

Sept cens captifs estachez rudement,
Pour la moitié meurtrir, donné le sort:
Le proche espoir viendra si promptement,
Mais non si tost qu'une quinziesme mort.

Sept cents captifs grossièrement ligotés,
les lots sont tirés au sort pour la moitié à assassiner ;
l'espoir soudainement va venir,
mais pas assez vite pour une quinzaine de morts.

J : Pourriez-vous répéter ce qu'il a dit, s'il vous plaît ? Il est en train de les écrire.
D : *(Rire) Je m'en suis souvent douté. (Je le répète)*
J : Il dit que ce quatrain fait référence à la crise du SIDA. Il me montre beaucoup d'images différentes dans le miroir qui décrivent comment la maladie a commencé. Il me montre des images de singes dans les arbres en Afrique. Une morsure de singe a propagé une infection qui est une mutation d'un certain type de maladie chez les singes. Je vois une femme se faire mordre. Elle n'était pas inquiète de la morsure de singe parce qu'ils vivent à l'état sauvage. La maladie a muté, s'est transformée à l'intérieur d'elle et elle est morte très rapidement. Celle-ci est similaire à la rage. Elle l'a transmise à son mari parce qu'ils ont eu des rapports sexuels. Il est également décédé, mais pas avant d'avoir transmis la maladie lors de rapports sexuels avec d'autres personnes. C'est une réaction en chaîne. Ensuite, je vois des gens qui font la queue et il leur est donné de l'argent pour leur sang et leur plasma. Ils vont à un centre mobile de transfusion sanguine en Afrique. Je vois des laboratoires. Ce sang est utilisé dans des produits biologiques, comme des médicaments, et la maladie les a contaminé. La maladie ne provient pas tant du sang que du plasma et des instruments non stériles. C'est ainsi que la maladie s'est propagée. Il me montre comment il affecte le système endocrinien. Cela va devenir une maladie mondiale qui continuera à se répandre. Je vois ensuite de nombreux centres aux États-Unis où elle a été implantée parmi les gens.

D : *Qu'est-ce que tu veux dire ?*
J : Je vois des gens qui sont testés... Ooh, je n'aime pas ce que je vois.
D : *Est-ce que ça te dérange d'en parler ?*
J : Eh bien, je vois des gens qui sont dans des stations d'expérimentation, et on leur donne des médicaments pour voir leurs réactions. Je vois un homme à l'allure très efféminée à qui l'on donne la drogue. Cette expérience lui a rapporté de l'argent et il fait la fête avec d'autres personnes grâce à ça. Il s'amuse et propage cette maladie. Ils lui ont donné cette maladie ! Sept cents personnes ont été inoculées avec ce produit chimique... ou ont eu une réaction chimique. Et ce noyau de base de 700 personnes est depuis entré en contact avec d'autres personnes, propageant la maladie jusqu'à ce qu'elle devienne une épidémie.
D : *C'est donc pour cela qu'il a écrit : "Sept cents captifs grossièrement ligotés, les lots sont tirés au sort pour la moitié à assassiner." Veut-il développer le mot "inoculé" ? Qui les a vaccinés ?*
J : (doucement et avec hésitation) Il a dit : "Votre propre gouvernement".

J'ai été choquée par cette réponse inattendue.

D : *Peut-il nous dire pourquoi ils ont fait cela ?*
J : Il dit qu'il faut regarder du côté de l'intolérance religieuse.
D : *Cela semble être une chose radicale à faire.*
J : Il dit que c'est vrai.
D : *Ne savaient-ils pas que cela pouvait se répandre ?*
J : Il a dit qu'ils étaient tous des volontaires rémunérés qui ont été testés avec un nouveau produit chimique qu'ils pensaient pouvoir traiter l'hépatite, et que cette expérience a déraillé. Le gouvernement pensait pouvoir le contenir.
D : *Les médecins ou les scientifiques trouveront-ils un jour un remède contre le SIDA ?*
J : Il dit que ce sera très difficile car la science a créé et hybridé cette maladie. Maintenant, je vois que les images reviennent sur la morsure du singe et le sang utilisé dans la recherche scientifique. Ils ont fait muter la maladie et l'ont injectée à d'autres personnes. "Quinze morts" était son anagramme pour 15 ans. Selon lui, il s'écoulera 15 ans entre le premier cas et la découverte d'un

remède. À ce moment-là, la maladie sera comparable à la peste de son époque. Elle décimera un grand nombre de personnes. C'est terrible ! C'est un génocide ! Le contrôl en a été perdu, et c'est pourquoi elle touche de plus en plus de gens. La maladie n'était pas censée se répandre; elle n'était censé affecter que certains groupes d'individus.

D : *J'essaie de comprendre. Est-ce que cela a été fait sous le prétexte d'inoculer contre l'hépatite ou leur ont-ils en fait inoculé un autre virus ?*

J : Il dit qu'ils ont été inoculés avec des produits chimiques en tant que volontaires rémunérés et que ces réactions chimiques les ont rendus très vulnérables à la maladie.

D : *Le gouvernement était-il conscient de l'étendu de leur effet?*

J : (calmement) Oui, le gouvernement s'en est rendu compte. C'était prévu dès le départ.

D : *Je pensais que vous vouliez dire que c'était un accident.*

J : Je ne pense pas qu'il soit nécessaire d'en parler davantage.

Je n'en ai pas aimé le concept et je n'ai donc pas voulu poursuivre dans cette voie.

D : *Très bien. C'est un sujet délicat à notre époque. Je me demande si je devrais même le mentionner. Qu'en pense-t-il ?*

J : Il dit qu'au moment où votre livre sortira, ces informations seront connues de tous.

Cette information m'a beaucoup gêné et j'avais hâte de passer au quatrain suivant. Dans ce travail avec ce grand devin, j'entendais constamment des choses que j'aurais préféré ignorer.

Cette interprétation, avec ses accusations extravagantes contre notre propre gouvernement, semblait trop horrible à considérer jusqu'à ce que je la mentionne par hasard à un groupe de personnes. Un jeune homme m'a dit que ce n'était peut-être pas une idée si absurde que cela après tout. Il m'a montré un article paru en 1989 dans le magazine Wildfire qui semblait confirmer tout ce que Nostradamus avait révélé à John.

L'article est un condensé d'un livre publié en 1988, AIDS and the Doctors of Death : An Inquiry into the Origin of the AIDS Epidemic (Le SIDA et les médecins de la mort : une enquête sur l'origine de l'épidémie de SIDA) par Alan Cantwell Jr. qui est considéré comme un expert dans le domaine de la microbiologie du cancer et du SIDA. Dans son précédent ouvrage, AIDS : The Mystery and the solution (Le SIDA, le mystère et la solution), il était convaincu que le sida n'était qu'une forme très agressive de cancer. Il a changé d'avis lorsqu'il a découvert les recherches du Dr. Robert Strecker. Il est désormais convaincu que le virus et l'épidémie du sida n'étaient pas des accidents de la nature, mais le résultat d'un virus génétiquement modifié. Il pense que la maladie a été créée par l'épissage ou le mélange de deux virus différents qui, une fois introduits chez l'homme, sont capables de produire une "nouvelle" maladie. Il a cité les essais expérimentaux du vaccin contre l'hépatite B qui ont débuté à New York à la fin des années 1970 et qui ont utilisé des homosexuels comme volontaires. Il a déclaré que le vaccin commercial était sûr, mais qu'il s'agissait d'un vaccin expérimental. et n'était pas destiné au grand public. Strecker a déclaré qu'il ne s'agissait pas d'une pas d'une coïncidence si les premiers cas de sida aux États-Unis ont été découverts à Manhattan immédiatement après leurs expériences. Au fur et à mesure que les essais dans d'autres villes jusque dans les années 1980, des cas y ont également été découverts. Alors que le nombre de cas augmentait, les médecins étaient convaincus de voir apparaître une nouvelle maladie mortelle. Dans son livre, le Dr Cantwell présente la preuve que le nouveau virus du sida n'existait pas en Amérique avant 1978, date à laquelle les expériences ont commencé.

Le Dr Cantwell explique que Robert Gallo a émis la théorie selon laquelle le virus est apparu en Afrique centrale chez des singes verts africains. L'histoire que le virus du sida des singes aurait "sauté d'une espèce à l'autre", aurait pénétré dans la population noire africaine et s'est ensuite répandu en Haïti. De là, il se serait propagé jusqu'à New York par l'intermédiaire de gays ayant eu des contacts avec des hommes infectés en Haïti.

Le Dr Cantwell a déclaré qu'il avait été gêné par l'idée qu'un virus puisse s'attaquer uniquement aux hommes homosexuels. Il était impossible qu'une telle chose se produise biologiquement, et pourtant c'est ce qui s'est produit. Cela l'a amené à se demander s'il n'était pas tombé sur l'affreuse vérité que le puissant coupable derrière tout ceci, était notre propre gouvernement, puisque ces expériences ont été financées par des subventions du Centre de contrôle des maladies (CDC), de l'Institut national de la santé (NIH) et de l'Institut National de la santé (NIH) et de l'Institut national des allergies et des maladies infectieuses.

L'ensemble du projet était sous le contrôle du Dr Wolf Szmuness, un scientifique qui avait défecté de l'Union soviétique. Il avait également mené un projet de recherche sur l'hépatite en Afrique en 1973 où il avait utilisé l'armée sénégalaise pour obtenir des échantillons de sang. C'était avant l'expérience menée à New York City. Strecker pense qu'il y a eu un acte criminel en Afrique et en Haïti, ainsi que dans notre propre pays, et que la maladie a été "assistée" dans ces pays. Il déclare : "Seul un imbécile ne reconnaîtrait pas le "lien" africain avec le sida." Il pense que ce lien implique bien plus que des singes verts.

Après avoir trouvé cette corrélation étonnante, j'ai décidé de l'inclure dans mon livre. Il est réconfortant de trouver des preuves à l'appui de ces visions étranges. Je m'en tiendrai là, laissant aux autres le soin de tirer leurs propres conclusions. J'ai fait mon travail de journaliste.

SIÈCLE III -50

La republique de la grande cité
A grand rigeur ne voudra consentir :
Roi sortir hors par trompette cité.
L'eschelle ay mur, la cité repentir.

Le gouvernement populaire de la grande ville
Ne consentira pas à une répression sévère :
Le roi, sommé par les trompettes de quitter la ville,
L'échelle au mur, la ville se repentira.

J : Il dit que ce quatrain fait référence à l'Amérique et à New York en particulier. Il concerne les difficultés de l'économie de l'île. Il me montre une photo de New York où les gens sont vraiment fous dans les rues. On aurait dit les manifestations qui ont eu lieu pendant les années de la guerre du Viêt Nam. Il explique qu'il s'agit d'une question financière et que beaucoup d'entreprises vont subir de profonds changements. Il ajoute que des changements de la masse terrestre pourraient également être nécessaires. Il me dit maintenant que ce n'est pas mon problème, et que ça va s'arranger tout seul.

D : Est-ce que ce sera dans notre avenir ?

J : Il dit que c'est dans un avenir très proche. Cela se produira dans les deux prochaines années.

Aurait-il vu le krach boursier qui s'est produit à la fin du mois d'octobre 1987 ?

SIÈCLE III -52

En la campaigne sera si longue pluie,
Et en la Puoille si grand siccité.
Coq verra l'Aigle, l'œsle mal accompli
Par Lyon mise sera en extremité.

En Campanie, il y aura de la pluie pendant si longtemps,
Et une si grande sécheresse dans les Pouilles ;
Le coq verra l'Aigle, l'aile mal finie
Mise en difficulté par le Lion.

J : Il dit qu'il y a beaucoup de symboles astrologiques dans ce quatrain. Le Lion est prédominant, ainsi que le signe du coq. Il dit que cela prédit le début d'une sécheresse mondiale. La sécheresse commencera en Campanie, qui est une partie de l'Italie, et se répandra dans le monde entier. La Campanie est le grenier à blé de l'Europe. Une grande partie de la nourriture pousse dans ses vergers, mais il n'y a pas assez d'eau douce pour entretenir ces plantes.

La Campanie et les Pouilles sont toutes deux situées en Italie. Il s'agit de deux grandes régions agricoles qui produisent de grandes quantités de denrées alimentaires destinées à l'exportation. Il est intéressant qu'il ait mentionné les Pouilles, car les seules cultures qui y sont pratiquées sont celles qui résistent à de longues périodes de sécheresse ou qui ont un cycle de croissance courtes et précoces. Je pense qu'il indique une sécheresse qui sera suffisamment sévère pour affecter même une région comme les Pouilles, habituée à cultiver des plantes sans beaucoup d'eau. Il s'agit d'un symbolisme intéressant.

J : Il pourrait y avoir un accident de centrale nucléaire dans le nord de l'Italie quii empoisonnerait la terre parce qu'il me montre une photo d'une centrale nucléaire.

D : Quel est le symbolisme de l'aigle ?

J : L'aigle représente le Scorpion. J'ai l'image d'un horoscope dans mon esprit. Il dit que les planètes en carré sont négatives ou ont une énergie discordante. Je comprends maintenant. Il dit qu'une partie de ce quatrain a déjà eu lieu, mais très récemment. Il dit que parce que l'eau du Rhin a été polluée, cela finira par affecter l'agriculture d'une partie de l'Europe : la Suisse, l'Italie et la Yougoslavie. Selon lui, l'eau a été empoisonnée et contaminée. Cela s'est produit lorsque Scorpion et Lion n'étaient pas en bon aspect l'un par rapport à l'autre.

D : Le coq est-il un signe astrologique ?

J : Non, pas traditionnellement. Il dit : "J'ai utilisé le coq parce qu'il y aura des avertissements avant que cela n'arrive. Tout comme le coq, l'oiseau du matin, nous dit que le matin est là, il y aura des avertissements avant que cela n'arrive. Mais les gens ne les écouteront pas." Les symboles astrologiques sont le scorpion-aigle et le lion-lion.

D : " l'aile mal finie mise en difficulté" Pouvez-vous obtenir des dates sur l'horoscope qu'il vous montre là ?

J : Hmm. Les dates que j'obtiens indiquent que cela a pu se produire l'année dernière ou l'année précédente (1986). Il dit que cela affectera le sol et la nappe phréatique, et que cela empoisonnera toute la région de la Campanie. ce qui entraînera une sécheresse plus tard dans les années 1990.

D : Les traducteurs ont interprété ces symboles comme signifiant différents pays.

J : (Souriant) Il dit que ce n'est pas exact.

SIÈCLE III -54

L'un des plus grands fuira aux Espaignes
Qu'en longue playe apres viendra saigner.
Passant copies par les hautes montaignes,
Devastant tout & puis en paix regner.

L'un des grands hommes s'enfuira en Espagne
qui saignera d'une grande blessure par la suite.
Des troupes passeront par les hautes montagnes
Dévastant tout, puis il régnera en paix.

J : Il dit que ce quatrain fait référence aux changements à venir. J'essaie de vous faire passer son idée. Il me montre une image de... qu'est-ce que c'est ? (Il semble examiner quelque chose. semble examiner quelque chose.) Une sorte de machine ou de gadget.
D : *A quoi ça ressemble ?*
J : C'est très petit et c'est une boîte. (Pause) Je n'arrive pas à comprendre ce qu'il essaie de m'expliquer. Il dit qu'il y aura des saboteurs qui utiliseront cet instrument pour communiquer entre eux alors que le système d'information sait tout d'eux. Ils feront partie d'une opération cachée.
D : *Les traducteurs pensaient qu'il s'agissait du général Franco et de la guerre civile espagnole dans les années 1930.*
J : Il dit que cela pourrait s'appliquer à cela aussi, mais que cela concerne également l'avenir. Il dit qu'il y a des partisans qui se battront contre l'Antéchrist et qu'ils utiliseront cette machine pour interférer avec les lignes d'information.

Cela fait apparemment référence au contrôle des systèmes informatiques par l'Antéchrist et au fait que les gens ne pourraient plus rien faire sans être surveillés. Les clandestins vont donc inventer un dispositif de brouillage qui leur permettra de contourner ce système et d'entrer en contact les uns avec les autres.

SIÈCLE III -55

En l'an qu'un œil en France regnera,
La court sera à un bien facheux trouble:
Le grand de Blois son ami tuera,
Le regne mis en mal & doubte double.

L'année où la France aura un roi borgne
la cour connaîtra de très graves difficultés.
Le grand homme de Blois tuera son ami,
Le royaume mis en difficulté et en double doute.

J : Il dit qu'il y aura un président français avec un œil paresseux ou faible. Pendant son mandat, il sera très difficile pour les gens de grandir spirituellement. Beaucoup de gens seront persécutés pendant cette période.
D : *Les traducteurs ont pensé que le quatrain faisait référence à Henri II. C'était un roi qui a été blessé à l'œil.*
J : Non, il s'agit d'un président qui va arriver au pouvoir et nuire à l'économie de la France en l'engageant dans des affaires où il ne serait pas souhaitable qu'elle soit impliquée. Cela se produira dans les 10 prochaines années.

SIÈCLE III -56

Montauban, Nismes, Avignon & Besier,
Peste tonnere & gresle à fin de Mars:
De Paris pont, Lyon mur, Montpellier,
Depuis six cens & sept vingts trois pars.

Montauban, Nîmes, Avignon et Béziers,
Peste, foudre et grêle à la fin du mois de mars.
Du pont de Paris, de la muraille de Lyon et de Montpellier,
depuis six cent sept vingt-trois paires.

J : (Il a prononcé correctement chaque nom après moi.) Ce quatrain fait référence à un moment du mois de mars où la France sera en guerre. Ce sera une période très cruelle pour sa France bien-aimée. Il dit que cela fait référence à la Seconde Guerre mondiale et à la facilité avec laquelle les Allemands ont pris le contrôle du pays. Il utilise le mot "Allemande" (phonétique : Al-le-man-day).
D : *Qu'est-ce que cela veut dire ?*
J : Je suppose que cela a quelque chose à voir avec les Allemands. Il dit le mot comme s'il allait le cracher.

J'ai vérifié plus tard et le mot français pour Germany est Allemagne. Il est similaire au mot qu'il a utilisé, bien qu'il n'ait pas la même prononciation. Dans SIÈCLE III -78 (interprété dans le chapitre 19, "Attaque cardiaque"), Nostradamus utilise "d'Alemaigne" pour désigner les Allemands. S'agirait-il du même mot que John ne connaissait pas ?

J'ai également découvert que dans la Rome antique, l'Allemagne était composée de nombreuses tribus qui faisaient la guerre aux pays voisins. L'un de ces groupes s'appelait les Alemanni, une confédération située sur les cours supérieurs du Rhin et du Danube. En 357 de notre ère, l'empereur romain Julien a dû les combattre lorsqu'ils ont pénétré dans Lyon. Il les a ensuite combattus dans leur propre pays. Lyon étant l'une des villes préférées de Nostradamus, faisait-il une comparaison entre deux événements historiques similaires ? Le mot qu'il a utilisé était-il "Alemanni" ou "Allemagne", ou un anagramme symbolisant les deux ?

J : Il dit qu'à son époque, les Allemands n'étaient pas unis. Ils étaient de nombreux différents États indépendants et ils s'uniront par la suite en un seul État puissant.

D : *Que signifient les chiffres : "Six cent sept points, trois paires" ?*

J : Il s'agit de bombes. Les Allemands menaceront de bombarder la plupart des villes de France et de les anéantir. Ils allaient faire sauter le pont principal de Paris. C'est pour cela que les Français ont capitulé devant les Allemands, pour que leurs villes ne soient pas détruites.

D : *Les traducteurs ont essayé de convertir ces chiffres en dates et n'ont pas eu de chance avec eux. Ils ont dit que c'était impossible parce qu'il y avait trop de combinaisons possibles.*

J : Il dit qu'il s'agit du nombre de bombes qui devaient être larguées sur chaque ville. Ce sont des nombres symboliques qui indiquent une grande quantité de quoique ce soit.

SIÈCLE III -57

Sept fois changer verrez gent Britannique
Taintz en sang en deux cents nonante an:
Franche non point par appuy Germanique,
Aries doubte son pole Bastarnien

Sept fois, vous verrez la nation britannique changer,
teintée de sang depuis deux cent quatre-vingt-dix ans.
Pas du tout libre grâce au soutien de l'Allemagne,

le Bélier craint pour le protectorat de la Pologne.

J : Encore une fois, ce quatrain fait référence à la Seconde Guerre mondiale, et il me montre une photo de la Grande-Bretagne qui s'est associée à la France pour protéger la Pologne pendant la Seconde Guerre mondiale.

D : *En mentionnant la Pologne, j'ai pensé que cela avait probablement quelque chose à voir avec la Seconde Guerre mondiale.*

J : Il a dit que c'était la chute de l'Empire britannique. Il montre maintenant une carte dans son bureau, et il dit : " Maintenant, plus de ... plus de pouvoir ".

D : *Après la guerre ?*

J : Oui, c'est ce qu'il dit.

D : *C'est ce que signifie deux cent quatre-vingt-dix ans ?*

J : Il dit qu'ils ont le pouvoir depuis longtemps.

L'Angleterre n'a commencé à acquérir les terres qui allaient devenir l'Empire colonial britannique qu'au début du 17ème siècle (les années 1600). lorsqu'elle a commencé à faire de grands voyages en mer. L'acquisition de terres impliquait souvent des guerres et était en effet "teintée de sang". Leur empire s'est étendu jusqu'à faire le tour du globe, puis s'est amenuisé après la Seconde Guerre mondiale, lorsqu'ils ont accordé l'indépendance à diverses possessions. Cela correspondrait à peu près aux 290 ans que Nostradamus a vus. Mme Cheetham a correctement interprété ce quatrain dans son livre.

SIÈCLE III -58

Aupres du Rhin des Montaignes Noriques,
Naistra un grand de gens trop tard venu.
Qui defendra Saurome & Pannoniques,
Qu'on ne sçaura qu'il sera devenu.

Près du Rhin, des montagnes nordiques
Naîtra un grand homme du peuple, venu trop tard.
Il défendra la Pologne et la Hongrie et
et ils ne sauront jamais ce qu'il est devenu.

J : Il dit que ce quatrain fait référence à Ogmios, l'Hercule celtique, et à l'endroit d'où il viendra. Les gens ne le connaîtront pas parce qu'il sera un chef de la résistance pendant les jours troublés de l'Antéchrist.

D : Le quatrain dit "ils ne sauront jamais ce qu'il est devenu".

J : Il dit que cela fait référence au moment où il entrera dans la clandestinité. Après avoir fait ce qu'il est censé faire, il ne veut pas attirer l'attention sur lui. Il vivra le reste de ses jours dans la paix et la sérénité.

Ce quatrain décrit le destin d'un autre de nos personnages principaux.

SIÈCLE III -59

Barbare empire par le tiers usurpé,
Le plus grand part de son sang mettre à mort:
Par mort senile par lui le quart frappé,
Pour peur que le sang par le sang ne soit mort.

L'empire barbare est usurpé par un troisième,
La plus grande partie de son peuple est mise à mort.
Le quatrième homme, sénile, frappé de mort par son pays,
craint que la lignée de son sang ne soit morte.

J : Ce quatrain fait référence à la grande nation orientale qu'est la Chine et aux différentes formes de gouvernement qu'elle a connues au cours de son histoire : empereurs, mandarins, etc. Et maintenant... il dit communalisme, mais il veut dire communisme,

Il est intéressant qu'il ait utilisé ce mot. Les définitions de communisme et communalisme sont si proches qu'apparemment, dans son esprit, ils sont interchangeables.

Tiré du Webster's *New World Dictionary* :
COMMUNISME : 1A. Théorie ou système de propriété de tous les biens par la communauté dans son ensemble. 1B. Théorie ou système de propriété des moyens de production (et de distribution) par la communauté, dont tous les membres partagent le travail et les

produits. 2A. Un mouvement politique pour la mise en place d'un tel système. 2B. Les doctrines, méthodes, etc. des partis communistes. 3. En gros, le communalisme.

COMMUNALISME : Théorie ou système de gouvernement dans lequel les communes ont une autonomie virtuelle (ou auto-gouvernement) au sein d'un État fédéré.

Nos esprits modernes n'auraient pas utilisé ce terme car nous n'entendons généralement pas le communisme sous un autre nom.

J : À travers toutes les variations de son leadership, le peuple chinois a connu beaucoup de déboires.
D : Fait-il référence au communisme lorsqu'il dit : "Le quatrième homme, sénile" ?
J : Le quatrième homme représente à la fois le communisme et l'homme qui sera le premier ministre de la Chine à cette époque. Il y aura plus de difficultés pour la Chine et elle perdra à nouveau des gens. Le mot "sénile" fait référence à la fois à l'état du gouvernement et au premier ministre qui sera probablement âgé à ce moment-là.

Note : Lorsque ce texte a été traduit en 1987, rien n'indiquait que le peuple souhaitait une nouvelle forme de gouvernement ou que la violence éclaterait en Chine en mai et juin 1989. Je pense que ce quatrain pourrait faire référence à ces événements et à la perte de populations lors d'une telle transition. Dans cette référence, le vers "le quatrième homme, sénile, frappé à mort par son pays, craint que la lignée de son sang ne soit morte", serait le plus approprié. Cela pourrait signifier qu'un dirigeant a été tué symboliquement et qu'il craint que la forme de gouvernement qu'il représente ne perdure pas. Ce quatrain est similaire à SIÈCLE II-47 qui a été interprété au chapitre 5, dans lequel le dirigeant de la Chine semble être symboliquement assassiné.

SIÈCLE III -61

La grand band & secte crucigere,
Se dressera en Mesopotamie:
Du proche fleuve compagnie legiere,

Que telle loi tiendra pour ennemie.

La grande suite de la secte de la croix,
surgira en Mésopotamie :
Compagnie légère de la rivière voisine,
qui considèreront une telle loi comme inamicale.

J : Il prédit qu'il y aura un groupe de chrétiens qui s'uniront au Proche-Orient à l'époque de l'Antéchrist, impliqués dans ce que nous appellerions le "mouvement de résistance".

SIÈCLE III -62

Proche del duero par mer Cyrrene close,
Viendra percer les grands monts Pyrenées:
La main plus courte & sa percee gloze,
A Carcassonne conduira ses menées.

Près du Douro fermé par la mer Cyrénéenne,
Il viendra franchir les grandes montagnes des Pyrénées.
La main la plus courte et son ouverture notée,
Il emmènera ses partisans à Carcassonne.

J : Il est en train de l'écrire. Peux-tu le répéter ?
D : *Les traducteurs ont écrit dans leur livre qu'ils considéraient certaines de ces lignes comme intraduisibles.*

J'ai commencé à le répéter, et il m'a demandé l'orthographe de Cyrenian Sea.

D : *C'est écrit différemment en français, C-y-r-r-e-n-e. Est-ce ainsi qu'il le prononcerait ?*
J : Il le prononce comme le mot syrien.
D : *Il ne s'écrit pas comme nous le ferions aujourd'hui.*
J : Non. ceci se réfère à la Turquie. Le mot Cyrénéen fait référence à l'invasion de l'Europe par l'Antéchrist qui a envahi l'Europe par l'Espagne et la Grèce. L'Antéchrist enlèvera la possession de Chypre aux Turcs lors de sa première ascension au pouvoir. Il

s'emparera également de l'ancienne ville de Carcassonne, dans le sud de la France.

Cyrrène pourrait-elle être une anagramme de Chypre, car l'orthographe est similaire ?

À l'époque de Nostradamus, Carcassonne était connue sous le nom de "Vieille Cité", et c'est donc à juste titre que John a entendu Nostradamus l'appeler "ville ancienne". Cette ville contrôle également une route importante dans le sud de la France, le chemin le plus facile entre le golfe de Gascogne et la Méditerranée. Est-ce là le sens de la ligne : "La main la plus courte et son ouverture notée. Il emmènera ses partisans à Carcassone". C'est peut-être pour cela que l'Antéchrist le considère comme un point stratégique.

SIÈCLE III -64

Le chef de Perse remplira grande Olchade,
Classe Frireme contre gent Mahometique :
De Parthe, & Mede, & piller les Cyclades,
Repos long temps aux grand port Ionique.

Le chef perse remplira la grande Espagne,
Une flotte de trirèmes contre les Mahométans :
Des Parthes et de la Médie, il pillera les Cyclades :
Puis une longue attente dans le grand port d'Ionie.

J : Ce quatrain décrit comment l'Antéchrist combattra à la fois les Mahométans et les peuples islamiques en Iran et en Irak. Il parle également du front de guerre en Europe, près de la Grèce. Il a dit que c'est ce que que les noms représentent.

La Parthie et la Médie sont des noms anciens désignant des parties de l'Empire perse, les Cyclades sont des îles grecques et le port ionien fait également référence à la Grèce. Ceci semble être une autre pièce du puzzle, complétant ce que nous savons déjà sur les premières campagnes de l'Antéchrist.

Il était difficile pour les traducteurs de comprendre ces quatrains car ils n'étaient pas conscients de l'image plus large que Nostradamus nous avait montrée. Ils considéraient ces quatrains comme des pièces individuelles.

J : (brusquement) Il dit : "J'en ai assez". Il semble être mélancolique aujourd'hui. (Souriant) Oh, je comprends maintenant. Il ne se sent pas bien. Il dit qu'il a bu du vin gâté la veille au soir et qu'il a eu un mal de tête sourd toute la journée. Il prend des médicaments, mais il ne se sent pas à la hauteur. Il dit : "Je crois que je vais devoir me reposer. Je vais partir maintenant".

D : Ces réunions l'épuisent aussi, je crois.

J : Il dit : "Je pensais que ce projet que j'ai fait tout à l'heure m'aiderait, mais il ne me sert à rien. Les questions que vous vous posez sont très importantes pour moi et pour vous. Mais j'ai mal à la tête. J'ai mal ! Se mal de ter (phonétique)." Et il montre sa tête en gémissant. (Le dictionnaire français définit le mal de tête comme suit : Mal de tete. Est-ce que cela ressemble à "ter" ? lorsqu'il est prononcé par un Français)

D : *Tu pourrais peut-être l'aider à se sentir mieux. Est-ce que tu as le droit de le faire ?*

J : Non. Il est très réticent à l'idée que des personnes de notre dimension le touchent. Il n'aime pas ça.

D : *D'accord. J'ai pensé que vous pourriez peut-être lui donner un peu d'énergie.*

J : Non. Il dit qu'il a des herbes dans l'autre pièce qu'il va faire infuser et prendre avec du vin. (John a déclaré par la suite que Nostradamus avait utilisé de l'opium dans ce projet). Ensuite, il fera une sieste. Il pensait que le vin qu'il avait bu hier soir était vieux, mais en fait il était gâté. Il dit : "Revenez, s'il vous plaît. J'espère que je n'aurai pas ce même mal de ter." Il est allé dans l'autre pièce et a fermé la porte, et je suis de retour dans le miroir.

Une fois de plus, nous avons été brusquement congédiés et n'avons eu d'autre choix que de revenir dans notre monde actuel.

Chapitre 20

Nous venons de nuit

J : Je suis dans le miroir. Nostradamus a l'air de dessiner un horoscope. Il a... on dirait une boussole. Ce n'est pas comme la nôtre au 20ème siècle. On dirait une boussole très rudimentaire en bois. Attendez un peu ! Minute ! ... Je ne pense pas que ce soit un horoscope, je pense qu'il fait un dessin. Il y a des cercles, des carrés, des triangles... mais maintenant il voit mon visage dans le miroir et il dit : "Oh ! Tu es là." Il a éclaté de rire de surprise. Il est de très bonne humeur aujourd'hui. Je peux dire qu'il a été profondément enfoui dans ses reflections. Je lui demande ce qu'il fait avec les dessins et il me dit que cela est lié avec les arcs des différentes énergies planétaires. Il a travaillé sur l'arc d'énergie émanant de Mars et a réfléchi à la manière dont celui-ci affecte l'Europe en ce moment.

D : *A son époque ?*

J : Absolument. Il dit que cet arc d'énergie a provoqué quelques frictions. Beaucoup de nations, villes-états et pays sont impliqués dans de nombreuses guerres. Puisque Mars gouverne la guerre, il voulait savoir si Mars émettait beaucoup d'énergie dans cette région du monde en ce moment.

D : *Comment connaît-il ces arcs d'énergie ?*

J : Il dit qu'il a étudié de nombreux maîtres anciens, comme Ptolémée et Kricinimos. (Ce nom était difficile à transcrire phonétiquement. On aurait dit Krick-in-imos, Trick-in-imos, ou peut-être Kritimos.) Et de très nombreux livres ont été mis à sa disposition. Il connaît donc pas mal de choses sur l'astrologie de l'Antiquité grecque et romaine.

En faisant mes recherches, j'ai découvert que Claudius Ptolemy était le dernier grand astronome grec qui a prospéré à Alexandrie au cours du IIe siècle C.E. (A.D.). Il a grandement contribué à la survie de l'astrologie. Ses ouvrages les plus célèbres, l'Almageste et le

Tétrabiblos, ont été les manuels de référence en matière d'astrologie et d'astronomie pendant 1200 ans après son époque. Ce nom était familier à John, mais pas l'autre. Il est difficile de travailler avec les transcriptions d'enregistrements, et je dois faire du mieux que je peux avec les l'orthographe phonétique de mots étranges. J'ai cherché dans les encyclopédies mais je n'ai trouvé aucune personne dont le nom était plus ou moins proche de la prononciation phonétique de Kricinimos ou Tricinimos. J'avais abandonné jusqu'à ce que, tout à fait par hasard, je tombe sur un nom dans "Origins of Astrology" (les origines de l'astrologie) de John Lindsay. J'essayais de vérifier les anciens modèles d'horoscopes que John avait vu Nostradamus utiliser, lorsque le nom "Kritodemos" m'a sauté aux yeux. Il était prétendument l'un des pionniers et fondateurs de l'astrologie. Lindsay a écrit qu'il fut l'un des tout premiers Grecs à utiliser directement l'astrologie babylonienne ou à s'inspirer de sources babyloniennes. Il était cité par d'autres astrologues grecs et considéré comme l'une des autorités les plus importantes après son époque, il a été largement ignoré par les auteurs ultérieurs. C'est peut-être ce qui explique sa tombée dans l'obscurité et la raison pour laquelle je ne l'ai pas trouvé dans d'autres référence. Cela expliquerait également pourquoi un astrologue moderne comme John n'avait pas pu le reconnaître pas son nom. Nostradamus le connaissait bien, car il avait étudié les créateurs de l'astrologie. et s'était penché sur le style babylonien. Il s'agit là d'un autre exemple d'un fait peu connu qui n'a pas pu venir de nos esprits modernes.

    Les Grecs appliquaient l'astrologie à tous les niveaux du monde matériel et attribuaient à chaque signe du zodiaque la responsabilité d'une partie du corps. L'astrologie médicale était si largement acceptée que, même à l'époque médiévale, il n'était pas possible pour un médecin d'exercer sans connaître et utiliser l'astrologie. Après la chute de l'Empire romain, les Arabes ont fait de l'astrologie divinatoire une science. L'astrologie a été enseignée dans les universités d'Europe du 12eme au 16eme siècle. L'astrologie médicale s'est trouvée mélangée à l'astrologie divinatoire et, après un certain temps s'est rapprochée de la magie. Elle n'a été discréditée qu'aux XVIIe et XVIIIe siècles, après l'époque de Nostradamus. C'est ce qui explique que cette pratique n'ait pas été condamnée par l'Église, à son époque. Il s'agissait de la partie intégrante de la formation d'un médecin.

L'invention des caractères mobiles a permis l'impression de livres dans les années 1400 et la publication d'éphémérides et de tables trigonométriques, de sorte que l'astrologue n'avait plus besoin de connaître l'astronomie et les mathématiques supérieures pour pratiquer son art. La porte a donc été ouverte pour quiconque pouvait lire, additionner et soustraire. Les opposants à l'astrologie à l'époque de Nostradamus s'opposaient plus aux astrologues sans scrupules qu'à la pratique elle-même. Nostradamus l'a apparemment pratiquée dans les règles de l'art, mais il a aussi exploré ses autres utilisations, ce qui était mal vu par l'Église, qui considérait comme de farfouiller dans la magie. C'est probablement la partie qu'il a essayé de garder cachée.

J'ai découvert qu'en Sumérie et en Babylonie, les archives remontent à environ 3000 ans avant notre ère. Au début, l'astrologie consistait uniquement en l'observation et la tabulation des données solilunaires, et à les utiliser pour prédire le moment et les circonstances de leur récurrence. Ces efforts étaient véritablement scientifiques au sens moderne du terme, et ont été suivis par des tentatives de corrélation entre les données et les conditions météorologiques. Il n'y avait alors qu'un pas à franchir pour relier cette corrélation à des événements tels que famines, les catastrophes naturelles, la guerre et la paix, ainsi que victoires et défaites. L'étape suivante a consisté à faire entrer la corrélation dans la vie et la fortune des dirigeants. L'encyclopédie Collier's dit : "La contribution des Babyloniens aux données astronomiques est incontestable. Dès le deuxième siècle avant notre ère, ils étaient en mesure de construire, à l'avance, des éphémérides (tables des positions planetaires dans les signes, les levers et les couchers héliaques, les heures et les lieux des conjonctions et des oppositions des planètes.) La principale contribution des Babyloniens s à la pensée ultérieure réside peut-être dans la conclusion qu'ils ont tirée des cycles invariables des corps célestes, que le monde est éternel." Il semble tout à fait possible que Nostradamus ait eu accès à ce type de données antiques et qu'il les ait intégrées dans le livre personnel qu'il dit utiliser pour faire ses prédictions. Il a déclaré que certaines de ces informations provenaient des Babyloniens et remontaient à environ 3000 ans avant notre ère.

D : Je pensais qu'il serait difficile de mesurer un arc d'énergie si on ne peut pas le voir.

J : Il dit qu'il y a des formules écrites par les anciens astrologues, mais beaucoup de ces ouvrages seront détruits. Beaucoup ont déjà été détruits lors de l'incendie de la bibliothèque d'Alexandrie. Mais certaines de ces informations ont été transmises par les peuples du monde arabe. Il s'est entretenu avec ces personnes. "Même si je suis chrétien et qu'ils sont considérés comme des infidèles, ils me considèrent eux-même comme un infidèle. Nous sommes des hommes de science et nous échangeons des idées". Il a d'ailleurs fait un voyage spécial à Malte pour rencontrer certains de ces hommes.

D : *C'était quand il était plus jeune ?*

J : Il dit que cela s'est passé au début de sa vie, mais il était adulte à l'époque. Il ne veut pas en dire plus, mais c'est là qu'il a puisé certaines de ses informations.

D : *J'étais curieuse de savoir comment il connaissait toutes ces choses.*

J : Il dit qu'une curiosité insatiable est importante, mais qu'il est préférable de ne pas apprendre ou de ne pas connaître certaines choses, qu'elles demeurent non apprises ou inconnues. Il dit : "Ça suffit !" Il ne veut plus en parler.

Après sa conquête par les Arabes en 870, Malte est restée sous domination musulmane jusqu'en 1090. En 1530 (à l'époque de Nostradamus), le Saint Empereur romain a octroyé Malte aux Chevaliers de Saint-Jean de Jérusalem. D'abord largement international, l'ordre est rapidement devenu majoritairement français. Je pense qu'il aurait été tout à fait possible pour Nostradamus de rencontrer des astrologues arabes sur cette île, puisque de nombreux Arabes y vivaient encore. John pensait qu'il aurait été inhabituel que Nostradamus fasse cela et qu'il l'aurait certainement gardé pour lui. Cela aurait probablement causé des problèmes avec l'Église si l'Inquisition en avait eu connaissance, ce qui pourrait peut-être expliquer son hésitation à en parler.

J : Il dit qu'il aimerait entendre d'autres quatrains, mais seulement quelques-uns aujourd'hui. Il dit qu'il est important que nous réfléchissions vraiment. Il a été dans un état de contemplation très profond et son esprit est plein de faits et de chiffres.

D : D'accord, nous allons l'éloigner un peu de son travail. Faites-moi savoir quand il voudra s'arrêter.

SIÈCLE III -66

Le grand Baillif d'Orleans mis à mort,
Sera par un de sang vindicatif
De mort merite ne mourra, ne par sort,
Des pieds & mains mal le faisoit captif.

Le grand bailli d'Orléans est condamné à mort,
Par un vindicatif du sang.
Il ne mourra pas d'une mort méritée, ni d'un condamné à mort.
Ils le tiendront captif inefficacement (lié) par les mains et les pieds.

J : Il dit que ce quatrain traite de l'histoire ancienne. Ce n'est pas de l'histoire ancienne, mais les événements se déroulent cent ans avant votre époque actuelle. Il raconte que dans l'histoire de France, un militaire a été incarcéré à tort parce qu'il était juif, et c'est ce qu'on a appelé l'affaire Dreyfus. Il dit qu'il a mis "huissier" dans ce texte pour indiquer un homme de pouvoir parce que cet homme était dans l'armée. Il me montre une photo dans le miroir noir d'hommes militaires en uniforme. Il dit que cette prophétie s'est déjà été accomplie.

D : Très bien. Nous ne voulons pas consacrer beaucoup de temps aux événements passés.

J'ai découvert que l'affaire Dreyfus s'est produite une centaine d'années dans notre passé, en 1894. Ce militaire, le capitaine Alfred Dreyfus, a dû faire face aux préjugés d'antisémitisme lors de son procès et de sa cour martiale parce qu'il était juif. Cette affaire complexe a eu une influence considérable sur l'histoire du socialisme français, et a affaibli la France dans son rôle d'État européen et mondial.

SIÈCLE III -67

Une nouvelle secte de Philosophes,
Mesprisant mort, or, honneurs & richesses:

Des monts Germains ne seront limitrophes,
A les ensuivre auront appuy & presses.

Un nouveau groupe de philosophes
Méprisant la mort, l'or, les honneurs et les richesses :
Ne seront pas limités par les montagnes de l'Allemagne,
Ils seront suivis par des foules et des soutiens.

J : Il dit que ce quatrain fait référence à ce que nous appellerions la philosophie du New Age. Un homme très célèbre dans le mouvement métaphysique ou New Age est né en Allemagne. Cet homme était le fer de lance d'un tout nouveau mouvement qui nous fera entrer dans l'âge d'or que nous appelons l'ère du Verseau. Le mouvement est né en Allemagne, mais la philosophie de cet homme s'appliquera au monde entier. Ses idées sont très spirituelles et ses disciples les utiliseront pour développer d'autres philosophies qui se fondront dans un système de pensée New Age. Il me montre une très belle cathédrale. Il me dit qu'au fur et à mesure que l'énergie spirituelle de cet homme s'est développée, les ténèbres du nazisme se sont également développées, en équilibre. Il s'agit de Rudolf Steiner. Il dit que ce quatrain se réfère à des événements qui se sont déjà produits, mais qui influencent votre période, le 20e siècle.

D : Les traducteurs pensent que ce quatrain fait référence au développement des sectes protestantes.

J : Il a ri et a dit : "Toutes les églises s'intéressent à l'argent et aux honneurs. Non, cela n'a rien à voir avec les sectes protestantes". Encore une fois, dit-il, vos traducteurs déforment ses quatrains en fonction de leurs intérêts personnels. Il dit : "Qu'ils s'en aillent ! Qu'ils s'en aillent !" (Rire) Il dit que ce quatrain fait référence à ce chef spirituel. Il a désigné cet homme et il dit, "Alors que les Seigneurs des Ténèbres commençaient à se manifester à travers le nazisme, ils devaient être tenus en échec par les Seigneurs de la Lumière qui se manifestaient grâce aux capacités de Rudolf Steiner. Il est venu des montagnes d'Allemagne, et sa philosophie s'est répandue dans le monde entier."

Rudolf Steiner existait bien, mais je n'en avais jamais entendu parler. Je pensais être familière avec la pensée New Age, mais ce nom était nouveau pour moi. Il est mort en 1925 et est décrit comme un philosophe social autrichien. Il a donné des conférences et a beaucoup écrit. Selon l'encyclopédie, "il est le fondateur de l'anthroposophie, une doctrine qui explique la vie en termes de nature intérieure de l'homme et postulant une faculté de perception spirituelle et de pensée pure indépendante des sens."

SIÈCLE III -69

Grand excercite conduict par jouvenceau,
Se viendra rendre aux mains. des ennemis:
Mais la vieillard nay au demi-porceau,
Fera Chalon & Mascon estre amis.

La grande armée dirigée par un jeune homme,
viendra se livrer aux mains de l'ennemi :
Mais le vieil homme né d'un demi-porc fera
de Chalon et de Macon des amis.

J : (Il a corrigé ma prononciation.) Il dit que ce quatrain est à nouveau une prédiction sur notre passé. Il fait référence à la capitulation de la France devant les Allemands pendant la Seconde Guerre mondiale. Je vois que le demi-cochon représente pour lui le nazisme. Il dit qu'ils étaient des porcs, des porcins. Le jeune homme fait référence à tous les jeunes hommes nobles de l'armée française qui ont dû quitter la France à cette époque. Il dit que c'était une très mauvaise période dans l'histoire de la France. Les hommes plus âgés qui ont abandonné ont également permis aux plus jeunes de le faire aussi, ce qui a créé un sentiment de déshonneur. Il a la larme à l'œil.
D : C'est parce que ce sera une période sombre pour la France dans son avenir.
J : Oui. Cela le rend très triste.

SIÈCLE III -70

La grande Bretagne comprinse l'Angelterre,
Viendra par eaux si haut à inonder
La ligue neufue d'Ausonne fera guerre,

Que contre eux ils se viendront bander.

La Grande-Bretagne, y compris l'Angleterre,
sera couverte par des inondations très profondes.
La nouvelle ligue d'Ausonne fera la guerre
afin qu'ils s'allient contre eux.

J : Il dit que ce quatrain se réfère à un moment de votre avenir. En raison des changement de la Terre, la Grande-Bretagne et la plupart des îles britanniques seront inondées par l'eau. Les Britanniques se réfugieront en masse sur les hauteurs dans les montagnes de Pennine, ainsi que dans les montagnes du centre de l'Irlande, qui seront toutes de très petites îles. Ils chercheront de nouvelles terres et se déplaceront vers d'autres territoires, autour des Alpes en France. Ils auront des liens avec ces gens et, bien qu'il puisse y avoir une certaine différence dans les modes de vie, et d'opinions, beaucoup d'entre eux s'installeront dans cette région parce que leur terre ne pourra plus les faire vivre après le changement de Terre.

SIÈCLE III -71

Ceux dans les isles de longtemps asseigez,
Prendront vigeur force contre ennemis :
Ceux par dehors mors de faim profligez,
En plus grand faim que jamais seront mis.

Ceux qui sont assiégés dans les îles depuis longtemps,
prendront des mesures énergiques contre leurs ennemis :
Ceux de l'extérieur, vaincus, mourront de faim,
d'une famine telle qu'il n'y en a jamais eu auparavant.

J : Il dit que ce quatrain fait référence à beaucoup de choses. Il se réfère à des événements qui ont déjà eu lieu à votre époque. Par exemple, lorsque les Japonais se sont emparés de différentes îles du Pacifique, ils ont affamé les populations pour soutenir leur machine de guerre. Mais il se réfère également à un moment dans le futur, lorsque, en raison des glissements de la croute Terrestre, de nombreuses masses terrestres deviendront des îles. À ce moment-là, les gens devront apprendre à utiliser les ressources disponibles pour trouver de la nourriture. Par conséquent, beaucoup de gens mourront de faim ; il y aura égalementi beaucoup de maladies.

D : *Les traducteurs disent qu'il s'agit du blocus de la Grande-Bretagne pendant la Seconde Guerre mondiale et des camps de concentration.*

J : Non. Il dit qu'ils avaient la bonne idée, mais qu'ils ne se trouvent pas au bon endroit.

D : *Ils sont à l'autre bout du monde.*

J : C'est vrai. Il me montre une photo du globe terrestre. Il dit qu'il n'y en a pas beaucoup à son époque comprennant l'existence d'autres pays en dehors de l'Europe. Ils connaissent des endroits comme Cathay et l'Inde, mais ils ne réalisent pas que d'autres endroits existent, par exemple les Philippines et le Pacifique. De nouvelles merveilles voient le jour. Certains ont déjà écrit sur ces nouvelles terres, mais elles sont encore fraîches dans l'esprit des Européens. Il dit de lire encore une fois, puis il doit aller se coucher. Il dit qu'il est tard dans la nuit pour lui. Il écrit ces choses pendant que nous parlons, et il dit qu'il a besoin de dormir. Je regarde par la petite fenêtre et il y a une lune. Il dit : "Je suis resté dans mon cabinet pendant de nombreuses heures de la nuit". Il me montre un chandelier avec différentes encoches qui représentent les heures. Il dit : "Nous entrons dans la onzième heure du jour. C'est l'heure de mon repos."

D : *Nous ne savons jamais à quelle heure nous arrivons parce que pour nous, c'est le milieu de la journée. D'accord. Nous n'en ferons plus qu'un seul.*

SIÈCLE III -72

Le bon vieillard tout vif enseveli,
Pres du grand fleuve par fausse souspecon:
Le nouveau vieux de richesse ennobli
Prins a chemin tout l'or de la rancon.

Le bon vieillard est enterré de son vivant,
Près d'un grand fleuve, à cause de faux soupçons :
Le nouveau venu est vieux, anobli par la richesse,

Ayant pris tout l'or de la rançon en chemin.

J : Selon lui ce quatrain fait référence à l'assassinat du grand homme qui est le pape. Le pape de la fin des temps sera remplacé par un pape qui dirige le trésor et les finances du Vatican. Mais le pape qui aurait été un grand leader et un maître spirituel sera frappé de mort prématurément.

D : *Est-ce le pape que nous avons actuellement ?*

J : Non. Il dit : "C'est dans votre temps mais... Je ne peux pas vous donner une date exacte. Mais cela aura lieu assez rapidement dans les deux prochaines décennies." Ce pape sera tué par les siens.

D : *C'est tout ce qu'il veut faire avec les quatrains ?*

J : Il dit : "Merci. Il est temps pour moi de partir." Il se lève maintenant et souffle la bougie de l'heure, il incline la tête et dit : "S'il vous plaît, nous nous reverrons. En paix." Il s'en va. Il est sorti par la porte.

D : *Nous n'avons aucun moyen de savoir quelle heure il est dans son monde quand nous lorsque nous apparaissons ainsi. Il est probablement très fatigué s'il est resté là aussi longtemps.*

J : Oui, il a passé de nombreuses heures dans son bureau. Il était longtemps en contemplation aujourd'hui. Je suis sorti de son bureau et je suis de retour dans la salle des tapisseries.

La même chose s'était produite lorsque je travaillais avec Brenda. Souvent, Nostradamus interrompait soudainement notre séance. Nous n'en connaissions jamais la raison, car nous n'étions pas en contact direct avec sa vie. Ces interruptions ne se produisaient pas parce que Brenda ou John étaient physiquement fatigués et voulaient arrêter la séance, car après le départ de Nostradamus nous continuions à travailler sur autre chose pendant le reste du temps qu'il nous restait.

Chapitre 21

La crise cardiaque

CETTE SESSION ÉTAIT INHABITUELLE parce qu'elle marquait le début d'une étrange séquence d'événements. Nous avons commencé à entrer dans la vie de Nostradamus à des moments différents. Il avait des âges différents, tantôt jeune, tantôt vieux. Parfois il nous connaissait, parfois il ne nous connaissait pas. C'était souvent déroutant et nous n'avions pas d'autre choix que de nous laisser guider et de permettre au fil d'or de nous déposer là où il le souhaitait. Je me demandais s'il était contrôlé par le gardien, car ce n'était certainement pas nous qui le contrôlions.

J'ai envisagé de classer les quatrains de ce livre dans une sorte d'ordre chronologique, comme je l'ai fait dans le premier volume. Mais j'ai pensé que si je le faisais cela enlèverait le sens de l'aventure, le sens de l'inattendu que nous ressentions à chaque fois que nous avions une session. Nous ne savions jamais ce que nous allions trouver en traversant le miroir.

J : Il écrit dans son livre.
D : Est-ce qu'il sait que tu es là ?
J : Non. Je vais au miroir: "Je n'ai pas appelé pour toi aujourd'hui."
D : C'est ce qu'il a dit ?
J : Oui. Il a dit qu'il travaillait sur un codex de symboles, et qu'il ne nous avait pas fait venir. Mais il a dit : "Puisque vous êtes ici, nous allons travailler."
D : A quoi correspondent les symboles ?
J : Il s'agit de l'ancien système hébraïque de cosmologie appelé "Kabbale".

La Kabbale est définie comme suit : "La tradition mystique ésotérique du judaïsme, basée sur une interprétation occulte de la Bible et transmise comme une doctrine secrète aux initiés". Une fois de plus, Nostradamus s'est plongé dans quelque chose que l'Église n'aurait pas approuvé et qu'il aurait caché à l'Inquisition.

D : *Cela semble compliqué.*
J : Oui. Il met du sable sur la page qu'il vient d'écrire. Il dit que cela aidera l'encre à sécher. Il a mis le livre de côté et a dit qu'il allait le laisser pour que nous puissions parler.
D : *Très bien. Nous aimerions continuer à interpréter ses quatrains si cela lui convient.*
J : Il dit qu'il essaiera de nous être utile.

SIÈCLE III -73

Quand dans la regne parviendra la boiteux,
Competiteur aura proche bastard:
Lui & le regne viendront si fort roigneux,
Qu'ains qu'il guerisse son faict sera bien tard.

Quand le boiteux entre dans le royaume,
Un bâtard, proche de lui, rivalisera avec lui.
Lui et le royaume seront fortement rognés
Avant qu'il ne se rétablisse, de sorte que son action sera trop tardive.

J : Il dit que beaucoup de ses quatrains se rapportent simultanément à l'avenir et au passé. Celui-ci fait référence à l'histoire de France et au pape français.
D : *C'est ce que j'ai pensé parce qu'il a mentionné le boiteux.*
J : Il aura de la concurrence au sein de la papauté. Il a marché sur les pieds de beaucoup de gens dans sa quête pour l'optention de la tiare papale.
D : *Qui est le bâtard ?*
J : C'est le fils illégitime d'un cardinal qui est passé de la prêtrise au cardinalat. Il sera comme un chien pour ce pape français, toujours sur ses talons. Ils ne s'entendront pas. Il lui rappellera aussi que c'est par lui qu'il détient la tiare papale.

SIÈCLE III -74

Naples, Florence, Favence & Imole,

Seront en termes de telle fascherie:
Que pour complaire aux malheureux de Nolle
Plainct d'avoir faict à son chef moquerie.

Naples, Florence, Faenza et Imola
Seront en termes de désaccord :
Afin de se conformer aux malheureux de Nola
Ils se plaignent de s'être moqués de son chef.

J : Il dit que ce quatrain fait référence à l'époque où les États italiens s'unissaient pour créer la nation italienne. Ils étaient tous des villes-états à une époque, et maintenant ils se sont unis pour former le royaume d'Italie. Cela s'est passé au cours du 19e siècle.

C'est l'un des nombreux petits incidents concernant l'histoire qui se sont produits au cours de cette expérience. Cela m'a aidé à me convaincre que nous étions vraiment en contact avec Nostradamus, car s'il nous est difficile de trouver des dates dans notre propre histoire américaine. Il serait encore plus difficile de fournir des dates concernant l'histoire européenne. Je n'avais aucune idée, ni de quand, et si les villes-états italiennes se sont unies pour former le royaume d'Italie. Au cours de toute notre vie, l'Italie a été connue comme le royaume unifié d'Italie, et seule une personne familiarisée avec la géographie et l'histoire de l'Europe serait en mesure d'apporter des réponses instantanées. Au cours de mes recherches, j'ai découvert que la proclamation du royaume d'Italie a commencé en 1861. Les derniers États de Rome et de Venise ont été libérés et la complision d'un seul pays a été achevée en 1870.

SIÈCLE III -76

En Germanie naistront diverses sectes,
S'approchant fort de l'heureux paganisme,
Le cœur captif & petites receptes,
Feront retour à payer le vrai disme.

Diverses sectes apparaîtront en Allemagne
Qui se rapprocheront d'un paganisme heureux.
Le coeur captif, les rendements faibles,

Ils reviendront payer la vraie dîme.

J : Il dit que ce quatrain se réfère à un futur proche. Il y aura un groupe de personnes qui émergeront de l'Allemagne en raison de sa richesse. Il me montre une image dans le miroir de quelque chose comme une manifestation. Il dit qu'ils veulent revenir aux méthodes simples du passé. C'est un large groupe de personnes. On dirait que ces manifestants se trouvent dans une centrale nucléaire et qu'ils sont contre la guerre. Ce sont des manifestants, oui c'est ce qu'ils sont. Maintenant, je comprends. Cela fait référence aux différents mouvements de protestation qui sortiront d'Allemagne et deviendront mondiaux. Ces personnes influenceront d'autres pays et d'autres nations d'Europe, et leur influence s'étendra au monde entier. Ils sont pour la paix et la dépollution, et contre les armes nucléaires. Ils sont beaucoup plus organisés que n'importe laquelle des organisations similaires ici aux États-Unis. Elles seront soutenues.

D : *Les traducteurs disent que cela traite de la montée des sectes protestantes au cours du 16ème siècle.*

J : Eh bien, ils se trompent. Il commente qu'à son époque, le protestantisme n'était contrôlé que par deux sectes. L'une, constituée de la Confédération suisse et l'autre présentant les principes de Martin Luther. Il dit : "Combien de sectes pouvez-vous tirer de Martin Luther et de son intolérance à l'égard de l'Église romaine ?" Cela n'avait rien à voir avec eux. Il comprend qu'ils puissent penser ceci parce que le groupe de manifestants ressemble à une secte. Même sils ont un but religieux, ils sont néanmoins dévoués à leurs idéaux. Il dit que ces gens manifesteront contre l'ordre établi.

Comment: Jean Calvin est la personne que l'on appelle le Confédéré suisse. Calvin et Martin Luther vivaient tous deux à la même époque que Nostradamus.

D : *Les traducteurs ont été surpris de voir qu'il donnait une date exacte dans le quatrain suivant, car peu de quatrains comportent une date et un mois réels. Ils étaient curieux et pensaient qu'il avait peut-être fait une erreur en l'indiquant. Peut-être pourra-t-il l'expliquer.*

SIÈCLE III -77

Le tiers climat sous Aries comprins,
L'an mil sept cens vingt & sept en Octobre.
Le Roy de Perse par ceux d'Egypte prins:
Conflit, mort, perte: à la croix grand approbre.

Le troisième climat inclus dans le Bélier,
En l'an 1727 au mois d'octobre
Le roi de Perse, capturé par ceux d'Egypte :
Bataille, mort, perte : grande honte jusqu'à la croix.

J : Pouvez-vous répéter cela lentement ? Je forme les mots dans mon esprit pour qu'il puisse les entendre. Il peut lire mes pensées par télépathie. (Je l'ai répété plus lentement.) Il dit que ce quatrain fait référence à ce qui va se passer dans le monde arabe. Il voit que les Turcs Shazik (phonétiquement : Sha-zeek) vont conquérir le territoire qui avait été conquis à l'origine par les Perses. Ils s'empareront de l'ensemble du Proche-Orient et ils s'étendront jusqu'en Inde. Ce quatrain traite de la montée en puissance des États arabes dans cette région du monde. Il dit que la croix souffrira parce que les Arabes n'aimeront pas les chrétiens.Cela fait partie de la montée en puissance de l'empire turc, ottoman. Et cela a eu lieu.

Des recherches ont révélé qu'entre 1726 et 1729, les Ottomans ont attaqué la Perse.
ont attaqué la Perse. Cela valide une fois de plus une date donnée par Nostradamus, et que nous ne connaissions pas.

D. Les traducteurs se sont demandés pourquoi il avait utilisé une date exacte. D'habitude, il essaie de les cacher.
J : Je lui ai demandé. Il dit qu'il s'agissait d'une interprétation très claire que la plupart des gens pouvaient comprendre, et c'est pour cela qu'il a laissé la date. A son époque, il ne peut pas mentionner beaucoup de choses concernant l'Europe, mais ce quatrain traite d'une autre partie du monde qui n'intéresse pas les chrétiens. Il était ainsi à l'abri de l'Inquisition, car tout ce qui mentionne la mort

de Perses, d'Arabes ou de n'importe quel groupe du monde musulman, provoquerait l'applaudissement de l'église. Elle acceptait ce genre de choses. Tout ce qui se réfère aux États européens doit être obscurci en raison des intrigues politiques de son époque. En fait, on lui a demandé d'utiliser ses connaissances d'astrologue à cet égard. Il n'aime pas le faire parce qu'il ne veut pas prendre parti. Cela devient vraiment pénible, dit-il. Il n'aime pas les intrigues de cour et les manœuvres politiques. Il est très opposé à tout cela.

D : *Je comprends. Passons au suivant.*
J : Attends. Je lui pose une question.
D : *D'accord. vas-y. (Pause) Qu'est-ce que tu lui demandes ?*
J : Je lui demande si c'est le miroir dans lequel il a montré à Catherine de Médicis les portraits des rois de France ? Il répond que oui. Il a emporté ce miroir à la cour de Catherine de Médicis à Paris et lui a montré la succession des rois.
D : *Je ne pensais pas qu'il permettait à quelqu'un d'autre de voir des choses dans le miroir.*
J : Ce n'est pas quelque chose qu'il permet habituellement, mais il dit que sa servante l'a vu dans ses tâches quotidiennes de nettoyage de cette pièce et qu'elle a trop parlé. Elle a mentionné son miroir qui était gardé dans un sac de feutre et que c'était là que Nostradamus y puisait ses prédictions de l'avenir. Il a été amené devant un ecclésiastique qui le respectait et l'aimait bien, mais cette connaissance s'est répandue dans Paris et parvint aux oreilles de Catherine de Médicis. C'est pour cette raison qu'elle lui a demandé de présenter ses prédictions pour l'avenir. Il n'a pas eu le choix. Comme sa servante lui a causé des ennuis, elle ne travaille plus pour lui. Il a dû la chasser et il est assez indigné par la situation. "Elle m'a causé beaucoup de peine et de chagrin, et a failli diviser ma maison. Je l'ai bien payée, dit-il, et sa déloyauté est dégoûtante."
D : *J'ai été surprise qu'il permette à quelqu'un d'autre de voir son miroir. D'habitude, il essaie de tout garder secret.*
J : D'habitude, il garde ses affaires enfermées dans la boîte.
D : *Dans ce cas, il l'a emporté à Paris avec lui.*
J : Oui, il a pris le miroir parce qu'on le lui avait demandé. Il dit qu'il va acheter sa prochaine servante et s'assurer qu'elle n'a pas de langue. Il y a des serviteurs comme ça. Tout comme les gens sont

aveugles et sourds, il y a des personnes qui sont muettes, et il dit que sa prochaine servante sera muette. Cela s'est passé récemment, il en est donc encore contrarié.

Je ne pense pas qu'il s'agisse de la même servante que celle dont il m'avait parlé plus tôt parce qu'il s'est écoulé suffisamment de temps pour que je ne pense pas qu'elle soit encore une fille. A moins que tous les serviteurs soient adressés de cette façon, quel que soit leur âge. Mais il semble bien que Nostradamus était constamment en proie à des problèmes de servantes.

D. *Je me demande ce qu'a pensé Catherine de Médicis. A-t-elle été surprise de pouvoir voir des choses dans le miroir ?*
J : Comme elle est habituée aux magiciens de la cour, elle n'a pas été très surprise. Pour elle, c'était comme de la magie et avec un peu une nouveauté. Quand il lui a dit qu'elle serait la mère de nombreux rois, elle n'a pas aimé. Elle s'est sentie mal à l'aise parce qu'elle voyait que tous ses fils ne survivraient pas. Ils deviendraient rois, mais ils mourraient tour à tour. Elle n'appréciait pas de savoir cela, mais elle était généreuse et gentille. Il dit qu'elle lui a donné de l'argent et qu'elle a contribué à sa réputation, mais elle est - (large sourire) eh bien, il a utilisé le mot " connivente " - très complice concernant son pouvoir.
D : *Elle a demandé à le voir, donc c'est de sa faute si elle ne l'a pas aimé.*

SIÈCLE III -78

Le chef d'Escosse avec six d'Alemaigne,
Par gens de mer Orienteaux captif:
Traverseront le Calpre & Espaigne,
Present en Perse au nouveau Roy craintif.

Le leader écossais avec six Allemands,
Sera capturé par les marins de l'Est:
Ils passeront Gibraltar et l'Espagne,
Présentés en Perse au nouveau roi redoutable.

J : Il dit que ce quatrain fait référence à l'homme qui sera appelé l'Antéchrist. Lorsqu'il arrivera au pouvoir, il demandera à des experts en communication d'Écosse, mais ils seront en réalité basés sur Londres et en Allemagne. Ils lui seront envoyés et lui serviront de support cérébral ou son "brain trust".
D : Ces gens n'auront-ils rien à dire à ce sujet ?
J : Ils auront quelque chose à dire à ce sujet, mais ils s'accrochent à l'or. Nostradamus me montre des pièces d'or.
D : Je pensais qu'ils allaient peut-être à l'encontre de leurs souhaits.
J : Non. Ils ne sont pas forcés à faire quoi que ce soit. Ils le font de leur plein gré parce qu'ils seront bien payés. En fait, c'est ce qui va se passer dans les 10 prochaines années. En 1991, dit-il, en avril de cette année-là.

MISE À JOUR : D'aaprès moi, cela pourrait faire référence aux pays du Moyen-Orient qui tentent d'améliorer leurs capabilités en matière d'armement et d'informatique. En 1991 et 1992, de nombreux experts en informatique, ainsi que des scientifiques nucléaires, ont vu leurs talents proposés au plus offrant en raison de l'éclatement des pays communistes et des problèmes économiques mondiaux.

SIÈCLE III -79

L'ordre fatal sempiternal par chaisne,
Viendra tourner par ordre consequent:
Du port Phocen sera rompu la chaisne,
La cite prinse, l'ennemi quant & quant.

L'ordre fatal et éternel du cycle
S'inversera en temps voulu.
Les chaînes de Marseille seront brisées,
La ville prise et l'ennemi en même temps.

J : Lorsque les bouleversement de la Terre et la chute de l'Antéchrist se produiront, des combats auront lieu sur le théâtre de guerre de l'Europe du Sud. Lorsque cela se produira, Marseille disparaîtra ainsi que les forces de l'Antéchrist.
D : C'est ce qu'il entend par cycle ?

J : Oui. La fin du monde. La fin du cycle, c'est la fin du monde tel que nous le connaissons. (C'est étrange comme il a dit cela calmement).
D : La fin de notre monde, c'est ça ?
J : Tel que nous le connaissons.

J'ai eu beau entendre cette déclaration maintes fois, elle me dérange toujours.

SIÈCLE III -80

Du regne Anglois l'indigne dechassé,
Le conseiller par ire mis à feu:
Ses adhera iront si bas tracer,
Que le batard sera demi receux.

L'homme indigne est chassé du royaume anglais.
Le conseiller, sous l'effet de la colère, sera brûlé.
Ses partisans s'abaisseront à de telles profondeurs
Que le prétendant sera presque reçu.

J : Dans un avenir proche, la maison royale de Windsor connaîtra la disgrâce, et ce quatrain s'y rapporte. Il fait référence à la monarchie anglaise dans l'avenir et à la montée en puissance du premier ministre. Le premier ministre ne sera pas tué ou brûlé, mais - attendez une minute, il me montre un un accident d'avion - il sera tué dans un accident d'avion. Mais une bombe dans l'avion le fera s'écraser. Sa mort provoquera un scandale dans la famille royale.
D : Est-ce que cela arrivera bientôt ?
J : Cela se passera dans les années 1990.

SIÈCLE III -83

Les longs cheveux de la Gaule Celtique,
Accompaignez d'estranges nations:
Mettront captif la gent Aquitanique,
Pour succomber à Internitions.

Le peuple aux cheveux longs de la Gaule celtique,
rejoints par des nations étrangères
captureront le peuple aquitain
pour qu'il succombe à leurs plans.

J : Il me montre une image de l'Angleterre, mais ce n'est plus qu'une toute petite île maintenant. Je sais que c'était une petite île au départ, mais maintenant elle est encore plus réduite. L'Angleterre voudra avoir des terres dans certaines parties de la France après les bouleversements de la Terre. Ils essaient d'obtenir plus de terres et c'est comme une querelle entre ces deux pays. Il dit que cela s'est déjà produit dans le passé.

Cela ressemble beaucoup à SIÈCLE III-70 au chapitre 17. Les deux quatrains sont peut-être liés. L'Aquitaine était une ancienne région du sud-ouest de la France.

SIÈCLE III-84

La grand cité sera bien desolee,
Des habitans un seul n'y demoura:
Mur, sexe, temple & vierge violee,
Par fer, feu, peste, canon peuple mourra.

La grande ville sera bientôt complètement désertée,
Il ne restera plus un seul de ses habitants.
Mur, sexe, temple et vierge violés,
Les gens mourront de l'épée, du feu, de la peste et des coups de canon.

J : Il a dit que ce quatrain faisait référence à la fin de la ville de New York. Selon lui, il y aura de la destruction, mais je ne vois pas d'incendie. Je vois une arme de type nucléaire, mais ce n'est pas une arme nucléaire. C'est une bombe qui tue tous les gens mais n'endommage pas les bâtiments. C'est un type de guerre chimique. Elle empoisonne la ville et détruit la vie. C'est ce qu'il me montre. La bombe sera placée dans le port de New York et fera exploser la statue de la Liberté. C'est ce qu'il entend par la vierge violée.

D : Le quatrain dit : *"les gens mourront par l'épée, le feu, la peste et les coups de canon"*.

J : Évidemment, c'est tout cela à la fois. Il ne pouvait probablement pas décrire la guerre chimique, alors il a utilisé cette métaphore.

Dans le quatrain suivant, il y a un mot en majuscule et les traducteurs ne savent pas ce qu'il signifie. Il pourrait s'agir d'une anagramme.

SIÈCLE III-85

La cité prinse par tromperie &fraude,
Par le moyen d'un beau jeune attrappé:
Assaut donne Raubine pres de LAUDE,
Lui & tous morts pour avoir bien trompé.

La ville est prise par la ruse et la tromperie,
Capturée par l'intermédiaire d'un beau jeune homme.
Un assaut est donné par Raubine près de LAUDE,
lui et tous les autres sont morts, pour avoir si bien trompé.

J : Il dit que ce quatrain fait référence à la période de troubles où l'Antéchrist prendra le contrôle de l'Europe du Sud et aux batailles qui seront liées à cet événement.

D : *Je pensais qu'il était le beau jeune homme. Pourquoi a-t-il mis une majuscule le mot "Laude"?*

J : Il dit que c'est vrai, que c'est une anagramme, mais il ne va pas me le dire. (Sourire) Il dit : " Je t'ai tellement aidé avec ça. Il y a des choses que vous devrez découvrir par vous-mêmes." Il dit qu'il aimerait que nous réfléchissions.

D : *Eh bien, cela nous donne matière à réflexion. Il y a encore des énigmes à résoudre.*

SIÈCLE III-86

Un chef d'Ausonne aux Espaignes ira,
Par mer fera arrest dedans Marseille:
Avant sa mort un long temps languira
Apres sa mort on verra grand merveille.

Un leader italien se rendra en Espagne

par la mer et s'arrêtera à Marseille :
Il s'attardera longtemps avant de mourir,
après sa mort, on verra de grandes merveilles.

J : Il dit que ce quatrain était très facile, mais qu'il ne pouvait pas l'écrire à l'époque. Il fait référence au dernier pape et à certains de ses voyages. À la fin de son règne commencera un nouveau monde et une nouvelle façon de voir la religion et la spiritualité.
D : *Il n'y aura plus de pape après lui. Va-t-il mourir à Marseille ?*
J : Il dit que c'est juste une métaphore pour donner une signification à ses voyages, il mourra à Rome.

SIÈCLE III-87

Classe Gauloise n'approches de Corsegne,
Moins de Sardaigne tu t'en repentiras:
Trestout mourrez frustrez de l'aide grogne,
Sang nagera, captif ne me croiras.

Flotte française, ne vous approchez pas de la Corse ;
Encore moins la Sardaigne, vous le regretterez.
Vous mourrez tous, l'aide du cap en vain,
Captifs, nageant dans le sang, vous ne me croirez pas.

J : Ce quatrain fait également référence à la période des troubles et à l'Antéchrist. Il utilisera les îles de Corse et de Sardaigne comme base d'opération pour attaquer la France. D'autres, conscients de ce qui se passe, essaieront d'avertir les Français.

SIÈCLE III-90

Le grand Satyre & Tigre d'Ilyrcanie,
Don presenté à ceux de l'Occean:
Un chef de classe istra de Carmanie,
Qui prendra terre au Tyrren Phocean.

Le grand Satyre et Tigre d'Hyrcanie ;
cadeau offert au peuple de l'Océan :
le chef d'une flotte viendra de Carmanie

et accostera à la Phocée de Tyr.

J : Il dit que ce quatrain fait référence à la guerre gréco-turque qui aura lieu bientôt. Les Turcs essaieront de demander la paix, et le roi grec sera dupé. Le roi et la reine seront scandalisés par la puissance militaire de la Turquie et par sa volonté de contrôler une partie des îles grecques de la mer Égée.

D : *Il a déjà dit que la guerre ne durerait pas très longtemps.*

J : Non. Mais ce quatrain traite de cette guerre en Méditerranée orientale.

D : *Quel est le symbolisme du satyre et du tigre ?*

J : Il dit que le tigre représente Israël et que le satyre représente la gloire de la Grèce antique. Ils vont s'allier et cela va embouteiller les Turcs et les Arabes qui essaient de détruire Israël.

Lorsque j'ai commencé mes recherches, j'ai pensé qu'il s'agissait d'une erreur. L'Hyrcanie était une province de l'ancien empire perse située sur les rives de la mer Caspienne. Quel rapport avec Israël ? Mais j'ai trouvé deux hommes célèbres nommés Hyrcanus qui ont joué un rôle très important dans les débuts de l'histoire d'Israël. L'un était le fondateur de la monarchie de Judée, qui s'est poursuivie dans sa famille jusqu'à l'avènement d'Hérode. L'autre était grand prêtre et roi des Juifs. Il a été mis à mort par son successeur, Hérode, en 30 avant notre ère. Je suppose que Nostradamus a utilisé le nom Hyrcanie comme anagramme de Hyrcanus. De cette manière, il pourrait se référer à Isael, selon son mode de pensée alambiqué.

La Carmanie était une province de l'ancienne Perse. Cela signifierait-il qu'ils auront plus qu'un intérêt passager dans cette courte guerre ?

Tyr était un port maritime important dans l'ancienne Phcénicie. La Phcénicie était un royaume antique sur la Méditerranée, dans la Syrie et la Palestine actuelles. Phocéen pourrait être une anagramme de Phcénicie. Là encore, il semble s'agir d'une référence cachée à Israël et au monde arabe.

D : *Il est écrit "cadeau offert au peuple de l'Océan", et l'Océan prend une majuscule.*

J : Il dit qu'une alliance sera créée entre la Grèce et Israël contre la Turquie, et que leurs cérémonies se dérouleront sur l'eau.

Nostradamus avait indiqué dans un autre quatrain (SIÈCLE I -83, chapitre 6) que cette guerre se produirait bientôt, au milieu des années 1990s.

SIÈCLE III -91

L'arbre qu'estoit par long temps mort seché,
Dans une nuict viendra à reverdir:
Cron Roy malade, Prince pied estaché,
Criant d'ennemis fera voile bondir.

L'arbre qui était mort et desséché depuis longtemps
Refleurira en une nuit:
Le roi Cronien sera malade. Le prince avec un pied abîmé,
La peur de ses ennemis lui fera hisser la voile.

D : *Les traducteurs ont ajouté une note intéressante dans le livre à propos des mots "Cron Roi". "Cron Roi".*
J : Roi Couronne. (Longue pause. John semble perplexe.) Il se déconcentre avec moi. Il n'est plus là...
D : *(Je ne comprenais pas ce qu'il voulait dire.) Ne veut-il pas vous donner une interprétation de ce quatrain ?*
J : (perplexe) Il a coupé.
D : *Où est-il ?*
J : Il est toujours à sa table. (Longue pause)
D : *Qu'est-ce qu'il y a ?*
J : (Confus) Je ne sais pas.
D. *Qu'est-ce qu'il fait ?*
J : C'est comme s'il... il avait une crise. Il devient rouge, puis bleu. Et on dirait que... J'ai l'impression que quelque chose ne va pas avec son cœur.
D : *Peux-tu faire quelque chose pour l'aider ? (C'était un sentiment d'impuissance.) En as-tu le droit ?*
J : Non, je n'ai pas le droit. Je dois rester près du miroir. Il ne va pas mourir, mais il est... il est... (John a dû se sentir très impuissant, lui aussi).
D : *Est-il toujours assis sur la chaise ?*
J : Il est affaissé. (Pause) On dirait qu'il a eu une crise cardiaque.

D : *Es-tu autorisé à lui envoyer de l'énergie ou à faire quoi que ce soit qui puisse l'aider ? qui pourrait l'aider ?*

J : (Pause) Il y a une cloche ! Elle est près de sa porte ! ... Je ne peux pas la soulever. Je peux mettre ma main sur le cliquet à l'intérieur de la cloche. Je déplace la cloche. Je ne peux pas la soulever, mais je la bouge.

D : *Est-ce une très grosse cloche ?*

J : Elle est très lourde. Très lourde pour moi. Elle n'est pas lourde pour les gens. (Pause) Je la sonne.... Je fais sonner la cloche !

Plus tard, il a dit qu'il avait réussi à faire bouger le battant à l'intérieur de la cloche, ce qui l'avait fait sonner. Cela lui a demandé beaucoup d'efforts.

D : *Pensez-vous que quelqu'un a pu l'entendre ?*

J : Oui, des gens entrent maintenant dans la pièce... sa femme et un garçon d'environ 17 ans. Ils courent vers lui. Il y a maintenant un homme d'environ 30 ans qui vient aussi. Il écoute son cœur et il le pompe... (Pause) Il respire. (Avec un sentiment de soulagement.) Nostradamus respire.

Cette expérience a été très émouvante pour John. Il est déjà assez pénible de voir quelqu'un dans notre état physique s'effondrer à la suite d'une crise cardiaque ou d'un accident vasculaire cérébral et d'être impuissant à faire quoi que ce soit. Cela a dû être encore plus frustrant d'assister à la scène depuis l'état spirituel. Au moins, cela n'avait pas empêché John de d'essayer d'aider l'homme qui était devenu notre ami le plus cher.

D : *Bien sûr, ils sont trop occupés pour s'apercevoir de ta présence.*

J : Ils ne me voient pas du tout. Ils sont paniqués. Ils pensaient qu'il était mort.

D : *Mais il respire à nouveau maintenant.*

J : Il respire. Son visage est tout rouge. Il est rouge, et il y a aussi de la couleur bleue.

D : *Est-ce qu'ils lui font autre chose ?*

J : Ils ont enlevé son chapeau et ouvert sa tunique. Et ils le massent et lui tapent sur la poitrine. Maintenant ses yeux... (brusquement) Je dois partir. Le gardien de la tapisserie me dit que je dois partir. Il appelle du miroir et je retourne dans le miroir. Mais il m'a dit de ne pas m'inquiéter, Nostradamus s'en sortira. Il a déjà eu des problèmes cardiaques auparavant. Je suis dans le miroir et je regarde dehors. Maintenant, ils lui donnent une sorte de médicament pour le cœur dans un verre de vin. (confiant) Il va s'en sortir. Eh bien. Il est juste vieux. Il est plus vieux que la dernière fois que nous étions avec lui, et cela doit faire partie de son processus de vieillissement. Je suis dans la salle de la Tapisserie maintenant.

D : *Demandez au gardien si nous avons quelque chose à voir avec le fait qu'il ait eu cet accident vasculaire cérébral ou cette crise cardiaque.*

J : Non, ce n'est pas de votre faute. Le gardien dit que Nostradamus est un homme âgé. "Il n'a pas pris soin de lui.même. Il est médecin et il ne suit pas ses propres conseils. Il devrait prendre un remède pour son cœur et il ne l'a pas fait. Ce terrible incident dont vous venez d'être témoins lui rappellera qu'il doit prendre soin de son véhicule".

D : *Je voulais juste m'assurer que notre visite n'avait pas...*

J : Non, nous n'avons rien à voir avec cela. C'est la vie de Nostradamus et une partie du modèle que son âme a choisi, le gardien de la tapisserie vient de me le dire. C'est pourquoi Nostradamus n'était pas très clair. c'était en train de se développer en lui.

D : *Alors si nous revenons en arrière... quand nous reviendrons en arrière, nous devrions probablement aller le voir quand il est plus jeune, afin éviter tout problèmes qu'il pourrait avoir en vieillissant.*

J : Oui, le gardien dit que nous arriverons à un moment de sa vie où tu peux travailler avec lui, mais il ne peut pas prédire le moment où tu vas entrer dans sa vie. Il dit que tu es très présomptueuse et il n'aime pas cela. Le gardien dit également qu'on ne peut pas être présomptueux avec une forme de vie, quelle qu'elle soit. Il dit qu'en nous introduisant de force dans leur vie, nous faisons du bien négatif. (Perplexe) Je ne comprends pas ce que cela veut dire... du bien négatif ?

D : *Mais je ne considère pas que c'est du forcing s'il nous a demandé de venir.*

J : Non, il ne veut pas dire qu'il dit... (Rire) "Ne vous transformer pas en une nuisance. Soyez gentils." Il dit : "C'est un événement très traumatisant que vous avez vécu et je ne pense pas que vous le revivrez". Mais il dit que Nostradamus ne peut rester à un niveau qui est réceptif à nos impulsions que pendant de courtes périodes. Sa perception du temps, lorsqu'il nous voit sous la forme d'un esprit, est de quelques heures par rapport à la votre, alors que votre perception du temps est de quelques minutes.C'est comme si cela se passait en trois ou quatre heures dans son sens du temps, alors que dans notre sens du temps, c'est peut-être un peu plus long qu'une heure. Le gardien de la tapisserie explique qu'il s'agit d'un sens différent du temps parce que Nostradamus est en train de lire dans mes pensées. Ce n'est pas une communication instantanée tout le temps.

D : *Mais à chaque fois qu'il veut arrêter la communication, il le fait. Ainsi, je n'ai pas eu l'impression que nous l'obligeons à faire quelque chose qu'il ne veuille pas faire.*

J : Il apprécie la présence des esprits du futur et il essaie de travailler avec eux. Mais les esprits du futur doivent se rendre compte que leur sens du temps n'est pas le même que le sien.

D : *Nous faisons cela parce qu'il l'a demandé.*

J : Oh, le gardien de la tapisserie en est bien conscient. Il explique simplement la distorsion de la dimension temporelle. (Soupir) Il dit que nous devons éclaircir cette question du temps. C'est ça le problème. Il veut que nous réalisions que chaque session que nous passons avec lui peut sembler ne durer que quelques minutes, mais elle dure en fait trois ou quatre heures pour Nostradamus, ce qui est très long pour l'éloigner de sa vie quotidienne. Je ne comprends pas comment cela est possible.

D : *Non, moi non plus. Mais il y a beaucoup de choses que nous ne comprenons pas.*

J : J'essaie d'obtenir un point de vue plus clair de la part du gardien de la tapisserie. Il dit que si c'est difficile pour nous de comprendre à ce stade, il ne faut pas s'inquiéter. Mais il faut savoir qu'il y a un temps imparti. Nostradamus a un certain nombre d'heures pour communiquer avec les esprits du futur. Ce que vous semblez dire en dix minutes peut en fait durer une heure pour lui.

D : *Mais il a aussi une vision globale, ce qui peut également prendre plus de temps.*

J : Oui, il voit ces visions dans sa méditation, bien que parfois elles aient été induites par la drogue en prenant un peu de vin et d'opium.

D : *Oh ? Je suppose que cela le rend plus ouvert pour ceci.*

J : Oui. Le gardien dit : "Nous essaierons de faire en sorte que tu aies une meilleure situation la prochaine fois que vous viendrez."

D : *C'est pourquoi je ne pensais pas qu'il serait présomptueux de demander de venir quand il était plus jeune, dans un état plus sain.*

J : Non, il dit que ce serait mieux. Le gardien est un esprit très aimable. C'est juste qu'il a beaucoup de travail à faire pour maintenir cette tapisserie en bon état. Il a beaucoup de responsabilités. Il dit que parfois ces mésaventures se produisent, mais il n'a pas réalisé, quand je suis parti, que j'arriverais au moment où Nostradamus serait victime d'une crise cardiaque. Il m'a dit : "La prochaine fois que vous viendrez, nous nous assurerons que Nostradamus est dans le bon état d'esprit et qu'il ne soit pas malade." Il dit qu'il est temps pour nous de partir maintenant.

Celle-ci était une véritable expérience. Et tout cela soulève de nombreuses questions. John a-t-il vraiment sauvé la vie de Nostradamus en faisant sonner la cloche ? Était-ce la raison pour laquelle nous étions là à ce moment précis, pour que nous puissions l'aider ? Apparemment, personne dans la salle n'a remis en question la sonnerie de la cloche à cause de la confusion. Serait-il mort si Jeoh ne les avait pas prévenus ? Ces personnes étaient habituées à ce qu'il passe des heures sans être dérangé dans son bureau, personne n'aurait donc pris de ses nouvelles. John dit qu'il n'a pas vu la cloche accrochée au mur près de la porte pendant les séances où Nostradamus était plus jeune. Peut-être l'avait-il fait installer en vieillissant pour pouvoir appeler de l'aide en cas de besoin.

Nostradamus a dit : "Je ne t'ai pas appelé aujourd'hui." Peut-être qu'à ce stade de sa vie, il avait terminé les quatrains et ne voyait plus les esprits du futur aussi souvent que lorsqu'il était plus jeune. Quelles qu'en soient les raisons, c'était une expérience que nous ne voulions pas répéter.

Chapitre 22

La Salle Cachée

APRÈS L'EXPÉRIENCE TRAUMATIQUE vécue lors de la dernière session, nous avons voulu essayer de contacter Nostradamus à un moment de sa vie où il était en meilleure santé.

J : Le gardien dit : "Vous voulez aller voir Nostradamus maintenant, n'est-ce pas ?
D : *Oui, et nous ne voulons pas répéter l'expérience que nous avons eue la dernière fois. Nous préférerions un jour où il a le temps de nous parler, et un jour où il est en bonne santé physique.*
J : D'accord, je suis sur la ligne de téléportation.... J'y suis maintenant. (Sourire) Nostradamus est en train de ranger toutes sortes de choses.
D : *Qu'est-ce que tu veux dire ?*
J : Oh, il a ouvert la porte du bureau et il est dans l'autre pièce. Il range des choses comme nous le ferions pour les courses. Il a des herbes, de l'encens et toutes sortes de choses. Maintenant, il revient dans la pièce. Oh, il a l'air en forme aujourd'hui. Il est très en forme. Nous sommes arrivés à un bon moment de sa vie. Il a l'air beaucoup plus jeune. Ses cheveux sont gris mais il a probablement la quarantaine.
D : *C'est mieux. Nous ne voulons pas qu'il se passe la même chose que la dernière fois.*
J : (Sérieusement) Je ne peux pas parler de ça.
D : *De quoi ?*
J : De ce qui s'est passé la dernière fois.

Apparemment, Nostradamus n'était pas autorisé à connaître l'incident dans son futur, lorsqu'il souffrirait d'une crise cardiaque presque fatale. Dans ce cas précis, nous possédions des connaissances sur lui qu'il nous était interdit de transmettre.

D : Pouvez-vous lui faire savoir que nous sommes ici ?
J : Il me voit dans le miroir, mais il est occupé. Il travaille et dit : "J'arrive tout de suite. (Rire) Je vais chercher mon papier, mes livres et mon parchemin. puis mon sable et mon encre." Il prépare tout cela. Il installe tout cela. Maintenant, il va dans sa cuisine.
D : C'est une autre pièce ?
J : Oui. Il dit à sa femme qu'il ne veut pas être dérangé maintenant. Et Il revient par le bureau, et ferme la porte à clé.
D : C'est bien, nous allons peut-être pouvoir travailler aujourd'hui.
J : Oui, il se sent très bien.
D : Alors, veut-il continuer la traduction des quatrains ?
J : Oui, il dit : "Allez-y".

SIÈCLE III -91

L'arbre qu'estoit par long temps mort seché,
Dans une nuict viendra à reverdir:
Cron Roy malade, Prince pied estaché,
Criant d'ennemis fera voile bondir.

L'arbre qui était mort et desséché depuis longtemps
Refleurira en une nuit:
Le roi Cronien sera malade. Le prince avec un pied abîmé,
La peur de ses ennemis lui fera hisser la voile.

C'est le quatrain que je lisais lorsque Nostradamus a eu une crise cardiaque lors de la dernière session. Nous n'avons pas pu l'interpréter à ce moment-là, alors j'ai donc commencé par lui.

J : Le roi Cronian. Comment s'écrit Cronian ?
D : *C'est quelque chose que les traducteurs ne comprennent pas. En français, il y a "Cron Roy". Cron Roy", et ils l'ont traduit par "Cronian". Dans leur traduction ils pensent que le latin Cronus fait référence à Saturne.*
J : Non, il dit que ce n'est pas le cas. Il décrit la famille royale d'Angleterre à l'époque actuelle. Il s'agit du prince Charles et du roi Cron seraient plus ce qu'il avait à l'esprit. Il dit que cela représente une femme-roi, une femme-roi plus âgée. Il dit que la famille royale britannique a perdu de son prestige et de son

pouvoir au cours de ce siècle. Mais cela changera bientôt lorsque le prince - qui a eu ou aura des problèmes avec son pied - reprendra le contrôle. Il hissera la voile pour aider la famille royale à gagner en prestige et en pouvoir. Cela ne veut pas dire qu'il va s'en aller. L'arbre qui s'était desséché va maintenant refleurir.

D : Je vois bien le symbolisme. Ils ont une femme reine depuis bien longtemps maintenant.

SIÈCLE III -93

Dans Avignon tout le Chef de l'empire
Fera arrest pour Paris desolé:
Tricast tiendra l'Annibalique ire,
Lyon par change sera mel consolé.

En Avignon, le chef de tout l'Empire
fera une halte car Paris est déserte.
Tricast contiendra la colère africaine,
Le Lion se consolera mal du changement.

John a répété chaque ligne à haute voix après moi.

J : Il dit que ce quatrain fait référence à deux choses. Il fait référence aux Nazis et à la prise de contrôle de la France, et au lion, qui représente Londres, en Angleterre, qui, quant à elle, connaîtra de véritables problèmes au cours de cette période. Cela représente également les problèmes qui seront créés par l'Antéchrist - le mot qu'il choisit est destructeur du monde - lorsqu'il marchera dans le sud de la France, près d'Avignon. Il dit qu'Avignon était une ville très importante à son époque parce qu'elle était le siège de la papauté à un moment donné, quelques centaines d'années après lui. C'était une ville importante alors, même si elle n'est pas aussi importante à votre époque.

Une fois de plus, Nostradamus avait raison grâce à sa connaissance de l'histoire locale française. En raison des temps difficiles qui dévastaient l'Italie, le pape avait alors déplacé le siège de la papauté en Avignon. Les papes y sont restés pendant 68 ans, de 1309 à 1377, soit 200 ans avant l'époque de Nostradamus.

J : Il dit que ce quatrain indique la route qu'empruntera l'Antéchrist lorsqu'il marchera au travers du sud de la France. Paris sera désertée parce qu'il menacera de la bombarder, comme il aura bombardé Rome et Athènes. Il s'installera devant ce qui est aujourd'hui Avignon et l'Angleterre ne pourra rien faire car elle sera menacée à son tour.

D. Le lion représente donc l'Angleterre dans les deux interprétations.

J : Et Paris a aussi été désertée pendant la Seconde Guerre mondiale.

D : Peut-il vous donner une période de temps au cours de laquelle l'Antéchrist causera des problèmes, ou est-ce qu'il vous montre juste une scène ?

J : Il dit que tout cela aura lieu pendant son règne de terreur, comme il l'appelle.

SIÈCLE III -96

Chef de Fosan aura gorge coupee,
Par le ducteur du limier & laurier:
La faict patre par ceux de mont Tarpee,
Saturne en Leo 13 de Fevrier.

Le chef de Fossano sera égorgé,
par l'homme qui exerçait les limiers et les lévriers.
L'acte sera commis par ceux de la roche Tarpéienne,
Quand Saturne sera dans le Lion le 13 février.

Il a demandé l'orthographe et a ensuite corrigé ma prononciation.

J : Cela se passera après l'an 2000. Il s'agit de factions qui se battront les unes contre les autres après l'Antéchrist. Un peu d'agitation au cours de cette période entraînera l'assassinat de l'un des chefs, par une faction qui a conservé les croyances de l'Antéchrist, même si l'Antéchrist n'est plus sur Terre. Ces personnes causeront des difficultés pendant cette période, mais il en résultera un gouvernement mondial, dit-il.

D : *Je pensais qu'après la mort de l'Antéchrist, les gens n'auraient plus envie de faire la guerre.*

J : En fait, il s'agit plutôt de manœuvres politiques. Les changements de loyauté feront que cet homme sera tué.

D : *Quelle est la symbolique des limiers et des lévriers ?*

J : Les limiers sont des chiens de guerre. C'est ainsi qu'il les voit. Ce sont des chiens qui captent l'odeur d'un animal blessé pour le retrouver et le tuer. Ils le dévorent si on ne les arrête pas. Le lévrier est un autre chien de chasse, mais il est plus noble car il écoute ce pour quoi il est guidé. Ce symbolisme fait référence aux différents types de factions qui existeront à l'époque.

D : *Si vous regardez les signes astrologiques, cela nous donnera-t-il la date ?*

J : Il dit de chercher dans un éphéméride après l'an 2000.

Plus tard, lorsque John a pu trouver les éphémérides de 2000, il a calculé la date du 13 février 2036, date à laquelle Saturne est en Lion et Jupiter en Taureau.

La référence de Nostradamus à la Roche Tarpéienne recèle un symbolisme intéressant. Il s'agit d'un rocher situé sur la colline du Capitole à Rome, d'où les Romains républicains précipitaient les criminels d'État. Il semble qu'il s'agisse là d'un autre cas où Nostradamus se réfère à l'histoire romaine comme référence croisée. Cela signifierait-il que le meurtre a été commis par ceux qui étaient considérés comme des criminels ou des rebelles pour l'ordre établi ?

SIÈCLE III -98

Deux royals freres si fort guerroierent,
Qu'entre eux sera la guerre si mortelle:
Qu'un chacun places fortes occuperont,
De regne & vie sera leur grand querelle.

Deux frères royaux vont se battre avec acharnement,
et la querelle entre eux sera si mortelle
Qu'ils vivront tous deux dans des lieux fortifiés.
Leur grande querelle concernera leur vie et le royaume.

J : Ce quatrain s'applique à de nombreux souverains au cours de l'histoire, mais nous verrons surtout ces événements se produire à notre époque, entre les fils du prince Charles d'Angleterre.

D : *Est-ce qu'il veut dire qu'il y aura des problèmes entre ces deux-là ?*

J : Il y a déjà une rivalité entre frères et sœurs, dit-il. Ce problème a déjà commencé et ce ne sont que des bébés.

D : *Alors ce quatrain prédit des événements futurs, mais certains se sont déjà eu lieu.*

J : Oui. Cela s'est produit plusieurs fois dans différents pays, comme la Russie et l'Angleterre dans la première partie de notre siècle. Il dit que cela représente l'agitation qui se produit de son temps jusqu'à notre époque, jusqu'au nouvel ordre mondial.

SIÈCLE III -99

Aux champs herbeux d'Allein et du Vaineigne,
Du mont Lebrou proche de la Durance,
Camps de deux parts conflict sera si aigre
Mesopotamie defaillira en la France

Dans le champ vert d'Alleins et de Vernegues,
des montagnes du Luberon, près de la Durance,
Les combats des deux côtés seront si âpres pour les armées
que la Mésopotamie cessera d'être en France.

Il a répété certaines parties après moi et a corrigé ma prononciation des noms.

J : Il dit que ce quatrain fait référence aux combats qui auront lieu lorsque les forces de l'Antéchrist essaieront de s'emparer de la Suisse. Il n'y parviendra pas mais il détruira une partie de la France en essayant. Une bombe sera sera lancée pour détruire Genève et Zurich, mais au lieu de cela, elle atterrira en France et provoquera une contamination.

D : *S'agit-il d'une contamination atomique ?*

J : Elle n'est pas nécessairement atomique ; elle tue les gens mais ne détruit pas le territoire.

Ceci est similaire au quatrain décrivant la destruction de New York (SIÈCLE III-84 au chapitre 21).

D : Il utilise beaucoup de noms dans le quatrain.
J : A son époque, il s'agissait de noms de lieux en France. Il y a aussi des anagrammes, dit-il.
D : Des anagrammes d'autres noms de lieux ?
J : Il me montre une carte de la Suisse et m'indique la zone frontalière entre la France et la Suisse.

SIÈCLE IV -1

Cela du reste de sang non espandu,
Venise quiert secours estre donné,
Apres avoir bien long temps attendu,
Cité livrée au premier cornet sonné.

Le sang restant ne sera pas versé,
Venise cherche à obtenir de l'aide ;
Après avoir attendu très longtemps
La ville est livrée au premier coup de trompette.

J : Il dit que Venise était un grand État maritime à son époque. A votre époque, elle s'enfonce lentement dans les marais de la lagune. Il dit que cequatrain représente la chute de ce magnifique joyau qu'est la ville. En raison des changements qui se produisent et de la montée des océans, la majeure partie de Venise sera bientôt sous l'eau. La situation sera particulièrement critique dans les années 1990, car il me montre l'eau qui monte de plus en plus haut.
D : Ils essaient maintenant de faire quelque chose pour l'empêcher de couler. Pensez-vous qu'ils y parviendront ?
J : Dans une certaine mesure, dit-il, mais avec le déplacement de la Terre, elle sera complètement recouverte. Il me montre la Terre et cette zone est entièrement recouverte d'eau.

J'ai découvert qu'à l'époque de Nostradamus, Venise était le plus grand État maritime du monde occidental. Elle était puissante dans la politique européenne et le centre d'une intense activité culturelle. Il a donc dû être attristé de la voir sombrer.

SIÈCLE IV -3

D'Arras & Bourges, de Brodes grans enseignes,
Un plus grand nombre de Gascons batre à pied,
Ceux long du Rosne saigneront les Espaignes:
Proche du mont ou Sagonte s'assied.

D'Arras et de Bourges, de grandes bannières des Ténébreux,
Un plus grand nombre de Gascons combattent à pied.
Ceux qui sont le long du Rhône feront saigner les Espagnols.
Près du siège montagneux de Sagunto.

Il a de nouveau corrigé ma prononciation.

J : Il dit que ce quatrain fait référence à la période des troubles et à la façon dont l'Antéchrist s'emparera de la plus grande partie de la France, mais pas de Paris. Il va conquérir la plus grande partie du sud de la France et essaiera de s'étendre en Italie et en Espagne. À ce moment-là, il a déjà fait sauter Rome et il se concentrera sur cette partie de la France parce qu'elle est une région agricole très riche. C'est là que proviennent tous nos aliments de luxe. Il me montre une truffe, des oies et des choses comme ça. Il dit que ce sera une période très importante.

D : *Je suppose que les sombres représentent les membres des forces de l'Antéchrist. mais il est dit "un grand nombre de gascons combattent à pied". "Qui sont les gascons ?*

J : La Gascogne était une province française à l'époque. Donc, les gascons symbolisent les Français libres parce qu'ils viennent du nord.

SIÈCLE IV -4

L'impotent Prince faché, plaincts & querelles,
De rapts & pille, par coqz & par Libiques:
Grand est par terre par mer infinies voilles
Seule Italie sera chassont Celtiques.

Le prince impuissant est irrité, il se plaint et se querelle,

Viol et pillage, par le coq et par les Libyens.
Il est grand sur terre, en mer d'innombrables voiles ;
L'Italie seule chassera les Celtes.

J : Il dit que ce quatrain fait référence à une époque durant votre siècle où un prince d'une vieille maison voudra le pouvoir, mais il ne l'obtiendra pas.

D : *Sait-il dans quel pays ?*

J : Il dit que c'est dans les pays arabes. C'est difficile à voir. Il dit : "Je ne comprends pas tous les noms de vos nouveaux pays". Il est très vague.

D : *Qui est le coq dans cette affaire ?*

J : (Surpris) L'Egypte. Je ne sais pas comment...

D : *Il est écrit : "L'Italie seule chassera les Celtes". Qui sont les Celtes dans ce quatrain ?*

Il hésite, comme si Nostradamus ne lui répondait pas, puis il a continué.

J : Les Celtes étaient l'ancienne tribu qui habitait la péninsule italienne avant les Romains et les Étrusques. Il a dit que vous devriez connaître votre histoire sur Rome. Il dit : "Nous la connaissons très bien - vous devriez aussi".Il me montre du doigt.

D : *Il m'a déjà dit cela. Je sais que nous devrions être plus familiers avec l'histoire romaine, mais il y a beaucoup d'histoire postérieure qui l'a remplacée.*

J : Il dit : "Je veux voir les brillances de votre esprit." (rires) Il dit de rechercher l'indice dans votre histoire romaine, puis nous reparlerons de ce quatrain.

D : *Pourquoi ne parlait-il pas tout à l'heure ? Quelque chose le tracassait ?*

J : Il était en pleine contemplation. Il devient un peu " absent ". Je suppose que c'est comme ça que ça s'appelle.

D : *Eh bien, il y avait un bruit fort ici (une tondeuse à gazon à l'extérieur de la fenêtre). et j'ai pensé que cela le dérangeait peut-être.*

J : Non, cela ne le dérange pas. Il n'entend rien dans ma dimension. (Abruptement) Il ne veut plus interpréter de quatrains. Il vient de poser sa plume. Il dit : "Si vous voulez plus d'informations, nous pouvons regarder dans le miroir. De quoi aimeriez-vous entendre parler ? Ce dernier quatrain m'a fait penser m'a fait penser à beaucoup de choses".

D : *Quelque chose en particulier ?*

J : Il dit : "Étudiez l'histoire romaine. Nous devons l'étudier à notre époque, alors vous devriez également l'étudier à la vôtre. Elle a fait partie de votre civilisation comme de la mienne."

D : *Oui. Mais il s'est écoulé tellement de temps entre cette époque et aujourd'hui que c'est en quelque sorte tombé dans les oubliettes. Les gens ne l'utilisent pas autant qu'ils le devraient, je suppose. S'il ne veut pas parler des quatrains, a-t-il quelque chose de particulier en tête qu'il voudrait nous montrer dans le miroir ?*

J : Il ne veut pas... il dit qu'on va les ranger pour l'instant. Il est d'humeur très joyeuse. Il dit qu'il a une autre pièce à l'étage et me demande si je veux la voir.

C'était une surprise. Nous n'avions jamais été autorisés à entrer dans le reste de la maison.

D : *On peut le faire ?*

J : Oui, il m'emmène à l'étage et dans l'autre pièce. C'est une toute petite minuscule salle de rituel. C'est là qu'il garde tous ses instruments magiques et autres, mais il ne garde pas le miroir ici. Il a beaucoup d'objets suspendus aux murs, et c'est très beau. La pièce fait à peu près la taille de ma salle de bain ; non, elle est un peu plus grande que ça. Elle fait environ 2,75 m ou 3m de chaque côté. On ne peut pas y mettre un lit, mais il y a un cercle magique sur le sol. Il a différents types de parchemins, des livres, un grand brûleur d'encens, et une chaise avec des pieds en croix comme ceci (gestes de la main) sur la partie inférieure. Elle est placée sur le côté. C'est là qu'il vient méditer et prier. C'est un homme très spirituel. Il dit qu'il est très important pour les gens de prier.

D : *A quoi ressemblent les tentures murales ?*

J : Oh, elles sont magnifiques, et elles sont faites d'une sorte de velours. Certaines sont brodées et d'autres sont tissées comme des tapisseries. Elles portent toutes sortes de symboles occultes. Je lui ai demandé qui les avait fabriqués et il m'a répondu : "C'est mon secret". (Rire) Il doit garder cette pièce cachée. La porte est munie d'une lourde serrure et elle est considérée comme sa réserve d'argent et d'objets de valeur. Sa femme peut y entrer, mais la servante ne le peut pas car elle s'en servirait pour le dénoncer comme sorcier. C'est sa retraite religieuse et il voulait juste me faire savoir qu'il y pensait. Il me dit : "J'aime m'asseoir ici et prier pour que mes ancêtres bénissent ma vie et celle de ma famille." Il aimerait que je parte maintenant. Il dit qu'il aimerait prier.

D : *C'était la seule chose qu'il voulait faire, te montrer cette pièce ?*
J : Je ne sais pas pourquoi, mais il voulait m'amener ici. Il veut prier, et il dit que - oh, je comprends maintenant. Vous voyez, il a parfois l'impression que nous ne sommes pas bons, que nous sommes de mauvais esprits.
D : *Je comprends qu'il puisse ressentir cela.*
J : Il pense que si nous prions avec lui, il saura. Je suis en train de prier avec lui. Je récite le Notre Père avec lui.

John le récite doucement. Je l'ai récité mentalement avec lui.

D : *Est-ce qu'il le dit de la même façon que nous ?*
J : Non, c'est un peu différent, mais c'est similaire. C'est un test qu'il a voulu faire. Il dit : "Je sais maintenant que tu n'es pas un mauvais esprit, parce que tu ne pourrais pas dire cette prière si c'était le cas." Il veut que nous partions maintenant.

Sa mention des mauvais esprits avait éveillé ma curiosité et j'ai voulu poursuivre cette allée de pensée.

D : *Pouvez-vous lui demander s'il a...*
J : Il ne veut pas parler. Il a sorti un parchemin et il en récite des mots, en priant.
D : *J'étais juste curieuse de savoir si des esprits...*
J : Je suis de retour dans la salle de la tapisserie. Le gardien m'a ramené. Le gardien me parle maintenant : " Il ne veut pas que tu sois là. Il est très important qu'il prie. La prière élève l'homme." Nostradamus voulait nous tester parce qu'il a eu quelques incidents où il a été "impliqué avec des démons".
D : *C'est ce qui m'a intriguée.*
J : Des esprits négatifs ont traversé le miroir, a dit le gardien :"La prière est très importante parce qu'elle nous permet de parler à

Dieu. Lorsque nous méditons, nous écoutons ce que Dieu a à nous dire en retour", dit-il.

D : *J'ai pensé qu'il était inhabituel que nous soyons autorisés à pénétrer dans une autre partie de sa maison.*

J : Il voulait voir si nous étions des esprits négatifs, et si nous étions, il avait du sel sur le sol (Rire) Je le savais. Mais c'est la raison pour laquelle il voulait voir si nous allions prier, pour louer le Créateur, comme il l'a dit.

D : *J'aurais aimé penser qu'il aurait su maintenant que nous sommes des esprits positifs. Je l'espère. Nous sommes tout de même venus depuis un certain temps.*

J : Vous voyez, ce n'est pas régulier. Nous ne venons pas tous les jours à la même heure. Nous nous présentons à différents moments de sa vie. Le gardien dit qu'il a eu des difficultés avec des esprits négatifs.

D : *Eh bien, je suis heureuse que nous ayons réussi le test.*

J : Oui. Le gardien dit que vous vous en êtes sortie merveilleusement bien.

Je crois aussi que le gardien ne nous aurait pas permis de trouver Nostradamus à travers la tapisserie s'il avait perçu une quelconque négativité de notre part. Il avait même dit au début qu'il connaissait nos motivations mieux que nous ne les connaissions nous-mêmes.

Chapitre 23

Le Premier Contact de Nostradamus

AU DÉBUT DE CETTE SESSION, lorsque John a traversé le miroir, il a sursauté et s'est exclamé : "Il tape dessus !"

D : *Il tape dessus ?*
J : Oui. Il a une baguette. Elle ressemble à une baguette de magicien, mais elle est bien plus grande que celles que nos magiciens utiliseraient au 20e siècle. Elle mesure environ 30 cm de long, mais elle est épaisse. On dirait une branche de frêne qui a été limée et peinte. Je pensais qu'il y avait des dessins cabalistiques dessus, mais ce sont des lettres hébraïques. Son nom est écrit dessus en hébreu.
D : *Et il a tapé sur le miroir avec ?*
J : Oui. Il a tapé sur le miroir comme ça. (Il a agité la main comme un chef d'orchestre qui tape sur son pupitre avec une baguette).
D : *Pourquoi a-t-il fait cela ?*
J : On dirait qu'il est au milieu d'une sorte de cérémonie magique. Sur le sol sous ses pieds, il y a un cercle avec un pentagramme et de nombreux caractères hébraïques différents. Le cercle se trouve sur le sol, près de la table, et il y a deux bougies à l'intérieur du cercle. Le miroir est sur la table. Il a tapé sur le miroir comme ceci (gestes de la main) et a dit (avec surprise) "Oh ! vous êtes l'un des esprits, n'est-ce pas ?" Et j'ai répondu : "Oui, je suis l'un des esprits".
D : *Pensez-vous qu'il essayait d'appeler un esprit dans le miroir en utilisant cette cérémonie ?*
J : Oui.
D : *Je suppose qu'il ne savait pas qu'il allait nous atteindre.*
J : Non, il cherchait des esprits pour l'aider à travailler sur son livre.
D : *Nous sommes arrivés au bon moment. Je me demande s'il y a d'autres esprits qui seraient venus si nous n'étions pas apparus ?*
J : Oui, il y en a.
D : *Il y en a ? Où sont-ils ?*

J : L'un d'eux est mon guide spirituel, et il y a tout un chœur d'esprits qui ont été appelés. Ils observent. La cérémonie est faite au nom de Dieu, donc seuls les bons esprits peuvent passer.

D : *Est-ce qu'ils se soucient de savoir si c'est nous qui lui parlons ? Quelqu'un d'autre aurait pu aurait pu être là en premier.*

J : Non, ils s'en fichent. Ils sont curieux. Nostradamus est très jeune. Il a beaucoup de cheveux noirs avec un peu de gris. Je dirais qu'il a l'air d'avoir une trentaine ou une quarantaine d'années.

D : *Pensez-vous que c'est l'une des premières fois qu'il appelle les esprits à se manifester ?*

J : Oui, je pense que oui. Il est un peu choqué. Il est ... (large sourire) un peu nerveux.

D : *(Rire) C'était peut-être sa première expérience de ce type.*

J : Non, ce n'est pas sa première expérience, mais c'est la première fois qu'il voit une visualisation sortant du miroir. Je pense qu'il vient juste de recevoir le miroir.

D : *S'il est un peu nerveux, tu devrais peut-être lui parler pour qu'il se sente mieux.*

J : Je lui parle par télépathie. Je lui dis que je suis venu avec de l'amour et de la lumière pour lui, et que nous voulons être en service pour lui. Nous l'aiderons aussi avec son livre.

D : *Qu'est-ce qu'il a dit ?*

J : Merci.

D : *A-t-il encore peur ?*

J : Il ne sort pas de ce cercle. (Nous avons trouvé cela amusant.) Mais il a du matériel. Il a un livre... non, ce n'est pas un livre, c'est un parchemin pour lequel il a des plumes d'oie.

D : *Je ne lui reproche pas d'être prudent. Je pense que ce serait étrange.*

J : (Abruptement) Il a un problème de peau.

D : *Qu'est-ce que tu veux dire ?*

J : Je ne sais pas. On dirait qu'il a une éruption cutanée sur le visage. Je pense que c'est dû à une réaction d'un médicament. C'est probablement de l'urticaire ou une réaction allergique similaire. Il se grattait le visage comme ça. (John se gratte dans sa barbe et sur ses joues au-dessus de sa barbe).

D : *Pensez-vous qu'il prend des médicaments ?*

J : Il n'en prend que pour sa santé. Il n'abuse pas des drogues comme nous le faisons au 20ème siècle. Il dit qu'il prend un verre de vin ou deux, mais il n'en abuse pas. Il dit quelque chose, mais je ne comprends pas. "L'ivresse est la..." C'est un proverbe ou quelque chose comme ça. "L'ivresse, c'est permettre aux démons de parler à travers vous."

D : *Je pensais qu'il pouvait prendre des drogues et ne pas se rendre compte des effets qu'elles peuvent avoir.*
J : Non, il dit qu'il est fort au courant sur ce qu'il appelle la "pharmacopée".

Ce mot m'a paru étrange, mais j'ai pensé qu'il faisait référence à une pharmacie ou à des médicaments. Définition : Ouvrage officiel contenant une liste de drogues et de médicaments et une description de leurs propriétés, de leur préparation, etc.

D : *Si c'est la première fois qu'il nous voit, il peut être curieux. Veut-il nous demander quelque chose ?*
J : Il nous demande qui sera le prochain dirigeant de la France.

J'ai failli rire. Quelle première question typique que les gens poseraient toujours aux esprits. C'est aussi la question que nous lui avons posée lorsqu'il a voulu savoir ce que nous souhaitions voir dans le miroir. Nous lui avions demandé quel serait notre prochain président. À l'époque, il nous avait réprimandés pour avoir posé une question aussi triviale, car, selon lui, les dirigeants vont et viennent. Mais Nostradamus nous a prouvé que sa curiosité avait suivi la même direction humaine que la nôtre. C'était amusant. Il nous posait le même type de questions que celles qu'il nous avait reprochées de poser par la suite. Mais je me demandais comment John y répondrait. Je ne pouvais certainement pas me rappeler qui était en chatge à son époque, et même si je ne l'avais jamais su. C'était de l'histoire ancienne et la seule façon pour moi de répondre serait de trouver une encyclopédie à la hâte et d'y jeter un coup d'œil. Il serait difficile de mettre Nostradamus en attente pendant que nous faisons tout cela. John a dit plus tard que, dans son état conscient, il ne connaissait pas non plus la réponse, mais que sa réponse venait de quelque part.

D : *Le sais-tu ? Peux-tu l'aider ?*
J : Je lui dis que ce ne sera pas le dauphin actuel, mais un de ses frères.

D : *Hmm. Je ne me souviens même pas qui était le roi à l'époque. Veux-tu lui dire que nous venons de loin dans le futur et que cette information est très très ancienne pour nous ?*
J : Oui. Il a ri quand je lui ai dit cela.
D : *Pourquoi ?*
J : Eh bien, il ne peut pas comprendre que 500 ans se soient écoulés depuis son époque.
D : *Tu pourrais lui dire que son livre a déjà été publié et que nous sommes en train de le lire. Cela fait 400 ans qu'il intrigue les gens.*
J : Il est heureux de savoir que cela durera aussi longtemps, mais il est réticent à parler de son propre avenir. Il ne veut rien savoir à ce sujet.
D : *D'accord. A-t-il commencé à écrire son livre de quatrains ?*
J : Non. Il a fait des recherches pour un livre sur la Kabbale. Il a aussi travaillé sur un livre de données astrologiques depuis très longtemps, dit-il, et il montre cet énorme livre en peau de veau qui contient des feuilles volantes. Il y a consacré beaucoup de temps. Mais comme il est aussi médecin, il passe également beaucoup de temps à soigner. Il envisage également d'écrire un livre sur une sorte de philosophie. Vous voyez, à l'heure actuelle, ils traduisent la plupart des grandes œuvres de la Grèce et de la Rome antiques du grec et du latin en anglais ou en français. Il y participe aussi.
D : *Il n'a donc pas encore commencé à écrire ses quatrains.*

Cela peut poser un problème s'il n'avait pas commencé à les écrire ou s'il n'y avait pas encore pensé. Si je les lis, ils seront peut-être autant un puzzle pour him que pour nous. Je m'attendais à ce qu'il serait seulement troublé parce qu'il n'aurait aucune idée de ce qu'ils étaient. À moins que... à moins que nous étions vraiment en train de l'auder à les écrire.

D : *Je voulais lire quelques quatrains et lui demander de les expliquer. Est-ce que tu penses que cela puisse être utile ?*
J : "Bien sûr", dit-il, "essayons". Je viens de lui parler des quatrains et des prophéties qui lui seront attribuées dans le futur. Il a un air très perplexe sur son visage, mais il a dit : "Je vais essayer, je vais essayer". (C'était un ton de voix confus. J'ai ri).

D. En 400 ans, personne n'a réussi à les comprendre dans leur totalité. Il s'agit donc de ça, c'est ce que nous essayons de faire, de les traduire. C'est pourquoi nous sommes venus à la source ; s'il peut comprendre un tel concept.
J : Il dit : "Je vais essayer." (Avec un haussement d'épaules résigné).
D : Voulait-il vous poser d'autres questions que celle de savoir qui serait le prochain dirigeant de la France ?
J : C'est tout pour l'instant.
D : D'accord. Je vais en lire une pour voir s'il peut nous l'interpréter. Nous pouvons voir sa réaction de toute façon.

SIÈCLE IV -5

Croix paix, soubz un, accompli divin verbe,
L'Espaigne & Gaule seront unis ensemble:
Grand clade proche, & combat tresacerbe,
Cœur si hardy ne sera qui ne tremble.

La croix, la paix sous l'égide d'un seul, la parole divine réalisée.
L'Espagne et la Gaule seront unies.
Un grand désastre est proche, les combats sont féroces,
Aucun coeur si courageux ne tremblera.

J : Il dit qu'à l'avenir, un parti spirituel sera créé, composé de personnes qui ne s'intéresseront pas à la politique, mais au travail humanitaire et au travail avec compassion. Ce parti se formera pendant les périodes de troubles.
D : Que signifie "l'Espagne et la Gaule seront unies" ?
J : La Gaule était l'ancien mot pour la France. Cela se rapporte à un territoire qui apparaîtra à cette époque là. Il y aura beaucoup d'îles et de terres rocheuses en Espagne, ce qui n'est pas le cas aujourd'hui. Ainsi, des personnes ayant une conscience spirituelle immigreront sur ce territoire et formeront une communauté spirituelle au service du monde et du gouvernement mondial unique.

Il semble que Nostradamus ait été capable de traduire les quatrains même s'il n'en comprenait pas le sens.

D : *Quand je lui ai lu le quatrain, a-t-il pu voir une image ?*

J : Oui, il a pu la voir. Il a dit : "Tout cela m'est très familier, mais je ne sais pas pourquoi". Je suppose qu'il est en train de goûter au temps simultané mais qu'il ne le réalise pas.

D : *Je me demandais quelle serait sa réaction. C'est un peu déroutant pour lui, je le parie. Au moins, il semble savoir ce que signifie le quatrain. C'est bon.. Continuons et voyons ses réactions.*

SIÈCLE IV -6

D'habits nouveaux apres faicte la treuve,
Malice tramme & machination:
Premier mourra qui en fera la preuve,
Couleur venise insidation.

Après la trêve, de nouveaux vêtements seront mis,
Malice, conspiration et complot.
Celui qui le prouvera sera le premier à mourir,
La couleur de la trahison vénitienne.

D: *The translators say that this quatrain is very obscure. They don't understand it.*

J: He shows me a photo of the Kaiser during the First World War, and he says this quatrain refers to the rise of that war and the militarism of the time. and the militarism of Germany at that time. The powder keg of the First World War was triggered by the assassination of Archduke Ferdinand. The man who killed him lived in Venice for some time and received his training, equipment and money there, in Venice. That's the Venetian connection.

D: *That would be in our past.*

I was unable to find whether or not the man who assassinated Archduke Ferdinand had any connections with Venice. To this day there are still many unknown facts concerning the murders. The question of who was behind them and who supplied them has never been satisfactorily answered. Nostradamus may have seen more details about the incident than were available to the investigators.

SIÈCLE IV -7

Le mineur filz du grand & hai Prince,
De lepre aura à vingt ans grande tache,
De deuil sa mere mourra bien triste & mince,
Et il mourra là où tombe cher lache.

Fils cadet d'un grand prince détesté,
Sera très marqué par la lèpre à l'âge de 20 ans.
Sa mère mourra de chagrin, très triste et amaigrie,
Et il mourra quand la chair lâche tombera (de ses os).

D : *Les traducteurs prennent cela très au pied de la lettre, mais ils ne le comprennent pas.*
J : Hmm. C'est un quatrain très intéressant.
D : *Il a en tout cas un symbolisme intéressant. Que voyez-vous ?*
J : Ce quatrain concerne un président dans notre futur proche. Son fils mourra du SIDA. Cela se passera pendant la crise du SIDA à la fin des années 1980 et au milieu des années 1990. Le sida sera semblable à la peste noire de son époque, dit-il. L'un des fils de notre président élu, qui n'aura même pas 20 ans, succombera à cette maladie. Il me montre des plaies violettes sur le corps de la personne, comme la peste, et il dit : c'est ainsi que sa chair pourrira de son corps. Il se gratte la tête. Il dit : "La peste noire, ou, comme on dit en anglais, "Black Death". La peste noire, ou comme nous l'appelons "Mort de Mal", est pire que cela parce qu'elle est très douloureuse. Mais c'est aussi une peste."
D : *L'appelait-il lèpre parce que c'était la seule chose avec laquelle il pouvait l'identifier ?*
J : Oui, parce qu'on a l'impression que les plaies sur le corps se désintègrent.
D : *C'est la seule façon dont il pouvait l'interpréter à l'époque. Hmm, c'est très intéressant. Est-ce que ce sera dans notre futur ?*
J : Très bientôt, dit-il. Il demande : "Vous êtes du milieu du 20e siècle, n'est-ce pas ?" Et j'ai répondu : "Oui".
D : *Nous sommes maintenant à la fin du 20e siècle ici.*
J : "J'ai aussi des esprits qui viennent du 23e siècle", a-t-il dit.

Il semble que l'intérêt pour les quatrains de Nostradamus ne diminuera pas si les gens le recherchent encore à 300 ans de notre époque.

D : *Il est écrit "le fils cadet d'un grand prince détesté". Il ne semble pas qu'il sera un président très populaire. A-t-il une explication pour laquelle il utilise ce mot ?*
J : (Souriant) Toute l'humanité déteste ses dirigeants. C'est ce qu'il vient de dire. Même le plus noble des chefs a été persécuté et crucifié.
D : *C'est vrai.*

Il s'agissait évidemment de Jésus.

Lorsque j'ai rassemblé le premier volume de cet ouvrage, j'ai vu quelque chose dans un quatrain que Brenda avait interprété et qui, selon moi, pourrait correspondre à celui-ci. Je vais en répéter une partie ici.

SIÈCLE II -53

La grande peste de cité maritime,
Ne cessera que mort ne soit vengée
Du juste sang par pris damné sans crime,
De la grand dame feincte n'outragee.

La grande épidémie qui sévit dans la ville maritime
Ne s'arrêtera pas tant que la mort ne sera pas vengée
Par le sang d'un homme juste, pris et condamné pour aucun crime ;
La grande dame s'indigne de ce faux-semblant.

Nostradamus a expliqué dans le premier volume que ce quatrain faisait référence à la fois à la peste noire qui a frappé Londres et au fléau actuel appelé SIDA. Il a dit qu'elle se répandrait comme une traînée de poudre dans tout le pays et qu'elle toucherait une grande partie de la population.. Je lui ai demandé de préciser la partie qui dit : "La peste ne s'arrêtera pas tant que la mort ne sera pas vengée par le sang d'un homme juste pris et condamné sans crime".

Il m'a répondu que s'il essayait d'expliquer cette partie, cela n'aurait aucun sens. mais qu'elle deviendrait claire avec le temps. Je pensais qu'il s'agissait d'un remède, mais il a dit qu'on ne trouverait pas de remède à temps pour ce fléau. La mort devait simplement suivre son cours.

Ces deux quatrains sont si semblables dans leur contenu que je me demande s'ils ne font pas référence à la même chose. La peste ne sera pas arrêtée tant que le fils du président des États-Unis ne soit touché. Cet événement ne manquerait pas d'inciter à la recherche d'un remède, comme rien d'autre. Cela correspondrait également au délai de 15 ans avant qu'un remède ne soit trouvé que Nostradamus a indiqué dans SIÈCLE III -48, chapitre 19.

SIÈCLE IV -8

La grand cité d'assaut prompt & repentin,
Surprins de nuict, gardes interrompus.
Les excubies & vielles sainct Quintin,
Trucidés gardes & les pourtails rompus.

La grande ville sera surprise la nuit par un assaut soudain et rapide. nuit par un assaut soudain et rapide. Les gardes se sont interrompus ; la garde et les gardes de St. Quintin massacrés,
les gardes et les portes brisées

J : Pourriez-vous répéter cela ? Il a du mal à l'écrire. (Je l'ai répété.) En son temps, la grande ville était Rome. Ce quatrain fait référence à la destruction de Rome lors de la crise de l'Antéchrist.
D : Qu'est-ce que St Quintin ?
J : Il s'agit du gardien de la porte du Vatican.

J'ai découvert que saint Quintin était un Romain vivant en 286 après J.-C. Il a été torturé et décapité parce qu'il refusait de quitter le christianisme et de revenir à l'adoration des dieux romains. Une légende élaborée l'entoure, mais je n'ai trouvé aucune mention du fait qu'il ait été considéré comme le "gardien de la porte du Vatican". C'est peut-être ainsi qu'on l'appelait à l'époque de Nostradamus. Aujourd'hui, nous nous référons à saint Pierre comme étant le gardien des portes du Ciel. Quintin est peu connu.

D : Les traducteurs relient ce quatrain à une ville appelée St. Quentin, même si l'orthographe est différente.
J : (Pause) Il ne comprend pas.
D : J'ai dit que les traducteurs, ceux qui ont traduit ces quatrains à notre époque, ont associé ce quatrain à une ville appelée St.. Quentin, mais le nom est orthographié un peu différemment.
J : Il a dit : "Qui sont ces gens ?" (J'ai ri.) Il est assez en colère. Il n'aime pas entendre parler d'eux.
D : Ce sont des gens de notre époque qui essaient de comprendre ses écrits, parce que pour nous ce sont des énigmes.
J : Oui. Il a dit que l'esprit du 23ème siècle lui a dit cela.

Apparemment, l'idée que les gens interprètent mal son travail le mettait en colère même s'il n'avait pas encore écrit les quatrains.

D : Ce quatrain faisait donc référence à la chute de Rome pendant la période des troubles.

SIÈCLE IV-9

Le chef du camp au milieu de la presse,
D'un coup de fleche sera blessé aux cuisses,
Lors que Geneve eu larmes & detresse,
Sera trahi par Lozan & Souisses.

Le chef de l'armée au milieu de la foule
Est blessé d'une flèche aux cuisses.
Lorsque Genève, en difficulté et en détresse,
Est trahie par Lausanne et les Suisses.

J : Cet événement a eu lieu pendant l'époque de la Confédération suisse. En d'autres termes, ce quatrain s'applique aux différents cantons et provinces avant qu'ils ne deviennent l'union de la Suisse. Cela s'est passé il y a quelques siècles.
D : Que signifie ce vers sur le chef ? "Au milieu de la foule, blessé d'une flèche aux cuisses".
J : C'est ce qui est arrivé à l'un des principaux généraux qui consolidaient la Suisse.

D : *Cela s'est donc produit dans notre passé.*
J : Oui. Il dit que c'était presque à son époque

Une fois de plus, il avait raison avec ses notes de bas de page historiques dont nous n'aurions pas eu connaissance. À l'époque de Nostradamus, la Suisse était composée de nombreux cantons et provinces. On l'appelait la Confédération helvétique. À cette époque, la Suisse essayait de se consolider et d'émerger en tant que pays indépendant. Au milieu des années 1600, la Suisse était reconnue par tous les États européens. Cela s'est donc produit près de son époque, bien que ce soit après sa mort. Il y a 200 ans, leur constitution a établi un gouvernement central fort pour la première fois dans l'histoire de la Suisse. Il avait donc raison de dire que cela s'est produit quelques siècles avant notre époque.

SIÈCLE IV -10

Le jeune prince accuse faulsement,
Mettra en trouble le camp & en querelles:
Meutri le chef pour le soustenement,
Sceptre appaiser: puis guerir escrouelles.

Le jeune Prince, accusé à tort
va entraîner le camp dans des querelles et des troubles.
Le chef est assassiné pour son soutien
pour apaiser la couronne : puis il guérit le mal du roi.

J : Ce quatrain fait référence à l'Angleterre du futur. Il y aura des difficultés dans la ligne de succession des enfants du Prince Charles vivant à l'heure actuelle.
D : *Que veut-il dire par "le chef est assassiné" ?*
J : Il dit qu'il n'est pas bon de prédire la mort des autres.
D : *Il n'aime pas en parler ?*
J : Il dit que ce n'est pas bon pour vous d'en parler maintenant. Ce quatrain a quelque chose à voir avec la ligne de succession du trône d'Angleterre.
D : *Dites-lui que beaucoup de ses prophéties traitent de la mort et qu'il me serait difficile d'en trouver qui n'en traitent pas. C'est là le problème, certaines sont très morbides.*

J : Parler de la mort le perturbe.
D : D'accord. S'il y en a dont il ne veut pas parler, faites-le moi savoir.

Il semble que Nostradamus ait également dû accepter ses visions et développer une attitude objective au fur et à mesure que ses capacités progressaient.

SIÈCLE IV -11

Celui qu'aura gouvert de la grand cappe,
Sera induict à quelques cas patrer
Les douze rouges viendront fouiller la nappe.
Soubz meutre, meutre se viendra perpetrer.

Celui qui aura le gouvernement de la grande cape
sera amené à exécuter dans certains cas.
Les douze rouges viendront pour gâcher la couverture,
sous le meurtre, le meurtre sera perpétré.

J : Ce quatrain fait référence à l'ascension du tsar et de l'aristocratie russe et à sa destruction par le parti communiste de l'époque.
D : Qui sont les douze rouges ?
J : L'armée rouge.
D : *"Le gouvernement du grand manteau". Est-ce que cela fait référence au communisme ?*
J : Non. L'aristocratie russe vivait sous un grand manteau. Un manteau est censé protéger quelqu'un, mais seules quelques personnes étaient protégées par ce manteau. Les autres étaient livrés à eux-mêmes.
D : *"Les douze rouges viendront gâcher la couverture."*
J : Cette ligne représente la marche de libération du parti marxiste et communiste.
D : Les traducteurs l'associent au pape et à ses douze cardinaux.

SIÈCLE IV -12

Le camp plus grand de route mis en fuite,
Guaires plus outre ne sera pourchassé:
Ost recampé, & legion reduicte,

Puis hors ses Gaules du tout sera chassé.

La plus grande armée en marche a été mise en fuite,
ne sera guère poursuivie plus loin.
L'armée rassemblée et la légion réduite,
ils seront alors complètement chassés de France.

John l'a répété à haute voix, ligne par ligne, après moi.

J : Tout cela fait référence aux États-Unis et aux événements du passé récent. Le traité de l'OTAN de la France sera rompu avec nous alors que nous traversons des difficultés économiques. Il dit que ce quatrain fait référence à la façon dont nous avons été la plus grande nation guerrière de la planète, mais que le modeste Vietnam nous a montré que le géant peut être surpassé. Ce quatrain décrit comment l'Amérique a souffert à cause du Vietnam.

D : *Il est dit qu'ils seront complètement chassés de France.*

J : Dans un futur proche, la France, par un décret populaire, n'autorisera pas nos bases aériennes ou nos armes nucléaires sur son territoire.

MISE À JOUR : En 1992, on a appris que ce quatrain était peut-être sur le point de se réaliser. La nouvelle Allemagne unifiée a lancé un programme que les observateurs interprètent comme un appel à l'Europe pour qu'elle s'éloigne de l'influence américaine. Pour souligner ce point, l'Allemagne et la France ont créé une armée commune de 50 000 hommes qui fonctionnera apparemment indépendamment de l'OTAN. Ces mêmes nations ont fait preuve de mépris à l'égard des restrictions internationales sur la prolifération des armes de destruction massive. Par ailleurs, comme l'avait prédit Nostradamus l'avait prédit dans l'un de ses quatrains, un mouvement néo-nazi, peu nombreux mais de plus en plus bruyant, est en train de naître au sein de la population parmi les jeunes Allemands (SIÈCLE I -61, Volume 1)

SIÈCLE IV -13

De plus grand perte nouvelles raportées,

Le raport fait le camp s'estonnera:
Bandes unies encontre revoltées,
Double phalange grand abandonnera.

La nouvelle de la grande perte est apportée ;
le rapport va étonner le camp.
Les bandes s'unissent contre les révoltés,
la double phalange abandonnera le grand.

John a de nouveau répété le quatrain ligne par ligne après moi. J'ai eu des difficultés avec le mot "phalange" et j'ai commencé à l'épeler, mais il m'a interrompu. Il m'a dit qu'il savait ce que cela signifiait, et l'a prononcé correctement.

J : Ce quatrain décrit une guerre civile qui se déroulera dans l'avenir de l'Amérique. Elle impliquera des chrétiens fondamentalistes, des sectes New Age et toutes sortes de persécutions religieuses. Il dit qu'il y a des persécutions religieuses à son époque, et vous en serez à nouveau témoins à la fin du 20e siècle. (Je n'ai pas aimé ce que j'ai entendu).

D : *Que signifie le mot "phalange" ?*

J : Une phalange est une colonne de soldats. Ces chrétiens se verront comme les soldats du Christ, alors qu'ils sont les soldats de leur propre désir exorbitant de violer, de dominer et de voler. (Brusquement) Il ne veut plus plus parler. Il se passe quelque chose dans son cercle magique. Il a besoin quitter cet endroit.

D : *Est-ce que ça l'a dérangé de voir toutes ces choses ?*

J : Eh bien, il n'est pas habitué à cela. Il n'a pas l'habitude de nous. Tu vois, c'est l'une des premières fois que nous passons par là. Il voit la vision dans le miroir, et il a cette baguette qu'il pointe du doigt. C'est comme ça que je communique avec lui, en étant dans le cercle avec lui. Mais son sortilège est terminé, et il dit, "C'est fini, tu dois partir."

D. *C'est donc tout ce dont il veut s'occuper pour l'instant ?*

J : Il a écrit dans ce parchemin et il est très intrigué, mais il est ... ambivalent. Il veut que nous partions. Il appelle... "Au nom de Jéhovah, Elohim, je demande que les esprits retournent à leur place."

D : *D'accord, nous respectons cela.*

J : Je suis dans la salle de la tapisserie.
D : *Cela montre à quel point ses sorts sont puissants.*
J : Oui. Si j'étais resté là, j'aurais été zappé avec quelque chose comme de l'électricité.
D : *(Rire) Est-ce que tu devais rester à l'intérieur de ce cercle sur le sol ?*
J : Oui. C'était très étrange.
D : *Qu'est-ce que tu veux dire ?*
J : Eh bien, en tant qu'esprit du futur, c'était ma première rencontre avec lui. (Confus) Je ne sais pas ce que c'est ni comment ça se passe.
D : *Eh bien, cela a dû le surprendre. Peut-être qu'il ne s'attendait vraiment pas à ce qui s'est passé.*
J : Oui, je crois que c'était ça. Le gardien de la tapisserie est ici. Veux-tu lui parler ?
D : *Je suis curieuse. Pense-t-il que nous avons dérangé Nostradamus parce que c'était l'une de nos premières rencontres ?*
J : Non, cela ne l'a pas dérangé, dit le gardien. C'est juste que les gens qui entreprennent d'utiliser les forces de la nature alors qu'ils sont encore dans une incarnation humaine doivent s'attendre à des résultats inhabituels. Il dit cela avec un sourire.
D : *Donc, quand ils sont capables de faire ces choses, ils doivent simplement être prêts à en assumer les conséquences. Le cercle et son invocation, lorsqu'il vous a demandé de partir, étaient puissants. C'est très important. Cela signifie que nous pouvons aussi utiliser ces choses pour nous protéger.*
J : C'est vrai.

Je ne pense pas qu'il y ait d'explication claire à ce qui s'est passé lors de cette session. Nos expériences continuent d'accréditer la théorie du temps simultané, c'est-à-dire l'idée que tout se passe en même temps, au lieu de se dérouler sur un plan linéaire. Si c'est l'explication, cela n'est pas plus facile à comprendre.

Cette fois-ci, Nostradamus ne nous a pas reconnus et il semblait avoir peur, même s'il était prêt à tenter une expérience audacieuse pour entrer en contact avec les esprits de l'au-delà. C'était une chose radicale et dangereuse pour lui à son époque. Apparemment, sa curiosité était aussi grande que la nôtre, et il a pris plus de risques que nous ne pourrions l'imaginer.

Notre rôle dans cet étrange scénario semble facile comparé à ce qu'il s'était imposé. À cette époque de sa vie, il semblait ignorer totalement les quatrains et n'envisageait même pas d'écrire un livre à leur sujet à ce sujet. Lorsque je lui en ai lu quelques-uns, il m'a dit qu'il avait eu un sentiment de l'avoir déjà entendu quelque part. J'imagine que cela l'a beaucoup perturbé. Pour une fois, nous étions mieux informés que lui car nous avions déjà participé avec lui à son avenir. Tout cet épisode était étrange. Cela ne pouvait pas être anticipé car nous ne savions pas où le fil d'or nous déposerait dans la vie de Nostradamus. Nous semblions être dans un mouvement de va-et-vient dans le temps, avec pour seul seul but de contacter Nostradamus, quelle que soit la phase de sa vie dans laquelle nous nous trouvions. Une telle chose était trop compliquée à comprendre pour nos esprits terriens. J'étais heureuse que le gardien semble prendre les choses en main. Il était le seul à ne pas être troublé par ce qui se passait. Il n'arrêtait pas de nous dire : "Faites-le ! Ne posez pas de questions ! C'est trop compliqué pour que vous le compreniez de toute façon. Faites votre travail et tout se passera pour le mieux." Ainsi, en tant que pions ou marionnettes, nous n'avons pas d'autre choix que de continuer à travailler sur un plan qui a été apparemment tracé à une échelle incompréhensible pour des mortels.

Chapitre 24

La Philosophie de Nostradamus

J : J'ai traversé le miroir et je suis maintenant dans sa chambre. Je dirais qu'il a une cinquantaine d'années. Il a les cheveux et la barbe grisonnants. Il réfléchit sérieusement à ce qu'il est en train d'écrire, et il écrit sur une sorte de philosophie. Je ne sais pas de quoi il s'agit. Il dit que c'est son travail personnel et que cela ne nous regarde pas. (Rire) C'est ce qu'il a dit : "Ce ne sont pas vos affaires. C'est ma philosophie personnelle. Je ne la publierai peut-être même pas, mais c'est quelque chose sur lequel je dois travailler."
D : *Cela ne pose pas de problème s'il travaille avec nous pendant un certain temps ?*
J : Oui. Il est prêt, dit-il. Il sort un autre gros livre dans lequel il écrit des quatrains.

Comme il était prêt, nous avons continué avec les quatrains.

SIÈCLE IV -14

La mort subite du premier personnage.
Aura changé & mis un autre au regne:
Tost, tard venu à si haut & bas aage,
Que terre & mer faudre que on la craigne.

La mort soudaine du personnage principal
aura changé et mis un autre au pouvoir.
Bientôt, mais trop tard, il arrivera à une position
élevée, à un jeune âge,
par terre et par mer, il faudra le craindre.

J : Il dit que ce quatrain fait référence au premier Antéchrist, Napoléon, et qu'il arrivera à un moment où la France aura du mal à passer de la monarchie à la république. Il dit que cela peut aussi s'appliquer à l'avenir. Il y aura un leader né après la période de troubles, qui sera jeune pour son âge, mais un être avancé. Il sera craint, mais ce ne sera pas le même sentiment de crainte qu'aujourd'hui. Il est l'incarnation d'un grand esprit. Ce sera comme le retour du Christ. Nostradamus dit qu'il n'est pas comme Jésus, le Christ, mais la situation est très similaire.

D : *Cela se rapporterait-il à la figure dont nous avons parlé précédemment, le Grand Génie ?*
J : Oui. Ce quatrain se réfère à la fois à Napoléon et à lui. Mais le Grand Génie ne sera pas craint, il sera respecté. Il dit que c'est ainsi que le quatrain serait traduisible pour lui.
D : *Les traducteurs pensaient qu'il s'agissait de John F. Kennedy, un président de notre époque. Ils ont essayé de relier de nombreux quatrains à la famille Kennedy.*
J : Les traducteurs sont obsédés par ces quatrains, n'est-ce pas ? Certains quatrains, effectivement, s'appliquent aux Kennedy, mais pas autant qu'ils le pensent. Il dit : "Je savais qu'ils seraient des hommes importants à votre époque, mais leur pouvoir s'est affaibli. Ils étaient des incarnations des frères romains Gracchus."

On aurait dit : Gracius (phonétiquement). C'est ainsi que je l'ai prononcé car il s'agissait d'un nom inconnu pour moi et les autres personnes présentes dans la salle. Les recherches ont révélé plus tard qu'il s'agissait de Gracchus. dont la sonorité est remarquablement similaire.

D : *Les frères Gracchus ? Je ne connais pas ces gens-là.*
J : (brusquement) "Dolorès ! Il faut que tu étudies ta mythologie ! Et ton histoire !" C'est ce qu'il dit.

Il me réprimande à nouveau pour mon ignorance.

D : *(Rire) Je sais, mais ce n'est pas aussi important à notre époque.*
J : Il dit que beaucoup de choses auxquelles il se réfère datent de cette époque parce que c'était la marque d'une éducation classique à son époque. Mais il comprend que nous étudions des sujets différents, comme l'algèbre et la géométrie, qu'il ne fait que de commencer à apprendre à peine.

D : *Nous apprenons la science, les ordinateurs et des choses qu'il ne comprendrait même pas. Nous avons donc relégué la mythologie et l'histoire ancienne à l'arrière-plan.*

J : Mais il serait bon que vous passiez en revue ces sujets afin de pouvoir comprendre ses œuvres ultérieures. C'est ce qu'il dit.

D : *Oui, je vais faire des recherches. Mais les Kennedy sont la réincarnation de ces frères Gracques ?*

J : Il dit : "Oui, je crois maintenant à la réincarnation. Pendant longtemps, j'ai eu beaucoup de mal à l'accepter. Mais maintenant que je vois la transmigration des âmes depuis le miroir, je peux comprendre son processus."

D : *Peut-être qu'il lui est maintenant plus facile de comprendre d'où nous venons ? Peut-il voir la connexion que j'ai eue avec son élève lorsque nous avons été contactés pour la première fois ?*

J : Oui. Il est plus âgé dans la vie, il a beaucoup appris et a grandi à sa manière.

Les recherches ont révélé qu'il faisait à nouveau référence à l'histoire de la Rome antique. Tibère et Gaius Gracchus, appelés les Gracques, étaient deux frères qui ont tenté d'instaurer des réformes politiques et sociales à Rome au cours du deuxième siècle avant J.-C. Il y a plusieurs parallèles entre la vie de ces frères et celle des frères Kennedy. Ils ont surtout tenté d'adopter des lois qui profiteraient à l'homme de la rue. Ils étaient confrontés à des problèmes tels qu'une crise de la main d'œuvre militaire, et une populace pauvre et sans emploi à Rome. Ils se sont heurtés à une opposition à leur façon de penser. Tibère a été tué au cours d'une émeute lorsqu'il a tenté de se présenter pour la deuxième année en tant que tribun, un acte considéré comme inconstitutionnel. Son frère, Gaius, a tenté de venger le meurtre de son frère en entrant dans la politique et en poursuivant les projets de son frère. Gaius était considéré comme plus turbulent que son frère, qui était plus sage. Au cours de sa carrière, Gaius est devenu si populaire qu'il a été déclaré roi sans couronne de Rome. Quelques années après le début de sa popularité, il commit l'erreur fatale de présenter un projet de loi très impopulaire. Une émeute éclate et Gaius se suicide alors qu'il est poursuivi dans les rues de Rome par une troupe de sénateurs. Peut-être l'a-t-il fait pour échapper au même sort que son frère. Deux mille de ses partisans furent exécutés après sa mort. L'époque des Gracques est appelée "révolution romaine".

Je n'ai pas inclus hypothétiquement toutes ces informations afin de poursuivre l'hypothèse que les Kennedy sont la réincarnation des Gracques, bien que leur histoire soit pleine de similitudes. Je l'ai incluse parce qu'il s'agit d'un incident de l'histoire romaine ancienne que personne dans la salle ne connaissait, et les parallèles auxquels Nostradamus a fait référence ne peuvent pas être une coïncidence. Encore une fois, si cela ne vient pas de l'esprit de Nostradamus, d'où cela viendrait-il ? Cela souligne sa référence constante à l'histoire et à la mythologie romaines qu'il a utilisées pour expliquer ses quatrains et l'Inquisition. Les inquisiteurs ont simplement supposé qu'il écrivait sur l'histoire ancienne, et n'ont pas pu voir le sens de ses allusions sournoises à la prophétie. Ces petits détails étaient remarquables et ne cessaient de m'étonner quand je faisais mes recherches.

SIÈCLE IV -15

D'où pensera faire venir famine,
De là viendra le rassasiement :
L'œil de la mer par avare canine,
Pour de l'un l'autre dorna huile froment.

Du lieu où il pensera apporter la famine,
C'est de là que viendra le soulagement :
L'œil de la mer, comme un chien cupide ;
L'un donnera à l'autre de l'huile et du blé.

J : Il dit que ce quatrain fait référence à la relation karmique qui existe entre l'Union soviétique et les États-Unis. L'œil du cyclone.l me montre un endroit qui...

Je l'ai corrigé, mais sa formulation s'est avérée appropriée."L'œil de la mer".

J : L'œil de la mer. Il me montre un endroit dans l'océan Pacifique, au large de Lima, au Pérou. Il dit que cette caractéristique environnementale a été créer par l'homme et qu'elle n'existait pas à son époque.
D : *Que veut-il dire par "caractéristique environnementale" ?*

J : Cela ressemble à l'œil d'un ouragan. Il dit qu'il est à l'origine de la fluctuation du temps aux États-Unis et qu'il est sous contrôle des hommes. Des études sur le contrôle du temps sont menées par les États-Unis et l'Union soviétique. La raison pour laquelle l'Amérique est une grande nation, c'est grâce à son approvisionnement en nourriture ; c'est sa richesse. La Russi a des difficultés à cause de son climat rigoureux. L'Union soviétique tentera de priver l'Amérique de ses richesses en manipulant le climat. Ils auront ainsi l'impression d'être à égalité avec les États-Unis. Ils ont planifié ce centre de tempête. Il est en préparation depuis les quatre dernières années et ils pensent qu'il causera la destruction ou la famine pour les États-Unis. En réalité, ce n'est pas le cas, car les États-Unis vont compenser en utilisant leurs propres scientifiques et ingénieurs. En conséquence, les échanges commerciaux et l'amitié entre les deux pays s'en trouveront améliorés à l'avenir.

D : Peut-il donner une date à laquelle cela se produira ?

J : Oui. Cela se produit depuis 1945.

D : Est-ce qu'ils font des expériences pour contrôler la météo depuis si longtemps ? Cela semble étrange de penser qu'ils peuvent faire cela.

J : Il dit qu'au cours de votre vie, vous les avez vus ensemencer les nuages pour produire de la pluie. C'est une pratique qui a commencé au début de votre siècle. Il ne dit pas tout cela, mais il me le montre dans le miroir.

D : Est-ce similaire à l'ensemencement des nuages ?

J : Ils utilisent toutes sortes de méthodes. Il y a aussi la technologie spatiale et les satellites qui influencent la météo.

D : Ce sont des choses que nous ne connaissons pas, en règle générale.

J : Vous devriez !

D : Je veux dire qu'il y a beaucoup de choses qui sont gardées secrètes pour les populations. Le gouvernement ne nous dit pas tout. Que voulait-il dire par relations karmiques entre notre pays et la Russie?

J : Il existe des liens étroits entre les deux nations. Il dit : "Tout comme l'Angleterre et la France ont des liens très forts. Nous nous sommes battus, nous nous sommes disputés et nous avons eu des difficultés avec l'Angleterre. Nous faisons partie de son équilibre."

Vous voyez, une partie de son traité philosophique porte sur les liens karmiques et c'est la raison pour laquelle il a fait cette corrélation.

D : *Je n'ai pas l'habitude de penser aux liens karmiques entre les nations.*

J : Tout a un équilibre karmique, n'est-ce pas ? C'est la loi de cause à effet ou la loi de rétribution. Les nations, les races, même la planète ont un sens de karma. Comme tous les êtres vivants, du plus petit brin d'herbe en passant par les minéraux, les roches, le pétrole et les animaux. Toutes les choses animées et inanimées ont un but, dit-il. Il me montre un grand champ vert et toutes les connexions qu'il contient.

D : *Les traducteurs ont pensé que ce quatrain traitait des sous-marins en raison de la mention de l'œil de la mer.*

J : Non, il dit qu'ils se trompent. Ils prennent les choses trop à la lettre. Il dit que ça ne veut pas dire cela. Cela représente l'œil de la mer qui est une zone en mer. La zone qu'il me montre est ce qu'ils appellent "El Nino".

D : *J'ai pensé que c'était peut-être ce à quoi il faisait référence.*

J : C'est aussi l'œil de la mer. Il a dit que ce n'était pas vraiment une anagramme, mais qu'il y a une corrélation entre "l'œil de la mer" et le mot espagnol "El Niño". Ce phénomène a été géophysiquement (il a eu du mal avec ce mot) fabriqué par les Soviétiques. Il dit qu'ils ont utilisé sous-marins et des navires de surface dans cette région pour créer ce modèle météorologique qui peut causer des ravages en Amérique, en particulier dans sa zone céréalières.

D : *On s'interroge sur El Niño. Les météorologues pensent qu'il se produit plus souvent et à des périodes de l'année où il n'est pas censé se produire.*

J : Il faut se rendre compte qu'il est manipulé par des hommes de science. Il ne me dit pas, me le montre dans son miroir noir.

El Nino est un phénomène météorologique caractérisé par un courant côtier chaud, qui s'écoule vers le sud le long des côtes de l'Équateur et du Pérou aux alentours de la période de Noël. Les eaux de surface chaudes et les perturbations biologiques associées à El Nino s'étendent vers le sud jusqu'au Chili et vers le nord jusqu'à la Colombie-Britannique. Son nom est dérivé de l'espagnol el nino Jesus ("l'enfant Jésus"). Il s'agit de la plus grande irrégularité dans les fluctuations annuelles des systèmes océaniques et atmosphériques. Il commence généralement aux alentours de Noël et dure quelques semaines, mais les événements majeurs peuvent durer plus longtemps. Diverses catastrophes sont associées aux grands El Niño, notamment des pluies torrentielles et des inondations le long des côtes normalement sèches, l'absence de poissons et la famine des oiseaux marins piscivores. En 1972, El Niño a provoqué l'effondrement de l'industrie de l'anchois péruvien, autrefois très importante. D'autres perturbations du phénomène El Niño peuvent affecter une grande partie du globe. L'Australie et certaines parties de l'Indonésie souffrent de sécheresse, les conditions hivernales en Amérique du Nord sont anormales, les Pacifique Nord se multiplient, et les schémas d'apparition des ouragans se modifient.

En 1987, El Niño a dominé l'actualité météorologique. Les eaux anormalement chaudes dans l'océan Pacifique équatorial ont modifié la circulation atmosphérique et les résultats ont été ressentis dans le monde entier. Cette situation a été détectée tôt dans l'année et a fait l'objet d'un suivi attentif. L'absence de pluie de mousson en Inde a provoqué de graves pénuries alimentaires et le gouvernement a dû importer du riz pour éviter la famine. Dans le passé, un échec de la mousson aurait entraîné une famine et la mort de milliers de personnes. Aujourd'hui, cependant, El Niño peut être prédit six à six mois avant qu'il ne se produise, ce qui donne aux gouvernements le temps de planifier afin d'atténuer les difficultés que ce phénomène météorologique.

La déduction de Nostradamus selon laquelle un phénomène météorologique d'une telle ampleur peut être manipulé par l'homme est presque insondable. Mais ce n'est plus absurde que les nombreuses autres choses qui nous ont été montrées. Il m'a souvent été difficile de ne pas porter de jugement et de me contenter de rapporter sans commentaire. Je devais me rappeler que ces choses devaient sembler encore plus incroyables à Nostradamus qu'elles ne le sont pour nous.

SIÈCLE IV -16

La cité franche de liberté fait serve,
Des profligés & resveurs faict asile:
Le Roy changé, à eux non si proterve,

De cent seront devenus plus de mille.

La ville libre de la liberté est asservie,
Elle devient le refuge des prodigues et des rêveurs.
Le roi change et n'est plus aussi féroce à leur égard.
De cent, ils deviendront plus de mille.

J : Il dit que ce quatrain fait référence à l'épanouissement de Paris en tant que centre culturel.
D : *Est-ce que cela s'est produit dans notre passé ?*
J : Oui. Vous voyez, Paris était un centre administratif et religieux à son époque, mais à la fin des années 1800, Paris s'est transformée pour devenir la capitale mondiale de l'art. C'était un lieu très important pour l'art et la culture. Il commente aussi que les rois n'aiment pas les artisans et les personnes créatives, à moins que leurs dons ne soient mis à leur service. Il dit que ce quatrain prédit le changement d'un roi à un autre roi, d'une monarchie ancienne à un processus démocratique plus libre.
D : *Les chiffres n'ont donc aucune signification, sauf celle de représenter la croissance de la ...*
J : La naissance de la capitale française en tant que centre culturel.
D : *Les traducteurs n'ont pas du tout fait le lien avec cela.*

SIÈCLE IV -17

Changer à Beaune, Nuy, Chalons & Dijon,
Le duc voulant amander la Barree,
Marchant pres fleuve, poisson, bec de plongeon,
Vers la queue; porte sera serrée.

Changements à Beaune, Nuits, Chalon et Dijon,
Le duc souhaite améliorer les carmélites,
En marchant près de la rivière, un poisson, un bec d'oiseau plongeur,
Vers la queue ; la porte sera fermée.

Il a répété chaque nom après moi et l'a prononcé correctement.

J : Il me montre une carte de France et me dirige vers la baie de Biscayne. Il dit que beaucoup de gens ne le réalisent pas, mais les

Français à cette époque de votre siècle ont un grand arsenal d'eau... (ne sait pas comment le décrire) une chose d'eau ... une armada d'eau. Il me montre des bateaux, mais ils ressemblent à des bateaux d'autrefois plutôt qu'à des bateaux neufs. Il me dit que ce quatrain fait référence à la fortification de toute cette région. C'est en cours, mais elle avancera brusquement dans le futur. Les villes nommées seront proches d'importantes installations militaires de l'armée française, car les Français vont se libérer de ce qui est connu sous le nom d'OTAN. Ils prendront en charge leur propre défense nationale en renforçant ces zones.

D : *Que veut-il dire par les Carmélites ?*

J : Il dit que vous ne vous en rendriez pas compte parce que vous n'étudiez pas l'histoire, mais beaucoup de carmélites étaient des guerrières repenties. Il dit qu'elles ont abandonné la vie militaire à la poursuite d'une vie religieuse. Cela a un symbolisme important car les militaires retraités de la France du 20e siècle voudront croître et se séparer des autres nations.

Les carmélites étaient des membres d'un ordre religieux catholique romain. À l'origine, il s'agissait d'un groupe d'ermites. Au fur et à mesure que leur nombre augmentait, elles étaient toujours soumis à des règles strictes et menaient une vie solitaire et isolée. Peut-être, comme l'indique Nostradamus, les guerrières repenties ont peut-être choisi ce type de vie pour se racheter de la violence qu'elles avaient causée. Après l'époque de Nostradamus, les ordres religieux sont devenus plus ouverts et ont modifié leurs règles strictes. Son interprétation de ce quatrain correspond à ce qu'il savait de l'ordre de son vivant, d'où le symbolisme.

D : *Les traducteurs pensent que cette partie est très obscure : "En marchant près de la rivière, un poisson, le bec d'un oiseau plongeur vers la queue. La porte sera fermée."*

J : Cela fait référence à... ce n'est pas tant une armada. Il me montre des fortifications militaires.

D : *Est-ce que c'est le poisson et le bec de l'oiseau plongeur ?*

J : C'est comme un sous-marin. Vous savez, les sous-marins, les avions, etc. La meilleure façon pour lui de décrire cet équipement était d'utiliser des métaphores d'animaux qu'il connaissait bien.

D : *Oui, c'est logique. Et "la porte sera fermée". Qu'est-ce que cela veut dire ?*
J : Cela veut dire que ce ne sera que l'armada pour la France.
D : *Et ils n'auront pas besoin des autres nations ou de l'OTAN.*
J : C'est vrai. Ils assureront leur propre défense.
D : *Les traducteurs n'ont pas du tout compris. Ils ont dit qu'ils ne pouvaient rien en tirer.*

SIÈCLE IV -18

Des plus lettrés dessus les faits celestes
Seront par princes ignorans reprouves:
Punis d'Edit, chassez comme scelestes,
Et mis à mort là où seront trouvés.

Certains des hommes les plus érudits dans les arts célestes
seront réprimandés par des princes ignorants ;
Punis par un édit, chassés comme des scélérats,
Et mis à mort partout où on les trouvera.

J : Il dit que ce quatrain devrait être très évident. Il fait référence à l'avilissement de l'astrologie après son époque.
D : *Les arts célestes font référence à l'astrologie.*
J : Oui. Il dit qu'un Français - et il me donne le nom de Voltaire - aidera à discréditer l'astrologie et à populariser un nouveau point de vue philosophique. Il dit qu'en conséquence, les astrologues seront persécutés.

Voltaire a vécu plus d'un siècle après l'époque de Nostradamus. Il était philosophe et un auteur prolifique. Il est l'un des pères du siècle des Lumières, que l'on appelle aussi "l'âge de raison". Au fur et à mesure que de nouvelles philosophies étaient développées, tout était remis en question. Il a écrit sur de nombreux sujets, dont la liberté religieuse et la réforme pénale, et ses œuvres sont encore populaires aujourd'hui. L'encyclopédie Collier's dit : "Toute sa vie a été consacrée à la protestation contre les maux existants.". Il est donc possible qu'il ait également écrit contre le domaine autrefois respecté de l'astrologie.

D : Cela ressemble à ce que les traducteurs ont dit. "Des nuances de l'Inquisition car, en fait, les astrologues n'ont jamais été aussi gravement persécutés après la mort de Nostradamus qu'au cours du siècle qui nous précède."

J'ai déjà indiqué, sur la base de mes recherches, que les astrologues n'étaient pas persécutés à l'époque de Nostradamus, à moins qu'ils ne dépassent leurs limites pour s'adonner à la magie. Ils étaient généralement très respectés et tolérés. L'astrologie était une nécessité absolue pour un médecin. Nostradamus a indiqué que la persécution et l'incompréhension se produiraient après son époque. C'est une chose que je n'aurais pas soupçonnée.

J : Il dit qu'il est difficile d'être astrologue à son époque, car si vous êtes bon, vous pouvez prédire de nombreux événements et vos clients vous admirent. Mais l'église n'aime pas ça parce qu'elle veut le pouvoir.
D : C'est logique. Les traducteurs avaient raison, ce quatrain traite de l'astrologie.
J : Oui, en effet.

SIÈCLE IV -20

Paix uberté long temps lieu louera;
Par tout son regne desert la fleur de lis.
Corps morts d'eau, terre là lou apportera,
Sperants vain heur d'estre là ensevelis.

Paix et abondance pour longtemps, l'endroit sera loué :
La fleur de lis désertée dans tout le royaume
Les corps morts par l'eau, on les amènera à terre là,
Attendant en vain l'occasion d'être enterrés.

J : Il dit que ce quatrain se réfère à un futur lointain. Après le déplacement des pôles, il me montre le basculement de la Terre, une partie de la France va disparaître. La France en tant qu'entité nationale disparaîtra parce que tous les peuples se rassembleront. De nombreux corps seront rejetés sur le rivage d'une nouvelle terre qui connaîtra la paix, le bonheur et la prospérité. Mais les corps de ceux qui seront morts pendant le cataclysme devront être enterrés.

SIÈCLE IV -22

La grand copie qui sera deschasée,
Dans un moment fera besoing au Roi,
La foi promise de loing sera faulsée
Nud se verra en piteux desarroi.

La grande armée qui sera chassée
À un moment donné, sera nécessaire au Roi.
La foi promise de loin sera brisée,
Il se verra sans rien, dans un désordre pitoyable.

J : Pourriez-vous répéter cela, s'il vous plaît, parce qu'il est en train de l'écrire.

Je l'ai répété et John a dit chaque phrase après moi.

J : Ce quatrain fait référence à Charles de Gaulle. Il n'était pas roi de France, mais il est devenu président même s'il n'était pas très apprécié. Il a contribué à chasser les nazis de sa France bien-aimée.
D. *Oui, c'est vrai.*
J : Mais il n'a été récompensé par la présidence que bien plus tard dans sa carrière. C'est pourquoi il était parfois très amer.
D : *Nous le connaissons bien à notre époque.*

SIÈCLE IV -23

La legion dans la marine classe,
Calcine, Magnes soulphre, & paix bruslera
Le long repos de l'asseuree place,
Port Selyn, Hercle feu les consumera.

La légion de la flotte maritime brûlera,
Chaux, magnésie, soufre et poix.
Le long repos en lieu sûr ;

Port Selin, Monaco sera consumé par le feu.

J : Il dit que ce quatrain fait référence à l'Asie. Il montre l'Asie sur sa carte. Il décrit une sorte d'accident naval qui affectera l'île de ...

John avait du mal à prononcer le nom. Il a fait plusieurs essais avant de se décider pour Macao.

J : Il me montre un navire anglais. Il va exploser dans leur port ce qui causera beaucoup de dégâts dans la ville.
D : Est-ce que c'est ce qu'il veut dire par la liste des produits chimiques ?
J : Oui. Il dit que ces produits chimiques se trouveront à l'intérieur du bateau et qu'ils le feront exploser. Il y aura une sorte d'accident et l'incendie qui en résultera brûlera également la ville portuaire de Macao.

Il semble que ce soit une erreur, car j'avais bien lu le mot "Monaco" dans le quatrain. Monaco est situé sur la côte méditerranéenne, loin de Macao, qui se trouve près de Hong Kong. Cela me paraissait contradictoire, et j'ai pensé que nous étions enfin tombés sur quelque chose qui pourrait être contesté par les sceptiques. Mais en y regardant de plus près, Monaco est le nom traducteur pour désigner la ville. Dans le quatrain original, le mot est "Hercle", qui a été traduit par "Latin, Herculeis Monacei, un autre nom pour Monaco". C'est la propre interprétation de Mme Cheetham. Dans d'autres livres sur les quatrains, le mot "Hercle" n'apparaît pas. Si John était influencé par ma lecture du quatrain, cela l'aurait très certainement fait faire le lien avec Monaco au lieu de Macao. Cela souligne que Jean n'utilisait pas son raisonnement mais rapportait ce que Nostradamus lui montrait dans le miroir magique.

D : Y aura-t-il des pertes en vies humaines ?
J : Oui, beaucoup de vies seront perdues. Cela arrivera bientôt... début des années 90 en fait.
D : Les traducteurs ont pensé qu'il s'agissait du "feu grec", s'il sait de quoi il s'agit.
J : (Nonchalamment) Oui, il a dit qu'il l'avait déjà fait.
D : Vraiment ? C'est à cela qu'ils pensaient qu'il faisait référence.

J : (D'un ton dégoûté) Non ! Il dit que ce truc existe depuis des siècles. Les Grecs et les Romains l'utilisaient pour leurs galères. Les Vénitiens sont connus pour l'utiliser tout le temps pour conquérir de nouvelles terres pour faire du commerce.
D. *Ils pensaient qu'il donnait la recette du feu grec.*
J : (Rire) Il dit : "Pourquoi ? tous ceux qui ont un minimum de connaissances connaissent la recette".

Le feu grégeois était une arme secrète célèbre utilisée par les Grecs et les Byzantins de l'Antiquité dans leurs batailles navales. Il s'agissait d'une combinaison de divers produits chimiques inflammables qui étaient éjectés de tubes sur les navires ennemis ou qui s'enflammaient au contact de l'eau. Mais de nos jours, les ingrédients exacts n'ont toujours été que devinés. Il semble que ce n'était pas un secret pour les savants de l'époque de Nostradamus.

SIÈCLE IV -24

Quy sous terre saincte dame voix fainte
Humaine flemme pour diuin voix luire,
Fera les seuls de leur sang terre tainte,
Et les saincts temples pour les impurs destruire.

La faible voix d'une femme se fait entendre sous la terre sacrée.
La flamme humaine brille pour la voix divine.
Elle souillera la terre du sang
Des célibataires et des méchants.

J : Il dit que les femmes accèderont au pouvoir au cours de votre siècle. Elles provoqueront la destruction des institutions religieuses et financières de leur époque. Il dit que ce quatrain fait également référence à la grande mère, la Terre elle-même, et à sa rébellion contre l'exploitation.
D : *Que feront les femmes pour y parvenir ?*
J : Par leurs croyances.
D : *On dirait qu'il est un peu chauvin.*
J : Oui, il l'est beaucoup. Vous le savez bien. Mais je ne veux pas en parle ; il n'apprécie pas.

D : D'accord. Mais il pense que les femmes vont provoquer ces événements.

J : Oui, il pense que les femmes vont devenir plus puissantes. Vous voyez, à son époque, les femmes étaient traitées comme des ânes. Vous savez, charger ceci, cuisiner, faire ceci et cela. Même lui a cette attitude. Les femmes n'avaient pas d'éducation à l'époque, sauf si elles étaient très riches, ou si elles étaient d'une maison noble qui avait des tuteurs. Et les tuteurs étaient réservés à la noblesse, comme les rois, les reines, les princesses et les ducs. Les femmes dans leur ensemble n'étaient pas éduquées.

D : *Je peux comprendre ses convictions en fonction de l'époque à laquelle il vivait. Cela ne me dérange pas.*

J : Il m'a dit de ne pas m'inquiéter, "ça va aller".

D : *Est-ce que cela arrivera de notre vivant ?*

J : Il dit que le quatrain représente le déchaînement des énergies féminines de l'univers. C'est la meilleure façon de le décrire. Il me montre une image de la Vierge Marie, mais ce n'est pas la Vierge Marie. Elle représente l'éternel féminin de Dieu.

SIÈCLE IV -26

Lou grand eyssame se levera d'abelhos,
Que non sauran don te siegen venguddos:
De nuech l'embousque, lou gach dessous las treilhos
Cuitad trahido per cinq lengos non nudos.

Le grand essaim d'abeilles se lèvera
Mais personne ne saura d'où elles viennent,
L'embuscade de la nuit la sentinelle sous les vignes,
Une ville transmise par cinq langues non nues.

Il a répété chaque phrase à haute voix après moi et a demandé l'épellation du mot "langues".

J : Il dit que ce quatrain fait référence à une attaque sur une ville navale. Cela ressemble à Pearl Harbor. Ce quatrain fait référence à cet événement, mais il dit qu'il se produira aussi ailleurs. Il s'agira d'une attaque sournoise, qui n'aura pas lieu en Amérique mais en Inde. Une base navale indienne sera attaquée de nuit.

D : *Sait-il par qui ils seront attaqués ?*
J : Les Perses. C'est ce qu'il dit, "Les Perses !".
D : *Est-ce qu'il s'agit de l'essaim d'abeilles ?*
J : Oui, les abeilles représentent les Perses qui vont envahir cet endroit et le détruire.
D : *Je veux comprendre une partie de son symbolisme. "La sentinelle sous les vignes." Qu'est-ce que cela signifie ?*
J : Cela symbolise une sentinelle sous les palmiers.
D : *Et "une ville transmise par cinq langues, non nue" ?*
J : La ville sera remise par les personnes au pouvoir.
D : *Les "cinq langues" ont-elles une signification ?*
J : C'est la raison pour laquelle le quatrain fait référence à l'Inde. L'Inde a cinq langues principales.
D : *"Pas nues" ?*
J : Il y a une langue nationale en Inde avec de nombreux dialectes, et il y a encore plus de langues complètement différentes. C'est ce qu'il a dit.
D : *Nous ne savons pas tout cela, donc en travaillant avec lui, nous devenons éduqués. Peut-il nous dire quand cela se produira ?*
J : Il dit avant la fin de votre siècle.
D : *Cela fera-t-il partie de la guerre de l'Antéchrist ?*
J : Oui, il dit que cela est lié à ces événements.

SIÈCLE IV -27

Salon, Mansol, Tarascon de SEX. l'arc,
Ou est debout encor la piramide:
Viendront livrer le Prince Dannemarc,
Rachat honni au temple d'Artemide.

Salon, Mansol, Tarascon, l'arche du SEXE :
Là où la pyramide est encore debout.
Ils viendront délivrer le prince de Danemark,
Une honteuse rançon au temple d'Artémis.

J : Nostradamus vit à Salon.
D : *Ah bon ?*

Il faisait référence à l'une des villes citées. C'était exactement le type de commentaire qu'une personne réelle ferait.

J : Il dit qu'il va y avoir une enquête archéologique aux Grandes Pyramides qui révélera de nombreux secrets. La façon dont elle sera financée par une personne de la noblesse danoise.

D : *Le financera-t-il ?*

J : Oui, mais il n'obtiendra pas grand-chose en retour de ce qu'il aura investi. Les Français s'en attribueront tout le mérite. Il dira : "Voilà nous sommes une race d'êtres belliqueux. (Petit rire) Nous nous attribuons tous les mérites quand on veut".

D : *Pourquoi nomme-t-il ces villes ?*

J : Les villes sont toutes situées dans le sud de la France et représentent les différentes régions d'où viendront les archéologues.

D : *Les traducteurs pensent que "l'arche du SEXE" est une anagramme, mais ils ne la comprennent pas. Que veut-il dire par là ?*

J : Ce n'est pas une anagramme. Réfléchissez un instant à ce qu'est une arche de sexe, et il vous dira.

J'étais sûr de ne pas pouvoir trouver de réponse, à moins qu'il ne s'agisse d'une référence symbolique aux organes sexuels de la femme. Il aurait pu se sentir mal à l'aise de discuter de ceci avec une femme, mais je ne voulais pas être celle qui évoquerait les insinuations sexuelles.

D : *Je suis désolée. Je ne trouve rien. J'essaie de voir comment tout est lié aux pyramides.(Pause) Pourquoi ? Est-ce que ça le dérange de me dire ce que cela signifie ?*

J : Non, il rit maintenant.

D : *(Rire) Eh bien, il a rendu ses significations très obscures, je vous le dis.*

J : Il dit que l'arc du sexe se réfère simplement à l'humanité. Il y aura des femmes dans cette équipe archéologique.

D : *C'est pour cela qu'il y a une majuscule ? C'est inhabituel ?*

J : C'est vrai ! Les femmes n'occupaient pas ce genre de poste à son époque.

D : *Parce qu'elles n'avaient pas les connaissances nécessaires.*

J : Oui, et c'est pour cela que c'est important. L'indice était l'arche du SEXE et aussi le temple d'Artémis. Il dit que vous auriez dû comprendre cela rapidement.

Ce serait drôle si ce n'était pas si sérieux. Nostradamus me crédite certainement de bien plus de connaissances que je n'en ai en réalité, surtout quand cela touche la mythologie.

J : Rappelez-vous, la déesse de la lune était adorée dans le temple d'Artémis. Et qui vénère la déesse de la lune ?
D : *Les femmes ? D'accord. Maintenant, c'est clair ! Mais rien qu'en regardant, ça ne l'est pas.*
J : Il rit.
D : *C'est pour cela que nous avons besoin qu'il nous explique ces choses. Je peux le voir maintenant, mais même les traducteurs ne l'ont pas compris. Ils associaient le symbole à certains monuments historiques dont l'inscription comportait le mot SEXE comme partie de leur inscription.*
J : Il dit : "À votre époque, les gens sont obsédés par le sexe. À notre époque, nous en jouissons, mais ce n'est pas un gros problème. Je vois ce qu'il en est." Il a une vision de notre avenir. (Rire) Il voit des boutiques porno et des prostituées, et il dit : "Nous avons même des prostituées à Salon comme à Marseille, mais elles sont honnêtes sur ce qu'elles font". Il dit que ce n'est pas une obsession, c'est juste une partie de la vie.
D : *C'est pourquoi il est difficile pour les gens de comprendre ses quatrains. Il a une autre façon de penser et un autre état d'esprit.*
J : C'est vrai.
D : *Les archéologues vont donc découvrir d'autres secrets sur les pyramides. Est-ce qu'il a un calendrier pour cela ?*
J : Il dit que c'est très bientôt dans votre avenir. Et il y aura des femmes françaises impliquées dans cette étude archéologique.
D : *Ce serait une grande découverte. Elle est attendue depuis longtemps. Nous savons que qu'il y a beaucoup de secrets sur les pyramides.*
J : C'est vrai.

SIÈCLE IV -32

Es lieux & temps chair un poisson donra lieu,
La loi commune sera faicte au contraire:
Vieux tiendra fort plus osté du millieu,
Le Pànta chiona philon mis fort arriere.

En ces temps et lieux où la viande cède la place au poisson
La loi commune s'opposera.
L'ancien (ordre) se maintiendra, puis disparaîtra de la scène,
Et toutes les choses communes entre les amis seront reléguées loin derrière.

J : Il dit que ce quatrain fait référence à la croissance et au développement du communisme en Union soviétique.
D : *"Dans les endroits où la viande cède la place au poisson"* ?
J : Cela représente la nature sauvage. Il me montre une image de toundra, de glace, et de neige.
D : *Qu'est-ce qu'il veut dire par "céder la place au poisson"* ?
J : La terre va vers l'océan Arctique et ce type d'étendue d'eau.
D : *Il parle donc de la région. C'est une façon de sauver la " Russie ".*
J : Pour lui, oui. C'est l'un de ses sens cachés. Mais cela représente l'Union soviétique et la montée du communisme.
D : *Les traducteurs ont mis une majuscule à Friends et disent que cela fait référence au communisme. Ils ont presque réussi à l'interpréter, mais ils pensent que cela représente le déclin du communisme.*
J : C'est un vœu pieux.
D : *(Rire) Alors il n'est pas près de décliner aussi rapidement ?*
J : Non, il y aura une amélioration. Il dit que les principes de base de ce qu'il comprend du communisme sont bons, mais tout pouvoir qui manipule les autres n'est pas bon. Il dit : "Nous avons des rois à notre époque. Vous aurez des dictateurs et des présidents à votre époque. Le monde ne change pas tellement, même après des siècles."

MISE À JOUR : Dans le troisième volume de cette œuvre, Nostradamus a traduit des quatrains prédisant la chute du mur de Berlin. Il dit aussi que les différents pays satellites de l'Union soviétique se rebelleraient et gagneraient leur liberté, certains pacifiquement, d'autres par la violence. Il a ajouté que l'Union soviétique serait réduite à sa taille initiale, à savoir la Russie et la Sibérie. *Il a également déclaré que lorsque la Russie commencerait à connaître des problèmes économiques le reste du monde suivrait. Il a indiqué que si l'Amérique essayait d'aider la Russie à résoudre ses problèmes financiers, notre économie s'en trouverait également anéantie.*

J : (brusquement) Il dit qu'il est temps pour moi de partir. Il a sorti sa pipe, et il a dit : "J'ai besoin de mon réconfort maintenant".
D : *Nous en avons fait beaucoup aujourd'hui et je l'apprécie vraiment.*
J : Il dit que nous pourrons en faire d'autres à un autre moment. Il dit aussi que vous aurez d'autres guides pour vous aider.

Je n'en étais pas si sûr. Je savais bien que le temps était compté, car John allait bientôt déménager en Floride.

D : *Est-il conscient que ce véhicule s'en va et que nous n'aurons peut-être que le temps pour une dernière session ?*
J : Il dit qu'il comprend. Il me voit comme un esprit et non comme un individu. Il dit : "Les autres esprits vont et viennent, mais nous accomplirons ce que nous devons faire." Il a allumé sa pipe et tire une grande bouffée. Je me retrouve dans le miroir. Je repars. Au revoir !
D : *(Rire) Au revoir ! J'espère juste qu'il parlera à la personne que j'amènerai.*
J : Il m'a dit : "Ne t'inquiète pas, fais-les passer par le miroir." C'est la dernière chose qu'il a dite. Guidez-les jusqu'à son miroir et traversez-le. Il a dit que ce serait plus pratique. Maintenant il est parti, et je suis dans la salle de la Tapisserie.
D : *Nous avons fait pas mal de choses aujourd'hui. Je suis surprise. Il est resté avec nous plus longtemps que d'habitude.*
J : Il avait une pipe en terre.

Les mouvements de la main de John indiquaient qu'il s'agissait d'une longue pipe, avec un courbé d'environ 30cm de long et un petit bol.

J : Il a mis du tabac et des herbes dedans et il voulait fumer. Il se sentait bien, il se détendait et il étudiait ce dont nous avons parlé et ce qui l'a aidé à écrire.

D : *Il me semble encore étrange de penser que nous l'aidons à écrire ses quatrains. C'est déroutant pour nos esprits humains.*

J : (Avec beaucoup d'autorité) "Ce n'est pas une question que vous pouvez comprendre à ce stade de votre existence. C'est ce que le gardien de la tapisserie est en train de dire.

D : *(Rire) Le faire et ne pas poser de questions ?*

J : (Rire) Oui. C'est en gros ce qu'il dit. Il dit qu'avec le temps, vous allez comprendre, mais pour l'instant, ce n'est pas le cas. Il dit simplement de continuer votre bon travail.

D : *(Résolue) D'accord. L'essentiel est que nous n'intervenions pas. On nous a dit de le faire.*

J : Oui, il comprend. Il a étudié ce cas de très près et en détail.

D : *J'aimerais bien le savoir en détail. (Rire) J'ai l'impression de n'être qu'un pion au milieu de tout cela. Est-ce vraiment le cas ?*

J : Il dit qu'il ne peut pas en parler pour l'instant. Il ne veut rien dire qui puisse vous décourager ou vous exalter. "Faites-le !" Il dit,"Tout ce que je dirai pourra être utilisé en bien ou en mal ou contre, et je n'ai pas le temps."

D : *D'accord. Je suis au milieu de tout ça, je ne sais pas où ça va, ni ce que je suis censée faire. Je fais ma part, je suppose, et toutes les autres personnes impliquées font juste la leur. C'est bien cela? (Pas de réponse.) Nous allons en rester là, alors.*

Apparemment, il ne voulait plus en discuter ; "fin de la discussion, sujet clos".

C'est curieux comme les choses deviennent vite banales. Lorsque j'ai soupçonné pour la première fois que nous l'aidions à écrire les quatrains, c'était très inquiétant. C'était ahurissant. Et seulement un mois plus tard, tout cela a été accepté et reconnu comme un travail important. Il semblait désormais normal de l'accepter, au lieu d'en être effrayé et d'essayer de le fuir. Apparemment, la décision avait été prise à un autre niveau. Pour autant que nous sachions, nous
faisions partie de cette prise de décision.

Chapitre 25

Le Nouveau Né

C'ÉTAIT NOTRE DERNIÈRE SESSION avec John car il déménageait en Floride dans deux jours. J'espérais qu'elle serait productive avant que nous fassions nos adieux à Nostradamus. un adieu chaleureux une fois de plus. John a dit qu'il reviendrait peut-être pour une visite et que nous pourrions alors travailler, mais je savais par expérience qu'il ne fallait pas compter là-dessus. Étrangement, lorsque mes sujets partaient, ils s'éloignaient, comme si leur rôle dans ce projet, leur lien karmique, était terminé et qu'ils devaient rompre complètement leurs liens avec lui. Seul mon rôle dans ce scénario est resté constante. Cela semblait trop parfaitement orchestré pour être le fruit du hasard.

Pour la dernière fois, j'ai donc utilisé le mot-clé et j'ai demandé à John de suivre le fil d'or jusqu'à Nostradamus. Lorsqu'il traversa le miroir, il vit Nostradamus habillé très différemment de ses vêtements informels habituels. John passa un certain temps à essayer de décrire l'étrange chapeau que portait Nostradamus. Il avait du mal à le faire car il ne le connaissait pas. "C'est un
    drôle de chapeau. Il est rond... et épais. L'étoffe est froncée et ressemble à une grande assiette avec un petit bonnet en dessous et des rabats sur les oreilles. Il porte aussi des robes volumineuses aujourd'hui, car il semble qu'il fasse froid là où il se trouve."

Cela ressemble un peu au chapeau que Nostradamus porte dans divers portraits.

John remarque que Nostradamus est en train de dresser un horoscope.

J : (souriant) Il me voit passer dans le miroir et me dit : "C'est un jour important. Ma femme vient de donner naissance à un enfant". J'ai demandé, "C'est votre première femme ?" Il m'a répondu : "Non, c'est ma deuxième femme, et je fais l'horoscope de mon fils. Je n'ai pas beaucoup de temps aujourd'hui. Je ne peux travailler qu'un peu avec vous. Je dois assister à la célébration de la naissance de mon fils. C'est la raison pour laquelle je suis habillé de cette façon. J'ai des invités importants qui viennent chez moi de tout Salon. Ce sont de vieux amis qui connaissent le malheur que j'ai ressenti lorsque j'ai perdu mon autre famille. Je suis très excité. Je suis en train de faire l'horoscope". (Sourire) C'est un père fier qui porte ses plus beaux vêtements. Sa robe est un riche velours couleur vin avec des manches en dentelle blanche en dessous. Il a même des rubans au-dessus des genoux. Il dit : "Mais je ne peux pas passer beaucoup de temps avec vous aujourd'hui, parce que mes invités vont bientôt arriver"

D : *Nous sommes également ravis et heureux pour lui. Est-ce son premier enfant avec cette femme ?*

J : Oui, c'est leur premier enfant. Ses parents voyagent également pour cette célébration.

D : *Peut-il nous dire quelle est la date de l'horoscope qu'il est en train de dresser ?*

J : Je n'en suis pas sûr. Leur écriture est très différente de la nôtre et il est difficile de lire ses chiffres. On dirait 1557 ou 1551, mais ce pourrait être 1547 ou 1541. Il s'agit de ... novembre. Je sais que le mois est novembre, mais je ne suis pas certain de l'année.

D : *L'horoscope est-il dessiné comme vous l'avez vu faire auparavant?*

J : Non, il est différent de l'autre horoscope que j'ai vu. C'est une forme de diamant mais à l'intérieur d'un carré. Il me dit qu'il utilise trois formes pour les horoscopes : un motif à trois diamants, un carré à l'intérieur d'un diamant et une roue ronde. Il dit que les anciens utilisaient le carré et le losange dans leurs horoscopes. (Fier) Il dit : "J'ai un fils qui peut perpétuer mon nom. Je suis tellement heureux et excité. C'est tout simplement merveilleux." Il est au septième ciel. On dirait qu'il a la quarantaine.

J'ai donné à John des instructions post-hypnotiques pour qu'il soit capable de reproduire
le schéma de l'horoscope après son réveil.

D : *Nous pouvons peut-être faire quelques quatrains avant qu'il ne parte.*

J : Il dit que nous ne pouvons en faire que quelques-uns parce qu'il est important pour lui d'arriver à la réunion.

Cela devrait se produire lors de notre dernière session. Nous avons eu beaucoup de temps pour travailler, mais pas Nostradamus. Dans un cas comme celui-ci, on se sent comme un invité indésirable qui arrive au mauvais moment.

D : J'aimerais que nous ayons plus de contrôle sur les jours où nous venons.

J : C'est un jour très heureux dans sa vie.

D : Et nous sommes très heureux pour lui, mais nous ne savons jamais quand nous allons le voir. Voyons ce que nous pouvons faire dans le peu de temps dont nous disposons. Il y a un quatrain sur lequel je veux l'interroger d'abord parce qu'il inclut des signes astrologiques.

SIÈCLE V -23

Les deux contens seront unis ensemble,
Quand la pluspart à Mars seront conjoinct.
Le grand d'Affrique en effrayeur & tremble:
DUMVIRAT par la classe desjoinct.

Les deux hommes satisfaits sont unis ensemble,
lorsque la plupart des planètes sont en conjonction avec Mars.
Le leader africain tremble de terreur :
L'alliance jumelle dispersée par la flotte.

J : Il a sorti un chiffon et l'a frotté contre le miroir noir. Il a dit : " Cela va bientôt arriver dans vos vies. Vous, les gens fonctionnez en 1987. (Incroyable) Ahh ! Presque 400 ans dans mon futur". Il dit que cette prophétie s'accomplira en Afrique. Mars, Saturne, d'autres planètes, le Soleil et la Lune seront dans le signe du Sagittaire à cette époque. Il dit que cela se produira lorsqu'il y aura une nouvelle lune en Sagittaire conjoignant Mars et Saturne. (Soupir) Il dit que Mars pourrait ne pas être en Sagittaire, il pourrait être en Scorpion, mais suffisamment proche de cette énergie pour en être affectée. Il dit que pendant cette période il y aura une tentative de renversement du gouvernement libyen.

D : Est-ce que c'est ce qu'il veut dire par "le leader africain tremble de terreur" ?

J : Oui. (Confus) On dirait que cela a déjà eu lieu. Il me montre des bombes et la flotte américaine aux prises avec la Libye qui tremble maintenant. Elle n'est pas la grande puissance qu'elle pensait être.

Nostradamus a ensuite tenté de clarifier les signes astrologiques, mais cela n'a fait qu'accroître la confusion.Est-ce que cette confusion était due au fait qu'il travaillait sur l'horoscope du nouveau né et que le quatrain le distrayait ?

J : Il dit de ne pas s'inquiéter des signes astrologiques. Il dit : "Regardez ce que montre le miroir. Il montre la Méditerranée. Ici, dans la Méditerranée, c'est la Libye. La Libye essaie de s'étendre et de s'emparer des pays qui l'entourent, à l'est, à l'ouest et au sud. Elle veut se tailler un empire dans la moitié supérieure du continent africain". Il utilise un pointeur pour me montrer cette sphère d'influence et il dit : "Voici la Libye, et juste ici se trouvent les jumeaux. Les jumeaux représentent les États-Unis qui dispersent sa force et son pouvoir. Il y a des opérations clandestines de votre gouvernement des États-Unis d'Amérique"

D : Que veut-il dire ?

J : Il dit : "Votre gouvernement travaille dans d'autres pays pour empêcher cette sphère d'influence de se développer, et cela fait trembler le prince africain, le roi africain."

Les résultats astrologiques ont montré que la date la plus probable pour cet événement serait le 20 décembre 1987. Cette date est basée sur le Soleil, la nouvelle lune, Saturne et Uranus étant tous situés en Sagittaire, et Mars en Scorpion. Il y a eu une confusion à propos de ces signes, mais je crois que Nostradamus a indiqué que l'événement avait déjà eu lieu. En fait, il est encore en train de se produire. L'implication des États-Unis en Libye est toujours l'actualité mondiale.

Après avoir consulté mes encyclopédies Collier's, il est apparu que Nostradamus avait raison lorsqu'il a dit que notre gouvernement pourrait être impliqué dans des opérations clandestines contre la Libye. Il avait également raison lorsqu'il a dit que la Libye essayait de s'étendre sur les territoires de ses pays voisins. L'Annuaire 1987 rapportait qu'il avait été révélé que le département d'État des États-Unis avaient réussi à empêcher un projet sponsorisé par la Maison Blanche d'une attaque militaire conjointe américano-égyptienne contre la Libye en 1985. Ce plan, élaboré par le Conseil national de sécurité, prévoyait pour l'Égypte d'attaquer la Libye, de s'emparer de la moitié du pays avec l'appui de l'aviation américaine et de déposer Mouammar Kadhafi. Ce plan n'a jamais été mis en œuvre. Mais après, les États-Unis ont soutenu le Tchad dans sa guerre contre la Libye, persuadés qu'une défaite libyenne précipiterait la chute de Kadhafi.

En 1986, la Libye et les États-Unis se sont engagés dans un conflit armé. En mars, la Libye a attaqué des avions et des navires américains lorsque Kadhafi a prétendu qu'ils avaient pénétré dans ses eaux territoriales. Les États-Unis ripostèrent en attaquant des navires libyens et un site de missiles.

Le terrorisme est devenu un problème à l'échelle mondiale en 1986, et il était connu pour être une politique d'État déclarée par Kadhafi. Ainsi, après que plusieurs attentats terroristes en Europe ayant coûté la vie à de nombreuses personnes, les États-Unis ont eu la preuve de l'implication de la Libye. Il était difficile d'obtenir le soutien d'autres pays en raison de leurs intérêts pétroliers en Libye, mais en avril, les États-Unis ont bombardé le quartier général de Kadhafi, tuant plusieurs personnes. La plupart des pays ont critiqué cette action. On espérait qu'en raison de tous ces problèmes, le gouvernement de la Libye serait renversé de l'intérieur. À cette époque, les États-Unis et d'autres pays exerçaient une pression constante pour empêcher la Libye d'étendre son influence à d'autres pays.

En 1987, la guerre au Tchad a atteinte la frontière libyenne et un cessez-le-feu a été déclaré. Il a été suggéré que Kadhafi reconnaissait l'impossibilité d'une victoire libyenne en raison du soutien français et américain au Tchad.

En 1988, les États-Unis ont affirmé que la Libye développait une énorme usine pour fabriquer des armes chimiques, tandis que Kadhafi prétendait qu'il s'agissait de fabriquer des médicaments.

Il est évident que les relations entre les États-Unis et la Libye ne sont pas toujours faciles. Les signes astrologiques donnés par Nostradamus pourraient laisser supposer que les conditions décrites dans le quatrain prévalaient à la fin des années 1980. Il semblerait qu'il ait vu la politique derrière ce qui se passait alors que le monde en général était dans l'ignorance. C'était certainement une situation que j'ignorais jusqu'à ce que ses remarques m'incitent à faire des recherches.

MISE À JOUR : La région du Moyen-Orient a été décrite par Nostradamus comme un orage se préparant juste sous l'horizon, une bombe à retardement attendant d'exploser. La citation suivante a été faite par Muammar al-Kadhafi en avril 1990 et illustre l'instabilité de la région. "Si nous avions une force de dissuasion composée de missiles capables d'atteindre New York, nous les aurions dirigés à ce moment précis. (Lors du bombardement de la Libye par les États-Unis en 1986) Nous devons donc disposer de cette force pour que les Américains et les autres n'aient pas l'idée de nous attaquer à nouveau".

D : *Pourquoi parle-t-il des Etats-Unis comme des jumeaux ?*
J : Il dit que c'est remarquable. Parce qu'il connaît l'avenir, il sait que Je vivrai dans un pays très peuplé, composé d'États individuels qui se sont tous unis. Il sait que les Gémeaux sont très présents dans l'horoscope du continent des États-Unis. En d'autres termes, l'effet de jumelage. Il dit : "Vous avez des villes jumelles, de grandes villes sur chaque côte. Il y a du positif et du négatif. Il y a une grande chaleur au sud et un grand froid dans le nord. Il y a toujours un schéma jumeau ou un équilibre des opposés."
D : *Est-ce que c'est ce que signifie la première phrase ? "Les deux hommes satisfaits sont unis ensemble."*
J : Oui. Il dit que cela fait encore référence aux Gémeaux.
D : *Il s'agit donc des États-Unis. Les traducteurs pensaient que cela représentait deux alliés, mais cela n'a rien à voir avec cela.*
J : Non. Il dit que cela représente en fait deux hommes. Ne regardez pas votre président, il n'a pas le pouvoir. Il y a deux hommes qui contrôlent l'ensemble de la situation mondiale à votre époque. Il dit que l'un est basé à New York et l'autre est basé à - il montre Londres sur sa carte du monde. Et ces deux hommes, dit-il, sont très, très puissants. Ils sont très bien cachés, mais ils contrôlent la plus grande partie de l'économie du monde connu et du tiers-monde.
D : *Ce n'est pas connu du commun des mortels.*
J : Non. (Soupir) Il dit : "Je vous donne cette information parce qu'elle est importante".

D : *Les gouvernements sont-ils au courant de l'existence de ces deux hommes ?*

J : Ils contrôlent les gouvernements. Il me montre l'homme à New York qui ressemble à un chef d'entreprise ordinaire. Il porte des lunettes et a environ 55 ans. Il a beaucoup de pouvoir, mais tout est caché. Il manipule différentes agences du gouvernement américain et d'autres pays, parce qu'il en a la capacité. Il en va de même pour l'homme de Londres. Il s'agit de vrais hommes qui sont les leaders cachés. Il dit qu'ils vont créer des problèmes, non pas parce qu'ils veulent de l'argent, parce qu'ils ont tout l'argent qu'ils pourraient souhaiter - il me montre des tonnes d'or - mais parce qu'ils veulent le pouvoir et le contrôle. Il dit que ce sont ces hommes qui prépareront le terrain pour l'Antéchrist.

D : *Les dirigeants arabes ne sont pas les seuls à aider l'Antéchrist de cette façon.*

J : Non. Il dit que ces gens le prendront dans leur organisation et le feront rapidement progresser dans sa position. Il dit : "A votre époque, cela pourrait être une information très dangereuses, mais je crois que les gens doivent savoir."

Cela ressemble à la référence faite par Brenda, dans le premier volume, à la mystérieuse "cabale": un groupe de personnes secrètes qui sont derrière les gouvernements du monde et qui contrôlent les choses depuis de nombreuses générations.

J : Il dit que ces deux hommes sont les dirigeants du monde, mais que vous ne les connaissez pas. Vous ne connaissez même pas leurs noms. Les médias ne les connaissent pas. Ils sont clandestins, mais ils ont une grande influence, en particulier sur les présidents et les dirigeants des différents gouvernements du monde. En fait, ils essaient de manipuler le gouvernement de l'Union soviétique pour faire tomber un autre dirigeant dans leur filet.

D : *Il est difficile de comprendre comment ils peuvent contrôler autant de choses sans être connus. Comment peuvent-ils faire en sorte que les médias n'en parlent pas ?*

J : Il dit qu'ils contrôlent une partie des médias et qu'ils peuvent faire tout ce qu'ils veulent. Leur pouvoir est énorme. Il me montre une photo du globe avec des lignes qu'il a tracées, et tout est lié. Ces hommes sont ceux qui font bouger le monde. C'est ce qu'il a dit.

(Il sourit) Il me montre qu'ils secouent le monde. Il dit : "Nous croyons que ces âmes sont des incarnations de personnes qui ont eu du pouvoir dans d'autres vies, et maintenant elles font leur dernière tentative pour dominer le monde. Elles sont vraiment le pouvoir derrière le trône".

D : *Ont-ils quelque chose à voir avec la Libye ?*

J : Il dit : "Ces deux-là sont les hommes connectés que je vois. Ils ont un plan pour contrôler le monde, et tout se met en place. Mais le véritable contrôleur du monde sera cet homme." Et il m'a montré...

D : *Celui que nous appelons l'Antéchrist ?*

J : Oui. Mais il dit que nous ne nous occuperons pas de lui pour le moment.

D : *Non, nous ne voulons pas avoir affaire à lui.*

Je ne voulais certainement pas prendre le risque de voir se reproduire ce qui s'est passé
la dernière fois que nous nous sommes intéressés à sa vie.

J : Il dit que ces deux hommes amèneront la personne de l'Antéchrist dans leur réseau de pouvoir. Et l'Antéchrist les renversera. (Emphatiquement) Il les renversera.

D : *Leur plan se retournera contre eux.*

J : Le miroir est noir maintenant. Il dit : "Passez à un autre quatrain parce que j'ai des rendez-vous à venir."

C'est essentiellement la même information que celle donnée par Brenda. Elle a aussi décrit dans le premier volume comment la cabale voudra que l'Antéchrist fasse partie de son groupe en pensant pouvoir le contrôler. Et il finit par les détruire dans sa course à la supériorité mondiale, sans se rendre compte qu'il avait vraiment besoin d'eux. Un cas de "coupe du nez pour contrarier le visage".

SIÈCLE IV -34

Le grand mené captif d'estrange terre,
D'or enchainé ay Roy CHYREN offert:
Qui dans Ausone, Milan perdra la guerre,
Et tout son ost mis à feu & à fer.

Le grand homme captif d'une terre étrangère,
Enchaîné avec de l'or, offert au roi Chyren.
Celui qui, à Ausonia, Milan, perdra la guerre
Et toute son armée mise à feu et à sang.

D : *Il a le mot CHYREN en majuscules. Les traducteurs pensent que c'est un anagramme.*

Il a demandé l'orthographe de Chyren et d'Ausonia.

J : Il essaie d'écrire... vous voyez, maintenant il est de retour dans son livre et il a sorti sa plume. Il dit : " Commençons par le haut ".

Je l'ai répété et John a dit chaque phrase à haute voix après moi.

J : (D'un ton résolu) "Ça recommence." Il me montre le miroir. Il dit que l'endroit est Cyrenia, et il me montre où il se trouve. Ce quatrain traite à nouveau de l'Afrique du Nord, représentée par le roi Chyren. Il dit qu'un diplomate très important d'un gouvernement très important sera pris en otage, et cela se produira dans les années 1990. Il dit : "Je crois qu'il s'agira d'un otage européen d'un pays riche". Je vois des chaînes en or. Ce quatrain fait également référence à l'Antéchrist qui prendra le contrôle de l'Afrique du Nord. C'est au cours de l'une des batailles finales de l'Antéchrist avant d'entrer en Europe. Il prendra cet homme en otage et lui promettra de négocier sa libération, au lieu de cela, il fera preuve d'extreme barbarie à l'égard de ce captif. A cause de ses atrocités, ce captif sera détruit. He says Ausonia and Milan are in northern Italy. Ausonia is almost in Switzerland, in the Alps. He says the man will come from this area. This important man who will be held captive might be Swiss. You see, the Antéchrist wants the money that is in Swiss banks. He wants it all. He believes that by having all that bullion he can control the world, but they're going to fight him to the last man.

D: *He doesn't think small, does he?*

J: No, he doesn't think small. He wants it all.

D : *C'est pour cela qu'il rencontre cet homme ?*

J : Oui. Il va rencontrer cet homme et essayer d'utiliser la prise d'otage pour obtenir de l'argent, mais la résistance en Europe sera assez forte. La bataille sera rude. Ils enverront une arme nucléaire contre lui, ce qui détruira son armée. Mais il se retirera plus profondément au Proche-Orient. Lorsqu'il réapparaîtra, il sera plus puissant que jamais. Il dit que cela se produira au milieu des années 1990.

D : *Les traducteurs pensent que Chyren est une anagramme du roi Henri.*

J : (Rire) Il dit que non. Il dit de regarder votre histoire et de voir où se trouvait Cyrenia.

D : *(Rire) Je ne sais pas où c'était.*

J : Il me montre que la Cyrénie se trouve entre l'Égypte et la Libye, le long de la côte nord-africaine. Il me dit à nouveau que vous devez étudier votre histoire ancienne.

Aurais-je dû m'étonner qu'il ait à nouveau raison ? Je pense qu'il faisait référence à la Cyrénaïque car il a utilisé ce nom à plusieurs reprises lorsqu'il traduit par Brenda, pour représenter l'Antechrist et les pays d'Afrique du Nord. La Cyrénaïque fait aujourd'hui partie de la Libye. Dans l'Antiquité, elle était beaucoup plus grande et a fait partie de l'Égypte pendant un certain temps. Ainsi, lorsqu'il a montré la carte à John, il s'agissait de l'emplacement de la Cyrénaïque dans l'Antiquité. Il l'a utilisée pour symboliser cette région de l'Afrique du Nord et aussi comme anagramme de l'Antéchrist. Il est intéressant de noter que dans l'Antiquité, Cyrène était le principal centre de population de la Cyrénaïque. Les deux noms correspondent clairement à son anagramme, "Roi Chyren". Les traducteurs, en suggérant qu'il s'agit d'une anagramme du roi Henri, passent complètement à côté du fait que Nostradamus a utilisé l'histoire ancienne à profusion en référence symbolique.

J : Il dit encore un quatrain, puis il doit partir.

SIÈCLE IV -35

Le feu estaintl. es vierges trahiront,
La plus grand part de la bande nouvelle:
Fouldre à fer, lance les seulz Roi garderont
Etrusque & Corse, de nuict gorge allumelle.

Le feu éteint, les vierges trahiront,
la plus grande partie du nouveau groupe ;
La foudre dans l'épée, les lances seules garderont le roi,
La Toscane et la Corse, la nuit, égorgeront.

J : Il dit que ce quatrain indique que les capitaines de l'Europe seront en Corse et en Toscane, dans le nord de l'Italie. Il me montre ces régions sur la carte et il dit qu'elles seront très importantes à l'avenir. Elles seront les têtes de pont que les forces de l'Antéchrist utiliseront pour entrer en Europe. Il dit que le roi auquel il fait référence est le roi Charles. La Grande-Bretagne sera bouleversée parce que l'Antéchrist tentera de prendre Gibraltar, mais les Britanniques se tiendront au garde-à-vous. En d'autres termes, ils protégeront très bien les leurs. Mais les Européens, surtout les Italiens, auront beaucoup de mal. La Corse et les Français auront également des problèmes. En fait, les Français vont probablement faire alliance avec l'Antéchrist. Il montre la France et essuie une larme. Il dit que c'est l'une de ses plus grandes erreurs car cela permettra à l'Antéchrist d'avoir une emprise pour conquérir son véritable objectif, la Suisse et le sud de l'Allemagne qui seront les grandes régions industrielles des années 1990. Il dit que ce quatrain s'applique à toutes ces activités.

D : *Que signifie cette partie. "les vierges trahiront la plus grande partie du du nouveau groupe"* ?

J : (Sourire) Il dit : "Connaissant votre époque, il n'y a pas beaucoup de vierges. (Rire) Mais les vraies vierges qui existent dans votre culture sont des figures religieuses". Cela signifie qu'ils utiliseront des personnes religieuses comme couverture. En d'autres termes, les ennemis de l'Europe à cette époque utiliseront des nonnes et d'autres religieuses pour infiltrer ces pays. C'est là que les vierges sont trahies parce qu'elles pensent travailler pour une bonne cause alors qu'en réalité, elles vont être "utilisées" pour aider à détruire l'Europe.

D : *Que signifie la première partie, "le feu éteint"* ?

J : Le feu éteint signifie qu'ils ont bombardé Rome.

D : *Il est aussi écrit : "l'éclair de l'épée, les lances seules garderont le roi". Qu'est-ce que c'est ?*

J : Il dit que le roi Charles sera protégé par des armes supérieures. Vous voyez, il s'agit d'une attaque à grande échelle contre l'Europe du Sud. Ils attaqueront Gibraltar. Ils n'attaqueront pas la France parce qu'ils voudront une alliance avec la France, mais ils attaqueront l'Italie, la Suisse, le sud de l'Allemagne, l'Autriche et la Yougoslavie. Toute cette région deviendra un champ de bataille. Il dit qu'ils essaieront aussi de conquérir Londres, mais que l'Angleterre aura des armes supérieures.

Ceci est lié aux quatrains interprétés par Brenda dans le premier volume qui font référence à des batailles navales à Gibraltar. Elle a également relaté les plans de guerre de l'Antéchrist de la même manière.

J : Il dit : "Tout cela se passera au milieu des années 1990. Vous verrez cela de votre vivant."

D : Je ne sais pas si nous voulons voir tout cela. C'est une chose de savoir sur ces choses, et une autre de penser qu'elles se produiront. Nous espérons qu'elles ne se produiront pas.

J : (Un grand sourire) Ahh !

D : Quoi ?

J : Eh bien, je ne peux pas le croire, mais ... il regarde dans le miroir ce que sera la vie de son fils. Il voit son fils grandir et lui faire honneur. Et il est très heureux. (Brusquement) Voilà sa femme qui entre dans la chambre avec la servante qui porte le bébé. Elle est toute habillée d'une robe avec beaucoup de ... eh bien, elle ressemble à une petite maman en fait. (Rire)

D : (Rire) Qu'est-ce que tu veux dire ?

J : C'est un joli petit bébé mais il est tout emmitouflé. Comme ça... (Il croise ses mains sur sa poitrine.) Ses mains sont contre sa poitrine et il est tout emmitouflé. Il porte une longue robe de baptême et un petit bonnet blanc avec des bords festonnés. La femme de Nostradamus a l'air épuisée. Et il dit : "Il est temps pour vous de partir. Ma femme est venue." Il me regarde dans le miroir et me dit: "Mais mon bébé n'est-il pas beau ?" (Un grand sourire) C'est un père très fier. Sa femme a l'air d'avoir vécu l'enfer. Elle a l'air vidée parce qu'elle a la peau pâle. Sa coiffe et ses vêtements sont très élaborés. Ils sont d'un riche velours vert émeraude.

D : Je me demande pourquoi ils organisent la fête si rapidement. Pourquoi ne peuvent-ils pas laisser sa femme se reposer d'abord?

J : Je lui ai posé cette question. J'ai demandé : "Comment se fait-il qu'elle soit debout ?" Et il dit que c'était parce que l'accouchement a été très facile. Le bébé est né tôt ce matin. Nous sommes dans l'après-midi, et elle s'est reposée. Elle a l'air un peu fatiguée, mais il dit : "C'est l'une des raisons pour lesquelles je l'ai épousée, parce qu'elle a de bonnes hanches. (Rire) De bonnes hanches et elle peut très bien porter des enfants." Il dit qu'elle était plus préoccupée par le nettoyage de la maison que par le repos. (Rire) Il est très fier d'elle, et il a fait savoir qu'ils allaient organiser une fête pour célébrer l'événement. Ils emmèneront le bébé pour se faire baptiser demain. Il dit qu'il s'agit d'un événement important parce qu'il représente la naissance d'un héritier pour lui. En outre, ses grands-parents (les parents de sa femme) sont riches et il crée ainsi un sentiment de dynastie. C'est pourquoi il s'agit d'un événement très important pour eux. Il y aura une grande fête. Il dit : "J'ai tué quelques moutons et un bœuf. Ils sont en train d'être préparés." Il dit que c'est la première fois que sa servante s'intéresse à faire quelque chose de bien. Il faut un bébé pour naître. Mais la maison est décorée de fleurs d'automne. Il a aussi trois filles qui travaillent autour de la maison, et des hommes dans la cour qui apportent un tonneau de vin.

D : *Nous sommes très heureux pour lui et nous sommes contents qu'il ait pris le temps de parler avec nous.*

J : Il dit : "Vous pouvez me recontacter. S'il vous plaît, c'est très important que vous le fassiez. Je suis ici pour vous rendre service. Vous devez comprendre que j'ai également une vie. Ma vie continue, mais je suis heureux d'être à votre service à tous".

D : *Oh, oui, nous en sommes conscients. Nous ne voulons pas nous immiscer. Nous avons aussi nos propres vies.*

J : Il ferme la porte maintenant. Il est parti.

D : *Je pense que c'est bien qu'il ait pris le temps d'être avec nous. C'était un jour important pour lui.*

C'ÉTAIT NOTRE DERNIÈRE VISITE chez Nostradamus et j'étais heureuse qu'elle se termine sur une note aussi heureuse. Je dois admettre qu'il me manquera. Par l'intermédiaire de John, nous nous étions familiarisés avec la personnalité de Nostradamus et sa vie personnelle. Nous en étions venus à considérer ce disciplinaire bourru comme un ami très cher et une personne merveilleuse. Je suis sûre que

John n'oublierait pas de sitôt sa remarquable association avec ce grand homme.

L'un des aspects les plus étonnants des interprétations transmises par John est qu'il n'y avait pas de contradictions entre ce qui lui avait été montré et ce que Brenda a vu. C'est comme s'il n'y avait pas eu d'interruption. Les mêmes personnages principaux ont été repris. L'Antéchrist, Ogmios, le dernier Pape, le Grand Génie, et même les ombres de la cabale secrète continuaient à jouer leur rôle dans ce scénario. L'intrigue future que Nostradamus avait entrevue s'est également poursuivie sans déviation. Des détails et des pièces y ont été ajoutés, et certains aspects ont été développés et clarifiés, mais il n'y avait pas de différence entre les deux scénarios. Certains aspects ont été développés et clarifiés, mais il n'y a pas eu d'altération. Le même symbolisme et les anagrammes ont été utilisés. Les chances qu'une telle chose se produise par coïncidence doivent être incalculables.

Chapitre 26

Une dette karmique remboursée

LORSQUE NOSTRADAMUS m'a dit que j'aurais besoin d'un "tiroir d'horoscopes" pour m'aider à interpréter les quatrains, je savais qu'il me faudrait trouver une personne spéciale. Il y a beaucoup de gens qui comprennent l'astrologie, mais pas autant qui s'intéressent aussi à la métaphysique. Il y en a encore moins qui seraient prêts à travailler sur un projet aussi étrange avec un esprit ouvert. L'idée de travailler avec un prophète mort depuis 400 ans relève sans aucun doute du domaine de l'étrange. L'astrologue devait donc être quelqu'un qui accepterait une mission aussi étrange comme quelque chose de normal et être prêt à suivre des instructions hors du commun en ce qui concerne le symbolisme et des interprétations astrologiques archaïques. Je voulais un professionnel, mais je savais qu'il serait difficile d'approcher un expert avec une proposition aussi étrange.

Je n'aurais pas dû m'en inquiéter. J'ignorais à l'époque que la solution était déjà en cours d'élaboration et qu'elle m'échappait complètement. Lorsque John Feeley a accompagné ses amis à notre réunion métaphysique, il a dit qu'il avait le sentiment profond d'être là pour une raison, mais qu'il ne savait pas laquelle. Lorsqu'il a découvert ce sur quoi je travaillais, la réponse était claire : il devait m'aider dans ce projet. Il m'a dit qu'en tant qu'astrologue, il avait toujours été intéressé à Nostradamus et était fasciné par le mystère qui l'entourait. L'occasion était trop belle pour qu'il la laisse passer. Je crois que sa curiosité était aussi forte que la mienne.

À l'époque, nous ne soupçonnions pas que quelque chose d'autre était en jeu. Un arrangement avait été conclu de l'autre côté pour le remboursement d'une grande dette karmique. John lui-même n'en était pas conscient jusqu'à ce que toutes les pièces du puzzle commencent à s'emboîter. Lorsqu'il a découvert qu'il pouvait également aider à l'interprétation des quatrains, la logique derrière tout cela a commencé à faire surface.

Comme un épais brouillard qui se dissipe, l'objectif de notre rencontre est devenu clair comme de l'eau de roche pour John, mais il serait resté inconscient pour quiconque n'était pas directement impliqué dans ce projet. Un souvenir qui avait été réveillé par une régression dans une vie antérieure en détenait la clé.

Quatre ans avant que je ne rencontre John, il avait essayé la régression dans les vies antérieures par lui-même en utilisant des cassettes de régression hypnotique. Celles-ci peuvent être utilisées dans l'intimité de sa propre maison en suivant des instructions simples. En utilisant cette méthode, il a déterré un souvenir de vie antérieure très fort des recoins cachés de son esprit. Ce souvenir est ressorti avec une quantité extraordinaire de détails. Il est maintenant intégré à son existence actuelle et fait partie de son histoire personnelle au même titre que ses souvenirs d'enfance.

Cela se produit souvent lorsqu'un sujet est capable de faire revivre une vie antérieure et de s'y identifier. Cela défie toute explication logique et de nombreux soi-disant "experts" affirment qu'il n'y a aucune preuve à l'appui de ce souvenir, mais le sujet n'en a nullement besoin. Il sait, à partir d'un réservoir situé au plus profond de lui-même, que cela sonne "juste", et qu'elle explique des événements et des situations dans sa situations de sa vie actuelle qui ne pourraient pas être expliquées par des méthodes dites "logiques". Ainsi, elle devient à part entière son histoire et est très fondamentale et vivante pour lui.

J'ai travaillé avec un sujet qui me l'a très bien expliqué. Sous hypnose régressive, elle avait revécu une vie en France. Quelques semaines plus tard, étant dans un magasin, elle entendit des femmes parler d'une récente visite à Paris. Sans même réfléchir, elle a failli dire qu'elle avait vécu à Paris. L'impulsion était si forte qu'elle a dû se mordre la lèvre. Les femmes n'auraient jamais compris qu'elle avait effectivement vécu là, mais c'était il y a 200 ans. Ce qui lui paraissait si naturel aurait été bizarre pour elles. Cela montre à quel point les gens s'identifient à ces souvenirs une fois qu'ils sont ravivés et acceptés. Je le sais parce que je peux me souvenir d'une vie où j'étais un moine assis pendant des heures, dans la bibliothèque froide d'un monastère, copiant et recopiant les Écritures. De temps en temps, j'arrivais à cacher un texte interdit des étagères dans ma robe, pour le lire plus tard à la lueur d'une bougie, sans être repéré dans ma cellule.

Ma curiosité et ma soif de connaissances étaient aussi fortes à l'époque qu'aujourd'hui.

C'est le cas de John. Il connaissait de nombreux détails sur sa vie passée et ils lui semblaient très naturels. Après avoir travaillé avec Nostradamus, il pouvait enfin appliquer cette mémoire à sa vie actuelle et échapper au karma que cette vie avait représenté pour son subconscient.

Voici l'histoire de ce souvenir avec ses mots :

JE M'APPELLE FRANZ WEBBER et je suis né à la fin des années 1880 dans une famille aisée d'Allemagne. Mon père a échappé à la Première Guerre mondiale en déplaçant la famille, avant la guerre, en Suisse, où j'ai été éduqué et j'ai grandi. J'ai étudié à l'université de Bâle, en Suisse. Alors que je préparais mon diplôme à l'université, j'ai rendu visite à une astrologue. Il est intéressant de noter qu'il s'agissait à nouveau d'une femme astrologue. (Il faisait référence au fait qu'il avait reçu l'enseignement d'une femme astrologue, Isabelle Hickey, dans sa vie actuelle). Elle m'a fait un horoscope. J'ai commencé à m'intéresser à ce sujet et elle m'a recommandé des livres à lire. Comme j'ai reçu une éducation universitaire, il m'a été très facile d'assimiler ces informations. J'étais également assez riche pour acheter les différents livres et le matériel nécessaires à l'élaboration des horoscopes, et j'ai commencé à le faire moi-même. Je pense que les meilleurs astrologues sont des autodidactes, et c'est pourquoi il était important pour moi de prendre des cours dans cette vie-ci, car j'étais surtout autodidacte dans celle-ci. Je sais que j'ai acquis la plupart de mes connaissances de base dans cette vie-là. et c'est la raison pour laquelle il m'a été si facile de les assimiler dans cette vie-ci. (Il claque des doigts) C'était juste là. Mais dans cette vie, je ne m'intéressait pas seulement aux horoscopes. J'ai aussi appris à connaître les pierres runiques et des choses de cette nature qui étaient très germaniques. Même dans cette vie je suis fasciné par toutes ces choses.

J'ai été fortement attiré par le mouvement romantique allemand qui s'est développé dans les années 1890 et au tournant du siècle. J'ai été à un moment donné un adepte de Rudolf Steiner et j'étais au courant des affaires qui se déroulaient en Allemagne, en Italie, en France et et sur l'ensemble du continent européen. Lorsque les nazis ont commencé leur ascension au pouvoir, ils m'ont intrigué. La glorification du style de vie germanique m'a vraiment interpellé. j'y ai vraiment adhéré. J'étais particulièrement attiré par leur propagande, et il n'est donc pas étonnant que j'aie décidé de retourner en Allemagne et de travailler avec eux à la mise en place du nouveau gouvernement. Je suis devenu Nazi et j'ai aidé le Bureau de l'information à Berlin, qui était en fait le département de la propagande. Ils voulaient utiliser mes connaissances en astrologie. Hitler y croyait et beaucoup de gens l'aidaient dans ce domaine. Il utilisait tous les types d'informations ésotériques. C'est à cette époque qu'Hitler a décidé d'utiliser les quatrains de Nostradamus pour montrer comment l'Allemagne allait conquérir le monde. J'ai contribué à dissimuler des informations sur Nostradamus. J'étais l'une des personnes qui travaillaient au ministère de l'information qui s'occupait de ce matériel. Ils déformaient les interprétations pour les adapter à leur cause. Vous comprenez, les Allemands s'y intéressaient beaucoup, et ils s'intéressent toujours à ce qu'ils appellent les "sciences occultes". Le bureau utilisait ces interprétations dans les émissions de radio pour faire de la propagande. Ils disaient : "Nostradamus a prédit que l'Allemagne monterait au pouvoir et voici le quatrain". Puis ils récitent un quatrain, par exemple celui qui décrit la chute de Paris. "Regardez à quelle vitesse Paris s'effondre. Nous contrôlons maintenant tout le continent. Nous sommes un Reich de mille ans. Il nous avait prédits."

Cela ne m'a pas dérangé de les réécrire, j'ai même pensé que la cause en valait la peine. Vous voyez, je croyais vraiment au système nazi. Nous avons publié un des siècles de Nostradamus en allemand, en les adaptant aux circonstances et en les rendant plus flatteurs pour le régime allemand. Nous étions en train de créer une religion nationale. L'un des objectifs de l'utilisation de la science de l'astrologie et autres était de créer un système de croyance pour les Nazis, concernant la race des maîtres. C'était notre programme de base.

J'étais membre de la Société Thulé et j'étais impliqué avec beaucoup de ces gens parce que j'avais une chose qu'ils n'avaient pas : j'étais très riche. Je suis né dans une famille très riche et je me sentais capable de tout faire. C'est la raison pour laquelle je dois apprendre l'humilité dans cette vie-ci, car dans cette vie-là, j'ai été très abusif. J'étais une personne très arrogante et sévère.

C'est alors qu'un événement est venu changer mon attitude à l'égard du glorieux pouvoir Nazi. J'ai découvert que des gens étaient détruits et que des brutalités avaient été commises. Ce qui s'est passé, c'est que ma femme a ramené à la maison un abat-jour fait de peau humaine. Elle voulait remplacer un abat-jour. J'ai remarqué sa texture. J'ai pensé que c'était du cuir, mais j'ai découvert ce que c'était vraiment... de la peau humaine. J'ai demandé où elle l'avait trouvé. Elle m'a dit que cela venait d'une des femmes de mon commandant, et qu'ils étaient fabriqués à Dachau. J'ai trouvé cela grotesque et je me suis mis en colère. Cela m'a mis sur la piste de quelque chose de macabre. Après cela, j'ai été très désillusionné par les Nazis, en particulier concernant la façon dont la question juive était réglée. J'ai alors réalisé qu'il s'agissait de personnes très malades. J'ai donc participé à un complot visant à renverser Hitler et à faire exploser son bureau lors d'une réunion du conseil. À cause de cela, un agent de la Gestapo m'a tiré une balle dans le cœur en tant que traître au Troisième Reich. Ma femme a également été tuée.

(Est-ce une coïncidence que la radiographie du thorax de John ait révélé un petit trou dans son sternum [os de la poitrine] ? Le médecin n'avait aucune explication à ce sujet et a considéré qu'il s'agissait d'une malformation congénitale. Il n'y a pas de marque sur la peau de John. Coïncidence ?)

Il a poursuivi : Il est intéressant de constater que de nombreuses personnes que j'ai connues au cours de ma vie présente ont également participé à celle-là. Mes frères actuels y ont participé et ont tous été tués lors d'un bombardement sur Berlin dans cette vie-là. L'une des corroborations les plus surprenantes a été lorsque j'ai découvert qu'un de mes amis de Dallas était également impliqué dans cette vie allemande. Il ne savait rien de mon expérience, mais à la suite d'une régression dans sa propre vie antérieure, il a découvert qu'il était l'annonceur de la radio allemande qui lisait ma copie. Je lui donnais le script des émissions de radio. Il participait ainsi à la diffusion de la propagande. Nous avons constaté qu'il y avait de nombreuses similitudes entre ses souvenirs et les miens. Aujourd'hui, mon ami parle couramment l'allemand. C'est venu très facilement pour lui. Il sait maintenant que c'est parce qu'il a dû parler différents dialectes allemands lors des émissions de radio diffusées dans toute l'Allemagne.

Lorsque ces souvenirs sont apparus, il y a quatre ans, je n'avais pas cherché à connaître Nostradamus. Ce n'était pas si important pour moi. J'ai trouvé intéressant que l'astrologie m'intéressait également dans cette vie, et cela m'a permis d'expliquer pourquoi cela m'était venu si facilement. Je connaissais ses prophéties, mais je ne les avais pas étudiées. Il est évident que j'ai dû les lire dans cette vie, mais pas dans celle-ci. Je n'aurais jamais pensé que je ferais quelque chose comme ça (être impliqué dans les interprétations) parce que je n'ai pas fait ce genre de choses jusqu'à présent. J'ai donc l'impression qu'en travaillant avec vous sur ce matériel de Nostradamus. je rattrape les choses que j'ai mal utilisées auparavant. Maintenant que je l'ai rencontré, j'aimerais étudier sa vie et lire une biographie à son propo Mais je ne le ferai pas, tout simplement parce que je ne veux pas influencer les informations qui pourraient être publiées. J'ai trouvé ce travail très intéressant. Je crois que j'accomplis une sorte de destinée karmique en travaillant à clarifier l'interprétation de ces quatrains. Je pense aussi que c'est la raison pour laquelle je m'intéresse autant à l'astrologie et pourquoi j'essaie d'aider les gens dans ce domaine. Peut-être que certaines personnes dans l'Allemagne en guerre ont cru à mes prophéties, qui n'étaient que des mensonges, et c'est une façon d'éclaircir tout cela. Je l'ai fait à l'époque pour le régime Nazi, et maintenant je le fais à partir d'une source spirituelle.

LORSQUE J'AI COMMENCÉ MES RECHERCHES pour ce livre, à la fin de 1988, j'ai trouvé quelques livres qui mentionnaient que les quatrains de Nostradamus avaient été utilisés à des fins de propagande pendant la Seconde Guerre mondiale. L'idée n'était donc peut-être pas aussi farfelue qu'elle en avait l'air. Dans l'un de ces ouvrages, j'ai trouvé une référence à un livre obscur, "Nostradamus and the Nazis", d'Ellic Howe (Non traduit en français). J'ai pensé que ce livre pourrait contenir des informations en rapport avec les souvenirs de régression de John. Le service de prêt interbibliothèques de l'université où je fais mes recherches a fini par retrouver le livre et a découvert qu'il n'y avait qu'un seul exemplaire disponible aux États-Unis. L'exemplaire que j'ai reçu provenait de la Bibliothèque du Congrès. Des remarques à l'intérieur de la couverture expliquent sa rareté. Il a été publié de manière privée en Angleterre comme exemple d'un type particulier dans le procédé d'impression et de technique de reliure, et n'a jamais été vendu au grand public.

L'auteur a fait de nombreuses recherches sur Karl Krafft qui aurait été le principal astrologue d'Hitler au début de la Seconde Guerre mondiale. Il n'est pas surprenant qu'Hitler se soit intéressé aux questions occultes, puisque l'étrange et l'inhabituel l'ont influencé tout au long de sa vie. Lorsque les Britanniques apprirent qu'il employait des astrologues pour le conseiller, ils obtinrent d'utiliser Louis de Wohl, afin de savoir quels étaient les conseils donnés à Hitler. Karl Krafft a été mentionné comme le plus connu, mais le livre de Howe indique qu'il y avait plusieurs autres astrologues utilisés par les nazis, sous le contrôle du ministère de la Propagande. Simultanément, les Nazis arrêtaient les astrologues et confisquaient leurs livres, mais ils en engageaient aussi certains pour travailler en privé pour promouvoir leur cause. En apparence, il s'agit d'une contradiction, mais il apparaît que les Nazis voulaient exercer un contrôle total sur tout ce qui les concernait. Et le régime d'Hitler était tout sauf logique.

C'est une coïncidence intéressante que Krafft ait également étudié à l'Université de Bâle et se soit intéressé à l'astrologie pendant son séjour en Suisse. Il est possible que Franz Webber (John) et lui se soient connus à cette époque ou aient pu se rencontrer. L'intérêt pour les sciences occultes durant l'entre-deux-guerres.

Lorsque le Dr. Goebbels s'est intéressé aux quatrains de Nostradamus (il avait été informé de la similitude entre les prophéties et le développement du Troisième Reich), il lui a été suggéré qu'ils pourraient être utilisés à des fins de propagande et de guerre psychologique. C'est alors que Krafft, un égoïste et névrosé, fut engagé pour y travailler. Lorsque le sens du quatrain n'était pas assez précis, on lui demandait de le modifier pour qu'il favorise les Nazis. Les Nazis ont fait valoir que les quatrains étaient de toute façon si difficiles à interpréter que personne ne verrait jamais la différence. Le livre de Howe laisse entendre que Krafft n'aimait pas vraiment l'idée de les corrompre. Citation : "Tout ce que le Dr. Goebbels voulait, c'était du matériel de propagande basé sur les prédictions de Nostradamus. Mais Krafft et moi, nous nous étions mutuellement mis d'accord que ce serait une offense à l'esprit, pour ainsi dire, de Nostradamus, si nous trafiquions ses prophéties ; et que, si nous le faisions, il nous le reprocherait amèrement depuis la tombe. Nous avons donc fait de notre mieux pour fournir des documents qui paraissaient sensés et pertinents".

Krafft trouvait qu'il avait de plus en plus de mal à satisfaire ses supérieurs.. Le livre laisse entendre que ses interprétations sont réécrites ou adaptées par un rédacteur de propagande au sein du ministère qui ne partageait probablement pas la vénération de Krafft pour l'œuvre du prophète. Le ministère de la Propagande a commencé à produire du matériel de guerre psychologique "négative" destiné à être diffusé en France par le biais d'émissions radiophoniques et de brochures imprimées. Des brochures contenant des quatrains menaçants étaient larguées d'un avion. Il s'agit de faux grossiers qui prédisaient la victoire d'Hitler. Un nombre limité de brochures contenant la traduction allemande de certains quatrains sélectionnés. Les Britanniques ont riposté en composant leurs propres versions des quatrains et ont demandé aux pilotes alliés de les larguer au-dessus de la France et de la Belgique en guise de propagande anti-allemande.

Krafft est devenu de plus en plus réticent à participer au projet et est finalement arrêté et emmené dans un camp de concentration avec d'autres astrologues, qui avaient subi le même sort. Il a été dit que le projet Nostradamus s'est arrêté après cela, mais je suis enclin à penser qu'il a continué en secret et que John avait peut-être fait partie du groupe qui a poursuivi ce projet au sein du ministère. La base de mon hypothèse est la mention par Howe de l'implication de la Société Thulé dans le Ministère de la Propagande. Un ensemble de médiums spirites, de voyants, de praticiens du pendule, d'astrologues, d'astronomes et de mathématiciens ont été réunis pour aider l'effort de guerre allemand en utilisant leurs pouvoirs psychiques uniques. John a déclaré qu'il était membre de la Société Thulé dans cette vie.

Je n'ai rien trouvé dans le livre qui contredise ce que John ait dit sur les liens des Nazis avec Nostradamus. Il s'agissait d'une méthode de propagande éphémère utilisée pendant ces années agitées.

PEUT-ÊTRE QUE LA DETTE KARMIQUE de Franz Webber a été remboursée par John, en travaillant avec moi sur ce projet. Durant sa vie en Allemagne, il a utilisé ses connaissances pour aider le second Antéchrist, Hitler, à conquérir le monde. Aujourd'hui, c'est peut-être son karma de l'utiliser pour aider à vaincre le troisième Antéchrist dans ses ambitions de conquête du monde. Dans les deux cas, Jean a utilisé les quatrains, la première fois de manière négative, et cette fois-ci de manière positive. Il semblerait également qu'il ait une dette envers Nostradamus pour compenser les dommages qu'il lui a causés en corrompant son œuvre. Il devait maintenant réparer cela et laver son honneur en essayant d'interpréter les quatrains le plus précisément possible.

Il semble que la roue du destin tourne constamment, mettant les gens en contact les uns avec les autres, puis les faisant repartir dans d'autres directions. Mais ce bref passage peut avoir une importance plus capitale pour les âmes concernées que nous ne pouvons l'imaginer. C'est une bonne chose que quelqu'un, de l'autre côté, soit chargé de garder la trace de tout cela. C'est bien trop complexe pour un simple être humain. Au moins, la dette karmique semble maintenant réglée, et les résultats des efforts de John pourraient avoir une portée encore plus grande que les émissions préjudiciables diffusées en Allemagne.

Chapitre 27

Le Monde du Futur ?

APRÈS PLUSIEURS SEMAINES à se plonger dans le destin de la Terre et à explorer les événements destinés à l'humanité au cours des cent prochaines années, le concept de la "Terre" est apparu comme déprimant. L'idée est intéressante, mais je n'arrive pas à admettre la possibilité que les humains sombrent dans de telles profondeurs de dépravation. J'ai choisi de croire que Nostradamus avait raison lorsqu'il a dit "être prévenu, c'est être armé" et qu'en nous montrant le scénario le plus horrible qui soit, nous ferions peut-être quelque chose pour l'empêcher qu'il ne se produise. Mais même avec toutes ces informations, est-il possible pour nous de faire quelque chose pour prévenir les événements futurs ? Les humains peuvent-ils changer le cours du monde ? Je crois davantage à l'espoir éternel de l'âme qu'à l'éternelle noirceur du côté obscur. La seule façon de savoir avec certitude est d'observer l'avenir au fur et à mesure qu'il se déroule et d'être attentif à tout indice indiquant que notre monde se dirige vers ce que Nostradamus a vu dans son miroir noir.

John se posait également la question si ce qu'il avait vu pouvait se réaliser. Il m'a téléphoné à l'improviste. Il était en train d'emballer ses affaires pour les entreposer lorsqu'il a eu une inspiration soudaine. Il m'a dit : "Emmène-moi dans le futur, dans la vie que je vivrai à ce moment-là,, et voyons à quoi ressemble le monde".

Je n'avais jamais essayé cela auparavant. Cela semblait étrange, mais si le temps n'existe pas, pourquoi ne pourrions-nous pas aller en avant comme en arrière ? J'ai fait régresser des centaines de personnes dans des vies antérieures et elles les ont revécues de façon saisissante. Pourquoi cela ne fonctionnerait-il pas aussi bien pour faire progresser quelqu'un dans le futur ? En utilisant ce type d'hypnose, tout défi excitant peut être relevé et l'impossible devient rapidement banal. Cela valait la peine d'essayer, et c'était l'une des dernières choses que John voulait essayer avant de partir pour la Floride.

Cette dernière séance s'est déroulée une fois de plus dans le désordre des cartons d'emballage, tout comme celle d'Elena. L'environnement commençait à être familier et approprié. Nous avons décidé d'avancer John de 100 ans, en 2087, et de voir s'il serait encore en vie à cette époque.

Quand j'ai fini de compter, il s'est retrouvé dans le corps d'une femme qui regardait par le hublot ou le spatioport d'un vaisseau spatial. Il s'est retiré pour jouer le rôle d'observateur et l'a décrite. "Elle a environ 30 ans et très jolie. Elle a les cheveux blonds, les yeux bleus, et elle est très sculpturale. Elle est vêtue de ce qui ressemble à une combinaison spatiale. Oui, c'est une combinaison spatiale, mais elle n'est pas encombrante comme nos combinaisons spatiales actuelles. Elle n'épouse pas non plus son corps ; elle est ample. Elle vient de me dire qu'elle se trouve dans ce que nous appellerions un véhicule extraterrestre, un vaisseau d'une autre planète. Elle participe à une mission de la fédération sur cette planète avec d'autres personnes de la Terre. C'est sa première mission. Le vaisseau voyage à une vitesse supérieure à celle de la lumière, donc les choses sont floues par le hublot. Elle réfléchit et je peux capter ses pensées."

D. Est-ce un grand vaisseau spatial ?
J : Non, il n'est pas très grand. Il ressemble à un bus de banlieue. C'est ce qu'elle dit. Ils se dirigent vers le système stellaire de Sirius. Il y a trois planètes qui sont très importantes et qui sont la raison de cette mission. Ils prennent des choses, comme des cristaux, qui ont de la valeur pour ces autres planètes pour en faire des objets d'échange.
D : Tu as dit qu'il y avait d'autres personnes avec elle ?
J : Il y a environ sept ou huit autres personnes, et elles parlent, échangent des idées et passent un bon moment. Ils sont très excités à l'idée d'être le premier groupe de terriens à se rendre dans une autre galaxie.
D : Sait-elle comment ce voyage a été organisé ?
J : Oui, elle est née guérisseuse, et dès son plus jeune âge, on connaissait ses talents de guérisseuse. C'est la raison pour laquelle elle a étudié avec des personnes qui connaissaient différentes formes de soins. Elle est ce que nous appellerions un "médecin", sauf qu'elle n'est pas un médecin comme les autres parce qu'elle utilise des cristaux, ses pouvoirs mentaux et la visualisation. C'est

une femme très intelligente. Elle est mariée à l'un des hommes du vaisseau.

D : A-t-il un talent particulier ?

J : Il est intéressé par l'étude de l'architecture de ces différentes planètes dans le système de l'étoile Sirius, car c'est son domaine. Certaines planètes ont la même gravité que la Terre et d'autres non. Il veut voir les différentes méthodes de construction pour trouver des idées de nouvelles structures à construire non seulement sur la Terre, mais aussi dans l'espace.

D : Comment ce voyage a-t-il été organisé ? Est-ce que c'est la Terre qui a eu l'idée de faire ce voyage ?

J : Non. Ils ont eu des contacts avec ces extraterrestres. Il y en a deux d'entre eux à bord qui pilotent le vaisseau. On peut dire qu'ils ne sont pas de notre planète, mais ils ont l'air humanoïde et portent des vêtements similaires. Ils sont chauves, ont des yeux protubérants et leurs oreilles sont plus proches, presque à l'intérieur de leur tête. Il y a une structure en spirale dans leur oreille, semblable à une coquille de nautile à chambre. Leur nez a deux narines mais est un peu plus plat. A part ces différences, ils ressemblent beaucoup aux humains.

D : Ces extraterrestres sont-ils des personnes de grande taille ou de petite taille ?

J : Ils sont de taille moyenne. Leur peau n'est pas blanche mais plutôt d'un brun doré. Leur tête n'est pas brillante parce qu'ils sont chauves, mais ils ont un développement crânien inhabituel. Ils ont un aspect différent, mais ils ne sont pas laids. et ils projettent une nature si aimante que nous les trouvons irrésistibles.

D : Pouvez-vous voir leurs mains ? Y a-t-il une différence ?

J : Oui, il y a une petite différence. Leurs doigts sont très fins et effilés avec des extrémités en forme de cône et ils n'ont pas d'ongles. On ne dirait pas qu'ils ont des cheveux ou des ongles, ou d'autres choses du genre sur leur corps.

D : Ces gens viennent-ils du système stellaire de Sirius ?

J : Oui. Ce sont de très belles personnes. Ils communiquent entre eux et avec les autres personnes sur le vaisseau par télépathie. Ils parlent des différentes choses qu'ils vont explorer, et de la mission de chacun. Il y a un grand sentiment d'amour à bord de ce vaisseau, et les gens se touchent et s'étreignent beaucoup. Tout le monde est d'humeur très joyeuse. Ils méditent en cercle et c'est ainsi qu'ils communiquent avec les habitants de la Terre. C'est un merveilleux rassemblement de personnes qui sont très excitées parce qu'ils sont les premiers à faire ce genre de voyage.

D : *Cette mission a-t-elle été préparée avec les gouvernements de la Terre ?*

J : La Terre a désormais un seul gouvernement. Il s'appelle le Gouvernement Mondial Unique, et son siège se trouve dans ce qui était... (surprise) Omaha ! C'est là qu'elle vivait, en dehors de la région d'Omaha. C'est l'un des plus grands centres planétaires. On ne les appelle plus des villes, mais des centres planétaires. Le message est parti d'Omaha, les gens étaient invités à participer à cette mission. Elle a été sélectionnée en raison de ses talents de guérisseuse. Zarea (phonétique) - c'est son nom - va faire un travail de guérison et de travail médical. Son mari, Huran (phonétique), fera de la recherche en architecture et en ingénierie.

D : *Chacun a probablement un certain talent.*

J : Oui. Il y a un Noir, un Indien et une Orientale qui vont étudier leur art et leur culture. Le noir va étudier la flore et la faune, tandis que l'Indien va découvrir leurs vérités philosophiques. Ils ont chacun une compétence différente, mais ils sont tous intéressés par l'exploration et la création de nouvelles colonies dans l'espace, parce qu'il n'y a plus beaucoup de terres émergées sur la Terre.

D : *Pourquoi ?*

J : Eh bien, il n'y en a tout simplement pas. Ils pensent que pour soutenir l'augmentation de la population qui se produira dans une centaine d'années, ils devront coloniser l'espace autour de cette planète. Ils prévoient également de vivre longtemps. Ils savent qu'ils verront des choses qui existeront pendant longtemps, et c'est très important pour eux. C'est pourquoi ils visitent d'autres mondes. Elle ajoute qu'ils envisagent également de coloniser une partie de la lune et une partie de Mars.

D : *Pourquoi y a-t-il peu de terres émergées ? Est-ce à cause de la surpopulation ?*

J : Non, l'océan est partout. C'est ce qu'elle a dit. La plus grande partie de la Terre se compose principalement d'îles et de quelques grands continents. La majorité de de la Terre est encore plus océanique qu'elle ne l'était à l'époque du basculement, a-t-elle déclaré.

Apparemment, cela s'est produit après le grand basculement de la Terre prédit par Nostradamus.

D : *La Terre a-t-elle été impliquée dans les voyages spatiaux ?*

J : Pendant le changement, un contact a été établi avec ces personnes qui les ont aidées à former les centres planétaires.

D : *Travaillent-ils avec eux depuis un certain temps ?*

J : Oui. Ils travaillent avec eux depuis ... 80 ans.

D : *Est-ce que la Terre était impliquée dans leur propre programme spatial avec des vaisseaux spatiaux ?*

J : Pas vraiment. Après le basculement de la Terre, la plupart des zones d'étude de l'espace étaient sous l'eau. Mais au nord-ouest se trouve une grande île, une zone appelée "Seal Center". (Centre de scellement) C'est un vestige de ce qui était Seattle et Tacoma, dans l'État de Washington. A l'est de cette île, il y a une zone où l'exploration spatiale est restée après le déplacement de la Terre. En conséquence, il y a un port spatial qu'ils appellent "Surveilas" (phonétique).

D : *Qu'est-ce que cela signifie ?*

J : Je ne sais pas. La zone d'atterrissage, Surveilas, est le port spatial où ils transportent les vaisseaux. C'est là que les OVNIs - ce que nous appellerions des OVNIs - atterrissent. Cette zone au nord-ouest fait partie de ce qu'ils appellent "l'île du nord-ouest". C'était une partie des Etats-Unis avant que la plupart d'entre eux ne sombrent, mais ils ne l'appellent pas par son ancien nom. Vous voyez, une conscience planétaire est en train de se produire. Les États-Unis font maintenant partie du système de gouvernement mondial unique. Elle regarde une carte, et elle voit à quoi ressemblait la Terre autrefois et à quoi elle ressemble aujourd'hui. La plus grande partie du monde que nous connaissons est sous l'eau.

D : *Les calottes polaires se sont-elles reformées sur la Terre ?*

J : Non, les calottes polaires ne sont pas là.

D : *Nous pensions qu'après le déplacement, les calottes glaciaires se reformeraient et que cela absorberait une partie de l'eau.*

J : Non. Elle dit que c'est la raison pour laquelle les ressources terrestres sont très limitées. A cause de la pollution et de la destruction, l'être vivant de la planète n'est plus composé que de 10 % de terres émergées et de 90 % d'océans.

D : Certaines terres émergées sont-elles encore polluées ?

J : La plupart d'entre elles ont été nettoyées grâce à l'interconnexion et au travail avec des gens d'autres galaxies. Ils ont aidé à régénérer les terres encore disponibles. Elle dit qu'à la suite d'un tragique accident nucléaire une immense région de ce qui était l'Asie - qu'elle appelle l'île asiatique - n'a plus de terres utilisables. Elle déclare : "Nous avons envisagé d'inonder cette zone, mais nous savons que cela empoisonnerait l'océan." Elle dit qu'il s'agit de 300 miles carrés de "ville radioactive". Personne ne vit dans cette zone sauf ceux qui ne veulent pas changer ou qui veulent revenir à l'ancien système. Il en résulte certains types de mutations qui se produisent se produisent parmi leurs naissances. Elle me montre la région... c'est quelque part en Asie.

D : Quelle a été la cause de cet accident nucléaire ?

J : C'est arrivé pendant la relève de surveillance. Ce n'était pas une guerre nucléaire, mais un accident. Quand la Terre a basculé, elle a brisé un réacteur atomique. Celui-ci est descendu presque complètement dans son cœur avant de se calmer. En conséquence, il a empoisonné toute la région.

D : Je pensais qu'il s'agissait de quelque chose qui s'était produit avant le basculement.

J : Non. Dans son sens de l'histoire, il n'y a pas eu de guerre nucléaire. Elle dit que la menace a toujours été là, mais qu'elle n'a pas eu lieu.

D : Sait-elle quelque chose sur les guerres qui se sont déroulées avant le basculement ? Jusqu'où remonte leur histoire ?

J : Ils ne parlent pas beaucoup de ce qu'ils appellent "l'ancien monde". C'était plein de brutalité, d'injustice et de haine. Ils ne veulent pas donner de crédit à ces émotions et sentiments négatifs. C'est pourquoi ils datent vraiment tout de ce qu'ils appellent le "Gouvernement Mondial Unique". Cela a eu lieu en 2039. Deux mille trente neuf, c'est dix ans après le changement. (C'était certainement troublant.)

D : Ont-ils quelque chose qui date de l'ancien monde ?

J : Oui, il y a quelques bâtiments et autres qui sont entretenus. En fait, ils même une aire de loisirs qui représente un village américain des années 1980. (rires) Vous savez, un supermarché, un centre commercial et des voitures. Ils ont aussi un village colonial avec des objets de l'époque. C'est un peu comme un musée vivant. Ils l'utilisent pour enseigner à leurs enfants sur les différentes époques que l'homme a traversées. Mais aujourd'hui, les hommes sont des êtres spirituels éclairés. Ils comprennent les connaissances de toutes les périodes qu'ils ont déjà vécues. Nous sommes à l'apogée d'une nouvelle époque, dit-elle.

D : *Ils n'ont donc pas supprimé tout l'ancien monde ?*

J : Non. En fait, les gens vivent encore dans des maisons qui ont été construites à cette époque qui ont survécu au basculement de la terre. Mais ils pensent que la qualité de vie à cette époque était très primitive et barbare, et ils la considèrent avec un certain dégoût. C'est ce que nous pensons des primitifs qui chassent encore les têtes en Nouvelle-Guinée.

D : *(Rire) Oui, je vois cela. Donc ils n'étudient pas vraiment les vieilles histoires.*

J : La plupart d'entre eux sont des êtres spirituellement éclairés qui savent comment ils ont été dans leurs vies antérieures, donc ils connaissent leur cycle. Tout le monde s'unit dans un rapport spirituel les uns avec les autres pour guérir la planète et compenser toutes les pertes subies lors du changement. Il n'y a pas beaucoup de gens sur Terre. Elle dit qu'il y a ... environ 120 millions de personnes sur la Terre en 2087.

Selon les statistiques, la population mondiale en 1987 était de cinq milliards d'habitants. Les États-Unis comptaient 245 millions d'habitants et la Chine plus d'un milliard. Les experts prévoient que, malgré les tentatives de contrôle des naissances, la planète comptera encore un milliard d'habitants d'ici 1998. Il s'agit d'un taux de croissance phénoménal. La population devrait doubler pour atteindre plus de dix milliards de personnes au cours des quatre prochaines décennies. Si les catastrophes que Nostradamus a vues, et que Jean a rapportées depuis son point d'observation dans le futur, sont exactes, cela signifierait qu'une énorme perte de vie devrait se produire pour que la population mondiale puisse s'effondrer à 120 millions de personnes.

D : *Est-ce que la majorité des gens ont péri lorsque la Terre a basculé?*

J : Beaucoup, beaucoup de gens ont disparu lors du changement de Terre et beaucoup d'autres sont morts pendant la transition à cause de maladies et autres choses de ce genre.
D : *Qu'entend-elle par la transition ?*
J : Le changement de Terre.
D : *Après le changement de Terre ?*
J : Oui. Elle a dit que beaucoup de gens sont morts parce que ce n'était pas une période facile. Les maladies sévissaient et sans l'aide des extraterrestres, la planète aurait pu être détruite. Mais les extraterrestres sont venus pour guérir, éduquer les gens et leur montrer de nouvelles technologies.
D : *Mais ils prédisent que dans les cent prochaines années, leur population augmentera.*
J : Oui, c'est pourquoi ils cherchent de nouvelles terres ailleurs, car la Terre n'est composée que de 10 % de terres émergées. Ils doivent regarder en dehors de la Terre et explorer l'espace.
D : *D'autres êtres extraterrestres ont-ils pris contact avec eux en dehors de ce groupe sur le vaisseau ?*
J : Oui. Des êtres de Sirius, d'Aldebaran, de Bételgeuse, ou d'environ 5 autres systèmes stellaires nous ont contactés. Nous faisons maintenant partie de la fédération galactique. Nous sommes l'un de ses membres les plus récents. La condition d'adhésion de la fédération galactique est de connaître le plan du Créateur, de suivre ce plan et de faire partie d'une seule conscience galactique. Et seuls les êtres avancés sont autorisés à s'y incarner.
D : *Tous ces extraterrestres étaient-ils animés des meilleures intentions ? Je me demandais si certaines des personnes venues d'autres planètes étaient négatives ?*
J : Eh bien, il y a une autre fédération qui pourrait être considérée comme négative. Ils viennent d'un système solaire situé à environ 300 années-lumière de notre planète centrale, le Soleil. Ils étaient là au moment du déplacement de la Terre, mais ils ont été empêchés de participer au sauvetage par les champs de force de tous les autres membres de la Fédération Unie.
D : *Les habitants de cette fédération avaient-ils un lien avec la Terre avant cela ?*
J : Cette fédération a influencé la planète avant le changement, oui. Dans l'ancien monde, on les appelait "démons", mais en réalité,

ils sont une force au sein de l'univers. Comme vous le savez, l'univers est éternel et illimité, mais il existe des entités négatives.

D : *Alors quand le changement s'est produit, voulaient-ils aider ou allaient-ils être perturbateurs ?*

J : Ils ont été empêchés de faire quoi que ce soit à l'époque, mais ils ont le contrôle sur des mondes qui évoluent encore vers la conscience spirituelle et humaine.

D : *J'étais curieuse à ce sujet parce que je pensais qu'il y avait peut-être des êtres qui n'étaient pas tous positifs à l'époque de ces grands bouleversements. Est-ce que tous ces voyages dans l'espace ont été faits avec les véhicules des extraterrestres ?*

J : En principe. Les extraterrestres nous aident sur Terre à construire nos propres moteurs de propulsion, et autres, afin que nous ayons nos propres véhicules. Ils sont vraiment utiles et merveilleux. Ils nous ont aidés à former le Gouvernement Mondial Unique parce qu'ils ont réinventé les lignes de communication entre les différentes îles.

D : *Savez-vous quel type d'énergie ces vaisseaux utilisent ?*

J : C'est électrique et magnétique.

D : *Est-ce que c'est le même principe de base que nos voitures et nos moteurs ?*

J : Il s'agit d'une énergie pure qui est collectée dans... (avec précaution, comme s'il s'agissait d'un mot étrange) les cellules photovoltaïques du soleil. Cette énergie est transmutée dans des véhicules comme ce vaisseau spatial dans lequel je me trouve en ce moment.

D : *Est-ce la seule source d'énergie utilisée ?*

J : Non, il y a d'autres sources d'énergie qui sont utilisées sur Terre, mais je ne peux pas les nommer. Elle est guérisseuse, ce n'est pas son domaine. Son mari s'y intéresse, mais je ne suis pas dans sa conscience. Il semble qu'il s'agisse d'énergie photo-électrique et d'autres choses de ce genre.

D : *Est-ce que c'est toujours efficace même après qu'ils aient quitté notre système solaire ? J'ai pensé que si l'énergie provenait de notre soleil, que le fait de quitter le ...*

John grimace et gémit, montrant manifestement des signes d'inconfort physique.

J : Je me sens mal à l'aise. Je dois quitter ce véhicule spatial. Il entre dans ce qu'ils appellent... une autre dimension et je ne peux pas aller dans cette zone.

En raison de l'inconfort physique et mental évident de John, je l'ai ramené à la pleine conscience.

A son réveil, il m'a dit que la femme avait conscience qu'il était là, dans le vaisseau. et qu'elle savait qu'il recevait des informations d'elle. Cela ne la dérangeait pas parce qu'à cette époque, ils étaient médiums et connaissaient leurs vies antérieures. Elle l'a simplement accepté comme l'un de ses autres moi.

C'ÉTAIT LE MONDE FUTUR dans lequel John envisageait de vivre. Il correspondait étonnamment au monde que Nostradamus voyait dans ses visions à travers le miroir noir, sa fenêtre sur l'avenir. J'ai été heureuse que les êtres humains avaient survécu aux catastrophes et reconstruit leur monde. Nous avions aussi pris contact avec les peuples de l'espace et nous avions les yeux rivés sur les étoiles. L'indomptable esprit humain avait triomphé et le monde n'a pas péri, même s'il a subi un grand changement. Ma principale préoccupation était de savoir si l'humanité allait ou non périr, ou si les humains restants allaient devoir retourner à une vie primitive pour survivre. Dans les deux cas, tous nos progrès seraient perdus. Il semble qu'avec l'aide des extraterrestres, non seulement nous conserverions notre technologie, mais nous allions avancer dans un monde dépassant complètement notre imagination actuelle.

Tel était l'avenir vu par John. Mais était-ce notre avenir, ou seulement un seul avenir possible parmi tous ceux qui pourraient se produire le long du réseau de lignes temporelles et du nexus, comme les appelait Nostradamus ? Il avait expliqué que le temps pouvait prendre de nombreuses directions différentes et qu'il pouvait en résulter des résultats différents en fonction des décisions prises en cours de route. Quel sera le résultat ? Nous ne le saurons pas avant d'avoir atteint notre avenir et c'est peut-être mieux ainsi.

C'EST LA DERNIÈRE SESSION que nous avons pu avoir avec John. Il a déménagé en Floride à l'été 1987 pour poursuivre sa vie dans une autre direction. Apparemment, son rôle dans cet étrange scénario était terminé. Il serait en mesure de travailler avec toute information astrologique que je pourrais recevoir ou de clarifier les choses, mais cela devrait se faire par correspondance.

Brenda n'a pu travailler que sporadiquement par la suite, et seulement pour de courtes périodes. Lorsque je travaille avec des personnes sur une longue période, leur vie normale a toujours la priorité. Soit ils font un burn-out psychique, soit ils se lassent de l'expérience. Ce n'est jamais leur intérêt principal de toute façon, juste une curiosité secondaire. Cela montre qu'ils n'ont aucun intérêt à perpétrer un canular, car cette expérience n'est pas une force de motivation dans leur vie. Et c'est tant mieux, car leur objectif principal devrait être de vivre une vie aussi normale que possible. Il commençait à sembler que j'étais la seule énergie stabilisatrice qui continuait à se déplacer dans tout cela. J'étais peut-être le véritable catalyseur que Nostradamus utilisait pour apporter ses interprétations à notre époque.

Les choses se sont ralenties après le départ de John et, pendant plusieurs mois, je n'ai pas pu recueillir de nouvelles informations sur les quatrains. J'ai consacré mon temps à l'organisation du matériel et à la préparation de ce livre. J'étais dans l'incertitude, mais j'avais suffisamment confiance en Nostradamus pour savoir qu'il trouverait un autre canal pour l'atteindre afin que nous puissions interpréter les significations des 500 quatrains restants qui n'avaient pas été couverts. L'impossible avait été réalisé tant de fois au cours de l'année écoulée que je savais que le projet se poursuivrait. Il l'avait prouvé en communiquant par trois moyens différents en moins d'un an. Puisque je ne pouvais qu'attendre de voir quel chemin il prendrait ensuite, j'ai préparé le matériel, confiant qu'il referait surface d'une autre manière. C'est ce qu'il m'avait promis, à savoir que je pourrais le joindre par l'intermédiaire de toute personne avec laquelle je travaillerais. J'aime terminer ce que je commence, même un travail de cette ampleur. Mais je savais que si j'essayais de le diriger, je ne rencontrerais que dépression et frustration. Une grande quantité de mes sujets étaient capables de transes profondes, mais pour une raison ou une autre, ils n'y parvenaient pas. mais pour une raison ou une autre, ils ne semblaient pas être ceux avec qui travailler sur ce projet Je suis maintenant retournée travailler sur la myriade d'autres projets dans lesquels je suis impliquée.

Ce deuxième livre est terminé. Donc, s'il avait l'intention de nous faire traduire le reste des quatrains, alors, si Dieu le veut, un autre canal se mettra en place et un troisième livre sera écrit.

Troisième section:

Le travail dans l'après-coup

Chapitre 28

L'établissement de la carte

AU PRINTEMPS 1989, le premier volume de cet ouvrage est sorti des presses. Je me suis alors consacrée à la préparation de ce deuxième volume. Les gens s'intéressaient à la carte que Nostradamus avait montrée à John et se demandaient ce que les États-Unis et le reste du monde allaient devenir après le basculement de la Terre. Il y avait des sp´eculations concernant quelles parties du monde resteraient hors de l'eau. John était le seul à avoir vu la carte, et il fit de son mieux pour décrire ce qu'on lui avait montré, comme je l'ai rapporté au chapitre 17. Je me demandais s'il serait possible de demander à un artiste de dessiner une carte en suivant la description de John, afin de pouvoir voir la forme réelle du monde de demain. L'éditeur a accepté que l'inclusion d'une telle carte dans ce livre satisferait la curiosité des gens.

J'en ai discuté avec une amie artiste, Beverly Wilkinson, qui voulait s'essayer à ce projet inhabituel. Elle est originaire de Louisiane et a étudié l'art aux États-Unis et en Italie. Elle a estimé que la seule façon de travailler un concept aussi terrifiant était de le traiter comme une histoire intéressante et non comme une vérité absolue. Nous avions l'intention de nous concentrer d'abord sur les États-Unis. Si elle parvenait à dessiner cette carte, elle essaierait ensuite de dessiner les autres continents. C'était une perspective intéressante, mais il y a eu des problèmes imprévus.

Lors de notre première rencontre, elle et moi avons passé plusieurs heures à étudier la transcription de la session de John, en la comparant à une carte topographique des États-Unis. Laborieusement, nous avons essayé de distinguer les États qui seraient hors de l'eau. John a indiqué que les régions montagneuses les plus élevées survivraient en raison de leur altitude. D'autres régions ne semblaient pas suivre des règles aussi simples. Il a insisté sur le fait qu'une grande partie des terres se trouverait à l'intérieur des États-Unis, composée de parties de l'Arkansas, du Missouri, de l'Oklahoma, du Nebraska, etc. Mais une partie de cette zone n'est pas très élevée. Nous ne comprenions pas pourquoi la montée des eaux des Grands Lacs, du Mississippi et de l'eau qui descend du Canada ne couvriraient pas aussi cette région. Il y avait des contradictions, et nous avons réalisé qu'il était impossible de dessiner la carte en se basant uniquement sur les élévations d'une certaine zone. L'artiste a également estimé qu'elle aurait besoin de plus d'informations avant de commencer à dessiner la carte.

Elle a dit qu'elle aurait aimé que j'eusse posé plus de questions à John, mais lorsque cette session a eu lieu en 1987, je n'ai pas utilisé de carte comme référence. J'ai simplement posé des questions basées sur mes maigres connaissances en géographie. Le recul est merveilleux, mais mon travail est spontané et l'inattendu y est monnaie courante. Comme John vivait désormais en Floride, il était impossible d'obtenir plus d'informations de sa part. et nous nous sentions mal à l'aise pour dessiner la carte sur la seule base des informations dont nous disposions. Beverly était impliquée dans plusieurs autres projets artistiques, elle aurait donc quelques mois pour réfléchir au problème avant de commencer à dessiner.

Puis, une semaine plus tard, une idée m'est venue. Je me suis demandée s'il était possible qu'un sujet entre en transe et de se faire montrer par Nostradamus la même carte que John. J'ai immédiatement pensé à Brenda comme la personne la plus logique pour tenter cette expérience. Elle avait été le lien le plus fiable avec le grand maître, et connaissait certainement son esprit mieux que quiconque. Mais c'était avant qu'elle ne fasse l'expérience de ce que j'appelle "l'épuisement psychique". Le projet avait été un fardeau et elle avait décidé de ne pas le poursuivre. Je n'avais pas travaillé avec elle depuis près de deux ans. J'avais toujours à l'esprit que notre travail reprendrait le moment venu, mais je ne voulais surtout pas la pousser à faire quelque chose qu'elle ne voulait pas faire.

Lorsque je l'ai appelée et que je lui ai expliqué la situation impliquant le dessin des cartes, elle s'est montrée intéressée et a accepté de participer à une séance. Ce ne serait certainement pas aussi fastidieux et exigeant que l'interprétation des quatrains.

Je ne savais pas comment procéder, mais j'ai obtenu des copies de cartes vierges pour qu'elle puisse dessiner, et j'ai pris un atlas afin d'être prête si je devais poser des questions sur la géographie. Je ne voulais pas être à nouveau prise au dépourvu.

Nous avons fixé un rendez-vous pour la séance et, lorsque je suis arrivée, nous avons discuté de la manière de procéder. Lors d'autres séances, j'ai demandé au sujet d'ouvrir les yeux alors qu'il était encore en transe et de dessiner ou d'écrire pour moi. J'ai obtenu quelques résultats intéressants en faisant cela et bien que je conduise normalement mes séances avec le sujet allongé, nous avons discuté de la façon de faire asseoir Brenda car il est difficile de dessiner ou d'écrire en position allongée. Nous avons placé les cartes sur une planchette à pince et nous avons disposé le matériel d'écriture sur une table voisine. Ainsi, elle pourrait être en mesure de dessiner grossièrement ce qu'elle voyait, au lieu que je me réfère aux pays et aux États dans l'atlas. Si cela ne fonctionne pas, elle pourrait toujours recommencer à nommer les régions comme John l'avait fait.

En s'installant, Brenda a fait remarquer en plaisantant : "N'oubliez pas que je suis étudiante en musique, pas une artiste. Je ne promets rien."

Même si cela faisait presque deux ans que le mot clé familier n'avait pas été utilisé, c'était comme si le temps ne s'était pas écoulé. Lorsque j'ai prononcé, elle a immédiatement glissé dans un état de transe confortable et profonde, et nous étions à nouveau prêtes à reprendre notre travail.

Elle trouva Nostradamus qui attendait comme s'il n'y avait pas eu d'interruption dans nos rencontres. Normalement, Brenda avait conversé avec lui dans la dimension brumeuse qu'il appelait "le lieu de rencontre spécial". Cette fois, ce fut différent. Elle l'a trouvé dans la bibliothèque sur le plan spirituel. Je ne comprends pas pourquoi cela m'a surprise. Si j'avais pu localiser cet endroit si spécial, un homme de la trempe et de l'intelligence de Nostradamus n'aurait pas eu de mal à faire de même. Cela devait être certainement une excellente source de connaissances pour son travail. Même si nous semblions nous trouver dans une autre partie de la bibliothèque, je supposais qu'il s'agissait du même endroit que John avait visité. Cette partie ressemblait à une bibliothèque victorienne. Les planchers et les étagères en bois brillaient d'un éclat fort et les livres étaient reliés avec du beau cuir. Brenda expliqua que ces livres contenaient toutes les informations de l'univers entier. Elle a également expliqué un aspect curieux de cette bibliothèque. Si vous vouliez être seul, vous pouviez avoir tout l'endroit pour vous, mais si vous vouliez de la compagnie, il y avait d'autres personnes.

Nostradamus semblait plus détendu lors de cette visite. Il était installé dans un grand fauteuil confortable, les pieds croisés aux chevilles. Il nous a dit que c'était l'un de ses endroits préférés et qu'en l'explorant, il avait découvert à quoi ressembleraient les bibliothèques du futur. Au lieu de livres sur des étagères, il avait vu des terminaux d'ordinateurs et des imprimantes.

Brenda a dit : "Il trouve cela merveilleux. Il dit qu'enfin vous avez échappé à la poussière, aux souris et à l'humidité du temps." Ce sont les ennemis de sa bibliothèque sur terre.

Il a dit qu'il avait choisi ce cadre parce qu'il avait anticipé nos questions. Il a désigné un grand globe terrestre posé sur une table voisine et a indiqué qu'il pourrait l'utiliser pour transmettre les informations à l'esprit de Brenda. Selon lui, Brenda ne devrait pas avoir de mal à dessiner les zones de nos cartes vierges au fur et à mesure qu'il les lui indiquerait sur le globe. Il m'a demandé de me taire, car il lui ferait un commentaire verbal et ils seraient tous les deux concentrés. Il m'a dit qu'il s'arrêterait de temps en temps et me donnerait l'occasion de poser des questions.

B : Il dit qu'il est difficile de distinguer les effets spécifiques d'un changement d'axe parce qu'il y aura beaucoup de changements dans le monde. Il ne s'est pas arrêté sur les détails parce qu'il était occupé à mettre en garde contre les grandes choses bien plus importantes qu'il a rapportées dans ses quatrains. Il y aura des changements dans le monde entier, et il est prêt à vous montrer les changements dans les parties du globe qu'il sait être des terra incognita. (latin : terre cachée ou inconnue). Il s'agit des régions qui étaient inconnues des explorateurs de son époque, mais que nous connaissons. Par exemple, ils ne connaissent pas très bien l'Asie, et ils ignorent tout de l'Australie et de l'Antarctique. Il suggère de commencer par le continent africain. Il dit que je peux ouvrir les yeux pour faire un croquis et que si je ne peux pas le faire, Il dit que je peux ouvrir les yeux pour faire un croquis et que si j'ai besoin de fermer les yeux pour le voir plus clairement, ce n'est pas grave non plus.

Elle a ensuite ouvert les yeux et a fixé la carte d'un regard vitreux. Lorsque je demande à quelqu'un d'ouvrir les yeux alors qu'il est en transe, il semble avoir le regard vide de quelqu'un qui est à moitié endormi ou drogué. Pendant ce type de procédure, ils sont inconscients de tout ce qui se trouve dans la pièce, sauf de ce sur quoi ils se concentrent. Elle a pris un crayon et une grande gomme sur la table et a commencé à dessiner. Il m'a demandé de ne pas parler, alors je l'ai regardée tranquillement, sans rien faire qui puisse interrompre sa concentration. Elle alternait entre l'esquisse et la fermeture occasionnelle des yeux. Elle semblait regarder quelque chose et écouter sa voix. Le dessin avançait rapidement, le crayon se déplaçant avec assurance sur le papier, apparemment guidé par une main invisible. J'ai poussé un soupir de soulagement. Il semblait que nous y parviendrions après tout. Lorsque le dessin de la carte de l'Afrique fut terminé, il commença à le commenter.

B : Il dit que lorsque l'axe se déplacera, de nombreux tremblements de terre se produiront et des volcans entreront en éruption. Ainsi, non seulement l'eau montera et une partie de la terre s'enfoncera, mais une partie de la terre s'élèvera également. Une bonne partie de l'Afrique sera sous l'eau. Il ajoute qu'à certains endroits où il y avait de la terre, il pourrait y avoir quelques îles éparses, mais il se contente d'indiquer de vastes étendues de terre. Ce que vous ne comprenez pas, c'est que la surface de la Terre ne restera pas stable. Il y aura un tel stress que sa surface s'effritera par endroits comme un morceau d'argile dur. Certains morceaux seront poussés contre d'autres. Il en résultera que certaines zones seront poussées plus haut tandis que d'autres disparaîtront sous les eaux.

Nostradamus désigna alors la région autour de la grande île de Madagascar et ne savait pas comment l'appeler. La signification de cette confusion n'est apparue que lorsque j'ai fait mes recherches.

B : Il indique Madagascar, mais il l'appelle Zanzibar. La zone sera surélevée par rapport au fond de l'océan en raison du déplacement des terres avoisinantes.

Lorsque j'ai consulté l'encyclopédie plus tard, je me suis demandée pourquoi il avait ignoré Madagascar et s'était concentré sur Zanzibar, qui est une île bien plus petite. plus proche de la côte africaine. J'ai découvert qu'il y avait eu des échanges commerciaux avec Zanzibar avant même l'ère chrétienne, mais que Madagascar était inconnue. L'île a été découverte en 1500, mais elle est restée es oubliettes, parce que des Arabes féroces contrôlaient les ports. Nostradamus s'appuyait sur des connaissances qui étaient courantes à son époque. Ces informations n'auraient pas pu venir de nous, car nous nous sommes concentrés sur la masse terrestre plus importante de Madagascar, et n'avions aucune idée de l'emplacement de Zanzibar. Cette remarque intéressante m'a confirmé que nous étions vraiment en contact avec lui.

B : Il dit que cette autre partie (la partie gauche du continent) sera composée de nombreuses îles dispersées. La partie intermédiaire sera comme une baie abritée, à cause de la courbure de la terre et des îles. Il ne restera plus rien dans la partie supérieure (la partie qui est surtout désertique, maintenant). Il serait semblable à la plate-forme terrestre au large de l'actuelle Amérique du Nord, qui se trouve juste sous l'eau et finit par s'enfoncer dans un océan plus profond. Selon lui, la mer du milieu de la Terre - ce que nous appelons la "Méditerranée" - sera beaucoup plus grande qu'elle ne l'est aujourd'hui. Il a voulu nous montrer d'abord l'Afrique et l'Europe pour le montrer.

Il s'agit là d'une autre remarque inhabituelle qui s'est avérée significative. Toute ma vie, je n'ai considéré le mot "Méditerranée" que comme le nom d'un lieu difficile à épeler. Je n'ai jamais pensé à sa signification. Après sa remarque, il était clair qu'il s'agissait d'un mot dérivé du latin. Il avait raison, en latin, cela signifie : medius et terra, ou milieu de la terre. Il utilisait le nom qui lui était familier. Le grand homme n'a jamais cessé de me surprendre et de m'instruire.

Elle a ensuite porté son attention sur la carte de l'Europe. Je craignais qu'il s'y perde, car notre carte ne fait pas de distinction entre la terre et l'eau. Brenda a fait remarquer sèchement : "Il dit qu'il est instruit. Il connaît les cartes". J'ai fait remarquer que ces cartes étaient faites à l'aide d'une machine et elle a rétorqué: "Il dit qu'il y a des machines pour tout". Il a refusé d'être surpris plus longtemps." J'ai ri et je me suis tu pendant qu'elle étudiait la carte.

When she had finished, I asked, "Is that all that's going to be left of England?"

B : Il dit que oui, seules les montagnes entre l'Angleterre et l'Écosse resteront. Et ces montagnes en Écosse ne seront plus que des îles. Il y aura peut-être quelques petites îles là où se trouve actuellement l'Irlande, mais elles seront très petites, (Elle montre l'Islande.) Il dit que l'Islande deviendra plus grande à cause de toutes les éruptions volcaniques. Une partie de la terre sera poussée vers le haut, mais avec le déplacement de la terre, les volcans d'Islande entreront en éruption de façon assez importante et construiront progressivement plus de terres.

Il a ensuite évoqué les îles situées au large des côtes portugaises. Il a indiqué que la terre serait poussée vers le haut pour former d'autres îles dans cette région. Les régions montagneuses de l'Europe, en particulier les Alpes, formeront de nouvelles îles, tandis que la majeure partie de la France et tous les pays de basse altitude se retrouveront sous l'eau. Il a vu un événement étrange se produire à proximité de la mer du Nord et des pays du Nord. En raison du déplacement de l'océan, il y aurait une activité volcanique dans les montagnes qui étaient sous l'eau, et la région s'élèverait, forçant l'eau de la mer du Nord à s'écouler. Le nouveau littoral s'étendrait sur l'épine dorsale des montagnes. Dans la région de l'Italie, le fond de l'océan ne s'élèverait pas, mais l'activité volcanique créerait une partie de la ligne du nouveau littoral. Des îles éparses seraient tout ce qui resterait du pays de la Grèce.

Il s'est ensuite tourné vers l'Asie et a poursuivi son commentaire.

B : Il dit que des villes comme Saint-Pétersbourg [Leningrad] seront sous l'eau. Une grande partie de la partie nord de la Russie, connue sous le nom de Sibérie, sera comme une très grande mer peu profonde. Le contour de la Russie sera remodelé en raison de la compression des terres. Ce phénomène est dû à l'élévation et à l'enfoncement de morceaux de terre. L'Inde sera sous l'eau jusqu'aux contreforts de l'Himalaya. Ce sera la nouvelle ligne de rivage qui se poursuivra jusqu'aux montagnes du Népal et du Tibet, et les angles à travers la partie nord-est de la Russie. La majeure partie de la Chine sera constituée d'îles créées à partir des sommets des montagnes actuelles. Peut-être que lorsque la partie centrale de la Russie s'élèvera, ce sera ce qui entraînera la descente de la Chine. Les plaines seront totalement submergées, mais l'eau sera suffisamment peu profonde pour que les Chinois puissent, s'ils le souhaitent, construire des digues, pomper l'eau, l'évacuer et récupérer les terres comme ils le font en Hollande. Il dit qu'il sait que les habitants des basses terres en Hollande et en Belgique ont fait croître leur pays. en construisant des digues et en pompant l'eau. Les Chinois peuvent rendre la terre à nouveau habitable, s'ils veulent faire le travail. Il affirme que les îles japonaises seront plus petites et auront une forme différente, mais qu'elles seront toujours là. Avec le temps, elles deviendront plus grandes. En raison de ce déplacement, les volcans japonais resteront actifs assez longtemps, et de nouvelles terres se formeront ainsi. Le Japon sera plus éloigné des terres émergées, parce qu'une grande partie de la Chine, de la Corée et de ces régions ont été submergées. Les Philippines connaîtront un sort plus rude. Elles seront complètement submergées. De nouvelles terres pourraient être créées à partir de volcans sous-marins, mais cela prendrait beaucoup de temps.

Il est étrange de constater avec quelle nonchalance et quelle absence d'émotion Brenda a annoncé la disparition de ces pays. Apparemment, la partie d'elle qui a regardé cette scène a agi comme un reporter objectif. Je suppose qu'il serait extrêmement difficile de discuter d'un événement aux proportions aussi traumatisantes si les émotions étaient impliquées.

La description de l'Australie par Nostradamus est intéressante parce qu'il la considère comme l'un des continents chanceux. Il n'y aurait pas beaucoup de changements.

B : Il dit que l'Australie était un continent inconnu de son vivant. Mais lorsqu'il est en contact avec les états d'esprit supérieurs, il est capable de transcender le manque de connaissance de son époque. Il dit qu'après le changement, les directions cardinales seront différentes par rapport à la terre, parce que les pôles seront situés différemment. Le fond de l'océan entre l'Australie et la Nouvelle-Zélande se déplacera quelque peu. et les marins devront réapprendre les courants. L'Australie subira des dommages, mais elle ressemblera à peu près à ce qu'elle est aujourd'hui. Comme tout ce qui se trouve sur Terre sera positionné différemment, elle aura aussi un nouvel emplacement.

D : Échappera-t-elle à la destruction ?
B : Je n'ai pas dit cela ! Elle sera détruite et endommagée par les grandes tempêtes qui balayeront la Terre à ce moment-là. Où certaines masses terrestres seront envoyées sous l'eau ou des terres sous l'eau seront soulevées pendant le changement, la forme du continent australien restera semblable à ce qu'elle est aujourd'hui.
D : Puisqu'il ne se désagrège pas, y aura-t-il des endroits sûrs pour les gens ?
B : Il dit de s'éloigner des côtes et du désert. Étant donné que la plupart des grandes villes se trouvent sur la côte, elles subiront beaucoup de dégâts à cause des raz-de-marée. La partie centrale du pays, qui est entièrement désertique, connaîtra de violentes tempêtes et des inondations soudaines. Des changements climatiques se produiront dans le monde entier. Le temps ne restera pas le même partout.

Elle a ensuite évoqué le continent nord-américain Comme John l'avait vu, une grande partie de ce continent a disparu sous des mers déchaînées, pour ne plus jamais renaître à notre époque. Nostradamus a également indiqué qu'il y aurait plusieurs zones où l'eau peu profonde pourrait être pompée pour créer des terres utilisables. Il a vu le détroit de Béring redevenir un pont terrestre. Il a ajouté que la zone située entre la voie maritime du Saint-Laurent, les Grands Lacs et la baie d'Hudson serait très rapidement emportée par la fonte des calottes glaciaires. Ce n'est que quelques siècles plus tard que d'autres îles ne soient créées par les nouvelles fontes polaires et ainsi récupérant leur glace et abaissant le niveau de la mer. Il a ajouté que la carte du monde apparaîtrait différemment dans un avenir plus lointain, car il ne voyait pas les calottes polaires se reformer avant plusieurs centaines d'années. Il s'agirait d'un phénomène très progressif. Mais qu'est-ce que quelques centaines d'années dans l'histoire de notre planète ?
J'ai ensuite posé des questions sur la formation de nouvelles terres autour des États-Unis et il m'a répondu qu'il ne savait pas que je voulais qu'il indique également les changements océaniques.

B : Certaines zones de terre qui ne sont pas très éloignées de la surface de l'eau seront poussées vers le haut. Il voit une masse terrestre qui s'élèvera et incorporera une bonne partie de ce que l'on appelle aujourd'hui les îles des Caraïbes. Il n'est pas certain de la forme finale de cette terre, mais il s'agira d'une île de bonne taille. Il s'excuse d'avoir rendu ces contours lisses car il n'est pas cartographe. Il dit qu'un cartographe mettrait en évidence tous les coins et recoins de l'île.

He began speaking again after Brenda finished drawing on the map of South America.

B : Il dit que la chaîne de montagnes le long du côté ouest de l'Amérique du Sud s'élèvera quelque peu pour former un continent légèrement plus petit, entouré de nombreuses îles autour de lui : certaines d'entre elles seront de taille assez importante. Il dit que les jungles du Brésil et des Guyanes, ainsi que la majeure partie du bassin de l'Amazone seront sous l'eau. La chaîne méridionale d'îles près de la Terre de Feu se soulèvera et fera partie de la terre. De là, de nouvelles îles rejoindront l'Antarctique.

J'ai posé à nouveau la question de la montée de nouvelles terres dans les océans. Il a indiqué qu'il y aurait une chaîne d'îles émergeant des îles hawaïennes vers le nord.

B : Il s'agira de plusieurs îles si proches les unes des autres que l'on pourrait nager d'une île à l'autre. Elles formeront une barrière naturelle aux courants océaniques, de sorte que cette partie de l'océan (la partie droite) aura sa propre configuration. Selon lui, les principales zones de terres émergées se situeront dans le sud du Pacifique et de l'Atlantique, dans la région de l'Antarctique. Si vous cherchez l'Atlantide, la seule chose qui s'en rapproche est la masse terrestre des Caraïbes. Il n'y aura pas de grands continents ou de segments qui s'élèveront pendant des millions d'années. Avec le temps, des calottes glaciaires commenceront à se former à de nouveaux endroits et le niveau de l'eau baissera. Il dit que les cartes que nous avons dessinées montrent le monde avec la glace fondue. Lorsque les pôles se déplaceront pour la première fois, la Terre oscillera jusqu'à ce que les choses se stabilisent. Il est donc difficile de déterminer l'emplacement exact des pôles.

Maintenant que nous savions approximativement comment le changement affecterait les masses terrestres, j'ai demandé comment cela affecterait les gens.

B : Il me montre des scènes d'une horreur inimaginable. L'eau forme d'énormes vagues d'une hauteur incroyable qui s'élèvent et traversent la terre. En un clin d'œil, elles anéantissent des bâtiments et des personnes. Dans une autre scène je vois des hordes de gens qui fuient de gigantesques incendies qui balayent une ville. En plus des catastrophes naturelles, il y aura des catastrophes météorologiques ; des tempêtes telles qu'il n'y en a jamais eu dans l'histoire de l'humanité. La vie sera très dure pour ceux qui survivront. Le manque de propreté favorisera les maladies et les intoxications alimentaires. Lorsque le changement se produira, la plupart des gouvernements actuels tomberont. Il y aura beaucoup de vigilantisme et de lois militaires pendant de nombreuses années, le temps que la population commence à se remettre de la catastrophe. Les pays actuels tels qu'ils sont n'existeront plus. Il dit que tout sera divisé en de nombreux petits duchés et royaumes, comme il les appelle. Chaque groupe de personnes qui se regroupent pour une coopération mutuelle prendra la place des gouvernements actuels. So many people will be killed from the changes and diseases that there won't be many people left. He says the people who remain will band together in small groups to help deal with these changes. He says to alleviate some of the effects of this disaster people should continue with new technology and space programs before this shift occurs. Of the various alternatives he can see, the one where there is the least long-term harm done is where people develop space stations which orbit the Earth before the shift. Because a primary problem would be finding electricity to power things, solarpowered stations would be able to beam down electricity which would speed up the rebuilding process. He says if all of the technology is limited to the Earth's surface, it's going to be almost completely wiped out. Mais si le gouvernement prévoit de permettre à l'homme d'aller dans l'espace, tout ne sera pas perdu. Il est possible que les "Autres" nous aident pendant le changement, mais cela dépend de la façon dont nous gérons la situation. Si nous essayons de travailler ensemble de la manière la plus positive possible, ils viendront nous aider. Si nous réagissons négativement, en faisant exploser des bombes nucléaires, and such because we think it is the end of the world, then they will stay away.

D : Many people want to know where they will be safe, if there will be any such place on Earth.

B : Il dit que l'expression appropriée en anglais est "Head for the hills !"(Jetez-vous vers les collines!). Il dit que si vous vivez dans une région montagneuse, vous devrez survivre aux tremblements de terre qui s'y produiront. Les habitants des plaines seront plus à l'abri des tremblements de terre, mais lorsque les calottes glaciaires commenceront à fondre, les habitants des collines seront plus en sécurité. Mais il s'agira d'un processus de longue haleine. Avec le temps, les gens deviendront sensibles aux avertissements intérieurs et ne seront plus pris au dépourvu. Ils seront mieux préparés car ils apprendront à se fier à leurs capacités psychiques et à écouter leurs messages intérieurs. Il conseille d'observer l'ordre des événements. Les tremblements de terre viennent toujours en premier, les tremblements de terre et les volcans en éruption vont de pair, et ils se produiront de façon intermittente tout au long du processus. Il y aura probablement autant de destructions en Europe et en Asie sous forme de séismes ou par des 'tremblements de terre qu'aux États-Unis. Cependant, ces pays ne seront pas inondés par autant d'eau que les États-Unis. Leurs masses terrestres seront plus proches les unes des autres et plus faciles à reconstruire.

Au cours des semaines qui ont suivi cette session, j'ai étudié les cartes brutes que Brenda avait esquissées. Nous avions reçu beaucoup d'informations, et aucune d'entre elles ne semblait contredire ce que John avait vu. Cela ajoutait quelques détails et une perspective différente. Mais les cartes n'étaient pas aussi complètes que je l'espérais. Brenda avait raison, elle n'était pas une artiste, et la zone que Nostradamus avait aidé à remplir paraissait très rudimentaire. Cela donnerait peut-être à l'artiste Beverly plus de matière à travailler, afin qu'elle puisse produire une carte plus professionnelle et plus détaillée.

C'est alors qu'une idée m'est venue à l'esprit. Je me suis demandé s'il serait possible pour Beverly d'entrer en transe et de voir si

Nostradamus pouvait lui montrer les mêmes choses que John et Brenda avaient vues. Si elle les voyait elle-même, nous pourrions peut-être clarifier les problèmes. Je pourrais lui suggérerqu'elle se souviendrait de ce qu'elle a vu pour pouvoir le reproduire à son réveil. Même si ce n'était pas la méthode normale pour un artiste, c'était peut-être la solution. Avec les informations reçues des trois sources, nous pourrions sûrement produire une carte précise.

Beverly a reconnu qu'il s'agissait d'une expérience intéressante et qu'elle voulait bien l'essayer. Il n'y avait aucune garantie que cela fonctionnerait. Une fois de plus, j'allais tâtonner dans l'obscurité pour trouver un moyen d'accomplir quelque chose qui n'avait jamais été fait auparavant. Tout d'abord, nous devrions voir si elle était capable d'atteindre le niveau de transe suffisant pour obtenir ce type d'information, et ensuite, nous devions trouver un moyen pour qu'elle contacte Nostradamus avant de pouvoir continuer. Il s'agissait là de probabilités. Beverly avait le mérite de ne pas avoir été effrayée par ce défi. Elle était prête à essayer l'inhabituel si cela permettait de répondre à ses questions et de produire une carte précise.Nous n'avions certainement rien à perdre et beaucoup à gagner si nous réussissions. Si moi et mes sujets avions eu peur de tenter des expériences étranges, nous serions restés dans nos vies normales et banales, et aucun de ces livres n'aurait été écrit. Nous devions être prêts à faire ce premier pas qui mène au monde de l'inconnu, et d'examiner attentivement ce que nous y trouverions.

Il n'y a pas de règles ou de règlements écrits, pas de plans ou de lignes directrices qu'un hypnotiseur puisse suivre dans des expériences de ce type. Au cours de mes 13 années de travail dans le domaine de l'étrange, j'ai dû innover et inventer mes propres directives. Si une méthode est réalisable et reproductible, je l'utilise. Je ne me préoccupe pas de la mécanique. Ainsi, au fil des ans, mes techniques peu orthodoxes se sont développées et ont fait leurs preuves à maintes reprises.

Nous avons pris rendez-vous pour la séance. Le jour de notre rencontre, nous n'étions pas certaines qu'il en ressortirait quoi que ce soit. Je suppose qu'il n'est pas surprenant que Beverly se soit révélée être un excellent sujet, capable d'entrer en transe profonde. Ce n'est pas non plus une surprise, car je semble être attirée par ce type de personnes, ou elles par moi. Peut-être que les artistes sensibles comme Beverly, sont naturellement capables d'entrer dans ces états plus facilement. L'envie de créer semble provenir de la même zone du cerveau avec laquelle je travaille. Mais entrer dans le niveau profond de l'hypnose n'était que la première étape.

La procédure qui avait si bien fonctionné avec Brenda et John consistait à d'abord les amener à l'état d'esprit où ils n'étaient pas encombrés par les exigences d'un corps physique. Ensuite, chacun avait utilisé ses propres méthodes pour localiser Nostradamus. J'ai donc commencé par demander à Beverly de se rendre à un moment et à un endroit où elle ne serait pas physiquement impliquée dans une vie. La première surprise est venue avant même que je n'aie fini de lui donner les instructions.

Avant que je n'aie eu le temps de la compter à rebours, elle m'a interrompue. "Il n'y a pas de temps. On ne peut pas revenir à une époque où il n'y a pas de temps." Je lui ai demandé d'expliquer ce qu'elle voulait dire. Quand vous dites "revenir à une époque quand il n'y a pas d'implication physique", c'est une impossibilité parce que quand il n'y a pas d'implication physique, il n'y a pas de temps. Il n'y a que l'être."

Le subconscient est très littéral et l'esprit de Beverly n'accepterait pas les instructions. J'ai découvert que la formulation d'une question ou d'une suggestion est très importante et a un rapport direct avec le type de réponse ou de résultat que je recevrai. Le problème était donc de savoir comment formuler correctement la suggestion. Son propre subconscient m'avait donné l'indice. Je lui ai demandé de se mettre dans un état d'"être" lorsqu'elle n'était pas impliquée dans un corps physique. Cette formulation était acceptable pour le subconscient de Beverly, et lorsque j'ai fini de compter, elle a émergé dans un endroit qui donnait l'impression d'une profonde absence d'espace.

Elle a tenté de le décrire. "La sensation est d'être dans du très grand. Il y a probablement d'autres royaumes, mais j'ai l'impression qu'ils sont très éloignés les uns des autres. Je sais qu'il y a d'autres niveaux qui ne sont encore que moi. J'ai l'impression que ce que je ressens est la grandeur de ce que je suis vraiment. J'ai peut-être besoin de dépasser cela ou de passer à quelque chose d'autre. Vous pourriez vous laisser entraîner dans cette histoire", dit-elle en riant. Elle appréciait vraiment cette sensation. "Je peux vraiment voir à quel point nous sommes confinés dans le corps physique. Cet enfermement fait mal si on n'en sort pas parce que le corps physique est si dégoûtant. Je ne veux pas dire mauvais, je veux dire qu'il est si épais. Pourtant, il est facile de sortir de ce corps et la partie qui en sort est si légère. Elle passe à travers ce qui est épais et lourd. Si c'était l'inverse, et que l'épais et le lourd essayaient de sortir du léger, il ne le pourrait pas. Mais si le léger ou le néant essaie de sortir du lourd, c'est facile, parce que le néant traverse tout".

Il était évident qu'elle avait voyagé jusqu'à un état où elle était détachée de sa vie physique actuelle. Il est courant que l'esprit devienne dissocié et objectif, mais il a également accès à des connaissances qui ne lui sont pas disponibles à l'esprit physique ou conscient.

Je me suis demandée s'il y avait quelqu'un dans les environs (peut-être un guide) à qui elle pourrait demander des instructions ou des indications sur la manière de procéder à l'expérience. Elle s'est esclaffée de joie : "Nous allons jouer ! Je ne pense pas avoir besoin de l'aide de quelqu'un. Je peux probablement rebondir là où vous le souhaitez. C'est presque l'extase !" Elle semblait très confiante et heureuse., j'ai donc décidé de me jeter à l'eau, et de lui demander s'il lui était possible de jeter un coup d'œil sur la vie de quelqu'un pendant qu'il vit sur Terre. Elle m'a répondu : "Je pense qu'il suffit d'y entrer. Je peux voir ce que je suis en train de faire dans l'univers. Je ne sais pas si je peux établir une connexion ou non, mais je peux essayer." Puisqu'elle était prête à coopérer, je lui ai demandé de se concentrer sur Nostradamus et d'essayer de le localiser. alors qu'il vivait en France dans les années 1500.

Elle se retrouva immédiatement dans une pièce au sol de pierre. La luminosité du soleil entrait par une petite fenêtre. Elle effaçait presque la silhouette d'un barbu assis à une table. Elle le décrit ainsi : "Il a beaucoup de vêtements pour se tenir le plus chaud. Il porte un pantalon, une chemise et quelque chose comme une cape. Je ne sais pas pourquoi il porte autant de vêtements. Ce doit être le printemps. Les murs sont humides et froids parce qu'ils sont en pierre, mais le soleil entre à flots."

Elle n'était pas sûre qu'il s'agisse de l'homme que nous recherchions, mais elle a commencé à décrire les sentiments qu'elle éprouvait à son égard. "Il écrit beaucoup de papiers à cette table à dessin. Je pense qu'il est vieux, sage et seul. Cette pièce n'est pas une prison, mais c'est l'impression qu'elle donne. Elle est fermée, même si je pense qu'il a la liberté d'entrer et de sortir. Mais à l'intérieur, c'est assez confiné, comme si on y passait beaucoup de temps. Peut-être comme une prison que l'on se serait créée soi-même. Je pense que c'est aussi à cause du dévouement, pas parce qu'il est forcé d'y rester tout le temps. Je pense qu'il est seul et incompris. J'aimerais qu'il y ait même un chien ou quelque chose comme ça. Il est un peu penché sur la table, comme s'il était fatigué."

Elle découvrit alors qu'elle était invisible et qu'il ne pouvait pas la voir. Nous avions de nouveau réussi à localiser le grand homme, mais un autre problème se présentait. Je savais que nous devions attirer son attention pour qu'il puisse lui montrer la même carte que celle qu'il avait montrée à John. Cela devint un problème, car il semblait totalement inconscient de sa présence. "Ce qui est moi circule dans la pièce pas vite, mais comme le vent. Je fais le tour de la pièce et je l'observe, et il n'en est pas conscient de ma présence."

Elle réfléchit à différentes façons d'attirer son attention : faire tomber quelque chose dans la pièce, que le parfum des fleurs arrive par la brise et de le faire tourbillonner.dans la pièce, qu'un papillon entre par la fenêtre ouverte, mais rien ne semblait avoir d'effet. Il ne bougeait pas. Il semblait être figé dans le temps, alors qu'elle n'était qu'énergie pure tourbillonnant dans la pièce. C'était peut-être bien ce qui s'était passé, elle était entrée dans une autre dimension à un moment où le temps s'était arrêté ou n'existait pas. Elle a également senti que Nostradamus ne savait pas qu'il était figé dans le temps. donc probablement tout se poursuivait normalement pour lui. Peut-être que nos deux dimensions ne se rejoignaient pas et qu'elles étaient encore séparées par un mur invisible et impénétrable. Aussi incroyable que cela puisse paraître, c'était la seule explication possible. Si c'était vrai, alors le contact serait très difficile, voire impossible. Mais je devais continuer à essayer, car la carte était importante pour notre projet. Comment pourrions-nous pénétrer dans cet espace où Nostradamus vivait et fonctionnait ?

Après plusieurs tentatives, il était évident que cela ne fonctionnerait pas. Nous n'étions tout simplement pas en mesure de lui signaler notre présence. Mais cela s'est avéré être un point important. Je ne contrôlais pas la situation, sinon j'aurais pu faire en sorte que la connexion se fasse. Beverly ne contrôlait pas non plus la situation parce qu'elle cherchait désespérément un moyen de lui faire prendre conscience de sa présence, sans succès. Cela a réaffirmé la théorie que j'avais fini par accepter. Tout ceci était entre les mains d'autres entités et de forces indépendantes de notre volonté,

La réponse est venue sous la forme d'une inspiration soudaine, comme la proverbiale ampoule s'illuminant dans ma tête. Peut-être n'avions-nous pas besoin de lui ! Nostradamus était absolument indispensable à l'interprétation des quatrains, mais peut-être n'avions-nous pas besoin de lui pour nous donner des informations supplémentaires sur la carte. Il est vrai qu'il a dû la voir dans son miroir pour la montrer à John, mais nous pouvions peut-être l'obtenir de la même source que lui. Cela valait la peine d'essayer. Si Beverly était capable, dans son état d'esprit, de le localiser dans le passé, peut-être qu'elle pourrait se déplacer dans un état futur et regarder le monde elle-même. Peut-être n'avions pas besoin de Nostradamus comme médiateur pour cette phase du projet. C'est peut-être la raison pour laquelle nous n'avons pas réussi à lui parler. Peut-être que voir le monde futur serait plus précis que de regarder une carte.

J'ai décidé de poursuivre dans cette voie. "Puisqu'il est si difficile de le contacter, voyons si tu peux le faire sans son aide. Tu as peut-être plus de posibilités que tu ne le penses car tu es libre et tu peux voir tout ce que tu veux. Je m'intéresse au monde du 20e siècle, au monde du futur."

Elle a répondu : "J'ai du mal avec ça. Le mot "futur" n'est pas très bien".

Je savais qu'il serait difficile d'expliquer un concept tel que le temps à un esprit qui ne s'intéressait pas au monde physique, parce que j'avais déjà fait cette expérience plusieurs fois.

D : Je sais que le concept de temps est difficile à comprendre. Mais lorsqu'on se trouve dans un corps physique, nous vivons dans ce monde physique, sur la planète Terre, qui est une masse physique et solide, on se préoccupe beaucoup de ce qui va arriver à notre planète parce que c'est notre maison. Il a été question qu'à l'avenir, notre Terre pourrait bouger et se déplacer, ce qui entraînerait un changement de formes pour les masses terrestres. Peux-tu voir quelque chose de cela pour moi ?

B : Eh bien, elle va se modifier. Elle le fait périodiquement.

D : Quand ce changement se produira, peux-tu voir à quoi ressemblera le monde par la suite ?

La transition s'est faite en douceur et de manière naturelle. Comme si l'on avait appuyé sur un bouton, la chambre de

Nostradamus s'estompa. et elle fut en mesure de voir le monde futur. Elle a immédiatement commencé à décrire ce qu'elle voyait, et a commencé à donner, non seulement une description, mais les mécanismes de la façon dont l'ensemble du basculement de la Terre se déroulera. Elle est devenue très animée et a utilisé beaucoup de mouvements de mains.

B : Rien ne sera plus vraiment pareil. Je vois un niveau de la Terre avec la Terre en dessous, et quand la Terre se déplace, seul le niveau supérieur se déplacera vers le nord et le niveau inférieur lui,ne se déplacera pas. Cela provoque des fissures qui s'ouvrent. (Elle poursuit en donnant une analogie.) Essayez de voir les États-Unis sur une table faite de terre durcie de 30cm d'épaisseur. en dessous, d'autres saletés qui ont été assemblées à un moment donné. Lorsque les pôles se déplaceront, cette couche supérieure se déplacera vers le nord, et elle n'emportera pas la partie inférieure avec elle. Elle s'en séparera. N'oublie pas qu'il s'agit d'une analogie, je ne sais pas à quelle profondeur tout cela se trouve. Seule la partie supérieure se déplace et se sépare de la partie inférieure. Elle se fissurera et se craquellera comme une terre desséchée. En se déplaçant vers le nord, elle perturbera les eaux, ce qui entraînera d'autres fissures, craquelures et inondations. Les eaux viendront du nord et les mers du-dessus du Canada et de l'Alaska inonderont la partie supérieure du continent nord-américain, puis une encore plus grande partie. En dessous, les Grands Lacs seront inondés vers le bas. Et de part et d'autre des États-Unis, les parties supérieures des océans Pacifique et Atlantique seront inondés vers le bas. Toute cette eau recouvrira une grande partie des États-Unis, qui se briseront et se sépareront à cause des fissures. Lorsque l'inondation se tassera, elle aura atteint les océans méridionaux situés sous les États-Unis. et tout recommencera. Une grande quantité d'eau se déplacera apparemment du nord vers le bas.

D : *Qu'arrivera-t-il aux calottes polaires ?*

B : Elles vont fondre, mais les zones les plus épaisses ne se désagrégeront pas aussi facilement que les zones terrestres. Le pôle Nord va se déplacer vers le nord, revenant d'environ un quart de l'autre côté, plus près de la Russie et de la Sibérie. Le pôle Sud se déplacera vers le haut, peut-être vers le sud de l'Amérique du

Sud. Si vous pouviez visualiser les États-Unis tels qu'ils sont aujourd'hui, le continent se tournerait vers le nord et se tordrait légèrement vers la droite.

Beverly voyait les États-Unis divisés en six ou sept masses insulaires. La plus grande partie se trouverait au centre du pays. Les côtes Est et Ouest étaient en grande partie inondées, et la majeure partie de la zone supérieure autour des Grands Lacs ainsi que toute la zone méridionale avaient disparu.

B : Les zones montagneuses les plus élevées seront bien sûr exposées. Si l'eau atteint 2 500m de hauteur sur une chaîne de montagnes de 3600m, alors seuls les dernièrs 1 100m à hauteur resteront hors de l'eau. Il existe d'autres chaînes de montagnes - comme dans le centre des États-Unis - qui ne font que 1 500m de haut et seraient normalement sous l'eau. Mais d'autres circonstances entrent en jeu, car le premier metre de terre dont nous avons parlé plus tôt se déplacera vers le nord, laissant la terre en dessous de lui, et ces autres chaînes de montagnes seraient alors poussées vers le haut. Celles qui font autour de 1 500m seraient poussées vers le haut par la masse terrestre en dessous, jusqu'à une altitude de 3 000m. Cette zone se trouvera alors également à 600m au-dessus du niveau de la mer. Vous comprenez ? Certaines terres basses seront poussées vers le haut jusqu'à ce qu'elles soient aussi hautes que vos plus hautes montagnes.

    Imaginez que le monde soit rond comme une balle. Le pôle Nord est au sommet, et lorsque cette plaque des États-Unis se déplace vers le nord, ce qui se trouve en dessous se déplace également. Mais au lieu de suivre la courbure de la balle, elle se déplacera vers l'extérieur une fois qu'elle aura dépassé le point le plus rond de la planète. Vous comprenez ce que je veux dire ? Elle va commencer à se déplacer vers le nord et lorsqu'elle atteindra une zone qui la confinera, elle n'aura nulle part où aller. Dans ce cas, il s'éloignera de la planète. C'est ce qui arrivera à la région que nous appelons le Midwest. Il s'agira également de l'Arkansas et des États qui le surplombent. Le Kansas et le Nebraska, que nous considérons comme des États de plaine, seront également poussés vers l'extérieur.

Elle avait trouvé la réponse à l'une de nos principales questions concernant la carte : Pourquoi la partie centrale restait-elle au-dessus de l'eau alors qu'elle avait une faible élévation ? Nous ne pourrions pas nous fier à nos élévations actuelles.

B : Elle sera causée par des activités qui se produisent très, très loin, faisant s'élever ces terres basses dans le sous-sol de la Terre. La poussée ne se produira pas directement sous les États-Unis. Elle sera causée par les changements qui se produisent sur l'ensemble de la planète entière.

Bien que toute cette zone se déplace vers le nord, les climats deviendront différents. Les climats très froids, comme les parties septentrionales du Canada et de l'Alaska deviendront tempérés, mais cela prendra un peu de temps. C'est comme si presque comme si tout ce côté du monde allait devenir tempéré. Je ne pense pas qu'il y aura de climats froids du tout. Lorsque le pôle Sud se déplacera vers le nord, il entrera dans une zone de climat tropical, donc les deux pôles fondront. Et les nouveaux pôles, fonctionnant de l'intérieur vers l'extérieur, prendront de nombreuses années dans ces positions pour répandre suffisamment de froid pour se regeler, dans des pôles comme ceux que nous avons aujourd'hui.

Beverly a ensuite raconté les mêmes informations sur les portions restantes que Brenda et John avaient données. Comme ces informations ne sont pas contradictoires, mais répétitives, je ne les répéterai pas ici. Je n'inclurai que les informations supplémentaires :

D : *Est-ce qu'il restera des grandes villes ?*
B : Je ne sais pas. Seattle. Denver. Les villes se développeront sur la surface moyenne. Je ne vois rien dans cette région que l'on puisse qualifier de grande ville, puisque St. Louis et Kansas City auront disparu. Le Midwest compte des villes plus petites et beaucoup de terres agricoles non exploitées.
D : *Quelles sont les villes de cette région qui auront le plus de commerce ou de population ?*
B : L'une d'entre elles sera Harrison, Arkansas, ou une ville très proche. Il y aura une autre ville juste au sud, sur le côté est de cette masse continentale, qui deviendra un grand port et un centre de

commerce. Ce pourrait même être - non, ce n'est pas aussi loin au sud que Little Rock.

La mention de Harrison par John et Beverly a été une surprise. Harrison, à cette époque (1989), est une petite ville dont la spécialité est qu'elle abrite l'attraction touristique "Dogpatch".(site d'attraction pour l'Akansas) Toute la région est montagneuse et peu peuplée.

B : De nombreuses petites villes s'agrandiront, en particulier sur ce qui sera alors devenu le littoral, parce que les habitants restants s'y rendront pour trouver un emploi. La plupart des transports se feront par voie d'eau à cette époque, car les États-Unis se seront divisés en (elle compte) ... probablement quatre ou cinq sections principales, avec plusieurs petites zones insulaires. Il ne s'agira pas de longs voyages par voie d'eau, mais des navires ou de très grands bateaux seront utilisés pour transporter les marchandises d'une masse terrestre à une autre, comme nous le faisons aujourd'hui par train ou par camion. Il y aura donc des emplois le long du littoral et les gens graviteront vers ces régions. Ce seront des villes portuaires, mais aucune d'entre elles ne sera plus jamais aussi grande que les villes actuelles, comme Los Angeles, New York et Chicago. Je pense que les populations seront mieux réparties et qu'aucune ville ne gagnera en importance ou en taille par rapport aux autres.
D : *Et l'Antarctique ?*
B : Il se déplacera vers le nord en direction de l'équateur et un peu vers l'est, tout comme l'Amérique du Sud. Cela lui donnera un climat plus tempéré. L'Antarctique ne se désagrégera pas aussi rapidement que d'autres masses terrestres parce que la glace la maintient en place. Il y aura des fissures importantes, et éventuellement les terres se sépareront à cause de la fonte de la glace, mais cela ne se produira pas avant un certain temps. La planète sera habitable et les gens pourront s'y rendre. Mais cela ne vaudra pas la peine d'y vivre parce que la glace restera longtemps et que rien ne poussera. La calotte glaciaire ne fondra pas immédiatement, mais elle se fissurera.

Étonnamment, la description de tous les autres continents faite par Beverly correspondait remarquablement à celle de John et Brenda.

D : *Les climats de l'Europe et de l'Asie vont-ils changer ?*

B : Oui, mais pas de façon radicale. Certaines régions deviendront plus froides, d'autres plus tempérées. La Russie ne sera pas aussi froide qu'elle l'était, mais de loin, c'est dans l'hémisphère occidental que le temps sera le plus clément.

D : *Lorsque nous avons examiné la côte est des États-Unis, j'ai oublié de demander ce qu'il en était de la capitale, Washington, D.C.*

B : Elle aura disparu.

D : *Qu'adviendra-t-il du siège du gouvernement ?*

B : Il sera déplacé dans l'extrême nord-ouest : L'Etat de Washington, la région de l'Oregon. Le gouvernement tel que vous le connaissez n'existera plus. Les moyens de communication seront si avancés que, même si les choses physiques seront perdues, la connaissance ne sera pas perdue. Les documents papier, les ordinateurs, disques, et autres, peuvent être physiquement perdus, mais pas beaucoup de connaissances seront perdues parce qu'elles seront facilement accessibles à ce moment-là.

D : *Qu'en est-il du président et des fonctionnaires ?*

B : Vous n'aurez plus de président comme aujourd'hui. Après le changement, il s'agira plutôt d'un conseil ou d'un conseil d'administration. Il se peut qu'il existe déjà avant même le changement d'axe, mais si ce n'est pas le cas, cela le sera certainement après. Vous ne serez plus dirigés par un président. Le partage des connaissances et la prise de décision au sein d'un groupe de personnes intègres et compétentes répondront mieux à vos besoins. Je ne vois rien qui ressemble à une Chambre des représentants ou un Sénat, akors. Ces groupes sont trop grands pour être efficaces et, d'autre part, un président est trop trop petit. Vous vous serez installés, ou vous vous installerez, dans un groupe de conseil de quelques personnes qui aideront à guider ce qui se passe dans le pays.

Il est important de comprendre que la seule partie de ce livre que Beverly a lue avant cette expérience est le chapitre traitant de la version de John sur le changement de Terre (chapitre 17). Elle n'avait pas vu ou n'avait pas été informée de sa vision de sa vie future, mais elle décrit un scénario très similaire concernant le fonctionnement de notre gouvernement.

D : Si ce basculement se produit soudainement, le gouvernement actuel pourra-t-il s'échapper de la capitale ?
B : Beaucoup de gens s'échappent, mais je ne sais pas ce qu'il en est des autorités gouvernementales actuelles. Beaucoup de gens sauront que cela va se produire avant que cela n'arrive. Ce ne sera pas comme un voleur dans la nuit. Vous serez prévenus à l'avance.
D : Comment le saurons-nous ?
B : A ce moment-là, tout le monde le saura. Il y aura des informations psychiques qui ne seront même pas considérées comme psychiques à ce moment-là. Ce sera une "connaissance" que ces choses vont se produire et des préparatifs seront effectués. Il peut y avoir des secousses à l'avance, et dans certaines régions, c'est leur seul avertissement. Certaines personnes ne le sauront pas. Cela leur causera un choc, mais les personnes les plus informées sauront que cela va se produire. Ils ne sauront pas exactement quand, mais il y aura des plans qui pourront être mis en œuvre dès que possible dès le début, parce que les préparatifs ont été faits à l'avance. Bien que nous en parlions comme d'une possibilité à l'heure actuelle, au fur et à mesure que cela se rapproche, les choses dont nous parlons aujourd'hui seront acceptées comme des vérités et des faits. Elles ne seront plus mises en doute comme elles le sont aujourd'hui.
D : Peut-être qu'il y aura plus de faits scientifiques à l'appui.
B : C'est peut-être vrai, mais je pense qu'il est plus probable que nous écoutions notre moi intérieur. Nos capacités psychiques deviendront une partie de nous-mêmes, tout comme nos autres sens : la vue, le goût, le toucher, l'odorat et l'ouïe. On s'y fiera pour fournir des données précises, ce qui n'est pas le cas aujourd'hui.

C'était une pensée réconfortante qui me donnait l'espoir que certaines parties de la civilisation survivraient. Le changement ne se produirait pas si soudainement que tout le monde serait pris au dépourvu. Des préparatifs auraient été faits et des avertissements seraient pris en compte lorsque l'on réaliserait que quelque chose d'une ampleur considérable se produirait bientôt et ne pourrait être empêché. Cela a renouvelé ma foi en une humanité qui ne laisserait pas sa civilisation entière périr. Ce serait, comme l'avait dit Nostradamus, la fin de la civilisation "telle que vous la connaissez", mais ce ne serait pas la fin de l'humanité. Des changements drastiques se produiraient, mais l'humanité est assez polyvalente pour adapter son mode de vie aux changements et continuer à vivre. Elle ne permettrait pas que la vie soit totalement s'il était en leur pouvoir d'y remédier.

D : *Si nous devons poursuivre l'exploration de l'espace, où cela se fera-t-il ?*
B : Le quartier général de l'espace sera situé dans la région de Washington-Oregon. La NASA et tout ce qui se trouve en Floride auront disparu. Ils déplaceront leur siège ailleurs.

Cela ressemble à ce que John avait vu dans sa vie future en tant que voyageuse de l'espace.

B : À ce moment-là, le gouvernement national ne se préoccupera plus de gouverner son peuple comme il le fait aujourd'hui, mais il sera plus étroitement associé aux projets spatiaux. Ce sera davantage la raison d'être du gouvernement, plutôt que d'édicter des lois pour les citoyens privés comme c'est le cas aujourd'hui.
D : *Vous pensez que l'accent sera mis sur l'espace ?*
B : Oui. Les voyages interplanétaires et la communicaton avec les habitants d'autres planètes seront plus importants. Les élections ne se dérouleront pas de la même manière qu'aujourd'hui, où plusieurs partis s'affrontent. Il y aura quelque chose comme un conseil qui aura le soutien de tous le habitants, et tout le monde travaillera à l'unisson. L'objectif du gouvernement ne sera pas de vous contrôler vous-mêmes, mais d'aller vers l'extérieur parce que vos "moi" seront beaucoup plus auto-contrôlés, indépendamment ou individuellement. Vous n'aurez plus besoin que le gouvernement le fasse pour vous et à votre place.
D : *Pensez-vous que tous ces changements drastiques seront causés par ce grand changement ?*
B : Non, pas à cause de cela. Je pense qu'ils y viendront de toute façon, à cause de l'évolution de l'humanité. L'humanité évolue de plus en plus vers un domaine psychique et spirituel qui se produira à peu près en même temps que le changement d'axe. En fait, ils travailleront en conjonction l'un avec l'autre. Et quand je dis "en même temps", je ne veux pas dire "dans la même année". Je parle de deux ou trois décennies. La conscience évolue progressivement

jusqu'à ce qu'il soit acceptable d'opérer de cette manière. Tous ces changements ont déjà commencé, mais d'ici deux à cinq ans, la conscience psychique sera beaucoup plus largement acceptée. Pour l'instant, vous vous y intéressez, mais elle n'a pas encore atteint un point acceptable pour les masses. Au cours des années 1999, vous tiendrez pour acquis que c'est ainsi que la vie devrait être sur la planète. C'est la raison pour laquelle je ne pense pas que le changement sera aussi radical d'ici là, parce que beaucoup de choses qui ne sont que des théories aujourd'hui seront si largement acceptées. A ce moment là, vous serez conscients et saurez au sujet du changement d'axe. Vous l'anticiperez et serez prêts à continuer à travailler pendant le processus.

D : *Alors ce ne sera pas si radical que tout le monde en sera complètement traumatisé. Ce serait déjà assez grave, mais sans aucun avertissement, ce serait terrible.*

B : Même à la fin des années 1990, il y aura encore des gens qui diront: "Non, ce n'est pas vrai". Ce sont les mêmes qui ne croient pas que l'on puisse vraiment envoyer des hommes sur la lune de nos jours.

D : *Il y a toujours des gens qui doutent.*

B : C'est vrai. Mais la majorité aura changé d'avis.

J'avais apparemment parcouru le globe entier, alors je me suis préparée à la ramener à la pleine conscience. Elle m'a interrompu.

B : Vous avez beaucoup de jeux pour vous occuper.

D : *Oui, en effet. (Rire)*

B : Je ne parle pas de vous. Je parle de tout le monde. Cela ne fait aucune différence, mais si cela vous donne du plaisir, alors c'est bien.

D : *Vous avez dit : "Cela ne fera vraiment aucune différence". "Est-ce parce qu'un grand nombre de personnes qui habitent aujourd'hui la Terre feront la transition, et qu'ils ne seront pas très préoccupés par l'eemplacement des masses terrestres ?*

B : En partie, mais encore plus que vous ne le pensez. Oui, les âmes seront dans un niveau de conscience différent. Mais cela ne fera pas une grande différence, parce qu'il y a un niveau plus grand que nous ne discutons pas encore. Je ne suis pas désobligeante, mais ce n'est qu'un jeu.

Avant de se réveiller, Beverly reçoit l'ordre de se souvenir des formes et des dimensions de ce qu'elle avait vues, afin qu'elle puisse les dessiner plus tard. Je l'ai ensuite ramenée à la pleine conscience et j'ai été une fois de plus stupéfaite par la quantité d'informations que l'on peut découvrir lorsqu'on utilise cet état de conscience particulier.

Nous avions essayé de solliciter l'aide de Nostradamus, mais nous n'avions pas réussi à le mettre au courant de notre présence et de nos intentions. Mais toutes les réponses que nous cherchions étaient accessibles dans cette autre dimension. Peut-être avons-nous localisé la même source que celle utilisée par Nostradamus pour obtenir ses informations sur les événements futurs. Si c'est le cas, il ne s'agit pas d'un lieu connu de lui seul, mais d'un lieu accessible à tous ceux qui développent leurs capacités et leur curiosité. Peut-être avons-nous localisé la même source que celle utilisée par Nostradamus pour obtenir ses informations sur les événements futurs. Si c'est le cas, il ne s'agit pas d'un lieu connu de lui seul, mais d'un lieu accessible à tous ceux qui développent leurs capacités, la curiosité et le désir de chercher.

Nous en avons discuté après son réveil. Beverly a été stupéfaite par cette expérience. Elle était reconnaissante pour les informations qui l'aideraient à produire des cartes, mais elle était déconcertée par la procédure qui l'avait produite. Elle a dit qu'elle se sentait étrange lorsque l'information lui parvenait, car elle savait qu'elle n'avait absolument aucun contrôle dessus. La seule chose à laquelle elle pouvait se comparer était le sentiment d'être une grande bouche et que les informations sortaient sans aucune réflexion ou action de sa part. Nous avons ri de cette amusante métaphore visuelle.

Lorsque nous avons discuté du déplacement des pôles, de leur fonte et de leur non recongelés, elle a fait remarquer qu'étant donné que le climat de la région serait tropical, il faudrait du temps pour le refroidir jusqu'à ce que la région gèle, Elle a comparé cette situation à celle où l'on met de l'eau dans le congélateur pour faire des glaçons. Cela se produira en peu de temps. Mais si vous placez le bac à glaçons dans le réfrigérateur, il pourrait geler, mais cela prendrait beaucoup plus de temps. C'était une bonne analogie.

Il a fallu deux sessions pour obtenir toutes les informations nécessaires à l'élaboration des cartes.nAu cours de la deuxième séance, je lui ai montré des cartes en noir et blanc et je lui ai demandé de colorier les parties manquantes du monde pendant qu'elle était en transe.

Beverly était persuadée qu'elle serait capable de reproduire les cartes avec précision, en fonction de ce qu'elle avait vu. C'était un projet intéressant, mais elle a rapidement admis qu'elle espérait que l'état du monde représenté par la carte ne deviendrait jamais une réalité. Elle espérait donc que les cartes ne soient pas exactes.

C'est ainsi qu'ont été créées les cartes représentant le monde futur. Il est tout à fait approprié qu'elles aient été créées par cette méthode puisque tout le reste du projet était paranormal et peu orthodoxe. C'était une fois de plus la preuve que des forces autres que les nôtres guidaient vraiment nos efforts.

Lorsque l'on compare les versions de Beverly, Brenda et John, on s'aperçoit qu'elles ne sont pas exactement des copies conformes. Je pense que cela peut s'expliquer par la difficulté du projet. Nostradamus a également dit que les masses terrestres changeraient et apparaîtraient différemment lorsque les calottes glaciaires recommenceraient à se former. Nous n'avons aucun moyen de savoir si John, Brenda et Beverly regardaient la Terre aux mêmes stades de développement. Toutes les versions dépeignent un monde que le chaos a changé à jamais. Une planète composée davantage d'eau que de terre. Une image du monde qui, je l'espère, ne sera jamais vue par l'être humain.

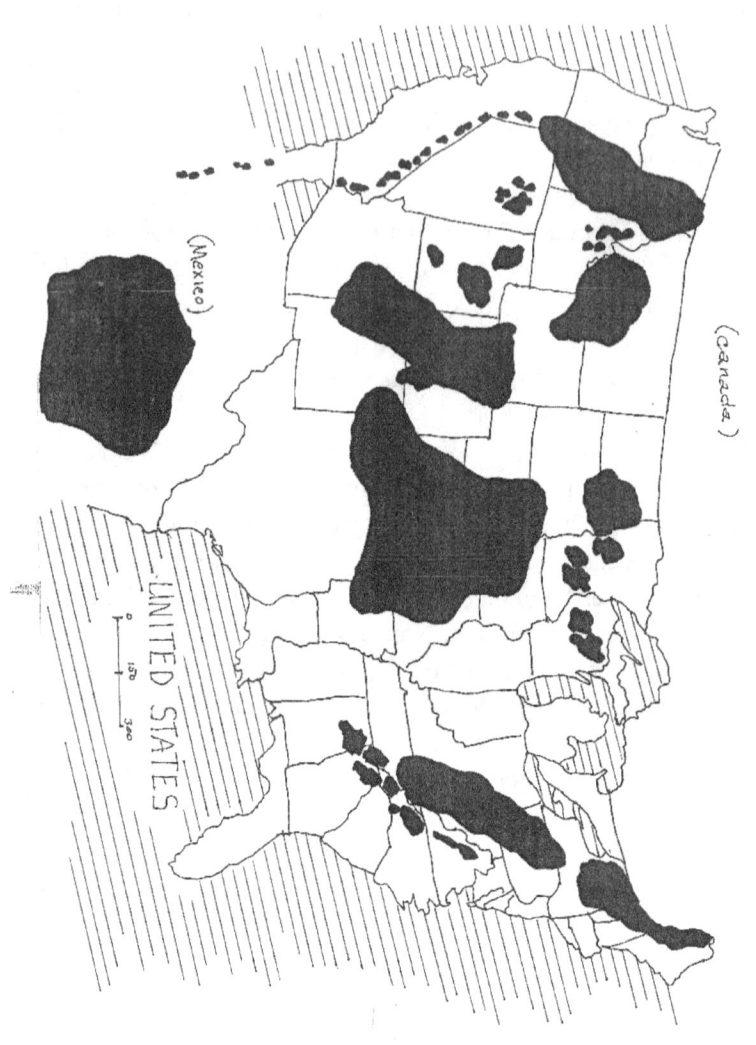

Cette carte montre le continent nord-américain après le déplacement de la Terre. Les lignes rayées représentent les grandes masses d'eau existantes. Les zones blanches sont les terres existantes. Les zones noires sont les terres restantes qui seront au-dessus de l'eau après le déplacement de la Terre.

La seconde carte qui suit, montre le Canada et l'Alaska après le déplacement de la Terre. Les lignes rayées représentent les grandes masses d'eau existantes. Les zones blanches sont les terres existantes. Les zones noires sont les terres restantes qui seront au-dessus de l'eau après le basculement de la Terre.

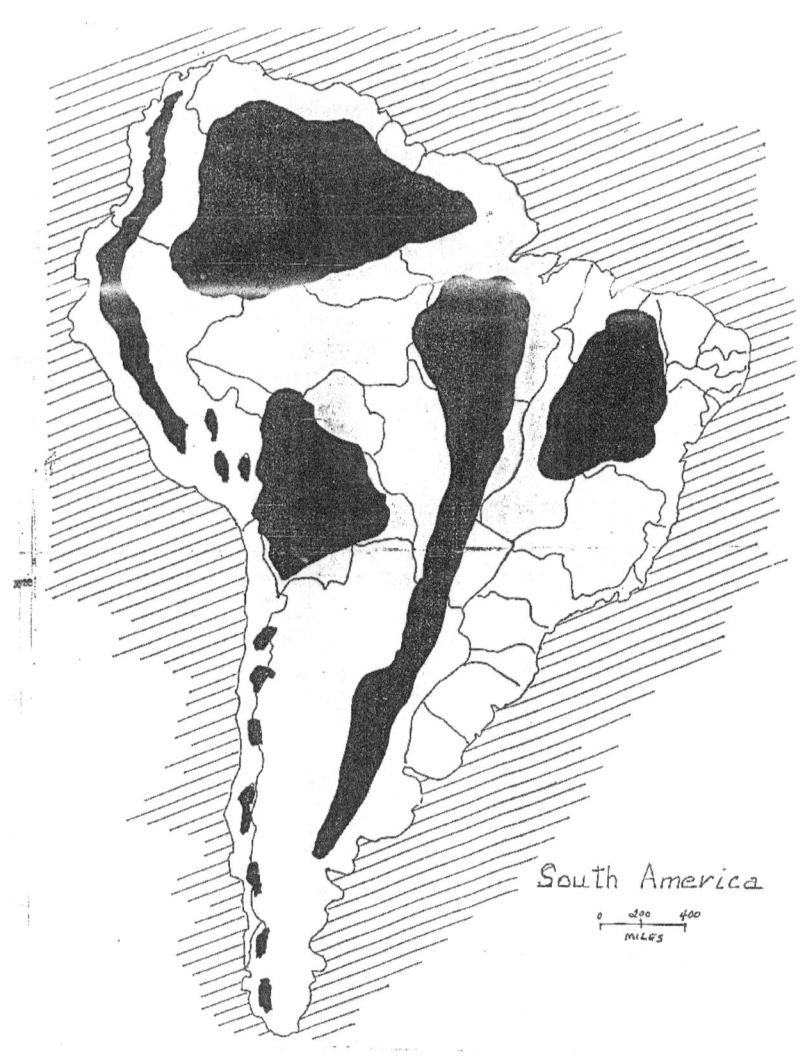

Cette carte, quant à elle, montre le continent sud-américain après le déplacement de la Terre. Les lignes rayées représentent les grandes masses d'eau existantes. Les zones blanches sont les terres existantes. Les zones noires sont les terres restantes qui seront au-dessus de l'eau après le déplacement de la Terre.

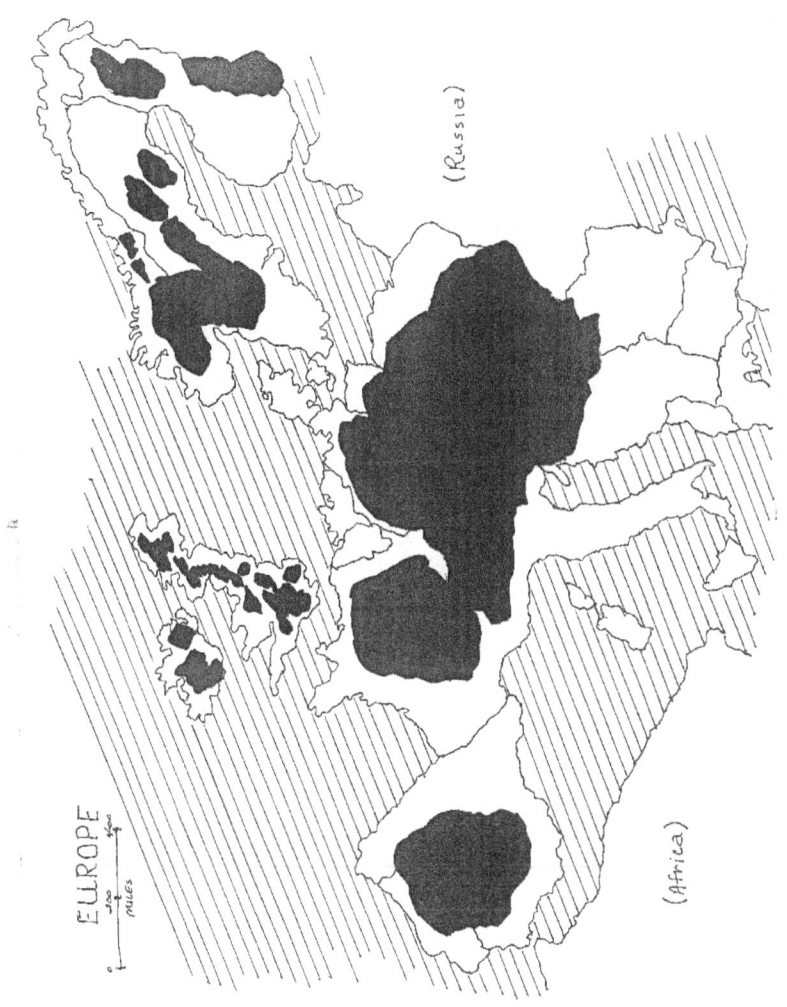

Cette carte montre le continent européen après le déplacement de la Terre. Les lignes sont les grandes masses d'eau existantes. Les zones blanches sont les terres existantes. Les zones noires sont les terres restantes qui seront au-dessus de l'eau après le basculement de la Terre.

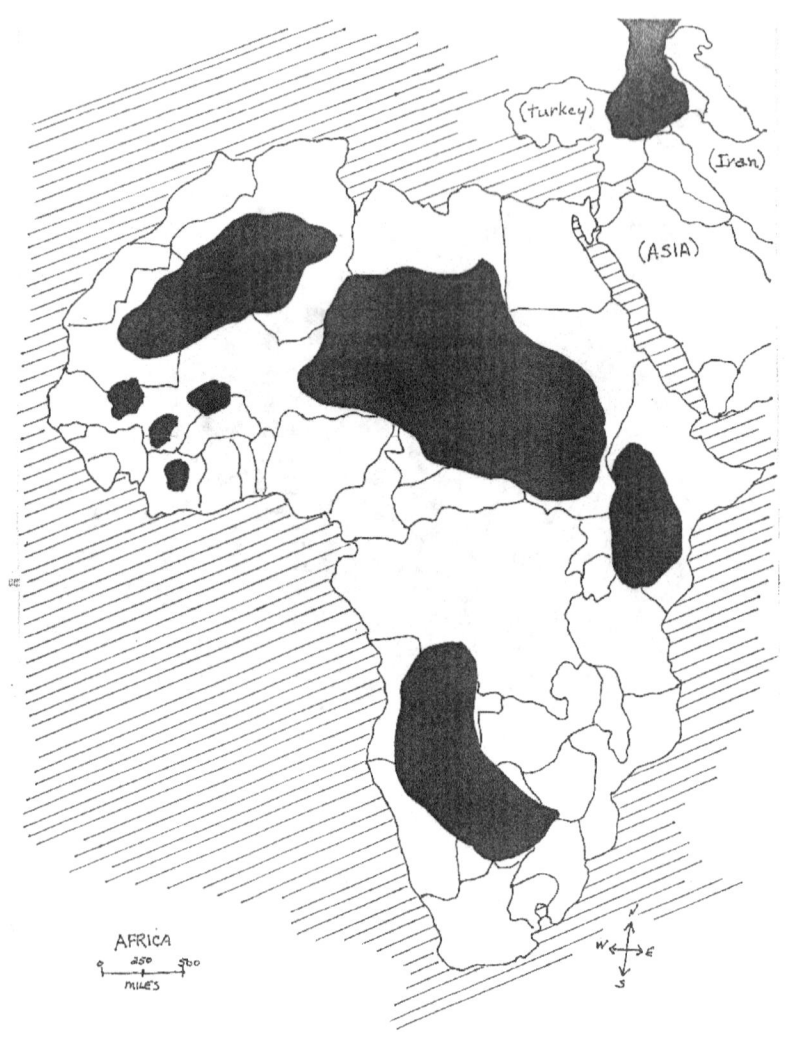

Cette carte montre le continent africain après le déplacement de la Terre. Les lignes rayées sont les grandes masses d'eau existantes. Les zones blanches sont les terres existantes. Les zones noires sont les terres restantes qui seront au-dessus de l'eau après le basculement de la Terre.

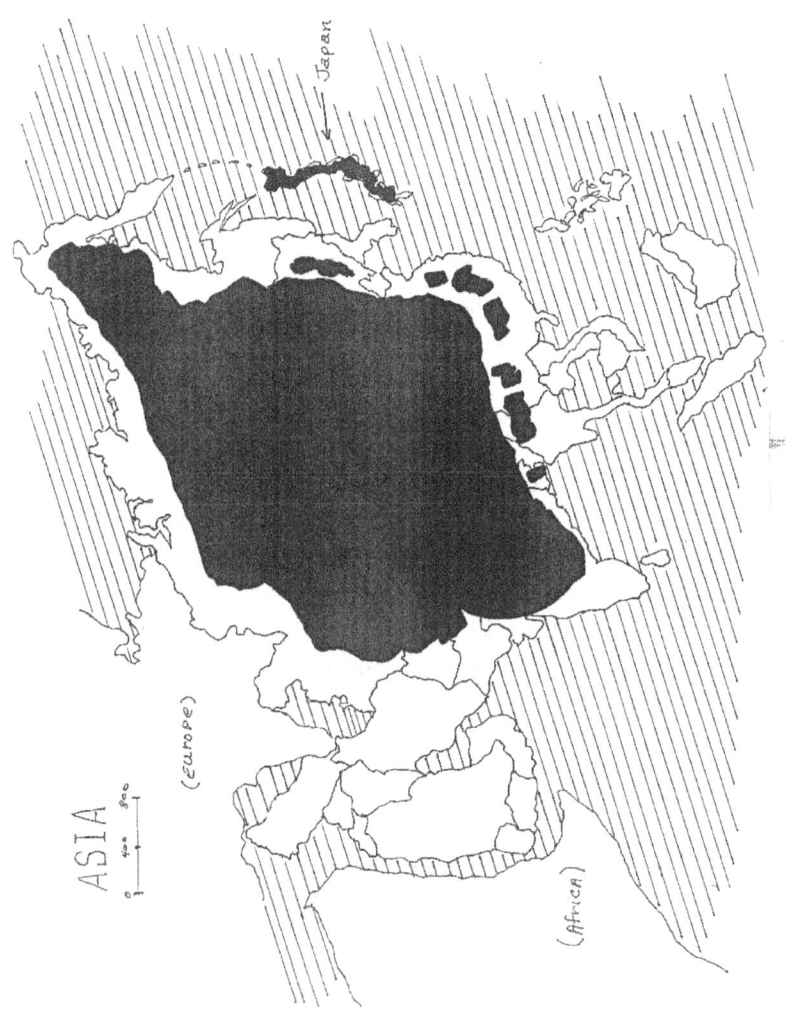

Cette carte montre le continent asiatique après le déplacement de la Terre. Les lignes rayées représentent les grandes masses d'eau existantes. Les zones blanches sont les terres existantes. Les zones noires sont les terres restantes qui seront au-dessus de l'eau après le basculement de la Terre.

Chapitre 29

Trouver la Date du Changement

MAINTENANT QUE NOUS AVONS DÉCOUVERT approximativement à quoi ressemblerait le monde après le changement d'axe, la prochaine chose à faire est d'établir sa date le plus précisément possible. Donner une date à quelque chose, c'est lui donner plus de consistance, plus de forme et rend la possibilité plus probable. Tant qu'elle reste vague, les conséquences sont moins susceptibles de prendre cette forme et cette substance. C'est donc avec beaucoup de réticence que j'ai tenté de donner une date à un événement aussi impressionnant. Quelle présomption de ma part !

Pour poursuivre dans cette voie, je devais au moins arriver à la conclusion qu'une telle chose était possible. Au début de mon travail avec Elena, ce fut l'un des premiers sujets abordés par Nostradamus, et une prédiction qui me posa beaucoup de fil à retordre. J'ai dû l'accepter en mon âme et conscience avant de.pouvoir poursuivre le travail qu'il m'avait confié. Même si je l'avais acceptée, j'espérais toujours au fond de moi qu'il se trompait. Que la Terre ne bascule pas et que la civilisation telle que nous la connaissons ne périrait pas. Les implications étaient trop impressionnantes et presque impossibles à comprendre. Je voulais croire qu'une autre voie pouvait devenir la réalité. Un chemin où la vie pourrait continuer et ne pas être perturbée par des conséquences aussi horribles. Ainsi, la seule façon pour moi d'écrire sur l'état du monde après un changement d'axe climatique et tenter de trouver la date d'un tel événement, était de l'aborder comme une histoire intéressante ou un événement théorique. De cette façon, je pouvais ainsi être objectif et cela ne me touchait pas personnellement. Mon esprit n'avait pas à se débattre avec les terribles répercussions sur la race humaine. Ainsi, je ne me porte pas garant de la validité de la carte, mais je ne fais que rapporter l'information qui en est ressortie.

Le même problème s'est posé lorsque nous avons essayé de déterminer la date du basculement en traduisant SIÈCLE VIII-49 dans le chapitre 17, "Le destin de l'antichrist et du monde". Dans ce cas, il a fallu traiter l'affaire comme un roman policier, car elle s'est avérée plus compliquée que prévu. Les symboles astrologiques dans le quatrain semblaient être très explicites, de sorte qu'il semblait assez simple pour un astrologue de trouver la date. Le quatrain se lit comme suit : "Saturne dans le Taureau, Jupiter dans le Verseau, Mars dans le Sagittaire, le 6 février". Nostradamus a déclaré que cela faisait référence à la date du déplacement de la Terre, qui se produirait après l'an 2000, au début du 21e siècle.

Je travaillais sur ce chapitre pendant l'été 1989. John vivait alors en Floride et nos seuls contacts se faisaient par courrier ou par téléphone. Nous avions clarifié les dates et échangé des informations sur plusieurs quatrains. John a eu du mal à trouver un éphéméride de l'an 2000, il a donc dû remettre à plus tard la recherche des dates qui, selon Nostradamus, se produiraient après l'an 2000. La recherche de l'éphéméride s'est avéré être un obstacle majeur. Pour une raison quelconque, la première impression était épuisée partout, et il devait attendre qu'une seconde impression rende un exemplaire disponible.

Lorsqu'il a finalement obtenu une copie, ce quatrain a été reporté car il devenait de plus en plus difficile à déchiffrer. John a essayé, mais il a été gêné par le fait qu'il n'avait pas plus d'informations que la traduction du quatrain telle que présentée dans le livre de Mme Cheetham. Il a dit que Saturne en Taureau était facile à trouver parce que Saturne était une planète qui se déplace lentement, n'entrant dans un signe que tous les 28 ans. Une fois cette date établie, le reste devrait s'aligner. Il a pu identifier l'année 2029 grâce au mouvement de Saturne. mais les autres signes refusaient de coopérer. Il a senti qu'il s'était retrouvé dans une impasse.

Je ne comprenais pas comment cela pouvait se produire alors que les signes étaient si précis dans le quatrain. Mais l'étaient-ils ? Sur une intuition, j'ai décidé de vérifier d'autres traductions des quatrains et de trouver la traduction littérale du français. Ce faisant, j'ai fait une découverte stupéfiante. La traduction de Mme. Cheetham n'était pas fidèle à la traduction littérale du français. "Saturne : au beuf joue en l'eau, Mars en fleiche" se traduit par : "Saturne : au beuf joue dans l'eau, Mars en flèche". Je n'ai qu'une connaissance limitée de l'astrologie. mais j'ai pensé que cette information pourrait suffire à faire la différence. Pour la défense de Mme Cheetham, elle n'est pas la seule à avoir traduit le quatrain de façon incorrecte. Plusieurs autres livres le citent comme "Jupiter en Verseau", mais elle se réfère également à cet alignement de signes comme à une conjonction, ce qui est incorrect. Une conjonction se produit lorsque deux planètes ou plus ne sont pas éloignées de plus de dix degrés l'une de l'autre. Les planètes de ce quatrain ne sont certainement pas en conjonction car deux des signes sont en opposition.

Cela devenait long et coûteux de continuer à appeler John en Floride. j'ai donc consulté une amie experte en astrologie au cours de l'hiver 1989. Je savais que cela allait devenir compliqué, et j'ai pensé qu'il fallait que je puisse consulter quelqu'un régulièrement. Elle avait également une formation en métaphysique qu'elle serait en mesure d'appliquer une vision intuitive au raisonnement nécessaire. Nostradamus nous avait dit un jour que le "dessinateur" d'horoscopes devait être disposé à essayer l'inhabituel et d'appliquer d'étranges significations alternatives même si elles ne semblaient pas correspondre aux méthodes astrologiques standard. Mon amie était prête à nous aider dans cette tâche, mais elle voulait rester anonyme. J'ai accepté de protéger sa vie privée, je l'appellerai donc Mae.

Lorsque je lui ai montré la traduction originale par rapport à la traduction littérale en français, la première chose qu'elle a dite, c'est que beaucoup de gens qui ne sont pas astrologues font cette même erreur. Ils supposent que parce que le Verseau est représenté par un porteur d'eau et que le glyphe est composé de lignes ondulées, qu'il s'agit d'un signe d'eau. Or, ce n'est pas le cas ; c'est un signe d'air et les lignes ondulées représentent en réalité le flux d'énergie, et non l'eau. Les autres signes étaient probablement corrects car, sur la base des symboles astrologiques, le taureau ne pouvait signifier que le Taureau et la flèche signifierait vraisemblablement le Sagittaire, l'archer. La première étape consisterait donc à supposer que Nostradamus voulait dire que Jupiter était dans un signe d'eau et et de le continuer à partir de là. Mae s'est donc procuré un éphéméride de 2000, je lui ai donné les données et je l'ai laissée à ses recherches. J'ai continué à travailler sur le reste de ce livre tout en attendant avec anxiété l'appel qui annoncerait qu'elle avait trouvé la réponse. Je n'ai jamais douté qu'elle la trouverait, car je savais que Nostradamus ne nous conduirait pas dans un coin aveugle et ne nous abandonnerait pas. Il s'agissait simplement d'essayer de comprendre le fonctionnement compliqué de son esprit.

Quand elle a été prête, je suis allée chez elle. En m'asseyant sur le canapé et les papiers étalés devant elle, j'ai eu un moment de panique. Les gribouillis n'avaient pas plus de sens pour moi que des hiéroglyphes, et pourtant on me demanderait de comprendre ces signes et ces symboles suffisamment bien pour les traduire dans un langage commun que le profane pourrait aussi comprendre. Je soupirais : c'était l'un des inconvénients du métier d'écrivain. Je savais que je ne pourrais jamais me souvenir des données techniques ou que je ne serais jamais capable de les déchiffrer à partir de mes notes. Alors, j'ai mis en marche mon fidèle magnétophone, mon pilier pendant ces expériences. Je n'arrêtais pas de hocher la tête pour dire que je comprenais ce qu'elle disait, alors que ce n'était pas le cas. Je savais que tout était enregistré pour que je puisse transcrire les informations plus tard et essayer de les traduire en termes compréhensibles. Mae a dit que je pourrais probablement mieux le faire qu'elle, du fait même que je ne comprenais pas les mots techniques. Il faudrait que je simplifie les choses par pure nécessité. Les données sont là et si des astrologues professionnels veulent se référer aux dates données, ils pourront voir les implications plus profondes.

Comme indiqué précédemment, le plus simple est de savoir quand Saturne sera en Taureau. Comme il s'agit d'une planète qui se déplace lentement, elle ne traverse les positions qu'une fois tous les 28 ans. Cela nous donne l'année 2028 ou 2029, et c'est à partir de là que nous pouvons commencer. Les éphémérides indiquaient que les autres planètes n'occuperaient pas les positions mentionnées dans le quatrain avant la fin de l'année 2029. Mars entre dans le Sagittaire le 24 septembre et y reste jusqu'au 4 novembre, ainsi réduisant notre période de temps à examiner. Mae a estimé que la date du changement devait se situer entre le 6 septembre et le 4 novembre 2029. Elle a également pensé qu'il était significatif que Mars et Saturne soient impliqués car ces deux planètes sont souvent considérées comme maléfiques, c'est-à-dire qu'elles indiquent la guerre ou la destruction. J'ai pensé que cela s'appliquait parfaitement à cette situation puisque ce changement était censé se produire au plus fort de la guerre de l'Antéchrist.

Ensuite, il faut vérifier la position de Jupiter pendant cette période. Sous quel signe d'eau tomberait-il ? Mae a pensé que le signe d'eau du Scorpion serait le plus approprié car le Scorpion est gouverné à la fois par Mars, la planète de la guerre, et Pluton, la planète de la transformation. Elle a expliqué que le Scorpion est le signe de la mort et de la renaissance et qu'il est souvent lié à des changements majeurs, aux bouleversements et à la destruction, afin d'éliminer l'ancien et de faire de la place au nouveau. Il pourrait être symbolisé par le phénix, l'oiseau qui se consume et renaît de ses cendres.

Parce que le quatrain mentionne spécifiquement le 6 février, et que tout cela se concentre sur les mois de septembre et d'octobre, nous avions une autre énigme à résoudre sur les bras. Mae a dit que c'était la première chose qu'elle avait vérifiée. Mars et Jupiter étaient tous deux en Balance pendant tout le mois de février, mais la Balance n'avait aucune corrélation avec le quatrain et n'était pas associée à des changements aussi radicaux. De plus, le chiffre six ne semblait pas correspondre. Comme un détective à la recherche d'indices, il était désormais évident que Nostradamus utilisait à nouveau l'un de ses tours, et il était très intelligent. Seul un astrologue inventif pourrait espérer déchiffrer ces symboles et ces énigmes en s'écartant des règles établies. Mae devait se laisser guider par son intuition. Lorsque nous avons trouvé le premier astrologue pour travailler sur ce projet, Nostradamus m'avait dit qu'il devrait être prêt à s'essayer à l'inhabituel.

Mae est finalement arrivée à la conclusion que février ne signifiait pas littéralement le mois. Étant donné que la majeure partie du mois de février est placée sous le signe du Verseau, qui est gouverné par Uranus, elle a décidé que février se référait en fait à la fois à ce signe et à la planète qui le gouverne. Uranus est la planète extérieure qui a trait à la destruction sous forme de changements soudains et de choses inattendues. Elle remet en question les structures rigides de la vie et apporte de la nouveauté et du changement. C'est également la planète qui régit le Nouvel Âge. Le mois de février, représenté par le signe du Verseau, pourrait également correspondre à l'ère du Verseau, au cours de laquelle tous ces changements sont censés se produire.

Elle a également examiné la planète Pluton, car c'est la planète extérieure qui est liée aux bouleversements intérieurs qui font sortir les choses de l'ombre. (tremblements de terre). Pluton est le "nettoyeur" cosmique qui régit les fins et les commencements. C'est la planète de la transformation et la force qui transforme la structure atomique de la vie de manière à ce que les différentes énergies puissent se regrouper dans leurs nouvelles formes. Pluton régit également la conscience de masse. Et Mae a découvert que Pluton serait dans le signe du Verseau pendant la période qu'elle avait repérée!

Après avoir établi ces liens, elle a examiné Uranus et Pluton pour voir comment ils affecteraient la Terre à ce moment-là. Chaque fois qu'il y a les connexions entre Mars et Uranus, il est probable que des changements majeurs et soudains arrivent et effacent une grande partie des anciens schémas. De même, lorsque Mars et Pluton sont impliqués, les choses internes qui ont été préparées depuis longtemps se manifestent.

Mae devrait trouver le signe d'eau approprié pour Jupiter, et aussi quels seraient les aspects qui indiqueraient que quelque chose de cette nature puissent se produire. Elle explique : "En astrologie, on ne peut pas prendre un élément hors de son contexte ; il faut regarder le tableau dans son ensemble. Il y a des combinaisons d'énergies à l'œuvre qui indiquent que certaines choses d'une nature particulière sont susceptibles de se produire". Elle commence alors à voir que des configurations hors du commun étaient à l'œuvre lors de la période à laquelle elle avait choisi de s'intéresser.

Elle explique : "L'une des premières choses que j'ai remarquées, c'est qu'en septembre, les trois planètes extérieures et Saturne étaient en rétrogrades. C'est une autre indication de transformation de masse, d'autant plus que les trois planètes extérieures représentent des forces cosmiques qui affectent l'ensemble de l'humanité. Périodiquement, ces quatre planètes sont en rétrogrades en même temps, et cela indique généralement des changements radicaux, qui affectent particulièrement les masses. Dans ce cas, le changement de Terre affecterait certainement l'ensemble de l'humanité et le fondement même de son existence".

La date qu'elle a choisie pour cet honneur douteux est le 24 octobre 2029. Je vais utiliser ses propres mots pour les positions astrologiques à ce moment-là car il est difficile de les expliquer simplement. Cela intéressera d'autres astrologues bien que cela puisse être déroutant pour le profane. La date qu'elle a choisie pour cet honneur douteux est le 24 octobre 2029. Je vais utiliser ses propres mots pour les positions astrologiques à ce moment-là car il est difficile de les expliquer simplement. Cela intéressera d'autres astrologues bien que cela puisse être déroutant pour le commun des mortels.

"Le 24, le Soleil entre dans le signe du Scorpion qui s'oppose directement au Taureau, et la Lune est en conjonction avec Saturne en

Taureau (le signe mentionné dans le quatrain). Mars est en Sagittaire (également mentionné dans le quatrain) et aussi exactement à l'opposition d'Uranus en Gémeaux. Comme je l'ai mentionné, Uranus est la planète qui correspond aux destructions soudaines. (C'est la planète qui, selon elle, était indiquée par le mois de février dans le quatrain). Mars est également en quinconce avec Saturne et de la Lune. Le quinconce est un aspect très problématique et indique souvent quelque chose d'extraordinaire, ou d'une nature difficile et radicale. C'est tout ce qui ne s'inscrit pas dans le contexte familier des choses. La planète Neptune est en semi-carré avec Saturne, et Mercure est également en quinconce avec Saturne. Ensuite, Aussi, Vénus est exactement conjonctrice de Mars, ce qui n'est pas le meilleur aspect pour Vénus. Vénus est la planète de l'harmonie, de l'amour et de la beauté, son énergie est donc presque opposée à celle de Mars, la planète de la guerre. À ce moment-là, le nœud nord se trouve au degré exact du point central de notre galaxie, et est également rétrograde et conjoint à Mars. aussi, le nœud nord et Vénus sont donc tous deux sous l'influence de Mars, et tous trois en opposition à Uranus. Lorsque des événements majeurs comme celui-ci se produisent, le Soleil est généralement impliqué dans un aspect de tension, puisqu'il représente notre source de vie. Et justement, le Soleil est en conjonction avec Jupiter en Scorpion, à l'opposition de la Lune et de Saturne en Taureau, et au carré de Pluton en Verseau. La conjonction du Soleil avec Mercure l'entraîne également dans ces aspects. En d'autres termes, toutes les planètes sont alignées dans ce que l'on pourrait appeler des aspects de tension."

"Il se passe tellement de choses ici. Les trois planètes mentionnées dans le quatrain sont dans leurs signes respectifs, si nous supposons que 'Jupiter dans l'eau' signifie un signe d'eau et que ce signe est le Scorpion. Parce qu'il n'y a jamais eu d'autre moment où Saturne s'est trouvé en Taureau, Mars en Sagittaire et Jupiter dans l'un des signes d'eau, il semblerait que Nostradamus l'ait su et qu'il nous ait donné les indices de cette manière. Il était également très significatif pour moi de noter que le Soleil est avec Jupiter dans le Scorpion, le signe de la mort et de la renaissance et de la transformation et la Lune est avec Saturne dans le signe opposé du Taureau. Et Saturne en Taureau semble être le point central de cet événement. Rappelez-vous, Saturne gouverne la physicalité et donc la Terre et toutes ses formes et leur cristallisation."

"L'autre chose que je trouve être au-delà de la coïncidence - et je n'y ai même pas pensé jusqu'à plus tard, lorsque j'ai fait la revue de ce que j'avais trouvé, c'est que deux et quatre font six (le 24 octobre). J'avais déjà coché six comme date (de septembre à décembre) et six degrés degrés pour les positions des planètes, mais il ne semblait pas y avoir beaucoup de corrélations."

"J'ai également remarqué que quelques jours plus tard, le 27, la Lune est en conjonction avec Uranus, la planète de la soudaineté et de l'inattendu. Et ensemble, la Lune et Uranus s'opposent à Mars à ce moment-là. Aucune de ces combinaisons d'aspects ne se produisent très souvent. Alors que je travaillais sur ce sujet, j'ai eu des impressions intuitives fortes que ce changement se produirait sur une période de temps, et non d'un seul coup, bien qu'il puisse y avoir un épicentre ou un centre temporel. J'ai eu l'impression que l'événement majeur aurait lieu entre le 6 et le 31 décembre. (notez encore le 6 !) de septembre, date à laquelle Saturne devient rétrograde, et quelque part aussi en décembre. Il est intéressant de noter que le 5 décembre, il y a une éclipse solaire dans le Sagittaire, et elle sera à l'opposition directe d'Uranus à ce moment-là, et conjoncte le Nœud Nord. Puis, le 20 décembre, il y aura une éclipse lunaire totale. Les éclipses marquent des points d'inflexion ou des débuts et des fins de cycles et sont souvent des déclencheurs pour d'autres aspects. J'ai considéré que cette éclipse était pertinente parce qu'elle tombe le même jour que le nœud nord."

"Pour moi, il ne s'agit pas d'une simple coïncidence. Le fait que les quatre planètes les plus extérieures et le nœud nord sont rétrogrades, et que le soleil, la lune et toutes les planètes soient impliquées dans des aspects de tension ce jour-là (le 24 octobre). jour (le 24 octobre), est tellement extraordinaire que cela a vraiment attiré mon attention".

Mae a parlé de certains aspects moins couramment utilisés que je n'aborderai pas en profondeur car je pense qu'ils n'intéressent que les astrologues. Elle a ensuite parlé d'une nouvelle planète appelée Chiron. Elle a été découveret il y a environ 12 ans (1977). Les astronomes l'appellent un astéroïde, mais les astrologues le considèrent comme une planète mineure. (Serait-ce l'une des nouvelles planètes dont parle Nostradamus au chapitre 12, "Nostradamus et l'astrologie" ? Certaines autorités lui ont attribué la direction de la Vierge). Elle décrit une orbite elliptique entre Saturne et Uranus, passant en fait par l'orbite de Saturne. à travers l'orbite de Saturne, et on l'appelle le "pont". Cela signifie qu'elle est considérée comme un pont entre le physique, le matériel (Saturne) et la conscience supérieure (les planètes extérieures). Elle est également considérée comme un franc-tireur et un catalyseur, et il est fréquemment impliqué lorsque des événements affectent des masses de personnes, en particulier lorsqu'il s'agit d'un changement de conscience. Mae pensait qu'il est significatif que Chiron se trouve dans le signe du Taureau pendant cette période et en opposition avec Jupiter et le Soleil le 24 octobre. Elle a également constaté qu'elle était en aspect avec presque toutes les planètes pendant la période en question.

Les autres aspects moins utilisés, tels que le biquintile, le novile et le septile, étaient présents avec Mars et d'autres planètes. Elle a précisé que ces aspects ne sont pas fréquents, surtout en ce qui concerne les planètes Mars, Uranus et Pluton. Sans entrer dans des détails compliqués, elle a dit que ces aspects représentent la réalisation, la rédemption et la divination dans la guidance intérieure. Tous ces aspects peuvent représenter des événements qui amènent les gens à entrer en contact avec ce qui est éternel et l'abandon de l'attachement au matériel. Elle a expliqué que c'est dans ces moments de grands bouleversements que les gens se rendent compte de ce qui se passe. Mae a trouvé significatif que tant d'aspects impliqués aient des indications similaires. En d'autres termes, il ne s'agissait pas d'aspects positifs et fluides. mais presque tous étaient négatifs ou constituaient des points de tension qui entraînent la nécessité d'un changement, et c'est ainsi qu'ils sont liés les uns aux autres.

Lorsque j'ai mentionné que la traduction du quatrain faisait référence à la mort de l'Antéchrist par un énorme raz-de-marée, elle a immédiatement fait la corrélation avec le signe du Scorpion. Elle a dit qu'il s'agissait du signe de l'eau qui régit la mort et la transformation, indiquant que l'ancien doit mourir pour que le nouveau puisse naître. En vérifiant le thème de l'Antéchrist, elle a constaté que son Neptune (qui gouverne les océans) se trouve dans le signe du Scorpion et est au centre d'un carré en T avec son stellium du Verseau (qui contient toutes ses planètes personnelles) et son nœud nord en Lion.! Et pour ajouter à la signification de Pluton, de Neptune et du Scorpion, le Neptune du thème de déplacement est en quinconce exact avec son Pluton natal dans la huitième maison !

Aussi compliqué que cela puisse paraître, il m'a semblé évident que Mae avait trouvé la date que nous cherchions grâce à ses calculs minutieux et à son travail de détective. Je pensais que ses déductions résisteraient à l'examen d'autres astrologues. Cela ne signifie pas que j'ai (ou qu'elle a) accepté cette date comme étant celle du basculement de la Terre et de l'arrêt de la civilisation telle que nous la connaissons. Mais je crois qu'il s'agit d'une déduction remarquable des symboles et des énigmes que Nostradamus a inclus dans ce quatrain significatif. Il n'avait certainement pas l'intention de le rendre facile à trouver. Il m'avait dit un jour : "Je fais du mystère depuis trop longtemps. Je ne peux pas simplement vous donner les réponses. Laissez-moi voir l'éclat de vos esprits."

Je pense que nous sommes parvenus à la conclusion exacte que le quatrain signifie : Saturne est en Taureau, Jupiter est en Scorpion et Mars est en Sagittaire : Février fait référence au Verseau et à sa planète maîtresse, Uranus, ainsi qu'à l'ère du Verseau, et le six se réfère au 24. La date est donc le 24 octobre 2029.

J'ai été fascinée par le travail de détective astrologique diligent de Mae et je pense que sa date est digne d'intérêt, surtout si on la compare au SIÈCLE III -96, traduit dans le chapitre 22, "La chambre cachée". Nostradamus y a indiqué qu'il s'agissait d'une période de l'année 2036 au cours de laquelle des manœuvres politiques et des changements de loyauté se produisaient alors que différentes factions se battaient entre elles. Un groupe s'en tenait encore aux croyances de l'Antéchrist, bien qu'il ne soit plus sur terre.. Étant donné que 2036 n'est que sept ans après le changement de Terre qui a provoqué la cessation des hostilités en 2029, il semblerait logique que certains petits groupes puissent encore rencontrer des problèmes.

Mae n'est toujours pas sûre de ses déductions. Elle a décidé d'appeler Mark Lerner, l'éditeur d'un magazine mensuel d'astrologie. Elle désirait son opinion sur le quatrain en raison de son expertise et de sa connaissance de l'astrologie ancienne. Elle pensait qu'il pourrait être en mesure de mettre le doigt sur quelque chose qui lui avait échappé. J'ai toujours été ouvert à toute idée susceptible d'aider à résoudre l'énigme. Mae lui a parlé au téléphone et il a accepté d'examiner le matériel. Nous lui avons envoyé le quatrain et notre traduction littérale ainsi que la traduction traditionnelle. Après coup, j'ai inclus les cartes d'Ogmios et de l'Antéchrist. La seule information qu'il avait reçue est que nous soupçonnions que ce quatrain était lié à un possible déplacement des pôles. Sans savoir comment l'information avait été obtenue, il a pu fournir des corroborations intéressantes et étonnantes. Ces incidents apparemment sans rapport continuent à me donner foi dans le matériel présenté par Nostradamus.

Mark m'a envoyé par courrier une cassette dans laquelle il exposait ses conclusions et préparait sa propre carte pour l'Antéchrist. J'ai été impressionnée par le fait qu'il ait indiqué comme lieu de naissance, Jérusalem, en Israël. Il a dit plus tard qu'il avait simplement choisi cet endroit au hasard. Il n'avait pas accès à notre information selon laquelle les parents de l'Antéchrist avaient été tués pendant la guerre d'Israël et qu'il avait été enlevé de cette région pour être élevé par son oncle. Mark a dit que lorsqu'il a choisi au hasard l'heure de naissance 5h25, il a remarqué que cela plaçait Neptune exactement au milieu du ciel, en haut de la carte. Il a remarqué : "Cela indique d'une figure de joueur de flûte. Si quelqu'un devait être un guide spirituel pour l'ère du Verseau, il pourrait très bien s'agir de quelqu'un qui a Neptune directement au-dessus, en haut de la carte. C'est quelqu'un qui hypnotiserait des millions de personnes. Cette personne est née juste avant le lever du soleil, avec le Capricorne comme ascendant. Le Capricorne est symboliquement similaire à la carte du Diable dans le Tarot, et est gouverné par Saturne."

Il a été immédiatement frappé par des liens intéressants entre les horoscopes d'Ogmios et de l'Antéchrist. "Ce bon vieil Ogmios, qui qu'il soit... Il est intéressant de constater que les nœuds nord et sud de sa carte sont l'inverse des nœuds de l'Antéchrist. Les nœuds sont utilisés depuis des milliers d'années. Ce ne sont pas des planètes, mais ils sont liés aux orbites de la lune et de la Terre et à la façon dont elles sont reliées au Soleil. Ils constituent une partie très fatidique et orientée vers le destin d'un thème. Toutes les planètes font le tour du zodiaque normalement, mais les nœuds vont à l'envers, et tous les neuf ans, les nœuds s'inversent. Ils représentent le passé et l'ancien karma, et il existe une grande variété de karma potentiel entre ces deux chiffres. En fait, il y a neuf ans et quelques mois entre la naissance et le cycle de ces deux personnes et ils sont reliées par les nœuds. D'une certaine manière, ils semblent vraiment être jumeaux ou parallèles. En d'autres termes, Ogmios est né en premier, plus de neuf ans plus tard, cette autre figure est née avec les nœuds en position inverse. Une façon de voir les choses est de dire qu'Ogmios a le numéro d'Antéchrist, ou du moins qu'il a un aperçu de la personnalité et du monde de cette personne, et que l'inverse est également vrai dans une certaine mesure. C'est comme si ces deux personnes, ou énergies, ou quoi que ce soit d'autre, jouaient un jeu cosmique ici ou à un niveau supérieur. Elles sont manifestement liées, comme si elles étaient les deux parties d'une même énergie. Pour accomplir la volonté ou la loi de Dieu, il faut qu'il y ait des bons et des méchants. Il n'y aurait pas de film décent sans les deux opposés, et il faut espérer que le bien l'emporte toujours sur le mal. Quoi qu'il en soit, Ogmios est en quelque sorte le précurseur de l'Antéchrist, ou du moins celui qui le précède. Il est également intéressant que ce personnage d'Ogmios a plusieurs planètes en Balance, qui (comme le Verseau) est un signe d'air. Par conséquent, ces deux figures opèrent sur les plans mentaux et spirituels. Il y a beaucoup d'air, ce qui pourrait symboliser une bataille aérienne, des missiles, des avions, des communications, des ordinateurs, et d'autres choses de ce genre. Ogmios réunit le Soleil et Neptune, qui est une énergie christique. De plus, Jupiter dans la carte d'Ogmios est un carré direct ou un angle droit avec l'Antéchrist.

"En 1993, la planète entière connaîtra une conjonction très rare d'Uranus et de Neptune en Capricorne. La dernière fois que cela s'est produit, c'était il y a 171 ans, à la mort de Napoléon. Ce personnage d'Ogmios connaîtra sa crise de la quarantaine en 1993. C'est à ce moment-là que cette personne atteint sa majorité ou qu'elle a besoin de passer par une révolution majeure dans sa conscience. D'autre part, la charte de l'Antéchrist se déclenchera à la fin des années 1990s. Il y aura certainement un facteur d'éveil pour l'Antéchrist à ce moment-là. Uranus et Neptune seront dans son signe de naissance, le Verseau, à la fin des années 1990, et Jupiter y sera en 1996-1997. La crise de la quarantaine de l'Antéchrist frappera en 2002 parce qu'Uranus s'opposera à sa propre position dans le thème de naissance au printemps et à l'été de cette année-là. Ogmios expériencera tout cela neuf ans avant l'Antéchrist. Peut-être avait-il besoin d'arriver plus tôt afin d'avoir plus de temps pour faire ce qu'il a à faire".

Il est étonnant que Marc ait pu mettre le doigt sur les similitudes entre ces deux chiffres alors qu'il ne connaissait pas les informations qui se cachaient derrière les deux graphiques. Il les a considérés comme des jumeaux, des opposés ou des images miroir l'un de l'autre. Il a même comparé l'énergie aux rôles de Jésus/Judas, de héros et de méchant.

Mark a ensuite étudié la formulation du quatrain et tenté de localiser les signes dans les éphémérides. Il est rapidement arrivé à la même conclusion que John et Mae : c'est impossible. Il admet que la traduction littérale que Jupiter devait être dans un signe d'eau, mais il n'était pas d'accord avec la conclusion de Mae (24 octobre 2029) parce que le 6 février n'était pas impliqué dans la solution. Il a déclaré que la date de Mae était certainement une possibilité selon un niveau d'observation du quatrain et qu'elle pourrait être significative. Mais il pensait que comme Nostradamus donnant rarement des dates exactes, il n'aurait pas inclus le 6 février à moins qu'il ne soit important. Il pense que pour être fidèle au quatrain, il devait d'abord rechercher cette date dans les éphémérides, et voir ensuite si les autres signes concordent. Il a eu le même problème : cela n'a pas fonctionné jusqu'à ce qu'il localise le 6 février 2002. Voici sa solution, basée sur sa logique et sa connaissance de l'astrologie ancienne :

"Le 6 février, Saturne s'approche d'une station. Cela se produit deux fois par an pour les planètes extérieures, lorsque la planète semble, du point de vue de la Terre, être presque stationnaire. C'est un moment puissant où les énergies planétaires se renforcent pour le meilleur ou pour le pire. À cette date, Saturne est pratiquement immobile. Où se trouve-t-il ? Dans le signe des Gémeaux. On pourrait considérer que c'est une mauvaise position, car lorsque Saturne est dans le signe des Gémeaux, il n'est absolument pas dans le Taureau, comme le mentionne le quatrain. Cependant, le zodiaque tropical occidental que nous utilisons est relié d'une manière différente à ce que l'on appelle le zodiaque sidéral ou constellatif des groupes d'étoiles. À cette date, lorsque Saturne se trouve dans les Gémeaux, les étoiles de la constellation du Taureau sont derrière les Gémeaux. L'étoile clé de la constellation du Taureau est Aldébaran, un énorme soleil géant. Les anciens Perses avaient quatre étoiles principales qui éclairaient les quatre coins de leur ciel. L'une d'entre elles était Aidebaran ou "l'œil droit du taureau". Je crois que Nostradamus était familier avec ce type d'astrologie. Si nous nous disons que Nostradamus pensait plus en termes de constellations qu'en termes de signes, il aurait pu parler de la constellation du taureau et non du signe. Je pense que s'il a dit "Saturne dans le taureau, il pensait en fait à Saturne en conjonction avec Aldebaran, l'œil du taureau. Il est également important que Nostradamus commence le quatrain par Saturne. Il est évident qu'il doit se passer quelque chose avec cette planète. Si l'on veut faire le lien avec l'Antéchrist, il s'agit d'un personnage de type Satan/Saturne, et s'il devait y avoir une sorte de calamité, Saturne devrait avoir une influence importante. En ce qui concerne les autres signes, Jupiter est dans le signe d'eau du Cancer à cette date, mais Mars est en Bélier.; cela n'a rien à voir avec la flèche. Si l'on prend en considération les choses d'un point de vue constellaire, Mars dans le signe du Bélier est relié aux étoiles de la constellation des Poissons, le signe du poisson. C'est la seule partie qui ne marche pas. Mais les signes indiquent quelque chose, avec un alignement fort de la terre, du soleil, de Saturne et d'Aldebaran, la grande étoile d'il y a des milliers d'années qui représente l'œil du taureau."

"Une autre chose qui se produit à ce moment-là, c'est que Mercure, la planète de la communication et du mouvement, s'approche d'une phase. En fait, deux jours après le 6 février, Mercure et Saturne seront tous deux immobiles dans le ciel du point de vue de la Terre. Les énergies du Verseau sont présentes avec Vénus, Uranus, Neptune, le Soleil, la Lune et les nœuds sont tous en Verseau. J'en parle parce que notre bon ami, l'Antéchrist, a un stellium en Verseau dans son thème natal, il a donc beaucoup d'énergie en Verseau. Il semblerait qu'il y ait une sorte de lien."

" Signalons d'autres points remarquables. La première réaction nucléaire en chaîne s'est produite le 2 décembre 1942 à Chicago. Curieusement, plus de 59 ans plus tard, en 2002, Saturne se trouve à la même position dans les Gémeaux (l'œil du taureau). Cette date serait le retour de ce cycle. Bizarrement, lorsque cette énergie a été libérée en 1942, Jupiter était également dans le signe d'eau du Cancer, car lorsque 59 ans s'écoulent d'un événement à l'autre, Jupiter et Saturne reviendront aux mêmes positions. C'est la seule fois où ils le font simultanément. Nous assistons donc à un retour cosmique de la libération de l'énergie nucléaire en février 2002. Il y a un lien entre ces deux dates et la maîtrise de l'atome. Ce n'est qu'un lien, une date, cela ne prouve rien. Cela ne signifie pas qu'il y aura un déplacement des pôles ou une gigantesque conflagration ou quoi que ce soit d'autre à cette date. Il ne s'agit pas nécessairement d'une guerre, mais de l'explosion d'une arme nucléaire. ou même d'un accident nucléaire. Qui sait ? Il pourrait s'agir d'une résolution du problème nucléaire. Les signes nucléaires, mais ce n'est pas forcément mauvais, il pourrait s'agir d'un événement positif. Il se pourrait très bien qu'un travail comme celui-ci permette d'éclairer les possibilités et d'éviter les événements négatifs".

Mark a alors mentionné quelque chose qui avait totalement échappé à mon attention. Nous étions tellement occupés à localiser les panneaux et à les placer aux bons endroits que nous n'avions pas remarqué que le 6 février n'est qu'à un ou deux jours de l'anniversaire de l'Antéchrist. Nostradamus essayait-il sournoisement dans un quatrain de la même manière qu'il avait placé le stellium de naissance dans le SIÈCLE VI-35 au chapitre 12 ? Mark a senti qu'il y avait un lien. Il a dit que l'Antéchrist aurait 40 ans en 2002 et qu'il s'agissait d'un cycle biblique ainsi qu'un cycle de grossesse symbolique. Le soleil et les autres planètes reviennent aux mêmes positions que le jour de sa naissance. Mark commente : "Le soleil revient en plein cœur de la vie de cette personne. Il y a également une conjonction Lune/Pluton en Sagittaire ce jour-là. Nous savons que Pluton est une planète de l'extrême, qu'il s'agisse d'un changement de pôle, d'un événement nucléaire, d'une turbulence psychique et émotionnelle, etc. Mars fera ce que nous appelons un "inconjunct" ou un quinconce, exactement à cinq signes du Neptune de l'Antéchrist ce jour-là. Il s'agit d'une stimulation où quelqu'un pourrait dévier de sa route ou être placé dans une situation extrêmement délicate qui lui pourrait être très difficile. C'est un moment fort où quelque chose pourrait mal tourner."

"Un autre point intéressant est la position de Mars, considérée comme la planète de la guerre et des conflits. Le 6 février 2002, elle sera au carré du Soleil dans le thème des États-Unis, ce qui signifie qu'il y aura des tensions. Ce jour-là, Jupiter sera dans le signe d'eau du Cancer et retournera à sa position d'origine dans le thème des États-Unis, où il se trouvait en 1776 lorsque les États-Unis sont nés. Le thème des États-Unis est donc très énergisé. Même la position de Saturne en Gémeaux est à l'horizon du thème des États-Unis. En 1776, Uranus était en Gémeaux, et le 6 février 2002, Saturne croisera l'Uranus des États-Unis. Uranus régit l'uranium et les événements révolutionnaires, ainsi que les activités liées au nucléaire, les radiations, etc."

"Je tiens à préciser que moi, Mark Lerner, je ne prédis pas de guerre atomique, de déplacement des pôles ou quoi que ce soit d'autre. Je fais simplement des recherches pour votre bénéfice. J'essaie de trouver une date logique basée sur le quatrain et l'astrologie, et de déchiffrer les éléments qui pourraient être liées à cette situation particulière. Je dirais que si vous cherchiez quelque chose et que vous vouliez le trouver dans ce quatrain, il y a beaucoup à trouver. Je vois les liens. Il y a beaucoup de synchronicité avec l'Antéchrist qui a 40 ans, son anniversaire, et les rapports avec l'année 1942 et la libération de l'énergie atomique avec un retour exact de Saturne et de Jupiter à cette même époque. Il s'agit donc d'une période plutôt inhabituelle et mouvementée, mais je ne prédis rien".

Mark Lerner ne s'est pas rendu compte de l'aide précieuse qu'il a apportée. Comment aurait-il pu connaître les implications de son analyse ? Il ne savait rien du contenu des autres prédictions et références astrologiques que Nostradamus nous avait déjà révélées. Il est étonnant qu'alors qu'il travaillait à l'aveuglette, ses remarques étaient très justes. Il ne connaissait pas les nombreuses couches que le grand maître pouvait combiner en un quatrain quand cela l'arrangeait. Il m'est apparu que les quatrains qui se référaient aux événements les plus importants avaient la structure la plus compliquée. Le SIÈCLE VI -35 du chapitre 12 en est un autre exemple ; il faut en éplucher les couches comme un oignon. Il se peut que ces quatrains contiennent encore d'autres informations qui attendent. d'être découvertes par un autre enquêteur.

Je suppose que les deux dates (2002 et 2029) pourraient être exactes. Nostradamus nous donnait la date de naissance de l'Antéchrist. Il nous donnait également l'heure et les conditions par lesquelles il atteindrait son plein pouvoir, alors qu'il pourrait commencer à utiliser la destruction nucléaire. Ceci est similaire au SIÈCLE VI-35 du chapitre 12 qui fait référence à l'Antéchrist utilisant pour la première fois des armes nucléaires au début de l'année 1998. Cela pourrait-il s'accentuer en 2002, alors qu'il sème le chaos dans le monde entier ? Cela pourrait-il faire référence à un accident nucléaire majeur causé par une erreur humaine ou par le déplacement des plaques terrestres, et que l'Antéchrist en profiterait ? Ou s'agirait-il encore, comme le suggère Mark Lerner, de la résolution du problème nucléaire par des moyens pacifiques ? Quoi qu'il en soit, les similitudes et les implications sont remarquables. Il semble également que les États-Unis seront fortement impliqués dans l'événement de 2002.

Il y a de nombreuses couches et de nombreuses possibilités. Il semblerait que la date trouvée par Mark ne ferait pas nécessairement référence à un déplacement des pôles mais à quelque chose de nucléaire, et c'est pourquoi elle n'implique qu'une partie des symboles mentionnés dans le quatrain. La date trouvée par Mae pourrait faire référence au déplacement des pôles et impliquait donc tous les symboles. Sa solution n'avait pas besoin d'incorporer la date exacte du 6 février car cette date avait d'autres significations. Lorsque nous sommes exposés à ce type de manœuvres alambiquées il en résulte un respect révérencieux pour l'esprit merveilleusement complexe de Nostradamus. Et il se peut que nous n'ayons découvert que la partie émergée de l'iceberg. Je me demande si Nostradamus lui-même comprenait pleinement ce qu'il incorporait dans ces poèmes de quatre lignes d'une simplicité trompeuse. Il pensait qu'il ne les avait pas vraiment composées, qu'elles étaient le fruit d'une écriture automatique et qu'elles avaient été littéralement écrites par une main invisible. Peut-être avait-il raison. Peut-être que personne sur Terre n'avait l'esprit capable de coordonner autant de choses en si peu de mots. C'est peut-être la raison pour laquelle les quatrains n'avaient jamais été véritablement déchiffrés jusqu'à présent. Le portail n'était pas encore prêt à être ouvert.

J'ai téléphoné à Mark pour lui faire part de mes conclusions et il a reconnu qu'il s'agissait de possibilités.

Je lui ai demandé si cela faisait une différence que la carte de John pour l'Antéchrist soit pour le 4 et la sienne pour le 5 février 1962. Il m'a répondu qu'il y avait une éclipse solaire totale le 5. En Inde et ailleurs dans le monde, les astrologues prédisaient la fin du monde, en la reliant notamment aux sept planètes du Verseau. Il y a eu deux éclipses très puissantes cette année-là, en février et en août, qui ont dynamisé le Verseau et le Lion, qui sont les signes du nouvel âge du cycle de 2000 ans à venir. Nostradamus avait dit que les éclipses auraient un rapport avec l'Antéchrist, mais il n'a jamais précisé ce qu'il voulait dire. Mark a dit que l'éclipse du 5 février était l'une des plus puissantes jamais observées, du moins de mémoire récente. Il a dit que les gens ne réalisent pas que 1962 a été une année extraordinaire. C'est l'année de la crise des missiles de Cuba, mais aussi de la fondation de Findhorn, en Écosse, en tant que centre de formation à l'illumination ; Il s'agit d'événements positifs et négatifs importants.

Je lui ai dit que sa date de 2002 était importante car Nostradamus avait mentionné à plusieurs reprises que le règne de l'Antéchrist durerait moins que la révolution de Saturne (27 ans). Remarquablement, la date de Mark (2002) et celle de Mae (2029) sont exactement à 27 ans d'intervalle. Avant que Mark ne fasse ses déductions, nous n'avions pas de date à partir de laquelle commencer à compter.

Il a été stupéfait lorsque je lui ai dit que nous étions en contact avec Nostradamus alors qu'il était encore en vie dans les années 1500. Mais, quand je lui ai dit que Nostradamus voyait ses visions dans un miroir d'obsidienne noire, il sursauta. Il s'est exclamé : "Êtes-vous prête pour cela ? Le jour de Noël, un ami m'a offert un morceau d'obsidienne noire pure. Je le regarde en ce moment parce qu'il est là, sur mon ordinateur". Il l'a décrit comme une sphère de la taille d'une balle de baseball. Il est étonnant qu'après avoir reçu l'objet inhabituel, Mae l'ait appelé pour lui demander s'il pouvait travailler sur le matériel de Nostradamus. Il était fasciné par Nostradamus - pas seulement par les quatrains, l'homme - depuis longtemps et avait écrit sur lui dans son magazine. Aujourd'hui, il apparaît qu'il y a bel et bien un lien. Ces synchronicités se sont produites à plusieurs reprises pendant que l'on travaillait sur cette mission. De petits indices ou des affirmations apparaissaient constamment pour faire savoir aux personnes concernées, de manière subtile, que ces connexions étaient censées se produire. Pour quiconque n'est pas impliqué dans le projet, ces synchronicités apparaissent comme des coïncidences. Mais pour le reste d'entre nous, il s'agissait simplement de rappels silencieux que nous étions sur la bonne voie pour accomplir notre destin karmique.

Mae a fait cette déclaration en guise de conclusion à toutes les recherches et à tous les calculs astrologiques :

"Je crois que Nostradamus a peut-être formulé ce quatrain (et très probablement beaucoup d'autres) de manière à inclure le moment de plus d'un résultat possible ou probable. Puisque les résultats dépendent toujours des choix et de la voie empruntée, il a abordé plusieurs dates "probables" qui dépendent de la voie empruntée et des choix faits par les habitants de la Terre. Il n'y a pas de résultats concrets dictés par des configurations astrologiques, mais seulement certains modèles d'énergie qui existent et que nous avons toujours le choix de la manière dont nous les utilisons. Certains schémas peuvent déjà avoir été mis en mouvement, mais comme une main de cartes qui nous est distribuée, c'est à nous de décider comment la jouer. Nous pouvons la jouer intelligemment, ou nous pouvons la donner".

En faisant des recherches sur Nostradamus, j'ai trouvé un vieux proverbe français qui s'applique ici :

Qui vivra verra
"Celui qui vit pour voir saura".

Anti-Christ

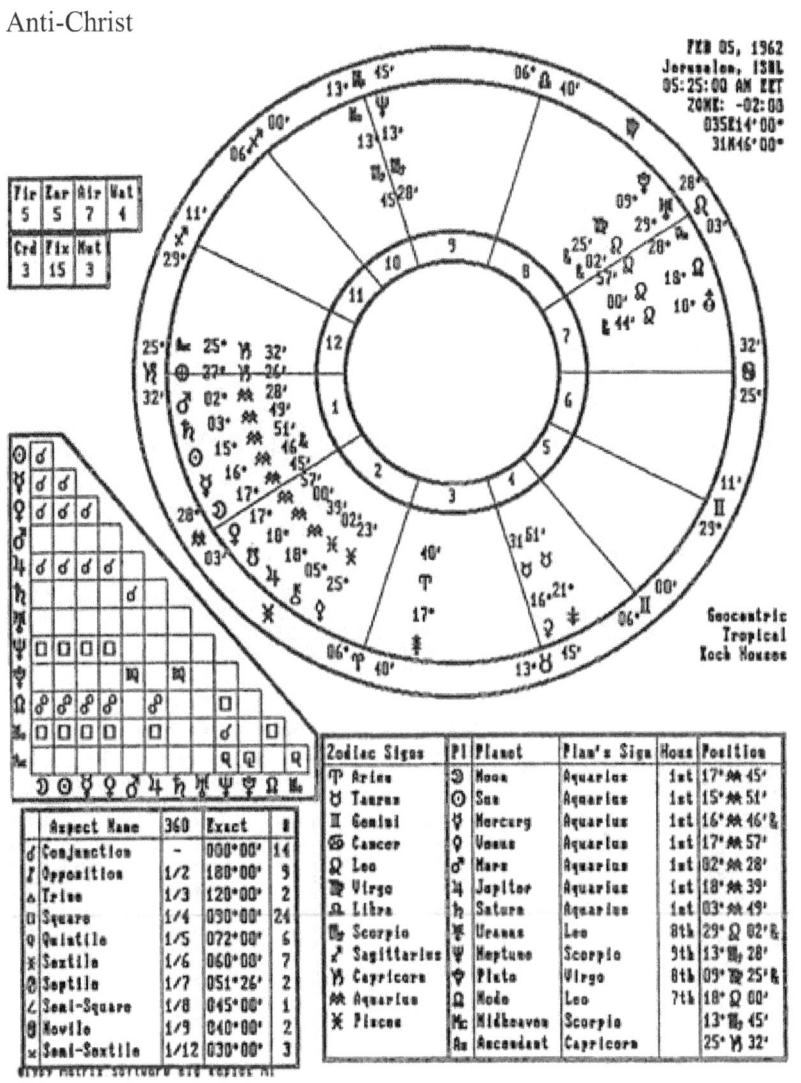

Voici l'horoscope de la date de naissance de l'Antéchrist, le 5 février 1962.

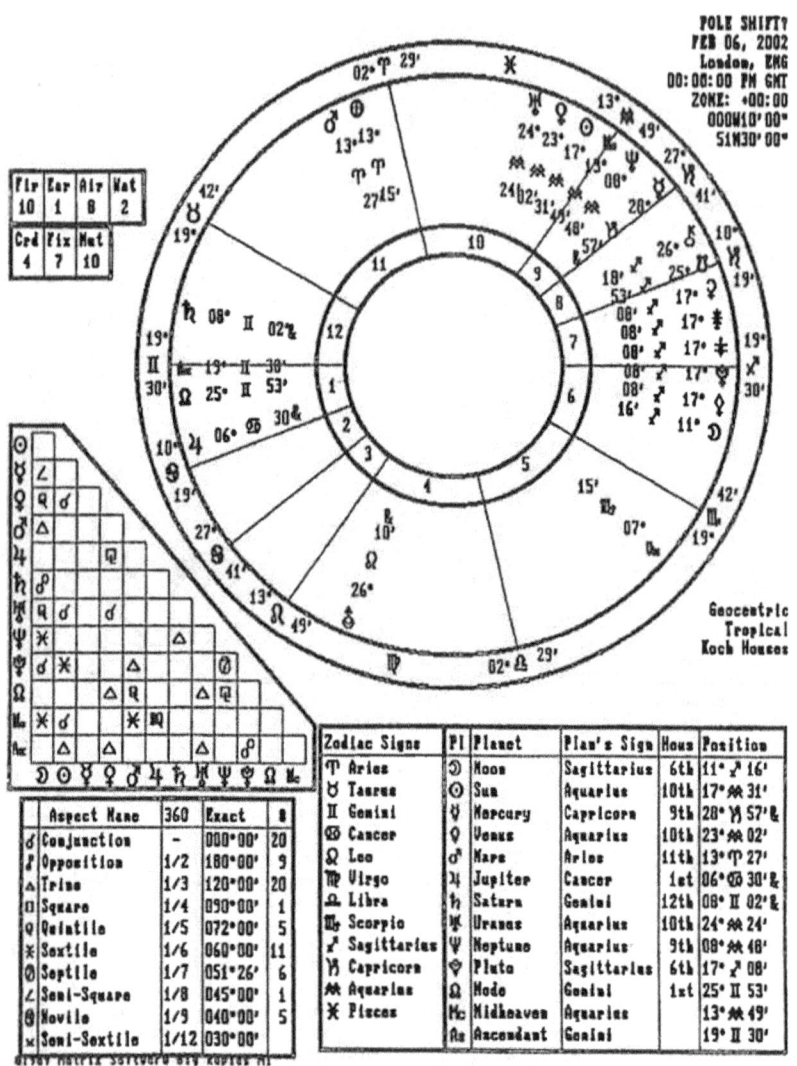

Voici l'horoscope pour une date possible du changement de Terre, le 6 février 2002.

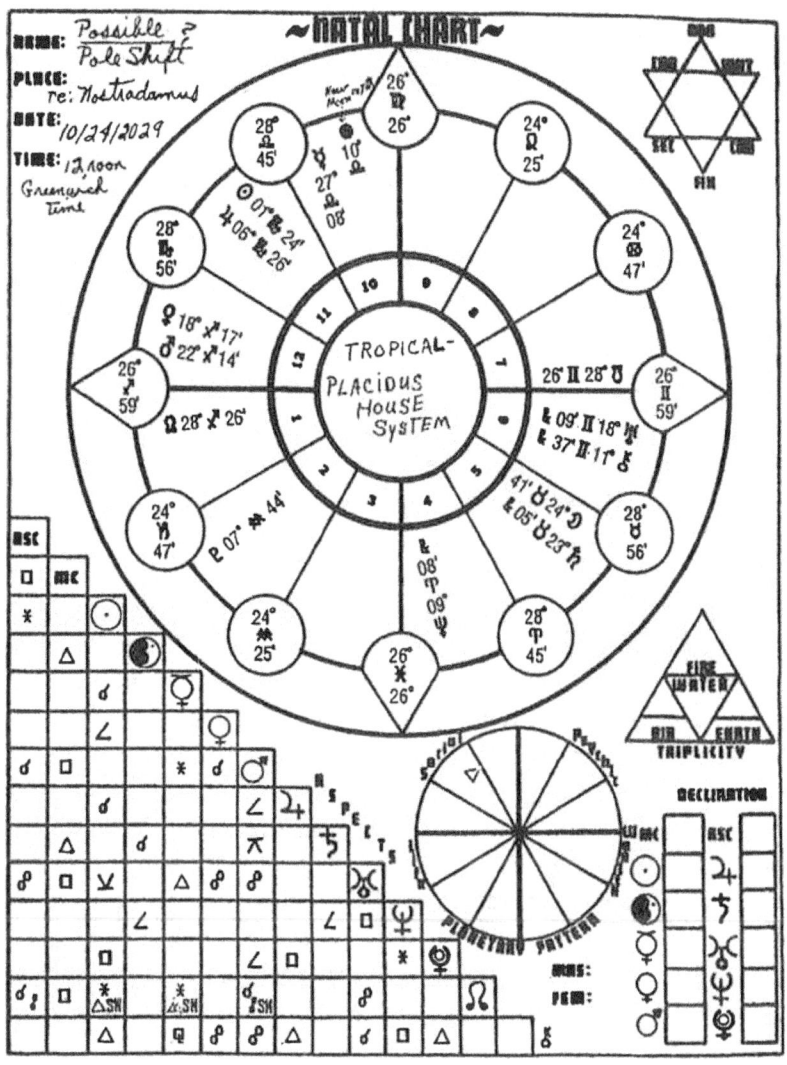

Voici l'horoscope pour une date possible du changement pour la Terre, le 24 octobre 2029.

Chapitre 30

Recherche sur la vie de Nostradamus

APRÈS AVOIR TRAVAILLÉ SUR CE PROJET pendant plus de deux ans, j'ai estimé que les informations ne seraient pas affectées par des recherches sur la vie de Nostradamus. Puisque je l'avais connu personnellement, j'avais l'impression de le comprendre mieux que n'importe quel chercheur moderne ne pourrait l'espérer. J'étais curieuse de voir s'il pouvait y avoir des parallèles entre ce que nous avions découvert à son sujet et ce que les chercheurs d'aujourd'hui avaient découvert et ce que les biographes avaient rapporté. J'avais délibérément attendu la fin de l'année 1988, date à laquelle le premier volume était en cours de publication. Personnellement, je n'avais pas l'impression d'avoir besoin d'une preuve corroborante, car je savais que nous avions été en contact avec le grand homme. Je n'avais aucun doute à ce sujet. L'ensemble des informations qui nous étaient parvenues était une preuve suffisante pour ma confiance en sa réalité et son immortalité. Mais pour le bénéfice des livres et pour les sceptiques, j'ai pensé que je me devais d'essayer de faire des recherches sur sa vie.

J'ai commencé à faire des recherches dans les catalogues de la Bibliothèque du Congrès et l'Université de l'Arkansas a commandé pour moi des livres sur Nostradamus par par le biais de la Bibliothèque du Congrès. Certains de ces ouvrages étaient difficiles à obtenir, d'autres étaient rares, un seul exemplaire étant disponible aux États-Unis. Dans quelques cas, je n'ai pu recevoir qu'une photocopie de l'ouvrage car l'original était trop fragile pour être prêté. Tout cela m'a donné plus de respect pour les faits que j'ai découverts, car le commun des mortels ne se serait pas donné tant de mal pour obtenir des livres obscurs et oubliés, à moins d'être aussi intéressé par la recherche que moi.

Les livres sur Nostradamus se sont multipliés au début des années 1940, probablement en raison du début de la Seconde Guerre mondiale et de l'intérêt renouvelé des gens pour les prophéties en tant qu'espoir pour l'avenir, qui à cette époque, semblait bien sombre. Comme il doit toujours y avoir un équilibre, quelques livres ont également été écrits par des démystificateurs. Il est rare que les gens soient d'accord sur quoi que ce soit, en particulier sur un personnage aussi controversé que Nostradamus. Les sceptiques pensaient qu'il n'était pas un prophète, mais simplement un homme d'affaires avisé. L'un d'eux a suggéré qu'il était un alcoolique et qu'il avait inventé les quatrains en hallucinant dans un état d'ébriété. Un auteur pensait que Nostradamus était un charlatan qui utilisait des termes vagues et des symboles astrologiques pour tromper les gens, en particulier les membres de la famille royale. Cet auteur a ensuite fait un virage à 180 degrés dans la direction opposée pour essayer de prouver que tous les quatrains se réfèrent à des événements contemporains de la vie de Nostradamus. Il a déclaré qu'il s'agissait d'énigmes habilement déguisées que les gens de l'époque de Nostradamus auraient pu résoudre et appliquer aux événements de leur époque. Ce livre entier a été consacré à montrer le lien entre les quatrains, la royauté et les pays d'Europe au cours des années 1500. Parfois, les explications devenaient très laborieuses, l'auteur s'efforçant d'éviter toute référence à l'avenir, ou tout ce qui n'est pas du ressort d'un homme d'affaires avisé ou d'un charlatan. C'est l'un des auteurs que j'ai trouvés qui a dressé un portrait défavorable de Nostradamus. Selon lui, une grande partie de l'histoire de Nostradamus n'est que légende, peu fondée sur des faits.

 Je pensais trouver des réponses à toutes mes questions en commençant à lire sur Nostradamus. Ce ne fut pas le cas. Tous les auteurs modernes répétaient la même histoire, et de petites insinuations sur la vie de l'homme comme s'ils copiaient les informations les uns des autres. Je m'intéressais davantage à leurs sources. L'une d'entre elles, que j'ai pu retrouver, contenait des informations qui n'étaient pas mentionnées dans les livres plus modernes. Il s'agit du livre d'Edgar Leoni, "Nostradamus : Life and Literature. " (non traduit en Français) L'auteur a fait des recherches exhaustives sur tous les aspects de la vie et des œuvres de Nostradamus, et a découvert des sources qui n'ont été mentionnées par aucun autre auteur. Il admet que la vie personnelle du prophète n'est pas toujours bien passionnante et que sa renommée est due à ses quatrains et à l'éternelle énigme qu'ils représentent. De nombreuses confusions existent sur un certain nombre de détails biographiques. Il est impossible de connaître la vérité exacte en raison des divergences dues à la perte ou à la destruction de documents anciens qui en fourniraient la preuve.

Tous les auteurs ont exprimé la même déception intense que j'avais ressentie en commençant à étudier les quatrains. lorsque j'ai commencé à étudier les quatrains. Ils s'attendaient à être mis au défi, mais ils se sont résignés à l'impossibilité de donner un sens à ces énigmes. Dans le livre de James Laver, "Nostradamus, the future foretold" (Non traduit en Français), Après l'examen fastidieux d'un quatrain alambiqué, il remarque : "À ce stade il est probable que le lecteur impatient jettera le livre au loin avec dégoût. Qu'est-ce que c'est que cette jonglerie avec les noms, ces mots grecs retournés à l'envers, ces anagrammes qui signifient deux choses à la fois ? Ne détruisent-ils pas plutôt qu'ils ne renforcent toute croyance possible dans les pouvoirs prophétiques du juif provençal qui, apparemment, en savait tant et ne prenait pas la peine de s'exprimer clairement ?... Je m'attendais à une certaine obscurité, mais la réalité fut pire que je ne l'avais craint. ... Ces strophes de quatre lignes, n'obéissant ni à la prosodie ni à la syntaxe, disposées sans ordre intelligible et hérissées non seulement de mots en une demi-douzaine de langues étrangères, mais aussi d'initiales, d'anagrammes et de noms inventés. de mots dans une demi-douzaine de langues étrangères, mais aussi d'initiales, d'anagrammes et de noms inventés - comment peut-on espérer trouver un sens à une telle publication ? Et si c'était le cas, cela en vaudrait-il la peine ? ... Un grand danger guette celui qui se lance dans l'interprétation des quatrains de Nostradamus. Il s'absorbe tellement dans la fascinante grille de mots croisés du texte, dans la recherche d'indices et de cryptogrammes à la manière de Sherlock Holmes, qu'à la fin, il risque de devenir la victime de sa propre ingéniosité et de voir des liens et des significations là où l'on ne peut raisonnablement pas en trouver. Tous les commentateurs ont succombé dans une certaine mesure à cette tendance".

Il a été rapporté que Jean de Roux, un guérisseur qui, en 1710, a tenté l'interprétation de Nostradamus sur une base scientifique, est arrivé à la même conclusion. Sa première impression, comme celle de tout le monde, fut une déception, et il conclut que l'étude du prophète serait une perte de temps. Mais apparemment, comme tous ceux d'entre nous qui ont été en contact avec le grand homme, il avait été piqué par le virus de la curiosité. Il passa le reste de sa vie à chercher à comprendre les quatrains.

Notre ignorance a peut-être été à notre avantage. Aucune des personnes impliquées dans de notre expérience n'avait fait la moindre étude. J'ai lu le quatrain pour la première fois lorsque j'ai ouvert le livre et que je l'ai lu à haute voix au sujet sous hypnose. Même après l'avoir lu, je n'ai pas été plus éclairée, les énigmes étant trop obscures. Je n'étais qu'une marionnette récitant des vers qui n'avaient aucun sens pour aucun d'entre nous. Je faisais de nombreuses erreurs de prononciation, et ma naïveté à l'égard du sujet mettait souvent à l'épreuve la patience de Nostradamus. Il devint mon sévère professeur, déterminé à faire progresser mon horrible manque d'éducation (à ses yeux). Peut-être avons-nous été choisis pour cette tâche parce que nous n'étions pas gênés par l'immersion totale dans les énigmes, ce qui avait gêné les autres traducteurs. Je les respecte pour leur persévérance et leur patience, mais ce dévouement les a peut-être empêchés d'essayer des interprétations inhabituelles. et d'éventuelles explications farfelues. Ils étaient devenus de tels experts que leur champ d'action s'était rétréci et que des possibilités étranges et nouvelles leur avaient été fermées.

D'un autre côté, nous abordions cette question avec un esprit ouvert. Notre esprit était tellement ouvert qu'il en était vide. Nous étions ouverts à toute explication de Nostradamus, car nous ne savions pas ce que les autres avaient déduit de leur propre intelligence. Peut-être que lorsqu'il m'a approché pour la première fois par l'intermédiaire de son élève, Dyonisos, il était à la recherche d'esprits innocents et sans entraves afin de pouvoir transmettre les véritables définitions de ses visions. Si nous avons involontairement participé à la transmission de ces visions, il se peut que cela fasse partie de cette naïveté. Nous avons été choisis pour faire notre travail sans aucun effort conscient de notre part. Lorsque les choses se sont compliquées et que nous avons essayé de comprendre notre rôle dans tout cela, on nous a dit de ne pas poser de questions parce que cela dépassait de toute façon notre compréhension. C'est probablement pour cette raison que nous avons été choisis.Nous n'étions pas censés utiliser notre intellect, nos pouvoirs humains de déduction, ou notre capacité à résoudre des énigmes. Nous devions réaliser que ces énigmes n'avaient pas été inventées par un être humain, mais qu'elles provenaient d'autres royaumes et qu'elles dépassaient l'entendement des simples mortels. Les réponses devaient venir d'autres dimensions qu'aucun d'entre nous, y compris Nostradamus lui-même, ne pouvait comprendre. Nous étions supposés faire confiance et laisser passer les informations. Nous ne pouvions pas en douter ou les remettre en question car nous n'avions rien pour les comparer. Lorsque j'ai commencé mes recherches, j'ai retrouvé du respect pour la force qui se cachait derrière tout cela. et si j'ai trouvé de nombreuses similitudes avec notre histoire, je n'ai pas trouvé de contradictions.

De nombreuses histoires amusantes ont été attribuées à la vie de Nostradamus, mais on pense aujourd'hui qu'il s'agit en grande partie de récits fictifs. Nostradamus était, après tout, un homme très secret, même de son vivant. C'était un homme qui ne donnait que peu d'informations sur lui-même et qui gardait bien les secrets des autres. Même après la mort de Nostradamus, son fils César a pris soin de ne rien révéler que son père n'aurait pas approuvé, et il n'a donc pas ajouté grand-chose à l'histoire... Il semble y avoir un linceul protecteur qui cache encore l'homme. En fin de compte, nous avons peut-être eu accès à plus de détails de la vie de Nostradamus et avons pu donner une image plus fidèle de sa personnalité que n'importe lequel des biographes qui ont tenté de comprendre l'homme au cours des 400 années qui se sont écoulées depuis sa mort.

Dans le livre de Leoni, on trouve une description physique de Nostradamus qu'il attribue au premier biographe, Jean Chavigny. Voici les mots exacts de l'élève et disciple de Nostradamus au 16ème siècle :

"Il était d'une taille un peu inférieure à la moyenne, d'un corps robuste, agile et vigoureux. Il avait un front large et dégagé, un nez droit et régulier, des yeux gris généralement agréables, mais qui s'enflammaient lorsqu'il était en colère, et un visage à la fois sévère et souriant, de telle sorte qu'à côté de sa sévérité, une grande humanité ; ses joues étaient rouges, même dans sa vie avancée, sa barbe était longue et épaisse, sa santé était bonne et robuste (sauf dans sa vieillesse) et tous ses sens étaient aigus et complets. Son esprit était bon et vif, comprenant facilement ce qu'il voulait ; son jugement était subtil, sa mémoire tout à fait remarquable. Par nature, il était taciturne, il pensait beaucoup et disait peu, bien qu'il parlât très bien en temps et lieu ; pour le reste, il était vigilant, prompt et impétueux, enclin à la colère, patient dans le travail. Il ne dormait que quatre ou cinq heures.

Il louait et appréciait la liberté de parole et se montrait joyeux et facétieux, mais aussi mordant, dans ses plaisanteries".

Leoni a déclaré qu'il existait trois portraits de Nostradamus. Le plus célèbre, réalisé par son fils César sur cuivre, se trouve à la Bibliothèque Mejanes à Aix ; une copie est accrochée près de la tombe du prophète à Salon. La seconde à la bibliothèque de Grasse et la troisième au Museon Arlaten à Aries. Tous ces documents semblent correspondre à la description de Chavigny.

La similitude entre cette description et celles fournies par tous les sujets impliqués dans cette expérience est trop étroite pour être mise en doute. Tous les traits correspondent. John a fait remarquer que c'était un homme de petite taille, qui lui arrivait à l'épaule. Même la personnalité semble être la même. Il ne fait aucun doute dans mon esprit qu'ils ont tous vu le même homme, et que cet homme était le maître authentique lui-même. Une telle coïncidence ne peut même pas être manifestée, les probabilités l'excluent totalement.

Ce qui suit est une compilation des diverses informations biographiques contenues dans les livres, ainsi qu'une comparaison avec ce que nous avons découvert. Pour une recherche plus approfondie, il est suggéré de consulter la bibliographie. Certains de ces ouvrages sont difficiles à obtenir, mais peuvent être trouvés par le biais de prêts interbibliothèques dans les universités et bibliothèques coopérantes.

Michel de Notredame serait né le 14 décembre 1503, selon l'ancien calendrier julien (23 décembre selon le calendrier grégorien), mais il nous a dit qu'il s'agissait peut-être d'une erreur. Il était issu d'une famille juive, mais dans sa région de France, tous les Juifs ont été forcés de se convertir à la foi catholique et d'être baptisés. Le jeune Michel a été élevé par son grand-père. et l'on soupçonne qu'il a appris les mystères interdits de la kabbale en même temps que ses autres études. À l'époque, la médecine était étroitement liée à l'astrologie et à la magie.

Il entre très tôt à l'université d'Avignon. Il est très en avance sur les autres étudiants, notamment en ce qui concerne les questions relatives aux étoiles et les autres phénomènes naturels, qui relevaient à l'époque de la philosophie. Il partagea avec ses condisciples nombre de ses opinions hérétiques : la Terre était ronde comme une boule, les planètes et la Terre tournaient autour du soleil. Il était en avance sur les croyances scientifiques de l'époque. Près d'un siècle plus tard, Galilée serait persécuté pour de telles opinions.

Il avait une excellente mémoire et une passion absolue pour l'apprentissage. On dit qu'à de nombreuses reprises, il a déconcerté ses instructeurs, en particulier dans la matière de la philosophie. Il lui suffisait de lire un chapitre une fois pour le répéter avec exactitude. Ceci est remarquable car, à cette époque, une phrase courte était composée d'environ 25 lignes d'impression, la ponctuation était rare et les paragraphes étaient peu nombreux. C'était une époque où l'éducation mettait l'accent sur la mémoire. Une telle capacité a impressionné ses professeurs et a suffi à donner au jeune Michel la meilleure notation en tant qu'élève.

Il est envoyé à Montpellier pour devenir médecin. À l'époque, on étudiait les sciences physiques, la physiologie et l'anatomie en s'appuyant sur Aristote. On apprenait l'histoire naturelle en étudiant Pline et Théophraste, et la science médicale en lisant Hippocrate, Galien, Avicenne, et d'autres. Cela explique pourquoi Nostradamus était si impatient face à mon manque de connaissance des Grecs anciens. Ils avaient été le pilier absolu de son éducation.

Après avoir suivi les cours, il a également enseigné. Il est à peine devenu médecin qu'une épidémie de peste s'abat sur la ville. La peste n'est pas toujours la fameuse "peste noire", mais était un terme qui désignait tout ce qui était contagieux, et pouvait désigner des maladies telles que la rougeole, la varicelle, la diphtérie ou la coqueluche. Mais à cette époque où les connaissances médicales étaient archaïques, ces maladies mortelles n'étaient pas considérées comme des maladies infectieuses. Mais à cette époque où les connaissances médicales étaient dépassées, ces maladies mortelles se sont répandues comme une traînée de poudre. Alors que d'autres médecins fuyaient la ville malade, il resta pour combattre la peste, et a connu un succès extraordinaire, sans que personne ne comprenne pourquoi. C'était et c'est toujours un sujet de spéculation. Il semblait avoir utilisé des méthodes peu orthodoxes pendant toute la période où il a exercé son métier. Ces méthodes n'ont jamais été comprises ou répétées par ses collègues. L'un de ses premiers biographes prétendait qu'il possédait une poudre mystérieuse qu'il utilisait pour purifier l'air. S'agissait-il d'une sorte de désinfectant ? Il a été dit qu'il expérimentait constamment diverses combinaisons mystérieuses de médicaments. En raison de ses remèdes non autorisés et secrets, il n'était pas apprécié de ses confrères. Il était déjà mauvais pour lui d'utiliser des méthodes peu orthodoxes, mais il était inexcusable qu'il soit capable de faire des guérisons avec ces méthodes. Le refus de Nostradamus de saigner le patient, une forme de traitement très répandue, était un sujet de discorde particulier. Nostradamus estimait que cela affaiblissait le patient.

Après la peste, il lui est difficile de reprendre l'enseignement. Il a trouvé contraignant de continuer à enseigner la médecine traditionnelle alors qu'il avait connu un tel succès avec ses propres méthodes. Il quitta l'université et commença à voyager.

Il s'est finalement installé à Agen, où il s'est marié et a eu deux enfants. On a dit qu'il était si heureux qu'il aurait probablement passé le reste de ses jours à Agen, et que les quatrains n'auraient peut-être jamais été écrits. Mais le destin est intervenu sous la forme d'une peste redoutée, et sa femme et ses enfants sont morts malgré tout ce qu'il a pu faire. J'ai le sentiment que nous étions en possession d'informations que les biographes n'ont pas eues. Selon Dyonisos, Nostradamus était parti soigner d'autres personnes quand sa famille est tombée malade, et quand il est revenu, il était trop tard pour les aider. Ses ennemis disaient que leur mort était le paiement de sa vanité et de sa prétention.

Le monde entier de Nostradamus a été détruit par leur mort et il est redevenu un vagabond. À la fin des années 1530 et au début des années 1540, il voyagea beaucoup pendant huit ans.

Il a voyagé en dehors de la France, mais personne n'a jamais été sûr de tous les endroits qu'il a visités. Peu de récits écrits ont été conservés. On a émis l'hypothèse qu'il avait consulté divers groupes de savants : alchimistes, astrologues, philosophes et hommes qui pratiquaient la médecine mais aussi de la magie. Une grande quantité de connaissances scientifiques et philosophiques, qui n'avaient jamais reçu l'aval de l'Église, étaient censées être transmises par l'intermédiaire de sociétés secrètes. Les scientifiques qui travaillaient au sein de ces groupes secrets étaient des hommes qui ne voulaient pas être liés par l'étroitesse du dogme théologique. C'est peut-être à cette époque de sa vie que Nostradamus s'est rendu à Malte pour s'entretenir avec les Arabes qui y vivaient. (Ce voyage a été mentionné au chapitre 20.) Il nous a dit que c'était dans sa jeunesse, mais qu'il ne voulait pas en parler parce que cela lui causerait sans doute des ennuis si cela se savait. On pense que c'est au cours de cette période de sa vie que son don de prophétie a commencé à se manifester. Il a essayé de garder cette capacité cachée, mais cela est devenu de plus en plus difficile parce qu'elle était souvent spontanée.

Plusieurs autres épidémies de peste l'occupent au cours de ses pérégrinations en France. Il doit également faire face à des médecins rivaux qui l'accusent ouvertement de pratiquer la magie et le qualifient de sorcier. À l'époque où Nostradamus a vécu, les astrologues étaient tenus en haute estime, mais les sorcières n'étaient pas tolérées et étaient éliminées par divers moyens, notamment le bûcher. Les accusations portées contre lui n'ont pas causé beaucoup d'ennuis, car la population était trop reconnaissante de ses guérisons pour s'inquiéter de la manière dont il y parvenait.

En 1547, à l'âge de 44 ans, il se lasse de l'errance et décide de s'installer à Salon. Il tente à nouveau de se marier, cette fois avec une veuve. Salon n'est pas assez grand pour l'inonder de patients, et on pense qu'il aurait peut-être eu des élèves pendant cette période. Les biographes ne mentionnent que Jean Chavigny comme élève. Ils disent que presque tout ce que l'on sait sur le grand maître vient de lui, puisqu'il a écrit sur Nostradamus après sa mort. Il est mentionné comme élève et disciple, et ils pensent qu'il a peut-être encouragé Nostradamus à écrire les prophéties et, plus tard, à les présenter au monde, D'autres biographes ne sont pas d'accord. Ils pensent que Chavigny s'est peut-être donné plus d'importance qu'il n'en mérite car il n'est même pas mentionné dans le testament de Nostradamus. Je suis enclin à d'être d'accord. Je pense qu'il pourrait s'agir de la période où Dyonisos et les autres vivaient avec Nostradamus et étudiaient sous sa direction. Dyonisos a déclaré qu'il y avait entre 25 et 30 étudiants qui s'entraînaient avec lui au cours des années. Selon Dyonisos, Chavigny n'est arrivé que plus tard. Il dit que pendant les dix dernières années de sa vie, Nostradamus a commencé à écrire et est devenu plus reclus. Il n'a donc pas enseigné à cette époque de sa vie. Apparemment, Chavigny est resté avec lui après que les autres soient partis chacun de leur côté.

Le fait qu'aucun autre élève ne soit mentionné dans les biographies expliquerait le secret de Dyonisos et son hésitation à parler de Nostradamus lorsque nous l'avons contacté pour la première fois. Cela expliquerait aussi pourquoi Nostradamus n'a pas accordé à Chavigny l'importance qu'il croyait avoir. Je pense que Chavigny a surestimé son propre rôle auprès du maître et que son importance n'existait que dans son propre esprit. Parmi tous ses élèves, pourquoi

Nostradamus aurait-il privilégié Chavigny simplement parce qu'il était le dernier ?

Plusieurs biographes ne sont pas d'accord sur le nombre d'enfants que Nostradamus a eus et sur leur sexe. Les dates de leur naissance ne sont pas connues. Chavigny dit qu'il y a eu six enfants, trois garçons et trois filles. Garencieres dit trois fils et une fille. Dyonisos dit qu'il en a eu trois, mais il pourrait s'agir du nombre d'enfants de Nostradamus avait à l'époque où Dyonisos étudiait avec le maître. L'aîné serait César, qui peignit le portrait de son père et fut également écrivain. Dans les écrits de Nostradamus, il y a une célèbre lettre qui aurait été écrite à son fils alors qu'il était bébé, en 1555. Nostradamus s'est marié en 1547. A-t-il attendu huit ans avant d'avoir son premier enfant, puis en a-t-il eu six en tout ? Il aurait eu une cinquantaine d'années à ce moment-là. Cela m'a gêné car cela ne correspondait pas à notre histoire. John a vu Nostradamus tel qu'il se préparait pour célébrer l'anniversaire de son premier né. Il avait du mal à lire la date sur l'horoscope que préparait Nostradamus, car les chiffres étaient écrits différemment, mais il pense qu'il s'agit soit de 1551, 1557, soit de 1541, 1547. J'ai commencé à me demander si César était bien son premier né, ou s'il y en avait eu un autre avant lui. Il s'agissait d'une spéculation sauvage jusqu'à ce que je trouve la citation suivante dans le livre de Leoni : "Nostradamus a laissé derrière lui six enfants, trois garçons et trois filles. ... En plus de ces trois fils (César, André et Charles), il faut mentionner un fils fictif, appelé généralement Michel le jeune. On dit qu'il a tenté, sans succès, de suivre les traces de son père, et on lui attribue divers éléments de littérature occulte."

Leoni dit qu'il y a plusieurs références à ce fils aîné, qui a été tué plus tard par un soldat, mais on ne sait pas s'il a existé. ou non. Jaubert, le premier biographe après Chavigny (1656), écrit que Michel est le fils aîné et César le second. Serait-ce le petit garçon dont Nostradamus se réjouissait tant ? Ou est-ce que j'essaie seulement de justifier les informations que nous avons obtenues ? Peut-être que personne ne le saura jamais avec certitude. Parmi les autres fils, César est le seul à s'être marié, mais il n'a pas eu d'enfants. Les trois filles se sont mariées et il se peut que des descendants de Nostradamus soient encore en vie.

À Salon, Nostradamus commence également à écrire. Il est le premier à publier un almanach de prévisions météorologiques lorsque son petit livre est publié en 1550. Il rédige ces almanachs régulièrement pendant plusieurs années.

Il travaillait sur les quatrains depuis plusieurs années et la première édition des Centuries fut publiée en 1555. Chavigny dit que Nostradamus a lutté en son for intérieur pendant un certain temps pour prendre la décision de les publier ou non. Finalement, son désir d'être utile au public l'emporta sur sa crainte du ridicule ou de la persécution. Les autorités catholiques censuraient toute la littérature et devaient consentir avant que quoi que ce soit ne soit imprimé. Elles donnèrent leur accord après s'être assurées que rien dans les quatrains n'allait à l'encontre de leur religion. Son premier livre ne contenait que trois siècles complets et 53 quatrains du quatrième siècle. Le succès fut immédiat, ce qui est difficile à comprendre, car aucune des prédictions ne s'était encore réalisée et elles étaient considérées comme des énigmes impénétrables. Leur popularité repose peut-être sur la fascination des gens pour les énigmes, mais cela a fait de Nostradamus une célébrité, le plongeant dans la notoriété. Dans la préface de cette publication, il explique la raison de son obscurité délibérée. Il avait volontairement dissimulé le sens de ses prophéties afin qu'elles ne soient pas déchiffrées trop tôt et qu'elles ne lui causent pas d'ennuis. Il a déclaré qu'il aurait facilement pu dater tous les quatrains, mais cela aurait offensé les gens au pouvoir et aurait fait retomber l'accusation selon laquelle il était de mèche avec le diable. Cela correspond à ce qu'il nous a dit. Il savait qu'il était constamment sous suspicion et d'être accusé d'être un sorcier.

À son époque, le sort d'un homme repose souvent sur le mécontentement de l'Église. Les déclarations discourtoises, écrites ou orales, sur la royauté étaient considérées comme des insultes et étaient sévèrement réprimées. Comprendre les circonstances dans lesquelles Nostradamus vivait, il est facile de voir pourquoi il a ressenti le besoin d'accompagner ses prophéties de symboles et de doubles sens. Il est même étonnant qu'il les ait écrites du tout. Il a dû ressentir le besoin impérieux de les transmettre aux générations futures, compte tenu du danger qu'il courait en les écrivant et en osant les publier. Il a permis de les considérer comme des énigmes, en espérant que d'autres, à l'avenir, en déchiffreraient le sens profond.

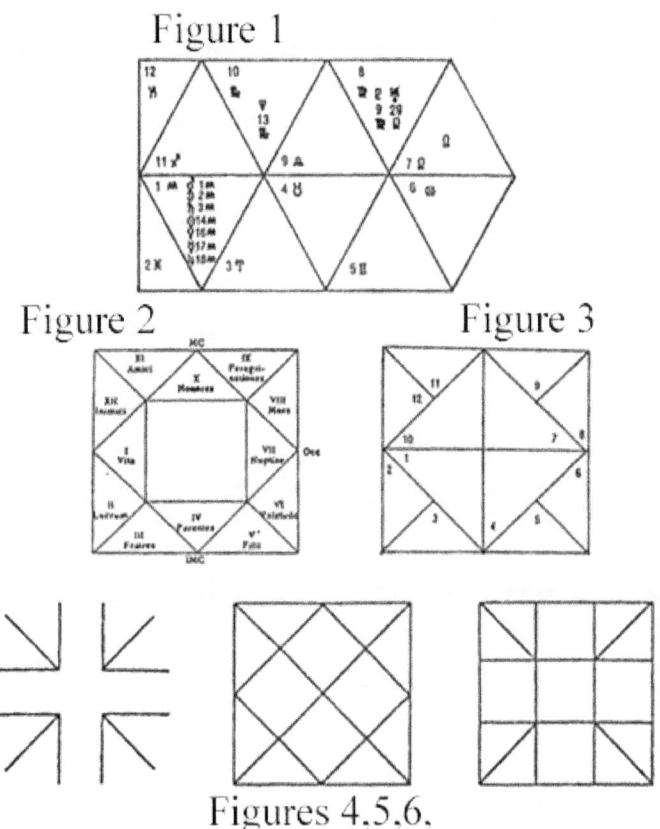

Figure 1. Horoscope utilisé par Nostradamus pour l'Antéchrist. John l'a reproduit à son réveil et a déterminé qu'il se référait au 4 février 1962.
Figure 2. Horoscope commun utilisé dans les années 1500 et dont on sait qu'il a été utilisé par Nostradamus.
Figure 3. Horoscope que Nostradamus a utilisé pour son fils nouveau-né et que John a reproduit à son réveil.
Figures 4, 5, 6. Dessins géométriques courants utilisés pour les horoscopes qui datent de l'époque romaine, islamique et byzantine.

Il est également vrai qu'il a attiré l'attention du roi Henri II et de Catherine de Médicis. Catherine avait un intérêt pour l'occultisme qui était presque une manie. Dès l'enfance, elle a été entourée d'astrologues et d'autres personnes impliquées dans des pratiques étranges, voire magiques. En 1556, Nostradamus est invité à venir à Paris. Il rendit une courte visite au roi, puis se rendit auprès de Catherine. L'une des choses qu'elle lui demande est de faire l'horoscope de ses enfants. Citation de James Laver : "Si nous croyons en Nostradamus, nous devons croire qu'il savait tout à leur sujet.. ... Pour l'instant, son problème n'était pas de voir mais de dissimuler, de prononcer un véritable oracle sans offenser la Reine. On sait qu'elle avait des ambitions pour ses fils à l'extérieur et à l'intérieur de la France. Il se contenta de lui dire qu'ils seraient tous rois". C'est presque exactement ce que Nostradamus lui-même nous a raconté à propos de cette visite. Il a dit que c'était comme de marcher sur une corde raide au-dessus d'un foyer.

Dans le livre de M. Laver, il est fait mention d'un incident impliquant Catherine de Médicis qui m'a semblé très familier, parce que Nostradamus nous en avait parlé. Mais dans son livre, l'incident est censé s'être produit avec un autre astrologue, Cosmo Ruggemini, qui était l'un des favoris de Catherine et supposé être un scélérat. L'incident était une célèbre séance de spiritisme, connue sous le nom de "Consultation du miroir magique", qui s'est déroulée au château de Catherine. De nombreux magiciens utilisaient des miroirs dans leurs rituels, surtout en Italie, et elle était donc familière de cette pratique. L'un de ses biographes a rapporté la séance en détail. Une cérémonie a été organisée qui invoquait l'ange Anaël, et la reine vit, dans le verre, les images de ses fils. La similitude entre ce récit et ce que nous a dit Nostradamus est trop frappante pour être une coïncidence. Cela signifie-t-il que c'est Nostradamus et non Ruggieri qui a montré à la Reine ses fils et lui a prédit leur avenir ? Les faits se seraient-ils embrouillés au fil des ans ? ou bien des intrigues de cour ou d'autres raisons ont-elles conduit à attribuer l'événement à l'astrologue préféré de la reine ? Dans le livre d'André Lamont, "Nostradamus Sees All" (non traduit en Français), Andre Lamont mentionne également cette séance et l'attribue aussi à Nostradamus. C'était la première fois que je trouvais des témoignages sur un miroir magique et j'ai eu froid dans le dos en réalisant qu'un tel miroir avait réellement existé. Plus tard j'ai trouvé une gravure de Nostradamus montrant à Catherine de

Médicis les images de ses fils dans un miroir. Cela ressemble à un miroir traditionnel, mais il aurait pu s'agir d'une interprétation de l'artiste. C'est une corrélation étonnante qu'un miroir soit même mentionné en relation avec les prédictions de Nostradamus. Je me suis également demandée qui était l'ange Anaël qui avait été invoqué.

Après la visite de Nostradamus à la royauté, sa renommée s'est répandue, ainsi que les mensonges et les histoires absurdes qui ont commencé à circuler à son sujet. Un groupe d'imitateurs s'est dessiné qui publièrent des faux sous son nom dans le but de le discréditer, et nombreux sont ceux qui le jalousèrent. Lorsque sa santé commença à se dégrader, ces petites tracasseries le rendirent amer. Il n'est donc pas étonnant qu'il n'ait pas voulu nous révéler des détails personnels de sa vie. Nostradamus essaya d'oublier ces insultes en préparant la publication de la deuxième édition des Centuries. La préface, dédiée au roi, était aussi difficile à lire et aussi obscure que les quatrains. Elle est censée être une série de calculs élaborés basés sur la chronologie biblique. Certains auteurs ont dit qu'il s'agissait d'une autre des énigmes et des astuces de Nostradamus, et que la préface cache un code d'interprétation et d'ordre des quatrains. Ils prétendent qu'il a donné la clé du code au roi Henri II et à Catherine de Médicis. D'autres auteurs pensent qu'il ne s'agit que de spéculations.

Dans ses commentaires (dont sa lettre à son fils César), Nostradamus parle de conversations avec des anges et des démons. Il dit avoir vu des esprits lumineux ou des apparitions chatoyantes. John se voyait lui-même comme une figure lumineuse. Nostradamus a également écrit qu'il a entendu une voix venant des limbes qui l'a aidé à faire ses prophéties. Quelle meilleure description du lieu de rencontre privilégié ? Il s'agissait certainement de limbes, un lieu sans forme ni substance. Tous mes sujets qui ont participé à ce projet ont dit qu'ils pouvaient m'entendre mais.ne me voyaient pas. Était-ce ma voix ou celle des autres qu'il entendait venir de la brume grise ? Nostradamus croyait que si un prophète était vraiment inspiré par Dieu, il recevrait un mentor divin, c'est-à-dire un ange, un démon, un génie, ou tout ce qui est nécessaire, afin de lui fournir la connaissance qu'il recherchait. Je me demande dans quelle catégorie nous sommes tombés ? J'espère que c'était du côté des anges, car nous n'avons jamais voulu faire de mal à ce grand homme. Nous avons le sentiment d'avoir été sollicités par sa recherche persistante pour comprendre ses visions.

En 1564, le roi Charles IX, sa mère, Catherine de Médicis, et un immense entourage viennent à Salon pour voir Nostradamus. espérait toujours des prédictions positives concernant ses fils, mais Nostradamus n'est pas en mesure de les lui fournir. Nostradamus était maintenant un vieil homme et si malade qu'il ne pouvait plus éditer la nouvelle des Centuries qu'il préparait. Il était bien conscient qu'il devait tout terminer avant de mourir.

Après 60 ans, sa santé a commencé à se dégrader en raison de graves crises de goutte qui se sont transformées en arthrite. Dans le livre de Charles Ward, Oracles of Nostradamus, (L'oracle de Nostradamus, en Français),l'auteur dit que la 63e année d'un homme - ou le climactère, comme on l'appelait était une étape très importante dans la vie d'un homme dans les temps anciens. On croyait que quelque chose de dramatique pouvait se produire au cours de cette année de vie parce qu'elle était considérée comme une extrême vieillesse. Si un homme parvenait à dépasser cette année critique, il vivrait encore longtemps. Cela ressemble à de la superstition, mais ils fondaient cette croyance sur la vie de personnes célèbres.

Les effets invalidants de la goutte et de l'arthrite rendent les déplacements de Nostradamus de plus en plus difficiles. En raison de son inactivité forcée, il commença à souffrir d'hydropisie, et sait qu'il n'a plus beaucoup de temps à vivre. L'hydropisie se définit comme une accumulation anormale de liquide dans les cavités et les tissus de l'organisme. Il s'agit d'un terme obsolète pour désigner l'œdème moderne. Il a rédigé ses dernières volontés et a donné des instructions pour son enterrement. Il a dit qu'il ne souhaitait pas, même après sa mort, être foulé aux pieds par les habitants de Salon, il demanda donc à être enterré debout dans le mur d'enceinte de l'église des Cordeliers. Il fait venir un prêtre pour entendre sa confession et lui faire administrer les derniers sacrements. Il dit ensuite à Chavigny qu'il ne le verrait pas vivant au matin. Fidèle à sa dernière prédiction, il est mort pendant la nuit. En tant que médecin, il savait sans aucun doute, d'après ses propres symptômes, qu'il était en train de mourir. L'hydropisie (œdème) était devenue si grave qu'il avait du mal à respirer. au lieu de dormir dans son lit, il dormait assis sur un banc au pied du lit. En fait, il est mort par asphyxie. C'était l'équivalent de se noyer dans ses propres fluides. Dyonisos a correctement identifié la cause de la mort de Nostradamus, bien qu'il ne connaisse pas le nom de l'affection.

Nostradamus est mort le 2 juillet 1566, l'année de son apogée. Le lendemain, il est porté à l'église pour être enterré dans le mur, comme il l'avait ordonné. Sa vie avait été si mystérieuse qu'une rumeur commença à circuler parmi les gens de Salon qu'il n'était pas vraiment mort, mais qu'il s'était fait enfermer dans une armoire magique afin d'achever ses prophéties. Ils collaient leurs oreilles au mur du tombeau et croyaient l'entendre se déplacer à l'intérieur. Beaucoup croyaient qu'il avait été enterré avec la clé manuscrite de ses prédictions et les 48 quatrains manquants du Siècle VII, mais personne n'avait le courage d'ouvrir le tombeau.

Pendant la Révolution française, l'église des Cordeliers est détruite. Ses restes ont ensuite été transférés dans l'église Saint-Laurent, et en 1813, une nouvelle plaque a été placée sur la crypte. Mais aucun manuscrit n'a jamais été découvert.

A sa mort, Nostradamus a laissé près de cinq millions de francs papier et une fortune considérable en biens personnels. A cela s'ajoutent des dons à l'église des Cordeliers et à des amis nécessiteux. Son testament, publié dans le livre d'Edgar Leoni, précise tous les legs particuliers, les sommes d'argent à donner à sa femme et à ses enfants, après leur mariage, ainsi que l'aliénation de certains meubles. Les exécuteurs testamentaires ont reçu pour instruction de rassembler tous les livres, lettres et papiers du défunt, sans les trier ni les cataloguer, mais de les attacher dans des paquets et des paniers et de les enfermer dans une pièce de la maison. Plus tard, ils seraient remis à l'un de ses fils lorsqu'il serait en âge de les étudier et de les comprendre. Il laissa l'astrolabe en cuivre (que John avait vu) à son fils César, ainsi qu'un grand anneau d'or.

J'ai trouvé une note inhabituelle dans le testament qui pourrait avoir un rapport avec l'histoire que nous avons découverte. Nostradamus avait compté tout son argent et en avait dressé une liste minutieuse. Les exécuteurs testamentaires avaient pour instruction de vérifier cette liste et de placer les pièces dans trois caissons ou coffres situés dans la maison. Ils devaient ensuite prendre possession des clés des coffres.

Curieusement, il a laissé à sa fille Madeline deux coffres en noyer qui se trouvaient dans son bureau, "ainsi que les vêtements, bagues et bijoux qu'elle trouvera dans lesdits coffres, sans qu'il soit permis à quiconque de voir ou de regarder ce qui s'y trouvera". Elle n'a pas eu à attendre sa majorité, comme le prévoyaient les autres legs. Il semble étrange que, d'une part, il ait demandé aux exécuteurs testamentaires de compter l'argent et de prendre des clés, alors que d'autre part, personne n'était autorisé à voir ce qu'il y avait à l'intérieur de ces coffres. L'un d'eux pouvait-il être le coffre que John avait vu dans l'étude ? Celui dont Nostradamus nous a dit qu'il contenait des trésors antiques, des antiquités romaines et des pièces de monnaie qu'il avait trouvées dans sa jeunesse ? Ou bien l'un d'entre eux contenait-il le miroir magique et d'autres objets de l'attirail magique ? Lorsque nous avons posé des questions sur le coffre, il nous a répondu que cela ne nous concernait pas. C'est ainsi qu'il est resté secret jusqu'à sa tombe, ne permettant à personne d'autre qu'à sa famille de fouiller dans son précieux coffre ou de répertorier ses papiers personnels.

L'élève de Nostradamus, Jean Chavigny, a déclaré avoir consacré 28 ans de sa vie (après la mort de Nostradamus) à éditer les Centuries avec des notes. Il a dit avoir rassemblé douze livres des Centuries, dont les volumes VII, XI, et XII sont imparfaits. Les Présages ont été recueillis par Aimes et réduits en douze livres en prose. Dans sa préface, Nostradamus dit que ces livres expliqueraient plus clairement les lieux, les temps et les conditions des désastres de ses prophéties. Les quelques Présages qui sont aujourd'hui imprimés ne contiennent que 143 quatrains en vers, ce qui laisse supposer que ceux en prose ont disparu. Serait-ce là une autre raison pour laquelle Nostradamus a voulu interpréter ses quatrains en prose à notre époque, car les originaux n'ont pas survécu ?

Dans son livre "Nostradamus Speaks"(Non traduit en Français), Rolfe Boswell décrit une méthode d'astrologie inhabituelle utilisée par Nostradamus. Nostradamus appelait sa carte le Grand Romain. Une figure oblongue ressemblant à un cercueil et représentant le "Sépulcre du Grand Romain".est formée en traçant des lignes à partir des voyelles des mots latins Floram Patere. Ces deux mots de six lettres sont placés autour des douze lignes du zodiaque. En utilisant cette formule pour étayer sa connaissance de l'astrologie judiciaire, Nostradamus aurait élaboré ses calculs et ses prophéties". Serait-ce là le dessin géométrique que John l'a vu utiliser pour l'horoscope de l'Antéchrist ? Aucun des astrologues que j'ai consultés n'a pu identifier le dessin du "Grand Romain". Peut-être que quelqu'un quelque part a la réponse.

Dans le livre de Leoni, il y avait un dessin d'un horoscope que Nostradamus avait fait lui-même. C'est le seul exemple connu de sa méthode qui ait survécu. Lorsque je l'ai vu pour la première fois dans le livre, j'ai été surprise parce que lorsque je l'ai comparé au dessin de John de l'horoscope de Nostradamus pour son fils nouveau-né, ils se ressemblaient remarquablement. et Nostradamus nous a dit qu'ils (les deux exemples donnés dans ce livre) étaient des méthodes utilisées par les anciens. Ils n'utilisaient pas la roue de l'horoscope, qui est si courante aujourd'hui.

Dans une lettre à son fils aîné César, il écrit qu'il a brûlé d'anciens manuscrits occultes après en avoir bien assimilé leur contenu. Boswell indique que les anciens biographes sont d'avis qu'il pourrait s'agir d'anciens textes provenant d'Égypte et de Babylonie après la captivité, et qu'ils ont été transmis à Nostradamus par ses ancêtres juifs. Cela est considéré comme possible parce que lorsque les Romains ont détruit le Temple de Jérusalem, ils ont découvert que les documents les plus sacrés avaient disparu. Mais bien sûr, Nostradamus a pu rencontrer certains de ces manuscrits interdits au cours de ses voyages. Il a déclaré que le livre qu'il a compilé sur les données astrologiques contenait des informations datant de l'époque de l'ancienne Égypte et de babylone.

Dans son livre, Leoni explique que jusqu'au 19e siècle, une personne devait avoir un énorme bagage d'études, y compris la maîtrise de plusieurs langues, la géographie classique et médiévale, et la mythologie, pour essayer de comprendre les prophéties. En fait, le lecteur devait avoir les mêmes connaissances que Nostradamus. Mais au cours des 100 dernières années, de nombreux livres de référence ont été rédigés, ce qui a simplifié cette tâche.

Il est intéressant de noter que quelques-uns des auteurs que j'ai étudiés au cours de mes recherches ont mentionné les quatrains d'Hadrien (voir chapitre 8). L'un d'eux a correctement identifié l'anagramme "Hadrie" comme faisant référence à l'empereur Hadrien, mais il n'a pas été assez loin dans son imagination. Il a pensé que Nostradamus faisait un compliment à Henri de Navarre, en insinuant qu'il possédait les vertus de l'empereur Hadrien. Erika Cheetham n'a pas fait le lien entre Hadrie et Hadrien. Elle a dit qu'il s'agissait d'une anagramme pour le roi Henri, comme beaucoup d'autres traducteurs.

Certains auteurs ont également compris, à juste titre, que Nostradamus donnait à ses personnages des noms associés à la mythologie grecque dans certains cas. L'un d'entre eux a fait ces associations parce que dans son pays d'origine, l'Angleterre, les écoliers apprenaient encore ces matières, mais il n'a pas appliqué l'idée de manière assez large, comme Nostradamus l'avait prévu. Il a surtout appliqué ses interprétations à des événements qui avaient déjà eu lieu. Il lui était donc plus facile de reconnaître l'association des noms.

Laver a interprété un quatrain (SIÈCLE IX -89) qui contenait le nom d'Ogmios. Bien qu'il l'ait correctement identifié comme l'Hercule celtique, il pensait que le nom se référait à la France, parce qu'une image du dieu figurait sur les pièces républicaines de cinq francs en 1792 et 1848. Dans toutes nos interprétations, Ogmios désigne le chef des clandestins, l'ennemi juré de l'Antéchrist. L'interprétation de Laver correspondrait en partie car Nostradamus a bien dit qu'Ogmios serait originaire de France. Nous n'avons pas encore interprété ce quatrain, mais puisqu'il mentionne les Arabes, je pense que nous pouvons supposer qu'il se rapporte également à notre personnage central. Bien sûr, Nostradamus m'a souvent reproché par le passé de tirer des conclusions hâtives et de faire des suppositions, mais il nous a également dit d'utiliser notre propre intelligence une fois qu'il nous a fourni des indices.

De nombreux ouvrages sur Nostradamus, écrits au début de la Seconde Guerre mondiale, insinuaient que la plupart des quatrains traitaient du passé, principalement de la Révolution française. Les auteurs pensaient que peu de quatrains, à l'exception de ceux qui contenaient l'anagramme "Hister" pour Hitler, traitaient de la seconde guerre en cours. La plupart des auteurs n'ont fait qu'un petit effort pour prédire l'avenir, comme s'ils préféraient relier les détails des quatrains à des événements historiques qu'ils connaissaient et pouvaient vérifier. Beaucoup de ceux qu'ils pensaient appartenir au passé étaient des quatrains dont nous avons découvert comme appartenant à l'époque de l'Antéchrist. Ils ont présenté un très bon dossier, mais il a été établi que Nostradamus se référait souvent à plusieurs événements dans un seul quatrain, en particulier lorsqu'il y avait des similitudes. Nous avons donc probablement tous raison. Nostradamus était tout simplement plus complexe que ce que les traducteurs lui accordaient. Ils ont essayé de le mettre dans une petite boîte et de limiter ses capacités. Mais, lorsqu'il nous a contactés 400 ans dans le futur, il a montré qu'il refusait de rester confiné dans cette boîte.

Je n'ai trouvé aucune mention du fait que Nostradamus ait publié le livre de philosophie sur lequel il travaillait, à moins qu'il ne s'agisse de la Paraphase de Galien, un discours philosophique publié en 1557.

Bien sûr, il est mentionné dans son testament qu'il laissait des quantités de papiers qui devaient être donnés à ses fils, mais aucun inventaire n'en a été fait. Certaines éditions ultérieures de ses SIÈCLES contenaient des quatrains qui ne se trouvaient pas dans les premières, et qui pourraient provenir peut-être de ces papiers.

De nombreux quatrains falsifiés ont été ajoutés aux SIÈCLES de Nostradamus dans les années qui ont suivi. Certains ont été reconnus comme des faux parce qu'ils ne suivaient pas son style unique. En 1709, un interprète a déclaré : "Ses prophéties ont ceci de commun avec le tonnerre qu'elles n'éclatent et ne font de bruit que lorsqu'elles sont accomplies." Oui, beaucoup d'entre elles ne peuvent être comprises que a posteriori.

Depuis lors, de nombreux chercheurs sérieux ont tenté d'examiner, d'analyser et d'expliquer le mystérieux médecin, Ils en sont toujours revenus en secouant la tête avec étonnement. L'homme restera à jamais une énigme dans l'histoire. Il se peut que nous ayons été les plus proches de comprendre l'homme Nostradamus et d'apprécier le génie de Nostradamus le prophète.

Garencieres raconte que lorsqu'il était à l'école en France en 1618, la coutume était de donner aux élèves le livre des prophéties de Nostradamus comme premier livre à lire après l'abécédaire. Les professeurs pensaient que les mots crabes et obsolètes donneraient aux élèves une idée de l'ancienne langue française. C'est ainsi que le livre a été publié d'année en année comme un almanach. C'est probablement l'une des raisons pour lesquelles il a survécu. Garencieres fut le premier traducteur de Nostradamus, et il a admis que certains mots n'avaient aucun sens pour lui. Il pensait que les Siècles étaient difficiles à comprendre, sauf dans leur version originale en français, et que même cette version présentait de nombreuses difficultés. Il s'est excusé d'avoir traduit les quatrains dans ce qu'il a appelé un "anglais maladroit". Il a déclaré que les gens étaient devenus fous en essayant de les comprendre. Il écrit : "Pour ces raisons (cher lecteur), je ne voudrais pas que tu t'empêtres dans la prétention de connaître les choses futures."

La question du miroir de Nostradamus est restée une énigme jusqu'à ce que je la découvre dans plusieurs livres. À l'époque, les miroirs étaient généralement en metal poli. Les auteurs décrivent ce type de miroir comme étant celui que l'on trouve couramment chez les magiciens. Mais un miroir en obsidienne aurait été extrêmement rare. Des miroirs ont-ils déjà été fabriqués dans ce matériau ?

Cela m'a laissé perplexe jusqu'à ce que, alors que je cherchais de la documentation pour un autre de mes livres, je trouve une mention d'un tel miroir. Je lisais un livre sur les découvertes archéologiques en Terre Sainte, et j'ai découvert qu'un agriculteur dans les champs de l'ouest de la Galilée avait trouvé un groupe d'objets remarquables, dont un grand miroir d'obsidienne. Les archéologues l'ont daté de 4500 av. notre ère, il était donc extrêmement ancien. Le miroir a été décrit comme un exemple unique de technologie de la pierre très avancée, car l'obsidienne est un verre volcanique dur et extrêmement cassant. Seul un maître expérimenté pouvait produire un disque ovale d'une telle taille, de forme et d'épaisseur régulières, avec une poignée au dos, taillé dans le même bloc d'obsidienne. La face du miroir était lisse et polie jusqu'à un haut degré de brillance. Les experts ont déclaré que l'effort et l'habileté investis dans la production de ce miroir avaient dû être immenses. Il est considéré comme le plus beau, le plus grand et le plus orné des miroirs d'obsidienne jamais découverts. L'obsidienne est un matériau rare que l'on trouve dans les zones d'activité volcanique récente, et elle n'est présente que dans quelques régions du Proche-Orient. La découverte de ce miroir en Israël indique qu'il s'agit probablement d'un article ayant fait l'objet d'échanges commerciaux, car il ne pouvait pas être originaire de la région. Avec l'introduction de la technologie du métal, l'ancienne technologie de la pierre a perdu de sa popularité.

Je pense qu'il est logique de supposer que si un tel miroir a existé, d'autres l'ont fait aussi, même s'ils sont extrêmement rares et anciens. Cela expliquerait pourquoi Nostradamus l'a protégé dans un sac de velours et a été si secret à son sujet. Il nous a dit que certains de ces anciens artefacts existaient encore en Europe à son époque, et qu'ils étaient considérés comme très précieux, même si leurs propriétaires ne connaissaient pas leur propriétés magiques.

Laver savait que Nostradamus utilisait l'astrologie, mais cela n'expliquait pas les noms et autres détails qui émaillaient ses quatrains. Il pensait donc que ces visions n'étaient pas l'œuvre de l'esprit conscient. Leoni pense que Nostradamus a peut-être eu recours à l'auto-hypnose, et Laver est arrivé à la conclusion que Nostradamus avait reçu ses visions en transe. Il a également Il pensait également que Nostradamus était capable d'entrer dans cet état de transe en pratiquant la magie. Il ne l'entendait pas de manière négative, car il pensait qu'il s'agissait d'une pratique rituelle, et il note que la religion utilise aussi des rituels. Il a dit que ce n'était qu'un outil, un moyen pour atteindre un but qui aidait Nostradamus à se concentrer et à séparer son conscient de son subconscient. Je me suis toujours demandée s'il existait une véritable magie. Nous aimerions tous croire aux contes de fées. Je sais qu'il s'est passé quelque chose en travaillant avec Nostradamus, mais qu'est-ce que c'était ? Au chapitre 23, "Le premier contact de Nostradamus", nous entrons dans le bureau de Nostradamus après qu'il ait fait une invocation. Il semblait aussi surpris de nous voir que nous l'étions d'être là. Quelle que soit la méthode qu'il a utilisée, elle a dû être extrêmement puissante. Il a réussi à nous y attirer, mais aussi à nous en expulser lorsqu'il avait voulu que nous partions. Lorsque Nostradamus commença son incantation, John a été ramené dans la salle des tapisseries. Il a dit que s'il avait essayé de rester, il savait qu'il aurait eu une sensation d'électricité. Je crois donc que Nostradamus avait découvert une véritable magie, car cela a fonctionné. Comme nous ne saurons jamais comment il s'y est pris, cela restera l'un des mystères qui entoureront à jamais cet homme.

Laver pense qu'il suffisait à Nostradamus de se souvenir suffisamment de ses visions pour prendre des notes à son réveil, ou qu'il a pu utiliser l'écriture automatique. Il écrit : "Il m'est impossible de ne pas être convaincu que Nostradamus pouvait parfois prévoir l'avenir, et le prévoir avec une étonnante précision dans les détails. La plupart des commentateurs vont bien sûr beaucoup plus loin. Ils croient que tout le rouleau de l'histoire future a été, par un privilège accordé à aucun autre mortel,, mis à la disposition de Nostradamus. pour se dérouler devant ses yeux, et que l'obscurité admise de son message est délibérée. Cela revient à retirer la paternité des Centuries à Nostradamus et la donner à la divinité elle-même".

Liberte LeVert a fait un commentaire à la fin de son livre, " The Prophecies and Enigmas Jesuppose que j'avais lu la même chose dans les autres livres, mais cela ne m'a frappé que maintenant avec une grande force.

Il a rappelé que les quatrains de Nostradamus n'ont pas été publiés en un seul livre au début. Il y a eu trois versions distinctes et continues. La première version des SIÈCLES a été publiée en 1555 et ne contenait que les quatrains de I -1 à IV -53. Le deuxième groupe de quatrains, IV -54 à VII -40 ou VII -42, a été publié ensuite, mais la date est contestée. M. LeVert affirme qu'il a été publié en 1557. La date de la première publication du troisième groupe, les SIÈCLES complètes VIII, IX, et X, est également incertaine. M. LeVert pense qu'il a été imprimé en 1558 et non après la mort de Nostradamus comme le prétendent les autres biographes. Chavigny prétend que c'est lui qui a édité et compilé les quatrains après la mort de Nostradamus, mais de nombreux biographes doutent de ses affirmations.

Ce qui m'a frappé, c'est le commentaire suivant : "Nous ne savons pas pourquoi l'édition de Bonhomme (1555) se termine par IV -53, nous ne le savons pas, mais il y a deux grandes possibilités. De nombreux almanachs et pronostics (rédigés par Nostradamus) donnaient une lecture par mois, et il se peut qu'il y ait eu une sensation que les 353 du Bonhomme plus douze autres pour les mois donnaient des lectures pour une année.. Si c'est le cas, le schéma n'a pas été développé ou expliqué, et il est plus probable que l'imprimeur s'arrêtait lorsqu'il atteignait une rupture de signature".

C'est cette référence constante au premier livre de quatrains se terminant au milieu du SIÈCLES IV qui me dérangeait. Cela me semblait familier, et quelque chose dans mon subconscient s'agitait. Et soudain, Je me suis précipitée sur mon exemplaire en lambeaux des quatrains qui m'avait accompagné tout au long de cette aventure. Lorsque je l'ai ouvert à l'endroit où nous avions cessé de travailler avec John, je me suis figée. J'étais totalement abasourdie. Nous nous étions arrêtés exactement à l'endroit où la première édition de Nostradamus s'était arrêtée !

Lorsque j'ai commencé à travailler avec Brenda, j'ai choisi plus d'une centaine de quatrains au hasard dans le livre. Ce sont ceux qui ont attiré mon attention pour diverses raisons. Ensuite, j'ai développé une méthode plus systématique et j'ai commencé par le début du livre, puis j'ai parcouru les quatrains et les siècles dans l'ordre, en omettant ceux qui avaient déjà été traités. Je les ai soigneusement cochés et j'ai apposé mes initiales sur le nom de la personne qui les avait traduits, Brenda ou John.

Mon travail avec Brenda a commencé en juillet 1986 (après que l'initiatrice, Elena, avait déménagé en Alaska) et s'est poursuivi pendant six mois, devenant sporadique vers le début de l'année 1987. Pendant cette courte période, nous avons réussi à couvrir plus de 400 quatrains. Lorsqu'elle n'a plus été en mesure de travailler sur ce projet, John est entré en scène et nous avons interprété plus de 100 quatrains en six semaines, d'avril à mai 1987, avant qu'il ne déménage en Floride. Le dernier quatrain couvert par John était SIÈCLES IV -35. Durant l'été 1987, j'ai pu avoir quelques séances avec Brenda, mais elle souffrait d'épuisement psychique et voulait arrêter les séances. Tous les rendez-vous qui ont suivi ont été annulés pour une raison ou une autre. C'est ce qui nous a amenés au SIÈCLES IV-65, le dernier à être interprété dans ce livre. Ce qui est tout à fait étonnant, c'est que cela nous amène au nombre exact que LeVert pensait que les quatrains du premier livre de Nostradamus avaient destinés à être interprétés : 353 plus 12.

Pour moi, c'était époustouflant. Je ne pouvais que tenir le livre de Mme Cheetham et fixer des yeux les chiffres. J'avais éprouvé le même sentiment lorsque j'avais réalisé pour la première fois que je pouvais aider Nostradamus à écrire ces quatrains. Comment cela pouvait-il être une coïncidence ? Pourquoi nous sommes-nous arrêtés au milieu du IVe siècle à l'endroit même où Nostradamus s'est arrêté pour sa première édition ? A-t-il été confronté au même problème que moi ? Tout comme ma source de communication était coupée, la sienne l'était-elle aussi ? Tout comme j'ai décidé d'aller de l'avant et d'assembler les quatrains que j'avais et d'essayer de les publier, a-t-il décidé la même chose, de poursuivre de continuer avec ce qu'il avait ? Les implications dépassaient la capacité de mon esprit à comprendre. Cela me donnait mal à la tête et faisait tourner la pièce. C'est probablement la raison pour laquelle le gardien insistait pour que je me contente de faire le travail et que je ne pose pas de questions.

J'avais apprécié ces rencontres avec Nostradamus et je regrettais profondément que nous nous séparions d'un travail à moitié fait. Il restait encore environ 450 quatrains qui n'avaient pas été déchiffrés, mais j'entrevoyais maintenant une faible lueur de lumière dans un horizon distant. Si nous étions liés au grand maître au point d'influencer l'écriture et la publication de ses quatrains, alors il y a de l'espoir. S'il a publié près de 1000 quatrains, cela signifie que mon travail n'était pas terminé. Soit je continuais à m'en occuper avec lui, soit le reste venait de quelqu'un d'autre. Peut-être était-il que j'allais trouver un autre sujet et reprendre contact avec le grand homme. Seul l'avenir apportera les réponses à cette énigme. Ma découverte de cette similitude (nous arrêtant tous les deux au milieu du SIÈCLES IV) n'a fait que souligner que les autres acteurs et moi-même de cet étrange scénario n'étaient que des pions manipulés par des puissances supérieures dans les dimensions invisibles. Puisque le projet semblait être pour le bien de l'humanité, je savais que je le suivrais partout où il me mènerait. J'avais pris mon engagement au début et je savais que je ne pouvais pas le renier maintenant.

Laver cite Carl G. Jung, le célèbre psychologue, au sujet de l'inconscient collectif : "L'inconscient est tout sauf un système personnel capsulé. Il est le vaste monde, et objectivement aussi ouvert que le monde...une étendue sans limites, pleine d'une certitude sans précédent, apparemment sans intérieur ni extérieur, sans dessus ni dessous, sans ici ni là, sans moi ni toi, ni bon ni mauvais. C'est le monde de l'eau, où tout ce qui est vivant flotte en suspension ; où le royaume du système sympathique, de l'âme de tout ce qui vit commence, où je suis inséparablement ceci et cela, et ceci et cela sont moi ; où je fais l'expérience de l'autre en moi, et de l'autre en moi-même, et où l'autre, en tant que moi-même, m'éprouve". (L'intégration de la personnalité).

Citation de Laver : "Dans cette âme-monde ou inconscient collectif, il y a certainement tout le passé, et s'il y a quelque chose dans Nostradamus ... il y a aussi tout l'avenir, et l'avenir et le passé ne sont qu'un seul et même éternel présent. L'esprit est pris de vertige au bord de cet abîme. Nous nous accrochons à nos pitoyables individualités et voudrions qu'elles se perpétuent à jamais, sans savoir que l'expression n'a pas de sens et que l'Ego n'est pas la partie essentielle de nous-mêmes. Nous sommes déjà absorbés dans la plénitude de Dieu, et même si cette absorption devait encore avoir lieu, ce ne serait pas l'anéantissement, car l'Océan dans lequel nous sommes absorbés n'est pas un océan de matière, mais un Océan de l'Esprit. Or, l'esprit est une unité et en faire partie, c'est être tout entier. Physiquement, nous sommes des animaux, mais psychiquement et spirituellement, nous sommes des arbres, ou plutôt nous sommes UN seul arbre et son nom est l'arbre Banyan. Nous sommes membres l'un de l'autre et le temps n'est qu'une de nos dimensions".

Ce concept était-il celui auquel le gardien de la tapisserie avait fait allusion lorsqu'il nous avait dit que nous étions comme des enfants de la maternelle qui posent des questions à l'université ? Il a dit que nous n'étions pas encore prêts à essayer de comprendre ce qui se cachait derrière tout ce projet. Peut-être que James Laver a été très proche de comprendre le fonctionnement de ce mécanisme, même a écrit ces mots plus de 40 ans avant que nous ne nous lancions dans cette aventure.

Dans son livre, Laver se réfère au SIÈCLE VIII-99 : " Par la puissance des trois Roys temporels, En autre lieu sera mis le saint siege : Où la substance de l'esprit corporel, Sera remis & receu pour vray siege". Il reconnaît qu'il s'agit de la papauté, mais il ne voyait pas comment la prophétie pourrait se réaliser, puisqu'il était peu probable que le siège du Vatican soit déplacé hors de Rome. Mais je me demande si la traduction des trois rois temporaires ne se réfère pas aux trois derniers papes. Il a été prédit qu'ils seraient les derniers de la papauté avant la destruction de Rome par l'Antéchrist. (Voir le chapitre 15, "Les trois derniers papes" et le chapitre 16, "Le ravage de l'Église", dans le premier volume).

Lorsque ces prédictions concernant la destruction de l'Église ont été publiées pour la première fois, j'ai été horrifiée. Comment osais-je écrire quelque chose qui serait aussi radical, controversé et même hérétique ? Je suis une chrétienne, et une ancienne professeur d'école du dimanche qui ne souhaite pas que le mal s'abatte sur une institution religieuse. J'ai essayé d'expliquer à Nostradamus que ces prédictions n'étaient que des vœux pieux. de sa part parce qu'il était persécuté par l'Inquisition. Il a admis qu'il avait de tels sentiments, mais il a insisté sur le fait qu'il ne faisait qu'exprimer des sentiments, mais il a insisté sur le fait qu'il rapportait fidèlement ce qu'il voyait dans son miroir magique. C'est avec beaucoup de réticences que j'ai regroupé les différents quatrains qui concernaient l'église en deux chapitres du premier volume. J'ai décidé que je devais rapporter ce qui m'était donné et ne rien censurer ou changer simplement parce que cela me mettait mal à l'aise. Si je n'avais pas pris cette décision, je n'aurais probablement pas écrit ces deux volumes, car tout leur contenu futur m'a certainement dérangée.

Ais au cours de mes recherches, j'ai fait une découverte remarquable qui a considérablement allégé le poids de la culpabilité que je ressentais. J'ai découvert que nous n'étions pas les premiers à prédire la destruction de l'Église catholique. Un homme qui vivait il y a plus de 800 ans, et 400 ans avant Nostradamus, a également eu la même vision.

Le saint irlandais Malachi était un évêque qui a vécu de 1094 à 1148. En 1139, il se rendit à Rome, où il eut une remarquable vision prophétique. Il vit tous les papes qui allaient s'asseoir sur la Chaire de Saint-Pierre. Il ne les identifie pas par leur nom, mais plutôt par les événements les plus marquants de leur règne ou par leurs armoiries. Il a écrit la liste, en les désignant le plus souvent par une devise latine de deux mots, et dépose ses prédictions dans les archives du Vatican. Malachi mourut sur le chemin du retour et ses prophéties sont restées oubliées dans les archives jusqu'à ce qu'elles soient redécouvertes à la fin du XVIe siècle. Elles ont été publiées pour la première fois en 1554 à Venise. Nostradamus a-t-il eu accès aux prédictions de Malachie ? C'est possible mais peu probable car les communications n'étaient pas aussi répandues qu'aujourd'hui. De plus, les prophéties du prêtre n'ont vraiment été connues qu'après la mort de Nostradamus, lorsqu'elles ont été publiées à nouveau en 1595.

Selon la liste de Malachie, il ne reste plus que trois papes. Les interprètes du passé pensaient qu'il voulait dire que lorsque le temps du dernier pape serait atteint, la fin du monde se produirait, ou peut-être la Seconde venue du Christ. Les autres membres de la liste de Malachie sont les suivants : (1) Flors Florum : Le pape Paul VI, mort en 1978 après un règne de 15 ans. Le pape Paul VI portait une fleur de lys sur ses armoiries. (2) De Medietate Lunae : Le pape Jean-Paul Ier, qui n'est resté pape qu'un mois avant de mourir d'une crise cardiaque. Même si l'on ne connaît pas le latin, il est facile de comprendre que cette phrase signifie "de la demi-lune" ou "de la lune à la lune", et c'est exactement le temps qu'a duré ce pauvre pape. (3) De Labore Solis : l'actuel pape Jean-Paul II, parce qu'il est sorti de la terre des gens du peuple. Il a pris le nom de Jean-Paul en l'honneur de son prédécesseur décédé. (4) De Gloria Oliva : celui qui aura un court règne avant que notre dernier pape, l'outil de l'Antéchrist, n'entre en scène.

Au lieu de donner au dernier pape une devise de deux mots, Malachi lui a attribué une phrase entière.. La façon dont elle est formulée donne l'impression qu'il en déduisait que ce serait le pape de la fin du monde. "In persecutione extrema sanctae Romanae Ecclesia sedebit Petrus Romanus qui pascet oves in multis tribulationibus ; quibus transactis, civitas septicollis diruetur, et Judex tremendus judicabit populum." Traduction : "Pendant la persécution finale de la Sainte Église romaine, Pierre le Romain sera assis sur le trône. sur le trône Pierre le Romain, qui fera paître son troupeau au milieu de nombreuses tribulations ; après celles-ci, la ville aux sept collines sera détruite, et le Grand Juge jugera alors les peuples". On dit que le nom "Pierre" est plus qu'un simple nom de personne ; il indique une dernière époque par opposition à celle de l'apôtre Pierre qui l'a commencée.

Laver a prédit que, d'après le règne moyen de la plupart des papes, la période du dernier pape nous amènerait à la fin du 20e siècle.La seule différence entre nos prédictions est que nous n'y voyons pas la fin du monde ou le second avènement. Nostradamus nous a dit que la destruction de Rome et la dissolution de l'Église suivraient les ravages causés par la trahison du dernier pape, devenu l'outil de l'Antéchrist. J'ai trouvé un vieux dicton sur Rome qui semble correspondre : "Tant que le Colisée sera debout, Rome restera debout ; quand le Colisée tombera, Rome tombera, et quand Rome tombera, le monde tombera".

Les Siècles de Nostradamus ont été condamnés par le pape Pie VI en 1781, et ont parfois été au centre de controverses ecclésiastiques depuis lors. Le Vatican a interdit le livre parce qu'il "contenait une prophétie sur l'abolition de l'autorité papale". Ainsi, apparemment, même dans les limites de la papauté, ils ont vu quelque chose dans les quatrains qui concernait l'avenir de l'Eglise.

Grâce au programme de prêt entre bibliothèques, je suis tombée sur ce livre, "Après Nostradamus", de A. Voldben, traduit de l'italien (En anglais mais pas en français.) Dans ce livre, l'auteur retrace les prophéties non seulement de Nostradamus, mais aussi de nombreux voyants à travers les âges jusqu'à l'actuelle Jeane Dixon. Il est étonnant de constater que l'essentiel de leurs prophéties suit le même schéma que le nôtre. M. Voldben a déclaré que quelques-uns de ces prophètes avaient osé mettre des dates sur les événements à venir. Il a ajouté que c'était toujours hasardeux et présomptueux car les événements du cosmos ne se conforment pas à notre petit calendrier terrestre, et beaucoup de dates sont passées sans que l'événement ne se produise. Il a déclaré qu'il était plus important qu'ils se soient mis d'accord sur la même séquence d'événements, et non sur des dates. Il se peut donc que nos dates ne soient pas non plus exactes, même si Nostradamus fournit les références astrologiques. Tous ces prophètes, y compris Nostradamus, ont-ils puisé dans un bassin de pensée commun ou trouvé un fil conducteur ? Que ce qu'ils ont tous vu devienne ou non réalité, on ne peut nier que d'une manière ou d'une autre, ils ont tous eu acces à une même vision des mêmes choses et qu'ils les ont interprétées avec leur propre vocabulaire et leur propre structure conceptuelle.

Cela nous amène à la plus moderne des prophètes, Jeane Dixon. Lorsque plusieurs livres ont mentionné ses prédictions sur l'Antéchrist, j'ai su que je devais lire son livre. Encore une fois, la similitude est quelque chose que je n'arrive pas à comprendre. C'est comme si nous lisions toutes les deux le même scénario. Dans "My Life and Prophecies", (Non traduit et indisponible en anglais) elle aborde de nombreux concepts qui ont été présentés dans ce livre, y compris le dernier pape et les problèmes de l'Église catholique. Dixon a déclaré que l'une de nos institutions nationales les plus influentes servait de couverture à des expériences de guerre chimique et bactériologique. Elle a vu ces expériences se dérouler aux frontières de l'Inde et de la Russie. et a prévu une guerre bactériologique à l'avenir.

Elle a également pu voir la fameuse "Cabale" sur laquelle j'ai hésité à écrire. Elle l'appelle le "gouvernement à l'intérieur d'un gouvernement" et dit qu'ils sont financés par une "machine" politique bien huilée. Ils contrôlent nos élections et de nombreux facteurs sociaux et économiques dont nous n'avons pas conscience. Elle a également constaté qu'un membre de cette "machine" vit à New York. Citation : "Le chaos social et religieux généré par cette machine politique à travers les États-Unis préparera la nation à la venue du prophète de l'Antéchrist. Cette unité politique de l'Est sera l'outil du serpent pour lui livrer les masses."

Cela nous amène à sa prédiction la plus puissante et, pour moi, la plus bouleversante : sa connaissance de l'Antéchrist à venir, y compris sa date de naissance exacte. Elle dit qu'il n'y a aucun doute dans son esprit que le prophète de l'Antéchrist et l'Antéchrist lui-même sont des personnes réellement identifiables, et non des idéologies ou des gouvernements.

Le 5 février 1962, Jean Dixon a eu une vision puissante, remplie de symbolisme. De ces symboles, Mme Dixon a déduit que la personne qui sera connue sous le nom d'Antéchrist était née ce jour-là. Elle a vu que sa vie serait remarquablement parallèle à celle du Christ, même s'il devait être l'image miroir ou l'exact opposé de Lui. Elle a vu qu'il n'était plus dans le pays où il était né, mais qu'il avait été emmené dans un autre pays du Moyen-Orient, ou peut-être une région très peuplée de la République arabe unie. Elle ne connaissait pas la raison de ce déplacement, mais elle avait le sentiment que des forces travaillaient autour de lui pour le protéger. Elle a déclaré qu'un événement d'une importance capitale lui arriverait vers l'âge de 11 ans. qui lui ferait prendre conscience de sa mission satanique et du but de sa vie. Citation : "Il étendra ensuite son influence, et ceux qui l'entourent formeront finalement un petit noyau de disciples dévoués, lorsqu'il atteindra l'âge de 19 ans. Il devient vieux, quand la force et l'impact de sa présence dans le monde commencera à porter son fruit défendu". Elle a vu qu'il aurait l'appui d'une puissante "machine" qui ferait avancer sa cause au-delà de tout ce que l'on aurait pu imaginer.

Ses remarques sur le prophète ou le précurseur du faux Christ ressemblent aux impressions de John sur.le mauvais Imam. Elle pense qu'il s'agit de celui dont parle la Bible dans le livre de l'Apocalypse 13:11-15 :

"Puis je vis monter de la terre une autre bête, qui avait deux cornes semblables à celles d'un agneau, et qui parlait comme un dragon. Elle exerçait toute l'autorité de la première bête en sa présence, et elle faisait que la terre et ses habitants adoraient la première bête, dont la blessure mortelle avait été guérie. Elle opérait de grands prodiges, même jusqu'à faire descendre du feu du ciel sur la terre, à la vue des hommes. Et elle séduisait les habitants de la terre par les prodiges qu'il lui était donné d'opérer en présence de la bête, disant aux habitants de la terre de faire une image à la bête qui avait la blessure de l'épée et qui vivait. Et il lui fut donné d'animer l'image de la bête, afin que l'image de la bête parlât, et qu'elle fît que tous ceux qui n'adoreraient pas l'image de la bête fussent tués."

Citation de Dixon : "Son domaine sera la séduction intellectuelle de l'humanité. Cela signifie un mélange d'idéologie politique, philosophique et religieuse qui jettera les populations du monde dans une profonde crise de foi en Dieu. ... En tant que précurseur officiel, l'un de ses (le prophete) premiers devoirs et responsabilités est de préparer le monde à l'avènement de son "maître" est de manipuler les machines de propagande disponibles. Par l'enseignement et la propagande, le prophète amènera les gens non seulement à accepter l'Antéchrist, mais plutôt à le désirer avec un enthousiasme positif, à créer les conditions de sa venue et à participer activement à l'organisation de l'effrayant et terrifiant despotisme de son Empire mondial."

"Deuxièmement, il y aura des 'miracles', des signes et des prodiges qui 'égareront les habitants de la terre'. Son signe le plus convaincant sera la conquête des puissances de la nature, dont le "feu du ciel" est le symbole ultime. Il ne s'agira pas d'événements surnaturels ou préternaturels, mais de prodiges de la science et des réalisations humaines, mais interprétés de manière à éloigner les hommes de Dieu et à les amener à l'adoration de l'Antéchrist".

Notez la similitude entre ce feu du ciel et la prédiction de Nostradamus selon laquelle Rome serait détruite par une force ou un feu descendant du ciel. Il n'a jamais pu préciser s'il s'agissait d'un événement naturel extrêmement inhabituel ou à quelque chose de créé par l'homme. Cela l'a tellement lui-même étonné qu'il n'a pas pu le définir.

"Le prophète communiquera aux hommes, par l'intermédiaire de sa machine de propagande mondiale, les ambitions suprêmes de la science humaine. Il annoncera que la science est capable de pénétrer tous les secrets de la nature, de domestiquer toutes les forces de la nature, surtout celles de la vie, voire de la vie humaine elle-même ! Il professera que les hommes pourront vivre comme ils l'entendent, aussi longtemps qu'ils l'entendent, et mourir quand ils l'entendent, sans souffrir, s'ils veulent bien le suivre."

Tout cela ressemble beaucoup à la scène que l'on nous a montrée de l'Imam maléfique et de son groupe de partisans dans cette propriété sur les rives du Nil.

Ces préparatifs sont censés être accomplis avant que l'Antéchrist n'entre sur la scène publique. Mme Dixon affirme que dès sa première apparition, il hypnotisera complètement la jeunesse du monde. Vers l'âge de 30 ans, grâce à l'énorme propagande du prophète de l'Antéchrist, "la jeunesse sera devenue extrêmement vulnérable à la venue de l'homme. Je vois que la jeunesse du monde l'acceptera et travaillera en étroite collaboration avec lui pour remettre le monde entre ses mains avides...... Lorsque l'"homme" aura atteint l'âge réservé au début de sa mission, personne ne pourra retenir les enfants, car il faut capturer la jeunesse et, à travers elle, s'approprier le monde. le petit garçon est né." Elle précise que grâce à notre réseau de communication très avancé, le monde entier sera exposé à ce nouveau souverain "spirituel", même si son quartier général se trouve en Terre Sainte.

Mme Dixon déclare : "L'Antéchrist sera un phénomène d'ordre politique. Il ne s'agira pas simplement d'un "hérétique" religieux que le monde entier peut ignorer en toute sécurité. Non, il tiendra le pouvoir terrestre entre ses mains et l'utilisera comme son instrument. Tous les tyrans de l'histoire ne sont que des enfants en comparaison avec lui. Cela signifie tout d'abord qu'il sera une figure militaire qui dépasse tout ce que le monde a connu jusqu'à présent. Il conquerra la terre entière et la dominera avec les armes les plus modernes. Il dirigera son nouvel Empire mondial avec la plus grande puissance militaire et la plus grande gloire. De plus, les prophéties bibliques rendent intelligible le fait que l'Empire mondial de l'Antéchrist sera un régime totalitaire au sens le plus extrême du terme. Il exercera son pouvoir sur le monde entier et sur chaque personne de manière intensive, contrôlant même ses pensées. Il n'y aura pas d'"État voisin" et le monde entier deviendra une île au sein de l'univers. La guerre telle qu'on l'a connue disparaîtra et l'Antéchrist se présentera comme le "prince de la paix". ... Mais j'entrevois quelque chose de plus profond dans l'ordre social impie à venir de l'Antéchrist, quelque chose de plus qu'un simple système politique, quelque chose qui touche à la condition déchue de la nature humaine. Il établira une "religion" étrange et fondamentalement anti-humaine d'athéisme et d'anti-religion ... Il s'agit donc de plus que de la simple autorité politique d'un Empire mondial. Je vois deux caractéristiques précises qui distinguent l'Antéchrist : dominer les hommes avec une verge de fer et séduire leur esprit par une idéologie et une propagande mensongères. Il se présentera à toute l'humanité comme le chef suprême qui calme et éteint toutes les guerres sur la Terre, comme le maître de la nouvelle approche modernisée de la vie de l'homme, qui abandonne l'héritage chrétien comme étant dépassé, et comme le "rédempteur" de tous les hommes, de leurs vieilles peurs, de leurs complexes de culpabilité et de leurs mauvais traitements les uns envers les autres. Il sera l'exact opposé du Christ. Il sera son adversaire et en même temps apparaîtra comme son imitateur. ... Il semblera être une figure religieuse, offrant aux hommes un accomplissement étrangement tordu de leurs désirs spirituels.... Il recevra l'adoration de nombreuses personnes, comme s'il était réellement Dieu".

Elle cite les commentaires du cardinal Newman sur l'Antéchrist : "Il vous promet la liberté civile, il vous promet l'égalité, il vous promet le commerce et la richesse, il vous promet la remise des impôts, il vous promet la réforme. C'est ainsi qu'il vous cache le genre de travail auquel il vous soumet. Il vous incite à vous révolter contre vos gouvernants et vos supérieurs ; Il le fait lui-même et vous incite à l'imiter, ou bien il vous promet l'illumination. Il vous offre la connaissance des sciences, la philosophie et l'élargissement de l'esprit. Il se moque des temps passés, il se moque de toutes les institutions qui les vénèrent."

Nous ne pouvons que nous étonner que nos prédictions soient les mêmes que celles d'un prophète ayant vécu il y a 800 ans ou d'un voyant moderne. C'est une validation supplémentaire de ce que Nostradamus nous a révélé. Avec des preuves aussi accablantes, il ne peut y avoir qu'une seule conclusion. Nous étions vraiment en contact avec le grand maître. Il nous transmettait correctement ce que ses visions lui révélaient, même si au début nous étions prêts à les rejeter comme une absurdité absolue. Une fois de plus, je me suis demandée si nous étions enfermés dans ce futur que Nostradamus voyait dans son miroir, ou maintenant que nous sommes prévenus, pouvons-nous suivre une ligne temporelle alternative qui se ramifie à partir du nœud principal de l'Antéchrist ? Pouvons-nous réussir à atténuer l'impact du monstre, maintenant que nous avons reçu suffisamment d'indices ? Le reconnaîtrons-nous lorsqu'il commencera à mettre en œuvre ses plans diaboliques ? Nostradamus disait que son inquiétude principale était que nous ne soyons pas pris au dépourvu, que nous ayons du foin derrière nous pour atterrir. Mais le monde écoutera-t-il et mettra-t-il nos espoirs pour l'humanité à l'abri lorsque le monstre montrera sa vilaine tête ?

L'Antéchrist, l'Imam et leurs soutiens ont tous bien préparé leurs plans. Ils ont la patience d'attendre des générations pour réaliser leur plan de transformer le monde en un état d'anarchie absolue, afin de pouvoir le contrôler avec un pouvoir absolu selon leurs caprices. Ils ont préparé leurs plans presque trop bien, mais ils n'ont pas prévu le seul facteur qui pourrait préparer leur défaite. Comment pouvaient-ils savoir que l'instrument de leur destruction serait un vieil homme assis dans son bureau, fixant des heures durant un miroir noir et poli ? Quelle menace peut bien représenter un homme qui est mort il y a 400 ans ? Personne n'avait prévu le pouvoir et l'amour qu'un homme ressentait alors qu'il assistait, hypnotisé, au déroulement d'événements d'une horreur indicible. Parce qu'il vivait à une époque où révéler de telles choses aurait pu lui coûter la vie, il était tout à fait justifié de garder pour lui ces terribles visions pour lui-même. Mais il n'a pas pu. Il pensait, comme moi, que ces informations avaient été révélées pour une raison. Et cette raison était d'essayer de sauver l'humanité. Il a trouvé un moyen de franchir les barrières du temps et de l'espace pour nous révéler les secrets les plus soigneusement gardés au monde. Non, personne n'a compté sur les capacités d'un véritable génie, d'un magicien et d'un prophète incontestable : Nostradamus.

Rassurons-le en lui disant que ses avertissements n'ont pas été vains et qu'ils ne sont pas arrivés trop tard. Promettons-lui que maintenant que nous connaissons la vérité, nous ferons tout ce qui est en notre pouvoir pour accomplir ce qu'il a souhaité, pour sauver l'humanité et notre Terre bien-aimée. Sa mission est accomplie. Le reste nous appartient.

À travers le voile du temps et les brumes du passé, du présent et du futur (qui semblaient se confondre dans ses yeux), il nous a tendu la main pour nous donner l'espoir et le salut. Une espérance, une réponse d'outre-tombe... mais cependant pas de la tombe, car dans cette autre dimension brumeuse, le grand maître vit toujours, et se préoccupe toujours de l'humanité.

LA FIN DU DEUXIÈME VOLUME.

Bibliographie

BOSWELL, ROLFE, Nostradamus Speaks, New York, 1943.

CANTWELL, JR. M.D., ALAN, "AIDS and the Doctors of Death," Wildfire Magazine, Volume 4, No. 1, 1989.

CHEETHAM, ERIKA, Further Prophecies of Nostradamus, New York,1985., The Prophecies of Nostradamus, New York, 1975.

Collier's Encyclopedia and Yearbooks.

DIXON, JEANE, My Life and Prophecies, New York, 1969.

FORMAN, HENRY JAMES, The Story of Prophecy, New York, 1940.

HOWE, ELLIC, Nostradamus and the Nazis, London, 1965.

HUGHES, THOMAS PATRICK, A Dictionary of Islam, Delhi, 1973.

LAMONT, ANDRE, Nostradamus Sees All, Philadelphia, 1942.

LAVER, JAMES, Nostradamus, London, 1942.

LEONI, EDGAR, Nostradamus: Life and Literature, New York, 1961.

LE VERT, LIBERTE E., The Prophecies and Enigmas of Nostradamus, New Jersey, 1979.

LINDSAY, JACK, Origins of Astrology, London, 1971.

PATTERSON, FRANCINE, "Conversation with a Gorilla," National Geographic, October 1978.

ROBERTS, HENRY C., The Complete Prophecies of Nostradamus, New York, 1982.

VOLDBEN, A., After Nostradamus, New Jersey, 1974.

WARD, CHARLES, Oracles of Nostradamus, New York, 1940.

WOOLF, H. I., Nostradamus, London, 1944.

Index des quatrains

I-1: 193
I-8: 85
I-9: 86
I-13: 38
I-15: 34
I-18: 56
I-24: 23
I-36: 24
I-42: 199
I-47: 54
I-50: 94
I-51: 42
I-52: 201
I-59: 81
I-61: 308
I-63: 33
I-70: 37
I-73: 58
I-83: 203,279
I-88: 25
I-90: 61
II-3: 75
II-10: 36
II-28: 35
II-33: 63
II-41: 71
II-42: 40
II-45: 81
II-47: 60,252
II-51: 206
II-53: 303
II-55: 88
II-59: 58
II-64: 45
II-70: 28
II-78: 51
II-92: 29
III-1: 204
III-4: 209
III-5: 210
III-11: 89

III-17: 62
III-34: 55
III-40: 225
III-41: 227
III-42: 228
III-44: 229
III-45: 231
III-46: 234
III-47: 239
III-48: 240, 304
III-49: 17
III-50: 244
III-52: 245
III-54: 246
III-55: 247
III-56: 248
III-57: 249
III-58: 250
III-59: 251
III-61: 252
III-62: 253
III-64: 254
III-66: 260
III-67: 260
III-69: 262
III-70: 262, 275
III-71: 263
III-72: 264
III-73: 267
III-74: 267
III-76: 268
III-77: 270
III-78: 248, 272
III-79: 273
III-80: 274
III-82: 25
III-83: 274

III-84: 275, 290
III-85: 276
III-86: 276
III-87: 277
III-90: 204, 277
III-91: 279, 285
III-93: 286
III-96: 287, 412
III-97: 19
III-98: 283
III-99: 289
IV-1: 290
IV-3: 291
IV-4: 291
IV-5: 300
IV-6: 301
IV-7: 601
IV-8: 304
IV-9: 305
IV-10: 306
IV-11: 307
IV-12: 307
IV-13: 308
IV-14: 312
IV-15: 315
IV-16: 318
IV-17: 319
IV-18: 321
IV-20: 322
IV-22: 323
IV-23: 323
IV-24: 325
IV-26: 326
IV-27: 327
IV-32: 329
IV-34: 340

IV-35: 342, 448
IV-36: 66
IV-41: 65
IV-42: 21
IV-43: 67
IV-44: 15
IV-46: 22
IV-47: 17
IV-48: 75
IV-49: 76
IV-53: 83
IV-54: 77
IV-55: 49
IV-56: 35
IV-57: 16
IV-58: 26
IV-60: 78
IV-64: 63
IV-65: 448
IV-84: 47
IV-99: 46
V-23: 335
V-24: 148
V-25: 53
V-53: 43
VI-35: 72, 162,417,418
VI-54: 12
VIII-30: 56
VIII-48: 69
VIII-49: 215, 403
VIII-59: 20
VIII-99: 450
IX-69: 79
IX-89: 443
IX-92: 14
IX-99: 27

À propos de l'auteur

Dolores Cannon, hypnothérapeute de régression de vies antérieures et chercheuse psychique qui enregistre les connaissances" perdues ", est née en 1931 à St. Louis, dans le Missouri. Elle a fait ses études et a vécu dans le Missouri jusqu'à son mariage en 1951 avec un homme dans la marine de carrière. Au cours des 20 années qui ont suivi, elle a voyagé partout dans le monde en tant qu'une épouse typique de la Marine et a élevé sa famille.

En 1968, elle a été exposée pour la première fois à la réincarnation par hypnose régressive lorsque son mari, hypnotiseur amateur, a trébuché sur une vie passée alors qu'il travaillait avec une femme souffrant de problèmes de poids. À cette époque, le sujet des " vies antérieures "était peu orthodoxe et très peu de personnes expérimentaient sur ce terrain. Cela a suscité son intérêt, mais il a dû être écarté pour faire place à des exigences de sa vie familiale.

En 1970, son mari a été libéré en tant que vétéran handicapé et ils se sont retirés dans les collines de l'Arkansas. Elle a ensuite commencé sa carrière d'écrivain et a commencé à vendre ses articles à divers magazines et journaux. Lorsque ses enfants ont commencé leur vie personnelle, son intérêt pour l'hypnose régressive et la réincarnation a été réveillé. Elle a étudié les différentes méthodes d'hypnose et a ainsi développé sa propre technique qui lui a permis de tirer le meilleur parti des informations diffusées par ses sujets. Depuis 1979, elle a régressé et catalogué les informations recueillies auprès de centaines de bénévoles. En 1986, elle élargit ses recherches dans le domaine des ovnis. Elle a effectué des études sur site de suspicions d'atterrissages d'ovnis et a enquêté sur les Crop Circles en Angleterre.

La majeure partie de son travail dans ce domaine a consisté à accumuler des preuves grâce à l'hypnose sur des personnes soupçonnées d'avoir été enlevées.

Ses livres publiés incluent: Conversations avec Nostradamus Volumes IJIJII - Jésus et les Esséniens - Ils ont marché avec Jésus - Entre la mort et la vie - Une âme se souvient d'Hiroshima - Les Gardiens du jardin - Héritage des étoiles - La légende de Starcrash - Les Custodiens, Univers enchevêtré, Livres 1-4 - Cinq vies en mémoire.

Plusieurs de ses livres sont maintenant disponibles dans différentes langues.

Dolores a quatre enfants et de nombreux petits-enfants qui la maintiennent solidement équilibrée entre le monde "réel" de sa famille et le monde "invisible" de son travail.

Si vous souhaitez correspondre avec Ozark Mountain Publishing, Inc. sur différent sujets concernant son travail, vous pouvez lui écrire à l'adresse suivante.

Vous pouvez également correspondre via notre site Web: www.ozarkmt.com

Ozark Mountain Publishing, Inc.
P.O. Box 754
Huntsville, AR 72740

Other Books by Ozark Mountain Publishing, Inc.

Dolores Cannon
A Soul Remembers Hiroshima
Between Death and Life
Conversations with Nostradamus,
 Volume I, II, III
The Convoluted Universe -Book One,
 Two, Three, Four, Five
The Custodians
Five Lives Remembered
Horns of the Goddess
Jesus and the Essenes
Keepers of the Garden
Legacy from the Stars
The Legend of Starcrash
The Search for Hidden Sacred
 Knowledge
They Walked with Jesus
The Three Waves of Volunteers and the
 New Earth
A Very Special Friend
Aron Abrahamsen
Holiday in Heaven
James Ream Adams
Little Steps
Justine Alessi & M. E. McMillan
Rebirth of the Oracle
Kathryn Andries
Time: The Second Secret
Will Alexander
Call Me Jonah
Cat Baldwin
Divine Gifts of Healing
The Forgiveness Workshop
Penny Barron
The Oracle of UR
P.E. Berg & Amanda Hemmingsen
The Birthmark Scar
Dan Bird
Finding Your Way in the Spiritual Age
Waking Up in the Spiritual Age
Julia Cannon
Soul Speak – The Language of Your
 Body
Jack Cauley
Journey for Life
Ronald Chapman
Seeing True
Jack Churchward
Lifting the Veil on the Lost
 Continent of Mu
The Stone Tablets of Mu
Carolyn Greer Daly
Opening to Fullness of Spirit
Patrick De Haan
The Alien Handbook
Paulinne Delcour-Min
Divine Fire
Holly Ice
Spiritual Gold
Anthony DeNino
The Power of Giving and Gratitude
Joanne DiMaggio
Edgar Cayce and the Unfulfilled
 Destiny of Thomas Jefferson
 Reborn
Paul Fisher
Like a River to the Sea
Anita Holmes
Twidders
Aaron Hoopes
Reconnecting to the Earth
Edin Huskovic
God is a Woman
Patricia Irvine
In Light and In Shade
Kevin Killen
Ghosts and Me
Susan Linville
Blessings from Agnes
Donna Lynn
From Fear to Love
Curt Melliger
Heaven Here on Earth
Where the Weeds Grow
Henry Michaelson
And Jesus Said – A Conversation
Andy Myers
Not Your Average Angel Book
Holly Nadler
The Hobo Diaries
Guy Needler
The Anne Dialogues
Avoiding Karma
Beyond the Source – Book 1, Book 2
The Curators
The History of God
The OM
The Origin Speaks

For more information about any of the above titles, soon to be released titles, or other items in our catalog, write, phone or visit our website:
PO Box 754, Huntsville, AR 72740|479-738-2348/800-935-0045|www.ozarkmt.com

Other Books by Ozark Mountain Publishing, Inc.

Psycho Spiritual Healing
James Nussbaumer
And Then I Knew My Abundance
Each of You
Living Your Dram, Not Someone Else's
The Master of Everything
Mastering Your Own Spiritual Freedom
Sherry O'Brian
Peaks and Valley's
Gabrielle Orr
Akashic Records: One True Love
Let Miracles Happen
Nikki Pattillo
Children of the Stars
A Golden Compass
Victoria Pendragon
Being In A Body
Sleep Magic
The Sleeping Phoenix
Alexander Quinn
Starseeds What's It All About
Debra Rayburn
Let's Get Natural with Herbs
Charmian Redwood
A New Earth Rising
Coming Home to Lemuria
David Rousseau
Beyond Our World, Book 1
Richard Rowe
Exploring the Divine Library
Imagining the Unimaginable
Garnet Schulhauser
Dance of Eternal Rapture
Dance of Heavenly Bliss
Dancing Forever with Spirit
Dancing on a Stamp
Dancing with Angels in Heaven
Annie Stillwater Gray
The Dawn Book
Education of a Guardian Angel
Joys of a Guardian Angel
Work of a Guardian Angel
Manuella Stoerzer

Headless Chicken
Blair Styra
Don't Change the Channel
Who Catharted
Natalie Sudman
Application of Impossible Things
L.R. Sumpter
Judy's Story
The Old is New
We Are the Creators
Artur Tradevosyan
Croton
Croton II
Jim Thomas
Tales from the Trance
Jolene and Jason Tierney
A Quest of Transcendence
Paul Travers
Dancing with the Mountains
Nicholas Vesey
Living the Life-Force
Dennis Wheatley/ Maria Wheatley
The Essential Dowsing Guide
Maria Wheatley
Druidic Soul Star Astrology
Sherry Wilde
The Forgotten Promise
Lyn Willmott
A Small Book of Comfort
Beyond all Boundaries Book 1
Beyond all Boundaries Book 2
Beyond all Boundaries Book 3
D. Arthur Wilson
You Selfish Bastard
Stuart Wilson & Joanna Prentis
Atlantis and the New Consciousness
Beyond Limitations
The Essenes -Children of the Light
The Magdalene Version
Power of the Magdalene
Sally Wolf
Life of a Military Psychologist

For more information about any of the above titles, soon to be released titles,
or other items in our catalog, write, phone or visit our website:
PO Box 754, Huntsville, AR 72740|479-738-2348/800-935-0045|www.ozarkmt.com

www.ingramcontent.com/pod-product-compliance
Lightning Source LLC
Chambersburg PA
CBHW050829230426
43667CB00012B/1931